中國
財政與稅收

主　編 ◎ 鐘大輝、楊光
副主編 ◎ 李范英、張丹、張大慶

參編人員

主　編：鐘大輝　楊　光
主　審：李延霞
副主編：李範英　張丹　張大慶
參　編：王銀龍　王春贏　趙　悅
　　　　常春水　柏文靜　韓　揚

前言

目前，財政與稅收這門課程的教材較少，而且僅有的幾本教材中又有一些是2011年以前編寫的，2011年以後國家重新制定和修訂了很多稅收及管理法規，新的稅收法律法規的變化使得一些教材內容已經跟不上時代的需要，尤其滿足不了高等教育教學的需要。雖然也有一些教材是2011年以後編寫的，但主要面向的是高職高專，而面向應用型本科人才培養的教材是少之又少。故而編者從應用型本科人才培養的角度出發編寫了這本教材。

隨著中國社會主義市場經濟體制的不斷完善，稅收制度也在不斷完善之中。特別是近年來中國對稅收政策和稅收制度進行了重大調整，如個人所得稅工資薪金所得免徵額的提高、增值稅轉型改革、營業稅改徵增值稅等。中國的稅制改革新形勢也要求教材的編寫緊跟時代步伐，反應最新稅收理論和稅收制度的改革動向，以適應當前應用型本科人才培養的需要。所以本教材適用於經濟管理類各專業的本科教學，包括金融學專業、國際經濟與貿易專業、經濟學專業、財務管理專業、會計學專業等經濟學類和工商管理類專業。

本教材編寫的指導思想：第一，探索更為清楚、合理的邏輯結構；第二，探討應用型本科以及教學型本科教材理論與實務結合的尺度。

本教材的結構體系：結構清晰，直接將財政與稅收分為兩篇。財政部分是按照概述→收入→支出→預算→財政政策的主線來編寫的；稅收部分則是在介紹基礎理論知識的基礎上按照徵稅類別來編寫的。

本教材的寫作特點：理論與例題及案例充分結合，且每章後都配有習題以供學習參考使用；同時，教材中適當添加了圖片和表格等，力求更加生動。

本教材由鐘大輝、楊光任主編，李範英、張丹、張大慶任副主編。全書共分兩篇十二章，具體編寫分工為：鐘大輝、趙悅、韓揚編寫第十章、第十二章；楊光編寫第一章、第八章；李範英編寫第六章、第七章；張丹編寫第三章、第五章；張大慶、常春水編寫第九章、第十一章。王春贏、柏文靜編寫第二章；王銀龍編寫第四

章，全書最後由吉林農業科技學院經濟管理學院李延霞教授主審。

編 者

目錄

第一章	財政概論	1
第一節	財政及其特徵	2
第二節	政府與市場	6
第三節	財政的職能	10
第二章	財政支出	20
第一節	財政支出概述	21
第二節	財政支出的規模	29
第三節	財政支出的結構	37
第四節	財政支出的效益	41
第三章	財政收入	46
第一節	財政收入分類	47
第二節	財政收入規模	53
第三節	財政收入構成	59

第四章 國家預算及預算管理體制   67

第一節 國家預算概論   68
第二節 國家預算管理體制   75
第三節 中國預算管理體制改革   79

第五章 財政平衡與財政政策   84

第一節 財政平衡   85
第二節 財政政策   94
第三節 財政政策與貨幣政策的配合   99

第六章 稅收原理   105

第一節 稅收概述   106
第二節 稅制要素與稅收分類   108
第三節 稅收負擔與稅負轉嫁   116
第四節 稅收效應與稅收原則   122

第七章 流轉稅   129

第一節 流轉稅概述   130
第二節 增值稅   130
第三節 消費稅   149
第四節 營業稅   161
第五節 關稅   168

第八章　所得稅　　178

第一節　所得稅概述　　179
第二節　企業所得稅　　180
第三節　個人所得稅　　207

第九章　財產稅　　233

第一節　財產稅概述　　234
第二節　房產稅　　235
第三節　城鎮土地使用稅　　239
第四節　耕地占用稅　　243
第五節　契稅　　245
第六節　車船稅　　250

第十章　資源稅與行為稅類　　258

第一節　資源稅　　259
第二節　土地增值稅　　263
第三節　印花稅　　267
第四節　車輛購置稅　　272
第五節　城市維護建設稅與教育費附加　　274

第十一章　稅收徵收管理制度　　279

第一節　稅收徵收管理概述　　280
第二節　稅務登記　　283

第三節　納稅申報、稅款徵收和稅務稽查　　　289

第十二章　國際稅收　　　296

第一節　國際稅收概述　　　297
第二節　國際重複徵稅的產生及影響　　　301
第三節　減除國際重複徵稅的方式及原則　　　305
第四節　國際重複徵稅減除的主要方法　　　307
第五節　國際避稅與反避稅　　　313

參考文獻　　　327

第一章 財政概論

学习目标

　　瞭解財政現象、市場、政府與財政的基本內容，熟悉市場與國家政府的關係，掌握財政的基本概念、財政的特徵以及財政的基本職能，理解財政在社會生產中的地位。

重点和难点

[本章重點]

　　財政的特徵；市場失靈的特徵；財政基本職能的內涵、內容以及實現職能的財政手段

[本章難點]

　　財政的基本職能以及三大職能在中國的具體體現

导入案例

　　一個車牌號要賣 11 萬元，一盤翡翠餃子要賣 3 萬元，兩瓶可樂 690 元，杭州一家酒店的年夜飯 19.8 萬元一桌。2006 年 2 月 4 日，南京某珠寶店推出「天價」金碗每只 238,888 元。中國社會尚未全面達到小康水平，但「天價」商品如潮水般地湧來，衝擊著人們的神經。面對眾多的「天價」，人們不禁會問：中國到底富不富？哪些人有錢？眾所周知，中國人均年收入剛剛超過 1,000 美元的「溫飽線」。根據國際通用的貧富差距指標——基尼系數，中國 2004 年年底已經達到 0.457,7，超過

了國際通用的0.4的安全水平，表明中國的貧富差距不小。換句話說，「天價」車牌號、「天價」年夜飯、黃金書、金碗等均與普通人無關；普通人或生活在最低生活標準線附近的貧窮者需要的是基本的日常生活用品，但他們的收入不高，購買力有限。

問題：公平分配的標準是什麼？財政應如何在實現公平分配中發揮作用？

第一節　財政及其特徵

一、社會經濟生活中的財政

（一）財政現象

在當今社會，說起「財政」，人們並不陌生，財政問題和財政現象無處不有、無處不在，從居民的衣、食、住、行，到國家的政治活動和經濟建設，時時處處都存在著財政現象。每個社會成員都會通過各種渠道以各種方式與財政發生聯繫。在不斷享受財政活動所帶來的好處的同時，人們也常常會對某些財政問題表示困惑。

例如，一個國家必須得有軍隊、公安、司法、國防才能保障其安全，此外，還需要有機關、學校、醫院、科研機構等事業單位，其主要靠財政撥款來維持和發展。

再如，發電站、煤礦、橋樑以及大型公共設施等的修建也需要國家和政府的財政支出。

（二）財政活動

社會經濟生活的不同角度和不同方面都能涉及一些財政活動。所謂財政活動，首先表現為財政支出。財政支出不僅與各級政府的職能相統一，也與特定社會經濟條件下的熱點經濟問題緊密聯繫。財政活動還表現為財政收入。

二、財政的產生與發展

（一）財政的產生

財政並非自古就有，它是社會發展到一定歷史階段的產物。

在原始社會中，由於生產力水平十分低下，人類社會生產活動非常簡單。勞動資料直接來源於大自然，人們也只能夠取得非常有限的社會產品。為維繫社會再生產的順利進行，特別是為了勞動力再生產的延續，人們對有限的勞動成果必須平均分配。

隨著社會生產力的不斷發展，社會經濟也得到快速發展。除了滿足社會成員最低生活保障的需求之外，還出現了剩餘產品。生產工具的改善也使得原本需要很多社會成員共同參加的社會生產活動通過少數或者個別成員的勞動就可以實現，出現了社會分工。社會分工的出現促進了以交換為目的的經濟活動的產生和發展。在所有這些因素的共同作用下，特別是剩餘產品出現後，逐步產生了私有制。私有制的產生使得人類社會出現了階級的分化，形成了佔有生產資料和剩餘產品的階級和不

第一章　財政概論

佔有生產資料和剩餘產品的階級，最早出現的是奴隸階級和奴隸主階級。階級產生之后，占統治地位的階級為維護自身既得利益，鎮壓敵對階級的反抗，需要建立一種專政的統治工具，國家也就隨之出現，國家產生後，必然需要建立包括軍隊、警察、監獄和國家政權機構在內的一系列國家機器。國家機器的存在是國家生存所必不可少的。

綜上所述，生產力的發展和剩餘產品的出現是財政產生的物質基礎，即財政產生的經濟條件；私有制、階級和國家的出現是財政產生的政治條件。因此，財政是隨著經濟的發展和國家的產生而產生的。

(二) 財政的發展

財政產生以後，隨著社會生產力的變革和國家形態的不斷更迭，財政也在不斷地發生變化。人類自進入階級社會以後的各種社會形態，都有與其生產資料所有制和國家形態相適應的國家財政。

1. 奴隸制國家的財政形式

奴隸制國家的財政形式包括財政收入和財政支出兩部分。

奴隸制國家的財政收入主要有：①王室土地收入。王室土地收入即國王強制奴隸從事農業、畜牧業以及手工業等勞動成果。②軍賦收入。軍賦收入即為保證戰爭和供養維持軍隊需要而徵集的各種財務。③掠奪收入和貢物收入。掠奪收入是指在戰爭中掠奪的所有財務；貢物收入包括諸侯及王公大臣的貢賦以及被徵服的國家交納的貢品。④捐稅收入。捐稅收入主要有從農民、手工業者和商人那裡徵收的各種捐稅。

奴隸制國家的財政支出主要有：①王室貴族支出。這包括王室貴族成員的生活消費，例如吃、穿、住以及賞賜、宴請賓客、建造宮殿等。②戰爭軍事支出。③王室官員祭祀支出。④各種俸祿支出。⑤農業、水利等生產性支出。

奴隸制國家財政收支基本上採取力役和實物的形式，國家財政以直接剝削奴隸勞動的收入為主。

2. 封建制國家的財政

封建制國家的財政收入主要有：①農田捐賦收入。②官產收入。③鹽鐵官營專賣收入。④特權收入。

封建制國家的財政支出主要有：①軍事支出。軍事支出是封建制國家的重要支出。②王室貴族費用支出。這項支出在封建制國家中佔有很大的比重。③維持國家機構開支。④文化及教育支出。這項支出在封建制國家中佔有較小的比重。⑤宗教支出。⑥生產工程建設性支出。

封建制國家財政收支基本上採取實物形式與貨幣形式並存，並有力役形式。農業取得的稅收，成為國家財政的主要收入，並產生了國家預算。

3. 資本主義國家的財政

資本主義國家的財政收入主要有：①各種稅收。稅收是資本主義國家最主要的財政收入。②債務收入。資本主義國家為了彌補財政赤字，政府便採用發行公債的形式取得財政收入。③上繳國有企業利潤收入。

財政與稅收

資本主義國家的財政支出主要有：①軍事支出。軍事支出在資本主義國家的財政支出中佔有重要地位。②國家管理經費支出。這包括行政、立法、司法三方面的管理費用。③文教科衛支出。④各項福利支出。⑤經濟發展和社會建設性支出。

資本主義國家財政收支全面採取貨幣形式，發行國債、實行赤字財政和通貨膨脹政策，成為國家增加財政收入經常的和比較隱蔽的手段。在資本主義社會階段財政得到了極大的發展和完善。

4. 中國社會主義財政的建立和發展

（1）新民主主義財政的建立。中國社會主義財政的建立，歸根溯源，要從1927年建立紅色根據地開始。歷史上每一次革命都會使社會的各項活動尤其是政治運動發生重大變化。在農村革命根據地紅色政權建立以後，為適應當時的戰爭環境和根據地經濟極端困難的需要，新民主主義財政建立起來了。其特點主要是：①財政收入主要來源於農民交納的公糧。②財政支出主要為革命戰爭提供保障，此外也有一部分用於發展經濟和社會建設。③財政管理基本上是分散的，沒有形成一套科學統一的制度。

（2）社會主義財政的建立。中華人民共和國的成立標誌著中國新民主主義革命的結束和社會主義革命的開始，相應的，財政的性質和內容都發生了很大的轉變，由新民主主義財政過渡到了社會主義財政。尤其是新中國建立之初，人民政府面臨著艱鉅而繁重的建設和修復任務，國庫空虛，經濟基礎薄弱，需要有足夠的財政保障。但在當時，人民政權卻面臨著嚴重的財政經濟困難，國家財政存在著巨額赤字，金融物價劇烈波動。為此，國家財政做了大量工作，其中主要有：編製新中國第一個概算、打擊投機資本、統一財經工作、調整工商業、貫徹「三邊」方針。經過三年多時間的艱苦奮戰，人民政府終於帶領全國人民戰勝了嚴重的財政經濟困難，取得了財政經濟狀況根本好轉的偉大勝利，國民經濟得到了全面恢復，各項指標都有大幅度增長。物價完全穩定了下來，很多商品價格出現了較大幅度的回落。財政收支實現了平衡，並略有結餘。

三、財政的概念及其特徵

（一）財政的一般概念

關於財政的概念，中國學術界在長期探討和爭鳴中，對中國社會主義財政的本質有了具有中國特色的不同學說，各種學說從不同角度探索了財政的內涵和外延，各自有鮮明的中心論點，但各派之間並不是絕對排斥的。主要有「國家分配論」「社會再生產說」「剩餘產品價值分配論」「社會共同需要說」「價值分配說」「公共財政」等觀點，目前，已經基本確立了財政是以國家為主體的分配關係（即「國家分配論」）的主流地位。

（二）財政的基本特徵

1. 財政分配的主體是國家

財政不是自古以來就有的，它是人類社會發展到一定歷史階段而產生的一種特定的經濟現象。原始社會沒有國家，也就沒有財政。到了原始社會末期，在私有制

第一章　財政概論

和階級出現以後產生了國家，國家產生後，要行使職能，就要消耗一定的物質資料，而它本身並不是物質資料的生產者，為了滿足需要就必須憑藉政治權力無償地分配和佔有一部分社會產品，這種特殊的分配行為就是財政。與其他分配不同，財政分配以國家為前提。

2. 財政分配的對象———部分社會產品，主要是社會剩餘產品

原始社會生產出來的產品全部被消費掉了，沒有剩餘，只存在一般的平均分配。原始社會末期，由於生產力的發展，產品出現了剩餘，剩餘產品的增加是私有制、階級和國家產生的基礎。這就使財政從一般產品分配中獨立出來，專門為國家行使職能提供物質基礎。

3. 財政分配的目的是保證國家實現其職能，滿足社會公共需要

要想真正理解財政分配的目的，就有必要瞭解財政學中的社會公共需要理論。

（1）社會公共需要的含義和特徵

人類社會的需要儘管多種多樣，但從最終需要來看無非有兩大類：私人需要和社會公共需要。在現代市場經濟條件下，由市場提供私人物品用於滿足私人個別需要，由代表政府的公共部門提供公共物品用於滿足社會公共需要。

社會公共需要的特徵如下：

第一，效用具有不可分割性。滿足社會公共需要的產品（公共產品）是向整個社會提供的，不能將其分割成幾個部分分別歸某個人或集團消費。

第二，消費上的非排他性。某個集團或某個人享用這種產品並不排斥其他集團和個人享用這種產品。因此這種產品不付費或少付費。如航海中的燈塔、國道等。而私人產品付費後他人不能消費，如個人買一瓶汽水就會排斥其他人消費這瓶汽水。

第三，滿足社會公共需要的產品在取得方式上具有非競爭性。增加一個消費者不會引起總的生產成本的增加，即多一個消費者所引起的邊際成本為零。而私人產品每增加一個則多一份成本，如蛋糕。

（2）社會公共需要包括的範圍和內容

第一，保證執行政權職能和社會職能的需要。

第二，半社會公共需要。這就是介於公共需要與私人需要之間在性質上難以嚴格劃分的一些需要，其中一部分或大部分也要由國家集中分配來滿足。

第三，大型公共設施和基礎產業的投資需要。如郵電、通信、民航、鐵路以及市政建設，這些產品在使用上具有共同性的特點，不可能被單個企業獨占，具有公共產品的特徵，社會主義國家這部分建設由政府出資，即使在資本主義國家，某個企業集團也負擔不起，大部分仍然由政府投資興建。

（3）社會公共需要是共同的、特殊的和歷史的

「共同的」是指任何社會形態下都存在社會公共需要，它不會隨著社會形態的更迭而消失。「特殊的」是指社會公共需要總是具體地存在於某種社會形態之中（如奴隸社會、封建社會、資本主義社會都有自己社會公共需要的內容）。如西方國家的一些福利是社會公共需要，但中國經濟發展未達到，對中國來說就不是社會公共需要。像北歐一些國家，醫療、教育和養老（65 歲以上）等是免費的。「歷史

的」是指社會公共需要隨著生產力的發展不斷變化，如對農業、工業和社會教育投資，在不同歷史時期，它占財政支出的比例是不同的。

第二節　政府與市場

在市場經濟體制下，市場是一種資源配置系統，政府也是一種資源配置系統，兩者共同構成社會資源配置體系。財政是政府配置資源的經濟活動，因此明確市場與政府的關係是研究財政問題的基本理論前提。

一、市場失靈及其表現

（一）市場失靈的含義

市場失靈又稱市場缺乏效率，是指市場本身無法有效合理配置資源，從而引起收入分配不合理以及經濟社會不穩定的狀況。換言之，當市場不能有效地調節經濟，而導致市場缺乏效率時，稱為市場失靈。

（二）市場失靈的表現

1. 公共物品和外部效應

公共產品是指具有非排他性和非競爭性的產品和勞務。所謂非排他性，是指每個人對公共產品的消費，不會影響或妨礙他人同時享用，不會導致別人對該產品和勞務消費的減少。公共產品的提供者無法或很難阻止其他人享用該產品，因為這種阻止要麼在技術上做不到，要麼阻止的成本高昂而無法真正實現，如海上建起的燈塔。而私人產品則具有排他性，比如，任何人想從商場不付款得到商品，售貨員都可以阻止其消費該商品。所謂非競爭性，是指當一個人更多地消費一種產品時並不減少其他人對該物品的消費。即在公共產品的覆蓋範圍內，原有消費者享用它的數量和質量，以及由此獲得的效用程度，並不會因新消費者的增加而有所減少或損失。每增加一個人享用公共產品的邊際成本等於零。公共產品的特點，使得消費者可以不通過市場而免費享用該產品，產生「免費搭車」的問題，即由於人們享用某些產品或服務時並不減少其他人的享用，后者就可以不付費。同時由於其消費沒有競爭性，個別消費者從公共產品中獲得的利益的成本難以量化，從而使公共產品的提供者很難向個別消費者收取合理的費用，因此公共產品的提供者和個別消費者之間不能按照市場經濟的原則解決問題。

> **課堂思考**：中國當前鐵路營運需要進行市場化改革嗎？會不會導致火車票價過高，老百姓坐不起車？

2. 規模經濟和自然壟斷

一些自然壟斷的行業，例如供電、電話、自來水等，在進行大規模經營時不僅可以降低成本，還可以大大提高經濟效益，這就是規模經濟，一旦某個企業或集團

占領了市場，實現了規模經營，就會阻礙潛在的競爭對手進入。同為新進入該行業的公司，由於生產達不到一定的規模，成本就會提高。因此規模經濟顯著的行業很容易形成壟斷。

但是，壟斷畢竟偏離了完全競爭，在給其他企業設置進入障礙的同時，壟斷者往往會在追求利潤最大化動機的驅使下，憑藉自身的壟斷優勢削減產量、提高價格而謀求高額壟斷利潤，從而使產品的價格和產量偏離社會資源最優配置的要求，影響市場機制自發調節經濟的作用，降低資源的配置效率，浪費社會資源。自然壟斷行業的存在，使得生產和提供該產品和服務的企業只有在較大規模下生產時才有利可圖，一旦進入該行業的公司生產達不到一定的規模，成本會高於大企業，難以與大企業競爭。因此，在規模經濟顯著的行業，特別容易形成自然壟斷。因而，政府應該承擔起維持市場有效競爭的責任。

3. 信息不對稱和不充分

信息不對稱指的是某些市場參與者擁有另一些市場參與者不擁有的信息，具體到一個交易過程，是指供求雙方對同一種產品或服務的瞭解程度是不一樣的。由於信息的不對稱，在交易過程中會出現逆向選擇和道德風險問題。其中逆向選擇發生在當事人簽約之前，如在一個舊車市場上，有多個潛在的買者和賣者，賣者知道自己的車的質量，但買者卻只能通過觀察瞭解該車的大體情況，並可能只願意按照該市場上車的平均質量付出價格，這樣將會導致高於平均質量的舊車退出交易，只有質量低的舊車進入市場。道德風險發生在當事人簽約之後，簽約時信息雖然是對稱的，但簽約後一方當事人卻無法直接觀察另一方當事人採取的行動，此時另一方當事人就有可能採取對對方不利的行為，即使合同可以建立在可觀察的結果之上，也會出現雙方都投入不足的問題。在這兩種情況下，顯然都不可能達到帕累托最優的狀態。

4. 收入分配不公平

資本與效率的原則存在著「馬太效應」。從市場機制自身作用看，這屬於正常的經濟現象。市場經濟雖然是有效率的，但卻很難兼顧公平，因為市場機制追求的是資源配置效率。按照市場經濟運行的規則，收入分配情況是由每個人提供的生產要素的數量以及其在市場上所能獲得的價格所決定的。由於每個人所擁有的體力、智力、天賦、資本等在質和量上都存在很大的差距，從而使人們之間的收入差異很大，且有失公平。而且，這種收入懸殊情況有可能進一步擴大，而市場機制對此卻無力解決，這不僅會影響市場經濟的正常運行，而且會引發社會動盪，影響社會安定。因此，沒有收入分配上的公平，就沒有經濟高效率的長久持續。

> **課堂思考**：中國證券市場是否存在信息不充分或不對稱？如何進一步建設？

二、政府干預

在社會主義市場經濟體制下，市場機制在資源配置中起基礎性作用，在理想條件下，市場以最有效率的方式配置資源。但是，由於市場本身失靈，需要借助於政

府來彌補市場缺陷實施高效率的資源配置。這個問題不僅關係到市場與政府各自配置資源的範圍和程度，也影響著財政收支的規模和方向。

(一) 政府的經濟作用

市場自身無法克服市場失靈問題，而由市場失靈所產生的矛盾累積到一定程度必然引發比較複雜的經濟情況，典型的經濟現象是經濟危機，即通過經濟危機來克服市場失靈的缺陷。但是，經濟危機會嚴重影響一個國家經濟的正常運行與發展，並進一步影響到整個社會政治生活和社會生活的安定，危害極大。這就需要政府介入或干預，以一種非市場機制的方式來解決市場失靈問題。因此，在現代社會中，人們通常借助於政府的力量，通過運用各種政策和措施來干預經濟的運行，以彌補市場機制的缺陷。

現代經濟是一種混合經濟，政府與家庭、企業之間的收支循環流程見圖1.1。

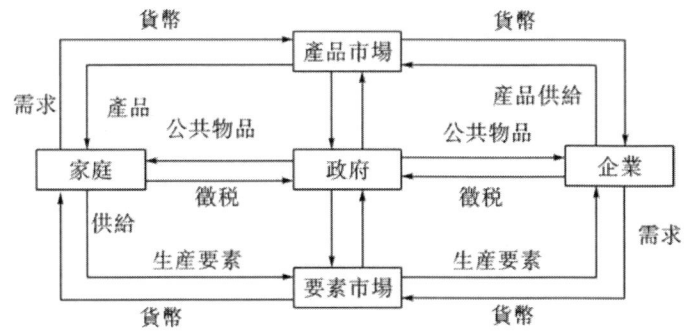

圖1.1　政府與家庭、企業之間的收支循環流程

(二) 政府失效

20世紀70年代後，各國政府對經濟活動的干預產生了一系列社會問題，引發了人們對政府失效問題的關注。

政府失效是一個和市場經濟本身緊密聯繫的概念，指政府作為彌補市場失靈和缺陷的手段時，不能實現預期的社會和經濟目標或給社會帶來額外的福利損失。所以政府失效和市場失靈相對應。

政府失效是一種客觀存在，不管過去、現在還是將來，無論是發達國家還是發展中國家，都不同程度存在著政府干預失效這種現象，產生的原因和表現如下：

1. 政府提供信息不充分

政府應提供如經濟形勢判斷、氣象預報、自然災害預測等多方面的信息，因為這些都是引導經濟運行的重要信息，一旦失誤，都會帶來不可挽回的巨大損失。如果政府不能準確及時地瞭解廣大人民的願望，或誤解了人們的行為，其提供的信息就可能不及時、不充分甚至失真。

2. 錯誤的政府決策

政府決策失誤往往會造成難以挽回的巨大損失，大的方面包括發展戰略和經濟政策失誤，小的方面包括一個投資項目的選擇或準公共物品提供方式的選擇不當等。比如，提供居民出行便利的城市交通是地方政府的一項重要職責，可以有許多種決

策方案（雖然公共交通屬於標準的公共物品，可以由政府通過招標的方式舉辦，也可以由企業舉辦），是提倡私人購車還是發展公共交通，哪一種方式更有利於緩解交通擁擠和方便居民；發展公共交通，是建設地鐵還是建設地上輕軌，如何決策才能達到效益的最大化；是由政府包辦還是吸引企業參與等。這些不僅僅是決策問題，更是效率問題。

3. 政府職能的「越位」和「缺位」

明確政府與市場的關係是經濟體制轉軌的一個核心問題，規範政府經濟行為，轉變政府經濟職能，其中包括轉變財政職能。我們知道，政府干預是為了彌補市場失靈，而政府干預失效，是指政府干預不但不能彌補市場失靈，反而加重了市場失靈，進而損害了市場效率。財政職能的「越位」，是指本應當通過市場機制就能解決的事情，政府卻通過財政手段強行人為地參與，如政府代替了市場職能，而熱衷於競爭性生產領域的某項投資。財政職能的「缺位」，是指應該由政府通過財政手段辦的事情而財政沒有辦或者沒有辦好，如公共設施、義務教育、公共衛生、公共服務的投入不足等，這些都是政府干預失效或財政失職的表現。當然，政府職能和財政職能的規範和轉變，要靠經濟體制和政治體制整體改革的逐步到位來實現，需要一個相當長的過程。

4. 尋租行為

尋租的根源是政府。尋租是指人們憑藉政府保護而進行的尋求財富轉移的活動，包括旨在通過引入政府干預或者終止政府干預而獲利的活動。尋租從根本上是與勞動和公平原則相違背的，也是對公共資源的侵害和浪費。它的主要特徵是不經過相應的生產勞動而將社會公眾財富轉移到一部分人手中。在市場經濟特徵下，幾乎不可避免地會產生由於濫用權力而發生的尋租行為。

三、政府與市場的角色

「政府應做的，就是財政要干的」，這並不是說政府可以為所欲為。政府應做和政府可能做的，這除了取決於政府的自身性質和一定的社會生產力水平外，還受政府與市場作用範圍的制約。實際上，要想明確政府應該幹什麼不該幹什麼，就需要嚴格界定政府與市場的責任範圍。概括來說遵循以下基本原則：第一，從責任範圍上看，政府所干預的活動的界限應在市場失靈領域內，而市場機制的調節應在政府失效的領域。第二，從作用的層次上看，政府活動主要在宏觀經濟層面上，而市場經濟主要在微觀經濟層面上。第三，從公平與效率準則的實現上，政府主要致力於社會公平，市場主要致力於社會效率提高。

具體來說，政府必須向社會提供個人或私人企業不願或不可能提供的公共服務；必須承擔起保護自然資源的責任；必須向社會提供諸如公共教育等個人或私人企業所承受不了而社會效益往往大於個人利益的公共服務；必須提供或者幫助提供那些市場正常運行所不可少的公共服務，如食物和藥品等商品的質量管理；必須對那些與公共利益密切相關且具有壟斷性的企業加以適當的調節，以確保公眾利益不受侵犯；必須負責生產那些私人企業不能生產的或不能以同等效率生產的公共產品，

如郵政；必須將核武器與原子彈等有關國家安全的產品生產置於自己的控制之下；必須運用稅收減免、優惠貸款與補貼等直接或間接的經濟手段，來促進那些社會需要的新企業的成長與發展；應當承擔起社會保障、制定最低工資法以及消除企業間競爭過度等職能，保證每個公民最低限度的生活標準，使他們免除經濟生活中那些不合理的或不必要的風險；必須採取反壟斷法等措施，以限制社會經濟權力在個人手中的集中和產業的壟斷；必須從人道主義立場出發，為社會提供醫療保健方面的服務；必須運用主觀的財政與貨幣政策來保證國民經濟的充分就業；應該積極發展與其他國家的經濟關係；應該採取各種手段和措施對付來自他國的武力威脅與軍事侵略；必須建立全國安全網，以防範國家經濟風險和外來金融衝擊等。

第三節 財政的職能

研究財政職能的任務，是從理論上概括財政在國民經濟中的地位和作用，因此，財政職能的概括與分類對構建財政學的理論體系，確定財政學研究的內容、方向和目標，具有至關重要的意義。中國財政理論界對財政職能的研究有不同的思路，因而有不同的表述。其實財政是政府的一種經濟行為，是履行和實現政府經濟職能的手段，所以，財政職能就是政府的經濟職能，即資源配置、收入分配、經濟穩定與發展。這裡要研究的問題，主要是分析和研究財政在履行和實現政府經濟職能中的地位和作用，以及財政履行和實現政府經濟職能的特殊機制和手段。

一、資源配置職能

資源配置的問題是經濟學研究的邏輯起點。任何社會可用於生產的資源無論在質還是在量上都是有限的，如土地（自然資源）、勞動力和資本，而這些資源要用來滿足的人類的需求是無限的、多樣的，於是產生了如何在各種需求之間最優配置的問題。應該用何種方式做出資源配置的決策，政府應該如何促進社會資源的最優配置，這正是財政學要回答的基本問題。

（一）資源配置職能的含義

資源配置職能是指通過財政收支活動，對現有的社會資源的分配狀況進行合理調配，最終促進社會資源的優化配置。資源配置職能可以從兩個層面來理解。第一，從微觀層次上看財政資源配置職能是指對市場提供過度的商品和服務進行調整，而對市場提供不足的商品和服務進行補充，以實現社會資源的有效配置。第二，從宏觀層次上看財政資源配置職能是指改變公共部門與私人部門之間的資源配置狀況。可見，在市場經濟中，財政既是分配者，又是全社會資源配置的調節者。

（二）資源配置職能的目標

世界上所有國家都將高效地配置資源作為頭等重要的經濟問題，而資源配置的核心是效率問題，效率問題又是資源的使用方式和使用結構問題。經濟學中，關於

第一章　財政概論

資源配置效率含義最嚴謹的解釋，也是最常使用的解釋是「帕累托效率」準則，是指社會資源的配置已經達到這樣一種狀態，即任何重新調整都不可能在不使其他任何人境況變壞的情況下而使任何一個人的境況更好，那麼，這種資源配置的狀況就是最佳的，也就是具有效率的。

如果達不到這種狀態，即可以通過資源配置的重新調整而使某人的境況變好，而同時又不使任何一個人的境況變壞，那就說明資源的配置狀況不是最佳的，也是缺乏效率的。當然，「帕累托效率」準則，只是一個理想的狀態，現實中難以實現。

如前面所說，在市場經濟體制下，市場在資源配置中起基礎性作用，在具備充分競爭條件下的市場，會通過價格與產量的均衡自發地形成一種資源配置最佳狀態。但由於存在市場失靈，市場自發形成的配置不可能實現最優的效率狀態，因而需要政府介入和干預。財政的配置職能是由政府介入或干預所產生的，它的特點和作用是通過本身的收支活動為政府提供公共物品，提供經費和資金，引導資源的流向，彌補市場的失靈和缺陷，最終實現全社會資源配置的最優效率狀態。因此，財政的資源配置職能要研究的問題主要是：資源配置效率用什麼指標來表示、如何通過政府與市場的有效結合提高資源配置的總效率以及財政在配置資源中的特殊機制和手段。

（三）資源配置職能的內容

在市場失靈領域內，政府財政所承擔的優化資源配置職能是為彌補市場在資源配置方面的缺陷而存在的，其基本前提和要求是盡可能不影響市場機制的有效性。其內容主要有以下幾個方面：

1. 將資源配置於無法按付費原則經由市場配置的政府各職能部門和事業單位

將資源配置於政府各職能部門和事業單位，以提供社會所需要的公共物品和公共服務，是財政優化資源配置職能的首要內容。由於所有的公共物品都不同程度地具有效用的不可分割性、消費的非競爭性和非排他性等特徵，這一方面使其生產成本無法通過市場交易來回收，所以，追求利潤最大化的生產者不可能向社會提供公共物品；另一方面，理性的消費者都寄希望於別人付費購買公共物品，而自己「免費搭車」，因此，公共物品的生產和公共服務的提供是市場失靈的領域，其任務只能落到國家身上。財政的資源配置範圍主要包括國防、外交、政府行政管理、社會治安安全、法律秩序、教育衛生等各項社會公益性事業、環境保護等。

2. 將資源配置於具有壟斷或自然壟斷傾向，不宜由市場配置的非競爭性行業和部門

在現實生活中，有一些產品和行業不具備有效競爭的條件，而存在規模效益遞增的情況，這就使市場競爭本身產生出壟斷或自然壟斷傾向。此外，有一些行業和產品天然存在競爭失效而應由國家直接控制的問題，上述壟斷或自然壟斷傾向符合市場追求利潤最大化的法則，但又反過來抑制市場競爭，妨礙市場效率在更大範圍內提高。可見，對這些產品和行業，市場存在資源配置無效或低效的缺陷，這種缺陷應該通過政府對資源進行直接配置或間接引導和干預來彌補。

3. 將資源配置於具有高風險，且預期收益不確定，但對經濟發展有帶動作用的

財政與稅收

高新技術產業

　　高新技術產業如新材料、新能源、生物工程、海洋開發、宇宙飛機等是推動經濟快速發展的先導性產業，它有投資大、研究與開發初期風險大、預期收益不確定等特點，因而是企業和個人無力或不願投資的領域，這就要求政府承擔起對這些行業的投資責任。

　　4. 將資源配置於投資大、建設週期長、私人部門無力投資的基礎設施和部門

　　農業、原材料、交通運輸、能源等行業是國民經濟的基礎性產業，其發展是整個國民經濟發展的前提，但這些產業具有投資大、建設週期長、投資收回相對緩慢的特點，因此，其投資不可能完全經由市場形成，而必須借助於政府財政力量來實現。財政通過直接投資或給予補貼等方式將資源直接或間接地配置於基礎設施和部門，可以協調基礎設施與加工業之間的資源配置比例，進而提供資源配置的宏觀效益。

（四）資源配置職能的機制與手段

　　1. 根據市場經濟體制下政府的職能，確定財政收入占國內生產總值（GDP）的比例

　　通過對財政收入占 GDP 比例的調整，可調節社會資源在政府部門和非政府部門之間的配置，做到一方面要保證滿足政府提供公共物品的需要，另一方面也要保證私人部門順利發展的需要。中國在過去一段時間內，預算內的財政收支占 GDP 的比重、中央財政收入占全部財政收入的比重明顯偏低，不能有效地保證理應由財政承擔的重要投入，對引導社會資金的合理流動也缺乏力度，教育、公共衛生、環境保護、社會保障、科技進步、農業發展等方面的投入不足，財政在支持經濟建設特別是結構性調整方面處於軟弱無力的地位。這些都是財政資源配置職能弱化的表現。當前，中國財政收入占 GDP 的比重已由逐年下降轉為逐年上升，但也要防止財政收入增長速度過快，財政收入占 GDP 的比重過高，以致影響市場在資源配置中的基礎性作用。

　　2. 優化財政支出結構

　　中國國民經濟和社會發展戰略規劃明確規定了當前對資源配置的要求：向農業、教育、社會保障、公共衛生和就業等經濟社會發展的薄弱環節傾斜，向困難的地區和群體傾斜，向科技創新和轉變經濟增長方式傾斜。著力支持就業和再就業，完善社會保障，促進構建和諧社會；著力推動自主創新，促進經濟增長方式的轉變；著力加大轉移支付力度，促進區域協調發展；著力支持改革，完善社會主義市場經濟體制；著力財政保障力度，加強政權建設。因此，優化財政支出結構，要求保證重點支出，壓縮一般支出，提高資源配置的結構效率。

　　3. 合理安排政府投資規模、結構，保證國家重點建設

　　政府投資規模主要是指政府投資在社會總投資中所占的比重，它表明政府對社會總投資的調節力度。通過調整國家預算支出中的投資結構，達到合理配置資源的目的，這種作用對發展中國家具有至關重要的意義。過去一段時間內，中國預算內投資占全社會投資比重曾經過低，公共設施和基礎設施發展滯後對經濟增長形成了

第一章 財政概論

「瓶頸」制約，直到實施積極的財政政策后才大有改觀，今后仍然必須從財力上保證具有戰略性的國家重大建設工程。

4. 合理運用財政政策，調節社會投資方向

通過財政投資、稅收政策、國債和財政補貼等手段的運用，調節非政府部門的資源配置，特別是按照國家的發展戰略和經濟發展規劃，引導社會資源在不同地區和不同部門之間的流動，鼓勵和支持基礎設施和重點項目的建設，帶動和促進民間投資，吸引外資和對外貿易，從而提高社會總體的資源配置效率。

5. 提高財政資源配置本身的效率

對每項生產性投資的確定和考核都要進行成本—效益分析，對於公用建築和國防工程之類的不能回收的投資項目，財政撥款應視為這種工程的成本，力求以最少的耗費實現工程的高質量，甚至作為財政收入主要形式的稅收，也存在稅收收入與稅收成本的對比問題。中國近年來編製部門預算、實行政府採購制度、實施集中收付制度、「收支兩條線」制度以及加強稅收徵管，都是提高財政資源配置本身效率的重大舉措。

> **課堂思考**：現在的路燈大都是接電線的，社會的資源還沒有向太陽能路燈轉移，如果政府出錢，把路燈都改為太陽能路燈，那麼廠家就會為了利益而把原來生產普通路燈的資源調撥到發展生產太陽能路燈上。問：這樣的行為體現了公共財政的哪一個職能？

二、收入分配職能

（一）財政的收入分配職能的含義

財政的收入分配職能有兩層含義：一是指對社會產品和國民收入的分配，即集中組織收入，這是一般意義上的分配；二是指對已經完成的各種分配的結果所出現的偏差進行糾正、調整或再分配，以實現收入的公平分配。公平分配一般來說包括經濟公平和社會公平兩個方面。所謂經濟公平，是指生產要素投入與生產要素收入應相對稱，因為在經濟活動中，收入和財富的分配取決於生產要素的投入以及這些生產要素的市場價格，等量的要素投入應獲得等量的收入，這是市場經濟的內在要求。但在市場經濟條件下，由於每個分配主體所提供的生產要素的數量不同，質量也有差異，所擁有資源的稀缺程度也不同，再加上市場價格也可能存在偏差以及各種非競爭性因素的干擾，使得各分配主體獲得的收入可能與其要素投入不相對稱，存在一定的差距。當這種差距超出社會各階層的接受程度時，就會導致社會不安定，經濟也會受到影響。因此，這就需要政府對收入進行調整和再分配，以達到社會公平。社會公平就是要求將收入差距維持在現階段社會各階層居民所能接受的合理範圍內。

（二）財政收入分配職能的目標

收入分配的目標是實現公平分配，而公平分配又包括經濟公平和社會公平兩個層次。經濟公平（規則公平）強調要素的投入與要素的收入相對稱，它是在市場競爭的條件下由等價交換來實現，這種公平與效率一致。社會公平（包括起點公平

13

財政與稅收

和結果公平）是將以上（市場）分配的偏差所造成的收入差距維持在各階層所能承受的範圍內。財政學探討的是社會公平，因為前一個公平（經濟公平）已由市場在交換中解決。

（三）收入分配職能的內容

在市場經濟條件下，財政之所以具有收入分配的職能，是由於市場機制的缺陷造成的收入和財富分配的不公平，其內容包括：

1. 調節個人之間的收入分配關係

如前所述，在社會主義市場經濟條件下，市場機制對個人收入的分配儘管能體現效率準則的要求，極大地調動勞動者的積極性，但卻難以兼顧社會公平。由於人們所擁有的財產不同、勞動力不同、就業機會、競爭條件存在差異，市場分配的結果會形成投資者與勞動者之間、勞動者之間、就業者與失業者、有勞動能力者與無勞動能力者之間收入份額的懸殊。這種懸殊不利於社會經濟的穩步發展，又是市場機制本身所難以克服的，因而需要政府財政來協調，從而使對個人收入分配關係的協調成為財政調節收入分配職能的首要內容。

2. 調節部門及產業間的收入分配關係

現代市場經濟是以社會分工為基礎的專業化協作經濟。各部門、各產業之間相互依存，客觀上存在著一定的比例要求，並相互牽制。但在現實生活中，由於各部門、各產業的特點不同，會引起其經營成本及利潤率的差距，有些產業和部門會因其所具有的投入小、產出多的客觀優勢而從市場分配中獲取較多的收入；有些產業和部門則會由於其天然存在的投資大、見效慢等特點而出現要素投入與所獲報酬不對稱的情況。按照市場法則，資源將流入收益率較高的部門和產業，進而破壞部門或產業間客觀存在的比例關係。為了促進國民經濟按比例健康發展，必須調節各部門和各產業的利潤水平。

3. 調節地區間的收入分配關係

地區間的均衡發展是經濟發展和社會進步的重要標志。在市場經濟條件下，按照要素投入與要素報酬對等的原則，經濟條件不同的地區之間會形成收入分配不均等的情況，進而導致居住在不同地區的社會成員所享受的個人福利和社會福利懸殊，使生產要素流向收入高的地區，加劇地區間經濟和社會發展的差距。這種差距的存在不符合資源優化配置、社會共同進步、人類福利普遍提高的要求。而對縮小差距的要求，市場又難以滿足，因此，必須借助政府的力量，通過財政的調節收入分配職能來實現。

4. 調節企業利潤水平

第一，企業的稅收負擔要適度。應使政府稅收既滿足國家行使職能的財力需要，又要使企業有自我發展、自我累積和自我改造的能力。第二，企業的利潤水平要能反應企業的經營管理水平和主觀能力狀況。

（四）收入分配職能的機制與手段

在市場經濟條件下，財政實現收入分配職能的機制和手段具體表現在以下幾個方面：

1. 財政在執行收入分配職能時，首先要劃分市場分配與財政分配的界限

政府和市場都要各負其責，屬於市場分配的範圍主要包括企業職工工資、企業利潤、租金收入、財產收入、股息收入等。對此，財政不宜直接介入，更不能替代。屬於財政分配的範圍主要包括兩個方面：一是規範工資制度。即對由國家預算撥款的公務員的工資制度以及相似的事業單位職工的工資制度進行規範，使公務員以及由國家預算撥款的事業單位職工的工資標準按照國家經濟發展狀況並參照企業職工的平均工資水平來確定，各種工資性收入都應納入工資總額，取消各種明補和暗補以及實物工資，提高工資的透明度，實現個人消費品的商品化。二是對醫療保健、社會福利等社會保障資金，財政應履行集中分配的職責，通過各種轉移支付形式，使每個社會成員都能享受同等的待遇，實現社會化。屬於財政分配職能範圍的，財政應盡力做到公平分配。

2. 加強稅收調節

稅收是對全社會各種收入進行強制性調節的分配形式，是財政實現收入分配與再分配的最常用的手段。通過間接稅（如增值稅），可以調節各類商品的相對價格，從而調節各經濟主體的要素分配；通過企業所得稅，可以調節公司的利潤水平；通過個人所得稅，可以調節個人的勞動收入和非勞動收入，使之維持在一個合理的差距範圍內；通過資源稅，可以調節由於資源條件和地理條件而形成的級差收入；通過遺產稅、贈與稅，可以調節個人財產分佈；等等。

3. 規範工資制度

這裡是指由國家預算撥款的政府機關公務員的工資制度和視同政府機關的事業單位職工的工資制度。凡應納入工資範圍的收入都應納入工資總額，取消各種明補和暗補，提高工資的透明度；實現個人收入分配的貨幣化和商品化；適當提高工資水平，建立以工資收入為主、工資外收入為輔的收入分配制度。

4. 擴大轉移性支出

轉移性支出包括各種專項撥款、各種補貼和社會保障支出，將資金直接分配給特定的地區、單位和個人，通過提供低收入者的收入水平來改變收入分配不公的程度。這樣做，可以使每個社會成員都可以維持起碼的生活水平和福利水平，體現社會公平。

三、經濟穩定和發展職能

(一) 經濟穩定與發展職能的含義

經濟穩定包含多重含義，即充分就業、物力資源的充分利用、物價穩定以及國際收支平衡。充分就業並非指100%的就業率，而是在一定範圍內允許一部分人失業。由於經濟結構不斷調整，就業結構也在不斷變化，在任一時點上，總會有一部分人暫時脫離工作崗位處於待業狀態，經過一段時間培訓后重新走上工作崗位。因而充分就業是指可就業人口的就業率達到了由該國當時社會經濟狀況所能承受的最大比率。物價穩定也不意味著物價凍結、物價上漲率為零，即使在經濟運行正常時期，物價的輕度上升也是一個我們必須要接受的事實。所以物價穩定是指物價上漲

財政與稅收

幅度維持在不至於影響社會經濟正常運行的範圍內,不發生物價大幅度的上升或下降,維持一種動態的平衡。國際收支平衡指的是一國在國際經濟往來中維持經常性項目收支(進出口收支、勞務收支和無償轉移收支)的大體平衡,因為國際收支與國內收支是密切聯繫的,國際收支不平衡同時意味著國內收支不平衡。

經濟發展和經濟增長是兩個不同的概念,經濟增長是指一個國家產品和勞務的數量增加,一般用國民生產總值(GNP)或國內生產總值(GDP)來衡量。而經濟發展不僅僅包括產出的經濟增長,還包括隨著產出增長而帶來的產出與收入結構的變化,政治條件、文化條件的改善。發展表現為在國民生產總值中農業比重下降,製造業、公用事業、金融貿易、建築業等的比重相應上升,勞動就業結構發生變化,教育程度和人才培訓水平逐步提高,消除環境污染、貧困、失業、文盲、疾病等,解決收入分配不公,滿足人們不斷增長的基本需要。

(二)經濟穩定與發展職能的目標

在市場經濟條件下,財政之所以能穩定經濟並使之適度發展,也是因為市場存在缺陷,不能自動調節並穩定經濟。市場機制在穩定經濟並使之適度增長方面起著基礎性作用,市場能夠在一定程度、範圍、對象、內容方面調節和穩定經濟。由於市場經濟活動具有週期性,往往會出現經濟波動狀況,會使供給和需求總水平穩定,而市場競爭又可能受外部干擾。財政的職能目標是保持勞動力的充分就業,物力資源的充分利用,以及穩定的物價和有利的國際收支平衡,尤其是適度的經濟增長。

(三)經濟穩定與發展職能的機制和手段

財政實現經濟穩定與發展職能的機制和手段,概括起來主要有以下幾個方面:

1. 通過財政預算政策進行調節

經濟穩定的目標集中體現為社會總供給和社會總需求的大體平衡。如果社會總供求保持了平衡,物價水平就是基本穩定的,經濟增長率也是適度的,而充分就業和國際收支平衡也就不難實現。財政政策是維繫總供求大體平衡的重要手段。當總需求超過總供給時,財政可以實行緊縮政策,減少支出和增加稅收或兩者並舉,一旦出現總需求小於總供給的情況,財政可以實行適度放鬆政策,增加支出和減少稅收或兩者並舉,由此擴大總需求。在這個過程中,財政收支發生不平衡是可能的而且是允許的。針對不斷變化的經濟形勢而靈活地變動支出和稅收被稱為「相機抉擇」的財政政策。

2. 發揮財政「自動穩定器」的作用

在財政實踐中,還可以通過一種制度性安排,發揮某種「自動穩定」作用,例如累進稅制度、失業救濟金制度,都明顯具有這種作用。原則上說,當經濟現象達到某一標準就必須安排的收入和支出,均具有一定的「自動穩定」作用。當然,這種「自動穩定」的機制究竟有多大的作用尚存疑,更何況,在類似中國這樣的發展中國家,這種機制本身就是欠缺的。

在收入方面,主要實行累進所得稅制。在這種稅制條件下,當經濟過熱出現通貨膨脹時,企業和居民收入增加,適用稅率相應提高,稅收的增長幅度超過國民收入增長幅度,從而可以抑制經濟過熱;反之,當經濟蕭條時,企業和居民收入下降,

第一章 財政概論

適用稅率相應降低，稅收的降低幅度超過國民收入的降低幅度，從而可以刺激經濟復甦。在財政支出方面，主要體現在轉移性支出（社會保障、補貼、救濟、福利支出等）的安排上，其效應正好同稅收相配合。經濟高漲時，失業人數減少，轉移性支出下降，對經濟起抑製作用；反之，經濟蕭條時，失業人數增加，轉移性支出上升，對經濟復甦起刺激作用。

3. 加強公共設施的投資力度

通過投資、補貼和稅收等多方面安排，加快農業、能源、交通運輸、郵電通信等公共設施的發展，消除經濟增長中的「瓶頸」，並支持第三產業的興起，加快產業結構的轉換，保證國民經濟穩定與高速增長的最優結合。

4. 切實保證非生產性的社會的公共需要

為經濟和社會發展提供安定的環境。提高治理污染、保護生態環境以及文教、衛生支出的增長速度；同時，完善社會福利和社會保障制度，使增長與發展相互促進、相互協調，避免出現某些發展中國家曾出現過的「有增長而無發展」或「沒有發展的增長」現象。

本章小結

1. 財政產生的兩個條件：一是經濟條件，是財政產生的物質基礎，即生產力的發展，剩餘產品的出現；二是政治條件，是私有制、階級和國家的出現，即財政是因國家的產生而產生的。

2. 財政的一般特徵：財政分配的主體是國家，財政分配的對象是社會產品且主要是剩餘產品，財政分配的目的是滿足社會公共需要。

3. 社會公共需要的特徵：不可分割性、非排他性、非競爭性。

4. 公共財政的基本特徵：以彌補市場失靈為行為準則，公平性、非營利性、法制性。

5. 政府與市場的角色以及政府的干預。

6. 市場失靈是指市場本身無法有效配置資源，從而引起收入分配不公平及經濟社會不穩定的態勢。市場失靈的表現：公共產品、外部效應、自然壟斷和規模經濟、信息不充分和不對稱、收入分配不公平、宏觀經濟不穩定。

7. 在中國社會主義市場經濟條件下，財政的職能可以概括為三個方面：資源配置職能、收入分配職能、經濟穩定職能。

8. 資源配置的科學性與合理性由「帕累托效率準則」來衡量。

9. 收入分配的目標是實現公平分配，而公平分配又包括經濟公平和社會公平兩個層次。

10. 經濟穩定包含充分就業、物價穩定和國際收支平衡多重含義。

同步训练

一、名詞解釋
財政　公共物品　市場失靈　外部效應　政府失靈　排他性　公共財政
財政的職能　資源配置職能　財政收入分配職能　經濟穩定職能

二、判斷題
1. 財政產生的首要條件是政治條件。　　　　　　　　　　　　　　(　　)
2. 財政是一種特殊的分配與再分配關係。　　　　　　　　　　　　(　　)
3. 無論是在計劃經濟還是在市場經濟條件下，財政都對資源配置起基礎作用。
　　　　　　　　　　　　　　　　　　　　　　　　　　　　　　(　　)
4. 財政產生的經濟條件是社會經濟的發展，政治條件是階級的出現。(　　)
5. 現實經濟生活中，客觀存在這樣一些物品，它們滿足我們的共同需要，在同一時間中可使多個個體獲益，無須通過競爭來享用，這些物品稱公共物品。(　　)
6. 稅負不變是財政穩定經濟職能的目標之一。　　　　　　　　　　(　　)

三、問答題
1. 簡述財政的一般特徵。
2. 市場失靈的原因以及表現。
3. 政府干預為什麼會失效？
4. 試述社會公共需要的特徵。
5. 財政資源配置職能的目標、內容及實現這一目標的機制和手段是什麼？
6. 財政收入分配職能的目標、內容及實現這一目標的機制和手段是什麼？
7. 經濟穩定與發展職能的目標、內容及財政實現經濟穩定與發展職能的機制和手段是什麼？

 综合案例分析

美國促進區域經濟協調發展的財政經濟政策及具體措施

美國根據區域經濟發展水平實行有差別的稅收政策，以增強落後地區的自我發展能力。20世紀30年代開始，聯邦政府對北部發達地區多徵稅，把增量部分轉移支付給落後地區；對落後地區多留資金，積極培養其良性循環能力。通過實行相對獨立的和有差別的稅收政策，為各州創造了有利的區域投資環境，如馬里蘭州的所得稅稅率是9%，伊利諾伊州則是3%，而阿拉斯加、佛羅里達、內華達、南達科他、得克薩斯、華盛頓和懷俄明7個州則完全不徵收所得稅。而且，各州之間的消費稅也不同，一些州希望吸引更多的人來本州購買商品，以刺激本州商業的發展，降低消費稅稅率。

建立統一規範的財政轉移支付制度，促進落後地區社會經濟發展。第二次世界大戰以後，美國聯邦政府始終堅持通過轉移支付的形式對欠發達地區給予財政補助，

第一章　財政概論

以平衡各地區的公共服務水平。20世紀80年代，北部地區個人收入的很大一部分被聯邦財政再分配給其他地區。突出的是五大湖地區個人收入的6%淨流出，南部地區的資金淨流入約占其財政總收入的7%。據統計，1997年，聯邦財政對落後地區的補助達到2,752億美元，占聯邦政府支出的比率達到16.3%，占國內生產總值的比重達到3.5%。

直接利用軍事撥款支持落後地區的工業發展。第二次世界大戰后，聯邦財政的軍事撥款一直向南部和西部傾斜，使這兩個地區持有的軍火合同始終保持在40%以上，最高年份曾達到60%，加速了該地區經濟增長，如1983年軍工、軍用企業共向國防部提供874.59億美元的商品和勞務，西部和南部合計占53.7%。

財政支持高新技術產業發展，推動落後地區產業結構升級。20世紀70年代以后，西部和南部抓住美國大量軍事工業轉為民用的契機，在聯邦政府的扶持下，迅速發展了宇航、原子能、電子等高科技產業。幾個最著名的高新技術基地，如加利福尼亞的「硅谷」、北卡羅來納的「三角研究區」、佛羅里達的「硅灘」、亞特蘭大的計算機工業區等都位於西部和南部。

政府特設專款組建經濟開發區，加快落後地區的經濟發展。根據20世紀60年代頒布的《地區再開發法》和《阿巴拉契亞山區開發法》，有計劃地開發落後地區經濟。開發區（包括一些在開發區）由多個縣或州組成，同時兼容一個「增長中心」，以使先進和落後地區相互促進、取長補短。聯邦財政為此特設專款，撥付貧困地區，用於受援區的交通設施建設、污染治理、興建科學園區等。

政府出資建設基礎設施，帶動落後地區經濟發展。水利工程、高速公路等基礎設施項目耗資多、風險大、工期長、收益不穩定，私人資本和地方政府一般不願意涉及。因此，聯邦政府採取統一規劃、直接管理的方式，出面組織興建跨州、跨縣的水利工程和高速公路網，扶持落後地區的基礎設施建設。例如，自1956年美國國會同意「州際和國防公路系統」后的15年間，政府耗資430億美元建成了42,500多英里（1英里≈1.609千米）的高速公路，把全國90%的城市連接了起來。

利用財政投融資手段，鼓勵私人企業和外資企業向落後地區投資。美國政府出資援助落後地區，更多地在於引導私人資本和外國資本向落後地區流入。聯邦政府對在落後地區投資的私營企業和外國企業，提供長期低息或無息貸款，同時還對在落後地區投資的公司給予技術援助，並對在農村投資開辦學校、醫院、修建道路的私人企業一律給予信貸保證。

資料來源：李鐵堆. 美國促進區域經濟協調發展的財政經濟政策及其具體措施 [J]. 經濟研究參考，2008（48）.

案例思考題：財政如何實施促進區域經濟均衡發展的宏觀調控？

第二章　財政支出

  学习目标

　　掌握財政支出的概念、原則及財政支出規模的衡量指標和影響因素；理解財政支出的分類，財政支出規模變化的一般趨勢，中國財政支出規模變化的特殊性，市場經濟體制下財政支出結構的特徵；瞭解財政支出的形式，中國財政支出結構的變化及優化。

 重点和难点

[本章重點]
　　財政支出的分類；財政支出的原則；財政支出規模的衡量指標、影響因素及變化趨勢；財政支出的結構

[本章難點]
　　財政支出的分類；財政支出結構的優化

 导入案例

　　2015年《政府工作報告》中提到我們要協調推動經濟穩定增長和結構優化。
　　穩增長和調結構相輔相成。我們既要全力保持經濟在合理區間運行，又要積極促進經濟轉型升級、行穩致遠。加快培育消費增長點。鼓勵大眾消費，控制「三公」消費。促進養老家政健康消費，壯大信息消費，提升旅遊休閒消費，推動綠色消費，穩定住房消費，擴大教育文化體育消費。全面推進「三網」融合，加快建設

第二章　財政支出

光纖網路，大幅提升寬帶網路速率，發展物流快遞，把以互聯網為載體、線上線下互動的新興消費搞得紅紅火火。建立健全消費品質量安全監管、追溯、召回制度，嚴肅查處制售假冒偽劣行為，保護消費者合法權益。擴大消費要匯小溪成大河，讓億萬群眾的消費潛力成為拉動經濟增長的強勁動力。

增加公共產品有效投資。確保完成「十二五」規劃重點建設任務，啓動實施一批新的重大工程項目。主要是：棚戶區和危房改造、城市地下管網等民生項目，中西部鐵路和公路、內河航道等重大交通項目，水利、高標準農田等農業項目，信息、電力、油氣等重大網路項目，清潔能源及油氣礦產資源保障項目，傳統產業技術改造等項目，節能環保和生態建設項目。

問題：以上提到的內容中哪些屬於財政支出的範疇？

● 第一節　財政支出概述

有資金，就要懂得如何使用，知道應該用在哪些方面。財政支出是政府經濟活動以及財政活動的一個重要方面，這不僅是因為財政對社會經濟的影響主要表現在財政支出上，而且政府干預、宏觀經濟的調控職能也主要是通過財政支出來實現的。

財政支出的結構和規模不僅反應了政府介入經濟社會生活的深度和廣度，也反應了財政在經濟生活和社會生活中的地位。哪些支出用在了生產方面，哪些支出用在了和人們生活有密切關係的地方，這就是我們現在需要探討的問題。

一、財政支出的含義

財政支出又稱公共財政支出，是國家依據法律、法規將籌集到的財政資金有計劃地分配出去，用以滿足社會公共需要，實現政府職能的一種供應資金的活動。財政支出是與財政收入相對的財政行為，財政收入是從社會中獲取財政資金的行為，是財政活動的第一階段；財政支出則是涉及財政收入使用的方向和效率，是政府為實現其職能對財政資金進行的再分配，屬於財政資金分配的第二階段。國家集中的財政收入只有按照行政及社會事業計劃、國民經濟發展需要進行統籌安排運用，才能為國家完成各項職能提供財力的保證。財政支出的含義如圖2.1所示。

財政支出是為政府財政滿足公共需要，實現國家職能提供資金的經濟活動。國家的職能體現在滿足社會的公共需要，提供社會公共服務，維護社會的安定，促進經濟協調發展。國家職能的實現離不開資金的鋪墊，而這些資金的安排使用過程就是政府的財政支出活動。

財政支出是對籌集的財政資金進行合理安排使用的活動。財政收入與財政支出是整個財政活動的兩個有密切聯繫的階段，組織財政收入的目的是為了保證財政支出，為實現財政職能提供資金保證，而安排財政支出是將財政收入籌集的資金有效合理地安排使用，使之發揮應有的作用。離開財政支出，組織財政收入將會失去方向和意義。

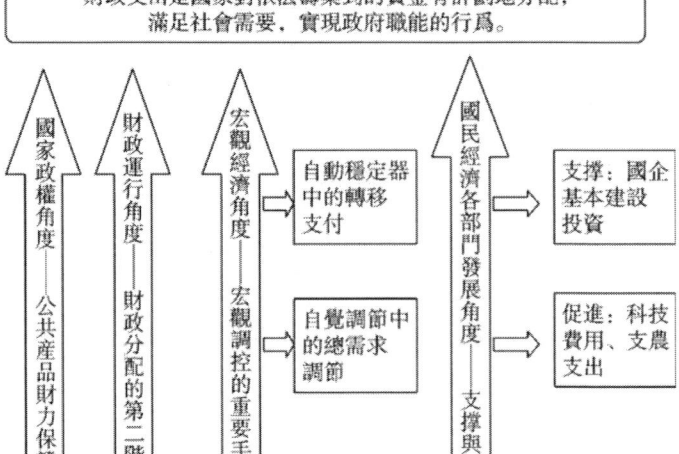

圖2.1　財政支出的含義

財政支出是政府財政對宏觀經濟進行必要調控的經濟活動。市場經濟運行過程中不可避免地會出現各種偏差，進而導致市場失靈，市場效率下降，破壞經濟發展。為了彌補市場失靈，促進市場協調高效運轉，政府可以通過財政手段滲透經濟發展的各個方面，對市場經濟進行宏觀調控。

二、安排財政支出應遵循的原則

政府的財政支出問題實質上是財政支出的規模、結構、效益三個方面的問題。政府職能的實現具體體現在財政資金的安排和使用上，而財政資金的安排和使用關係著國民經濟和社會事業的穩定與增長。為有效控制財政支出的規模，優化財政支出結構，提高財政支出效益，必須遵循具有客觀規律性的基本準則。財政支出原則就是政府在財政支出過程中應當遵循的具有客觀規律性的基本準則。

財政支出原則對於合理有效地使用財政資金是十分重要的。經過長期的財政工作實踐，人們總結了一些財政支出原則。如中國在建國初期提出的「一要吃飯，二要建設」的財政支出原則，它強調在財政資金緊張情況下，財政支出首先應保證維持當前經濟和社會的需要，之后才是考慮發展的資金需求。在計劃經濟體制下，中國財政支出原則是：量入為出；統籌兼顧、合理安排、按比例分配資金；厲行節約、講求效益。在市場經濟時期，中國財政支出原則是：效率、公平、穩定三原則。具體介紹如下：

（一）效率原則

財政支出效率原則，是指政府財政支出應有助於資源的配置，促進競價效益提高。市場經濟條件下，市場資源配置的基礎性作用是「看不見的手」，但是這只「看不見的手」也會有失靈的時候，這時就需要「看得見的手」——政府對資源配

第二章 財政支出

置發揮輔助作用，其中就包括運用財政支出等手段提高經濟運行的效率。

1. 配置效率

財政支出的配置效率，是通過財政資源配置職能來實現資源配置的合理化的，這樣可以避免出現改變資源配置狀況後社會淨所得減少。因此，財政部門必須做到：第一，財政支出的來源必須受嚴格的立法約束。第二，財政支出的規模和結構必須是有制度的嚴格規定。第三，公共部門應追求社會效益最大化。第四，財政資金安排要透明。第五，居民有權利去監督公共資金的使用狀況。

2. 生產效率

財政支出的生產效率指的是政府支出的低投入、高產出和高效率。政府支出可以通過精兵簡政、反腐敗、國庫集中支付、政府採購等措施，提高生產效益。

政府財政支出的效率主要指的是調節資源配置的效果，這種資源配置的效果主要體現在經濟效益和社會效益。在中國的計劃經濟時期，財政支出效率主要是在經濟建設方面，在那一時期雖然取得了很大成績，但是總體的支出效率並不高。改革開放之初，中國的部分投資實施的是「撥改貸」，20世紀90年代實施的是「債轉股」。但是不管怎樣改革，效率在當時都是一個突出的問題。再如前幾年，財政就幫助國有銀行剝離了不良資產1.4萬億元。而近幾年的新增不良資產是否還要靠財政來解決呢？這都非常值得探討。政府財政解決了銀行已經產生的不良資產，但是並不能保證以後銀行不會產生不良資產。也就是說財政只能解決表面問題，並不能解決問題的根本。為了提高財政支出的效率，近年來，財政部門提出了開展績效評價工作，並逐步推行展開這項工作，這在一定程度上確實是抓住了群眾關注的關鍵問題，真正地做到了「把錢用到刀刃上」。

改革開放前，中國的經濟形勢是政府幾乎直接投資了所有行業，而且責、權、利不掛鉤，因此直接的問題就是政府支出的效率不高。改革開放後，政府為了提高支出效率，改善經濟形勢，逐漸從大部分行業中撤離出來。例如，改革開放前由財政直接投資的服裝、紡織、食品、飲料、日用品、家電等一般性競爭行業，轉由市場生產經營，財政資金改為投向教育、醫療衛生、社會保障等公共事業領域。

> **課堂思考：** 如何評價財政支出的效益？
>
> 某縣水利局向財政局打報告，申請撥款在某鄉鎮打一口井，錢撥出去後，很快把井打出來了，但沒有水；過了一段時間，交通局向財政局打報告，申請撥款把這口井填上，這樣使交通暢通，且避免有人不慎落入井中，錢撥出去後，也很快把井填上了。可是有人說了，縣財政花了兩筆錢，群眾一點好處都沒得到，這錢花得值不值？從職責看，水利局、交通局都做事了，沒閒著，但卻是花的冤枉錢。衡量其政績不能簡單地看其做了什麼，還要看其做好沒有，是否有實際效益。

（二）公平原則

財政支出的公平原則，是指政府的財政支出要保障社會公平，提高大多數人的福利水平。在市場經濟條件下，財產所有權和財富累積的分佈狀況決定著財富的分配；能力、職業訓練和這些技能的市場價格決定著收入的分配。如果政府只單純依

財政與稅收

賴市場，就可能會出現貧者愈貧、富者愈富的「馬太效應」。[1] 如果進行社會的再分配，就可以實現社會的相對公平。這是從社會穩定的角度考慮的政府支出需要遵循公平的原則。

> **課堂思考**：政府為什麼要對部分行業或用戶給予補貼，效果怎麼樣？
>
> 政府辦的供暖企業對所有城市家庭免費供暖，由於沒有盈利，自然就沒有積極性，所以供暖效率就低；而如果按成本加利潤向所有家庭收費，那麼，一些低收入家庭就承受不了，對他們就不太公平。北方地區的同學們可以互相討論一下這個問題，運用公共產品供求原理、帕累托效率法則等知識，分析、探討解決問題的途徑。南方地區的同學可以討論燃油價格提高的問題，分析政府為什麼要對部分行業或用戶給予補貼，效果怎麼樣。

在現實中，公平與效率是一個很難解決的問題。按照市場規則，有錢人交得起學費可以讀大學，窮人交不起學費就讀不了大學，這樣就很不公平，會導致窮者越窮、富者越富；而如果大學都免費，那麼教育機構就會缺乏積極性，效率就會受到影響。因此政府提供公共產品需要考慮兼顧公平與效率，盡可能做到既顧及公眾的利益，又符合經濟規律，而不是政府包辦一切。關於公平與效率的矛盾，不少經濟學家做了研究，其中由美國經濟學家阿瑟·奧肯提出的「漏桶原理」生動地解釋了這個問題。他認為如果政府用向富人徵稅的辦法，將富人的一部分收入補貼給窮人，那麼窮人實際得到的比富人失去的要少一些。[2] 因為稅收會影響富人創造財富的積極性，也會影響窮人工作的積極性。因此，用一句形象的話比喻公平與效率，它們總是「魚與熊掌不可得兼」。

（三）穩定原則

財政支出的穩定原則，是指財政支出應促進社會經濟的穩定發展。

在市場經濟條件下，市場這只「看不見的手」無法快速、有效地協調其市場自身的所有活動使之達到平衡。經濟運行中會出現經濟週期的興衰更迭、失業和通貨膨脹等現象。宏觀調控的重要手段——政府的財政，可以利用財政投資、政府採購等工具調節經濟，促使經濟穩定發展，避免大起大落。

> **課堂思考**：運用宏觀經濟學中的相關理論和知識分析中國現階段所實施的財政政策。

中國在財政實踐過程中，既注重提高效率，又重視社會公平。我們都知道財政資金是國家職能的財力保證，中央和地方都會在發展生產和推動社會進步的同時，對涉及社會不同群體的利益進行再分配。例如，國家出拾的惠民政策、關注困難群體等。地方政府也是一樣，回應國家的號召，在財政收入的使用和分配上貫徹和落實為民理念。

---

[1] 王憲磊. 全球經濟共性問題的性質和原因 [M]. 北京：社會科學文獻出版社，2012.
[2] 黃任民. 公共管理經典著作導讀 [M]. 北京：中國工人出版社，2012.

第二章　財政支出

[資料連結]　　　　　公平優先還是效率優先？

　　據中央電視臺《新聞聯播》報導，為進一步加大資助高校貧困家庭學生的力度，確保他們順利完成學業，經國務院批准，從 2005 年開始，中央政府每年出資 10 億元實行「國家助學獎學金」制度。這項獎學金分為兩部分。「助學金」面對全國公辦全日制普通高校在校本專科學生中的特別貧困家庭學生，每人每月資助 150 元生活費，資助人數 53 萬人。「獎學金」面對全國公辦全日制普通高校在校本專科學生中品學兼優的貧困家庭學生，每人每年資助 4,000 元，資助人數 5 萬人。

　　另據瞭解，自 2000 年設立國家助學貸款以來，中國已基本建成了以國家助學貸款為主體的「獎、貸、助、補、減」高校貧困生資助政策體系。目前中央部委直屬高校中凡符合政策規定的貸款學生基本上都能得到中國銀行發放的貸款。地方高校按新機制積極落實國家助學貸款銀行及貸款的審批和發放工作。

　　資料來源：蒙麗珍，古炳瑋. 財政學 [M]. 大連：東北財經大學出版社，2013：98.

　　討論：在每年 10 億元的助學獎學金中，有多大比例作為助學金、多大比例作為獎學金，這說明在公平與效率這兩個原則中，哪一個原則優先？為什麼？

三、財政支出的分類

　　在對財政支出項目進行分類時，可供選擇的分類標準很多，不同的分類標準能使我們從不同的角度認識財政支出的具體用途，全面瞭解、準確把握財政支出的發展規模。以下結合國際常用的財政支出的分類標準和中國的實際情況，總結了幾種財政支出分類標準。

（一）按財政支出的功能分類

　　財政支出是實現國家職能的基本物質保障，根據國家職能範圍安排財政支出是財政實現資源配置職能的主要體現，也是財政分配最基本的任務。不同國家制度下的國家職能有一定的差異，但從大的方面來看，國家都具有政治職能、經濟職能與社會發展等職能，這使財政支出可以分為五大類：

1. 國防行政支出

　　國防行政支出包括：各種軍事裝備費、軍隊人員給養費、軍事科學研究費、對外軍事援助、武裝警察、民兵費、放空費等。

2. 社會文教支出

　　社會文教支出包括：文化、教育、科學、衛生、出版、通信、廣播電視、文物、體育、海洋（包括南北極）研究、地震、計劃生育等項目支出。

3. 經濟建設支出

　　經濟建設支出包括基本建設投資支出、挖潛改造資金、科技三項費用（新產品試製費、中間試驗費、重要科研補助費）、簡易建築費、地質勘探費、增撥流動資金、支農支出、公交商事業費、城市維護費、物資儲備支出等。

4. 行政管理支出

　　行政管理支出包括國家黨政機關、事業單位、公檢法司機關、駐外機構各種經費、幹部培養（黨校、行政學院經費）等。

5. 其他支出

其他支出包括債務支出和財政補貼支出等。

(二) 按財政支出的經濟性質分類

政府支出雖然名目很多，但是總存在著有償和無償兩種不同經濟性質。根據這種經濟性質，可以將其分為購買性財政支出和轉移性財政支出。

1. 購買性財政支出

購買性財政支出，是指政府購買商品和勞務的支出，包括購買進行日常政務活動所需要的或者進行政府投資所需要的各種物品和勞務的支出。購買性支出由社會消費性支出和財政投資支出組成。前者是用於滿足政府一般職能部門進行日常的政務活動而進行的各項支出，如政府各部門的行政經費支出，以及政府用於教育、衛生、環保等事業的開支；后者是對政府各部門及公共事業的投資撥款。這些支出的目的和用途雖然有所不同，但通過支出，政府取得了相應的商品和勞務，相應減少了經濟中企業和個人所支配的商品和勞務。它體現了政府對經濟資源的占用，反應了政府在資源配置過程中的活動和作用，體現的是財政的資源配置職能。

我們可以從經濟學角度來進一步分析購買性財政支出的經濟效應。政府購買性財政支出，一方面會產生擠出效應，在經濟已處於充分就業狀況時，經濟資源在政府和私人部門之間形成此長彼消的分配關係，政府的占用就會排斥或擠占了私人部門占用，出現擠出效應的經濟現象；另一方面，政府購買性支出也會產生引入效應或乘數效應。在有效需求不足時或開放型市場經濟中，政府占用經濟資源不一定會擠出私人部門對經濟資源的占用，如若政府通過購買性支出（如擴大了需求總量、完善了公共設施等）能進一步改善投資環境，反而會吸引更多的私人部門增加投資或境外投資者擴大外資投入，出現引入效應和乘數效應的經濟現象。政府購買性支出產生的經濟效應是複雜的，究竟哪一種經濟效應占主導，這與經濟環境和支出的具體方向有關，從這個角度考慮，我們應該具體問題具體分析，不能一概而論。

2. 轉移性財政支出

轉移性支出是指政府按照一定方式，將一部分財政資金無償地、單方面轉移給居民和其他受益者而發生的支出。轉移性支出是政府調節收入分配的重要手段，它是政府的非市場性再分配活動，對收入分配的直接影響較大，執行收入分配的職能較強，具體支出形式包括各種財政補貼、社會保障支出、稅收支出等。轉移性支出不會導致政府占用社會經濟資源的增加，政府只作為中間人，將取得的財政收入轉移支付給某些企業、個人或某地方政府，具有收入再分配作用，可以改變企業之間以及個人之間的收入分配狀況。

如何區分購買性支出和轉移性支出在分析和研究財政支出時是很有必要的，因為它們兩者的含義和在經濟中的作用有很大的不同。

（1）購買性支出所體現的作用是通過支出使政府掌握的資金與微觀經濟主體提供的商品和服務相交換，政府直接以商品和服務的購買者身分出現在市場上，因而，對於社會的生產和就業有直接的影響。此類支出當然也影響分配，但這種影響是間接的。轉移性支出所起的作用是通過支出過程使政府所有的資金轉移到領受者手中，

第二章 財政支出

是資金使用權的轉移，微觀經濟主體獲得這筆資金以後，究竟是否用於購買商品和服務以及購買哪些商品和服務，這已經脫離了政府的控制，因此，此類支出直接影響收入分配，而對生產和就業的影響是間接的。

（2）在安排購買性支出時，政府必須遵循等價交換的原則，因此，通過購買性支出體現出的財政活動會對政府形成較強的效益約束。在安排轉移性支出時，政府並沒有十分明確和一貫堅持的原則，而且，財政支出的效益也極難測算。由於上述原因，轉移性支出的規模及其結構也在相當大的程度上只能根據政府同微觀經濟主體、中央政府和地方政府的談判情況而定。顯然，通過轉移性支出體現出的財政活動對政府的效益約束是軟的。

（3）微觀經濟主體在同政府的購買性支出發生聯繫時，必須遵循等價交換原則。對於向政府提供商品和服務的企業來說，他們收益的高低，取決於市場供求狀況及其銷售收入同生產成本的對比關係，所以，其對微觀經濟主體的預算約束是硬的。微觀經濟主體在同政府的轉移性支出發生聯繫時，並無交換發生。因而，對於可以得到政府轉移性支出的微觀經濟主體來說，他們收益的高低在很大程度上並不取決於自己的能力（對於個人）和生產能力（對於企業），而取決於同政府討價還價的能力，顯然，其對微觀經濟主體的預算約束是軟的。

注意到上述區別後，我們可以得到這樣的認識：在財政支出總額中，購買性支出所占的比重大些，財政活動對生產和就業的直接影響就大些，通過財政所配置的資源的規模就大些；反之，轉移性支出所占的比重大些，財政活動對收入分配的直接影響就大些。從執行財政職能的角度來看，購買性支出占較大比重的財政活動，執行配置資源的職能較強；而轉移性支出占較大比重的財政活動，則執行收入分配的職能較強。

一個國家究竟如何確定購買性支出和轉移性支出之間的比例，要根據該國的經濟制度、經濟發展狀況、政府支出的經濟效果等具體因素而定。從統計數據上看，在發達國家轉移性支出的比例通常要高於購買性支出的比例。而在發展中國家的情況則多數相反，購買性支出比例要高於轉移性支出比例。

（三）按財政支出產生經濟效益的時間分類

按財政支出產生效益的時間，財政支出可分為經常性支出和資本性支出。

1. 經常性支出

財政經常性支出是指政府公共部門的日常支出，是國家財政滿足社會共同需要支出的重要組成部分。在中國現行復式預算中，它等於經常性支出減去非生產性的投資部分。財政經常性支出的重要意義主要表現在：第一，財政經常性支出是提高人民物質和文化生活水平的重要手段。政府通過財政經常性支出的安排，可以大力發展教育、文化、衛生、科學、體育等事業，從而可以直接提高全民族的文化水平，豐富人們的精神生活，增強人們的體質。第二，財政經常性支出是鞏固和加強人民民主專政的財力保證。政府通過財政經常性支出的安排，可以發展現代國防事業，有效地防禦一切外敵的侵略；同時還可以加強國內社會治安和立法工作，為各項經濟活動的開展和人民生活水平的提高創造一個和平、安定的環境。第三，財政經常

性支出為維持國家機構正常運轉提供了資金保證。在國家財政支出項目中，屬於經常性支出的有文教、科學、衛生事業費，行政管理費，國防經費，工、交、商、農、林、水、氣象等部門的事業費等。

2. 資本性支出

資本性支出是指用於購買或生產使用年限在一年以上的耐用品所需的支出，其中有用於建築廠房、購買機械設備、修建鐵路和公路等生產性支出，也有用於建築辦公樓和購買汽車、複印機等辦公用品等非生產性支出。這種支出的明顯特點是消耗的結果將形成供一年以上長期使用的固定資產。所以，資本性支出不能全部視為當期公共物品的成本，因為所形成的成果，有一部分是在當期受益，但更多的是在以後的較長時間內受益，與此相對應，資本性支出的一部分應當在當期得到補償，而大部分應攤到未來的使用期之中；如果用當年稅收去補償全部的資本支出，就等於將未來公共物品的成本提前到本期，這樣也會使公共物品的收益與公共物品的付費在時間上發生差異。這就是說，資本性支出的補償方式有兩種：一是稅收，意味著本期享用的公共物品，本期付出代價；二是國債，意味著未來享用的公共物品，未來時期付出代價。

（四）財政支出的國際分類方法

在國際上，財政支出的分類並非完全一致。從現有的分類方法來看，大體上可以歸為兩大類：一類是用於經濟分析目的的理論分類，一類是用於編製國家預算的統計分類。

從理論分類來看，根據經濟分析目的的不同，可按政府職能、支出目的、組織單位、支出受益等標準分類。比如，以支出的用途和去向為標準，財政支出可以分為防務支出和民用支出兩大類，前者包括國防、公安、司法等與防務有關的支出，后者包括除防務支出以外所有的其他各項支出。這種分類方法的目的在於分析一國財政支出的軍事化程度或民用化程度。上面所講的按經濟性質分類，也是一種理論分類。

中國國民經濟核算體系已由原來的物質產品平衡表體系，轉變為國民帳戶體系。可是，中國在統計核算上，財政支出仍沿用與物質產品平衡表體系相適應的方法進行分類。為了便於經濟分析和國際比較，有必要借鑑國際做法並結合中國的實際情況建立新的分類方法。

從統計核算角度看，國際貨幣基金組織採取了職能分類法和經濟分類法對財政支出進行分類。按職能分類，財政支出包括一般公共服務支出、國防支出、教育支出、保健支出、社會保障和福利支出、住房和社區生活設施支出、其他社區和社會服務支出、經濟服務支出以及無法歸類的其他支出。按經濟分類，財政支出包括經常性支出、資本性支出和淨貸款。其中，國際貨幣基金組織的職能分類的方法與中國目前按功能性質分類的方法比較接近。國際貨幣基金組織財政分類如表2.1所示。

第二章 財政支出

表 2.1　　　　　　　　　國際貨幣基金組織財政支出分類

職能分類	經濟分類
1. 一般公共服務	1. 經常性支出
2. 國防	（1）商品和服務支出
3. 教育	①工資、薪金以及其他有關項目
4. 保健	②商品和服務的其他購買
5. 社會保障和福利	（2）利息支付
6. 住房和社區生活設施	（3）補貼和其他經常性轉讓
7. 其他社區和社會服務	①對公共企業
8. 經濟服務	②對下級政府
（1）農業	③對家庭
（2）採礦業	④對其他居民
（3）製造業	⑤國外轉讓
（4）電業	2. 資本性支出
（5）道路	（1）現在的和新的固定資本資產的購置
（6）水上運輸	（2）存貨購買
（7）鐵路	（3）土地和無形資產購買
（8）通信	（4）資本轉讓
（9）其他經濟服務	3. 淨貸款
9. 其他支出	
（1）公債利息	
（2）其他	

第二節　財政支出的規模

　　財政支出作為社會總資源配置的有機組成部分，其支出總量占社會總資源配置的比重是否適當，不僅直接影響著政府職能的實現情況，更直接制約著社會資源配置的優化程度，關係到社會再生產能否持續高效發展的問題。因此，財政支出的規模研究，是財政支出研究的重要任務。

一、財政支出規模的含義與影響因素

　　（一）財政支出規模的含義

　　財政支出規模，是指在一定時期（預算年度）內，政府通過財政渠道安排和使用財政資金的絕對額及相對比率，即財政支出的絕對量與相對量。財政支出規模反應了政府對國民（內）生產總值的實際佔有規模和程度，體現了國家的職能和政府職責的活動範圍，是研究和確定財政分配規模的重要指標。

　　從概念上講，財政支出規模有預算支出規模和決算支出規模兩種形式。預算支出規模是指在編製年度預算時根據支出的預算要素測算出的年度支出數；決算支出

規模則是指預算年度內政府財政實際完成的支出總量。預算支出與決算支出往往也是不完全相等的。

（二）影響財政支出規模的因素

在一定時期內財政支出規模的變動，受多種因素影響，同當時的政治經濟條件和國家的方針政策甚至國情都有密切的聯繫，概括起來主要有三方面的因素：

1. 經濟因素

制約財政支出規模最根本的因素是經濟因素。這些經濟因素主要是指一國的經濟發展水平、經濟體制的類型和政府干預政策等。經濟發展水平對財政支出規模的影響表現在以下幾個方面：

（1）經濟實力

一定時期經濟發展水平從根本上制約著國家財政所能聚集的財力規模，因而也就制約著財政支出的規模。由於財政收入是財政支出的前提和基礎，因此一個國家在一定時期內經濟發展水平越高，取得財政收入的數量越多，其財政支出的規模可能越大。

（2）經濟發展

經濟的發展必然促使其他社會事業如科教文衛、行政管理、國防、城市公用事業、社會保障等規模的不斷擴大，這都要求財政安排相應數量的資金，財政支出規模也必然會隨之膨脹。

（3）經濟體制

財政支出規模也會受到經濟體制及與之相適應的分配體制的影響。一般地講，在市場經濟體制的國家，如果其政府職能和財政活動範圍就比較寬，分配體制的集中度比較高，財政支出規模就比較大。相反，同樣是在實行市場經濟體制的國家，如果其政府職能的運用範圍較小，參與再分配的能力有限，分配體制相對分散，其財政支出規模就比較小。

2. 政治因素

政治因素對財政支出規模的影響主要表現在以下幾個方面：

（1）國家的職能

財政是實現國家職能的分配手段，國家的職能決定了政府活動的範圍，也決定了政府財政支出的範圍和規模。隨著生產社會化程度的提高，國家管理職能和宏觀調控經濟運行功能的不斷加強及市場規模的不斷擴大，財政支出的規模也會相應加大。

（2）政局是否穩定

一旦一個國家出現政局不穩定、內亂或外事衝突等事件時，就會導致財政支出的大幅度增長。這種情況無論是在中國還是在世界其他國家，都無一例外地被驗證了。

（3）政體結構的行政效率

一般來說，一個國家政體結構的行政效率越高，政府機構越精簡，經費開支必然越少；相反，如果政府機構臃腫，就會導致人浮於事、效率低下，其經費開支也必然增多。

第二章 財政支出

3. 社會因素

社會因素也會影響財政支出的規模，其中最突出的兩個因素就是人口因素和國際環境因素。

(1) 人口因素

人口因素直接關係著財政支出的規模。如果維持原有的消費水平不變，財政支出的規模就會因人口增加而擴大。如果要提高消費水平，那麼支出的規模將會更加膨脹。人口數量對財政支出規模的制約主要表現在：①人口總量的增長。人口總量增長要求政府財政相應增加用於社會生產、科教文衛、行政管理以及其他事業的支出。②適齡勞動人口的增加。這部分人口的增加要求財政增加勞動就業及再就業方面的支出。③老年人口的增加。這要求財政相應增加老年人生活設施的投資和贍養費用的支出，以改善社會生活質量。特別是中國這樣的人口大國，又是發展中國家，人口對財政支出規模的影響更是不可忽視。

(2) 國際環境

國際環境包括國際經濟環境和政治環境兩個方面。全球經濟一體化的發展進程有利於經濟快速發展，當在一定範圍內出現經濟危機時，各國為維護國民經濟的穩定發展，就需要有相應的財政政策和財政支出的扶持。同時，國際政治環境，特別是周邊國家的環境，及其對國內政局的穩定和社會安定的影響，也是制約財政支出規模的重要因素之一。

(3) 政府的社會政策

對於社會福利高的國家來說，政府用於社會保障等方面的支出比重高，規模大；對於實行免費教育、免費醫療等社會政策的國家來說，其社會事業支出相應較多，財政支出總規模也會跟著擴大。

[資料連結]　　　　　政府行為如何影響財政支出規模？

2010年以來，陝西省漢中市每年舉辦一次「油菜花節」啟動儀式，由油菜種植面積較大的區縣輪流承辦，形式也一年比一年講究。2013年由漢臺區承辦，並由一家中標的廣告公司組織實施。為了這個儀式，組織者半年前就開始選址、策劃、布置，花費上千萬元對會場周邊的水庫、道路進行整治，投資130萬元對周邊農戶房屋、企業圍牆進行粉飾，還以2,000元/畝（1畝≈666.67平方米），外加800元青苗補償費擢荒租下50多畝良田，搭建會場及停車場。類似政府辦會展、辦節慶的活動很普遍，「文化搭臺、經濟唱戲」的模式已經為各地政府所接受。

資料來源：蒙麗珍，古炳瑋. 財政學 [M]. 3版. 大連：東北財經大學出版社，2013：91.

討論：

(1) 結合上面的例子，分析這一影響財政支出規模的因素是什麼，為什麼這一現象具有普遍性？

(2) 結合當地實際，說說這類活動的經濟及社會影響、利與弊。

二、財政支出規模的衡量指標

衡量財政支出規模的指標分為兩類：一類是絕對指標，另一類是相對指標。這

財政與稅收

兩類指標分別從不同側面衡量一定時期一個國家或地區政府財政活動的規模。

(一) 財政支出的絕對指標

財政支出規模的絕對指標是指以一國貨幣單位表示的、預算年度內政府實際安排和使用的財政資金的數量。絕對指標可以直觀地反應某一財政年度內政府支配的社會資源總量，是計算相對指標的基礎。但絕對指標難以反應政府支配的社會資源在社會資源總量中所占的比重，因而不能充分反應政府在整個社會經濟發展中的地位；同時，絕對指標是以本國貨幣為單位的，因而也不便於進行國際比較。此外，由於這一指標是以現價反應財政支出的數額，沒有考慮通貨膨脹因素對支出總量的影響，因而所反應的只是名義上的財政支出規模，與以前年度特別是幣值變化比較大的年份的財政支出絕對額沒有太大可比性。

(二) 財政支出的相對指標

財政支出規模的相對指標是指預算年度內政府實際安排和使用的財政資金的數量占相關經濟指標（如國民生產總值、國內生產總值、國民收入等）的比率。實踐中，各國主要採用財政支出占 GDP（或 GNP）的比重衡量財政支出的相對規模。該相對指標反應了一定時期內在全社會創造的財富中由政府直接支配和使用的數額，可以通過該指標全面衡量政府經濟活動在整個國民經濟活動中的重要性；由於是相對指標，便於進行國際比較，通過指標的橫向對比可以反應不同國家或地區的政府在社會經濟生活中的地位的差異；由於這種方法是通過計算財政支出占 GDP 的比重來衡量財政支出規模，從而剔除了通貨膨脹因素的影響，反應的是財政支出的實際規模，與以前年度的財政支出規模具有可比性，可以看出財政支出規模發展變化的趨勢。

(三) 衡量財政支出增長的相對量指標

我們在研究財政支出規模時，不僅要研究其絕對量，而且要研究其相對量。如果脫離國民經濟和社會發展的相關指標去研究和確定財政支出規模，就割裂了經濟運行與財政支出的內在聯繫，也就不能真實、客觀、準確地確定財政支出規模。反應財政支出規模相對量的指標有以下幾種：

1. 財政支出比例系數

財政支出比例系數指的是財政支出占國內生產總值（GDP）的比重，是預算年度內政府實際安排和使用財政資金的數量與國內生產總值的比率，用公式表示為：

$$財政支出比例系數 = \frac{財政支出總額}{國內生產總值（GDP）} \qquad (2.1)$$

財政支出比例系數反應在預算年度內，國內生產總值由政府集中和支配的份額。它綜合反應了政府在國民經濟運行中的地位及重要性，也反應了資源在市場和政府配置之間的比例，體現了社會財力的集散程度。一般地講，在經濟發展水平、產業結構等大致相同的條件下，財政支出占 GDP 的比重越大，說明財政參與國內生產總值分配的比例越大，社會財力越集中，財政支出的規模越大，政府對經濟運行的介入或干預程度也就越高，反之則越小。

財政支出占國內生產總值的比重是國際上對政府支出規模進行分析時常用的指

第二章 財政支出

標。此外，還可以用財政支出占國民生產總值或國民收入的比例，從另一側面反應財政支出的規模及政府對經濟運行的介入和干預程度。

2. 財政支出邊際系數

財政支出邊際系數是指財政支出增加額占國內生產總值增加額的比重，其公式如下：

$$財政支出邊際系數=\frac{年度財政支出增加額}{年度國內生產總值增加額} \qquad (2.2)$$

財政支出邊際系數反應在預算年度內，國內生產總值的新增部分被政府集中，通過財政支出安排的份額。它反應了政府對新增國內生產總值的集中和控制程度。在經濟運行正常、主要經濟比例關係穩定的條件下，財政支出占國內生產總值的比重也是基本穩定不變的，否則就會影響原有的經濟秩序和分配結構。因此，要擴大財政支出規模，就只有依靠國內生產總值的新增部分了，也就是取決於新增國內生產總值中，政府集中控制份額的大小。新增國內生產總值中，政府集中控制的比例越高，財政支出增加額占國內生產總值增加額的比重就越大，反之則越小。

3. 財政支出彈性系數

財政支出彈性系數指標反應在預算年度內，財政支出變化率相對於國內生產總值變化率的靈敏度，其值的含義是指當國內生產總值有1%變化時所帶來財政支出變化的百分比。當彈性系數大於1時，說明財政支出變化相對於國內生產總值變化具有較強彈性；當彈性系數小於1時，說明財政支出變化相對於國內生產總值變化缺乏彈性；當彈性系數等於1時，說明財政支出變化相對於國內生產總值變化是同步的，兩者的變化率相同。其公式如下：

$$財政支出彈性系數=\frac{年度財政支出變化率}{年度國內生產總值變化率} \qquad (2.3)$$

例：表2.2是中國2007年和2008年的財政支出和這兩年的GDP數據，分別計算2008財政年度的財政支出比例系數、財政支出邊際系數、財政支出彈性系數。

表2.2　　　　　　　　　財政支出與GDP數據　（億元）

年份	2007年	2008年
財政支出	49,781.4	62,592.7
GDP	259,258.9	302,853.4

來源：2009年中華人民共和國國家統計局數據。

以下為2008年的財政支出比例系數、財政支出邊際系數和財政支出彈性系數的計算過程：

$$財政支出比例系數=\frac{財政支出總額}{國內生產總值}=\frac{62,592.7}{302,853.4}=0.206,7$$

$$財政支出邊際系數=\frac{年度財政支出增加額}{年度國內生產總值增加額}=\frac{62,592.7-49,781.4}{302,853.4-259,258.9}=0.293,9$$

財政支出彈性系數 = $\dfrac{\text{年度財政支出變化率}}{\text{年度國內生產總值變化率}}$

$= \dfrac{62,592.7-49,781.4}{49,781.4} \Big/ \dfrac{302,853.4-259,258.9}{259,258.9} = 1.530,5$

通過上面數據可知,彈性系數大於 1,說明在 2008 財政年度裡,財政支出變化相對於 GDP 具有較強的彈性系數,國內生產總值每變化 1%,就會帶來 1.530,5% 的財政支出變化率。

三、財政支出規模變化趨勢

財政支出的規模,或者說財政支出占 GDP 的比重,每個國家都各不相同。但從全球範圍來看,無論是絕對量還是相對量,財政支出都呈現出不斷增長的趨勢。

(一) 世界各國財政支出規模的發展趨勢

西方經濟學家揭示的財政支出不斷增長的發展趨勢是符合財政支出現實情況的。無論是從絕對規模,還是從相對規模來看,世界各國政府的財政支出幾乎無一例外地不斷增長著。表 2.3 反應了日本、美國等五個發達國家財政支出相對規模的擴張趨勢。這種趨勢並不因各國經濟發展水平和國家結構的不同而不同,其不同的只是增長速度的快慢。另外,根據國際貨幣基金組織 (IMF) 和經濟合作與發展組織 (OECD) 的統計資料顯示,經合組織國家的政府財政支出占 GDP 的比重,1870 年為 9% 左右,到 2000 年上升到 50% 左右。

從表 2.4 和 2.5 可以看出:①世界各國的財政支出占 GDP 的比重呈上升趨勢;② 20 世紀 80 年代中期以前財政支出占 GDP 的比重上升較快,但從 20 世紀 90 年代達到最高峰後開始有所下降,如表中法國從 1996 年的 57% 降為 2003 年的 48%;③經濟發達國家財政支出占 GDP 的比重高於發展中國家,如 2003 法國高於印度 31 個百分點。儘管 20 世紀 80 年代以來,各國財政支出占 GDP 比重增加速度放慢或有下降趨勢,但財政支出增長的趨勢並沒有逆轉。

表 2.3　　主要經濟發達國家財政支出占 GDP 比重的變化趨勢 (%)

國家＼年份	1880 年	1929 年	1960 年	1985 年
日本	11	19	18	33
美國	8	10	28	37
英國	10	24	32	48
法國	15	19	35	52
瑞典	6	8	31	65

資料來源:世界銀行. 1988 年世界發展報告 [M]. 北京:中國財政經濟出版社,1988:44.

第二章 財政支出

表 2.4　　主要經濟發達國家財政支出占 GDP 比重的變化趨勢（%）

年份 國家	1929 年	1960 年	1980 年	1985 年	1991 年	1996 年	2005 年
法國	19	35	15	52	53	57	55.9
德國	31	32	10	47	49	57	52.3
日本	19	18	11	33	—	36.1	29.2
瑞典	8	31	6	65	67	71	—
英國	24	32	10	48	53	54	46.9

註：除瑞典在 1980 年和 1929 年的支出為中央政府支出外，其餘國家各年的支出均包括中央、州、地方支出。1929 年和 1980 年數字為占 GNP 的比例，1960 年和 1985 年數字為占 GDP 的比例。英國 1996 年數字為1995年數字。

表 2.5　　　　部分國家中央政府財政支出占 GDP 比重

國家 （年份，貨幣單位）	當年財政支出 占 GDP 的比重(%)	國家 （年份，貨幣單位）	當年財政支出 占 GDP 的比重(%)
印度 （2003，億盧比）	17	德國 （2003，億歐元）	33
韓國 （2001，億韓元）	19	義大利 （2000，億歐元）	36
南非 （2003，億蘭特）	28	羅馬尼亞 （2001，億列伊）	28
加拿大 （2003，億加元）	18	俄羅斯聯邦 （2003，億盧布）	23
墨西哥 （2000，億比索）	15	西班牙 （2002，億歐元）	32
美國 （2003，億歐元）	21	英國 （2003，億英鎊）	40
法國 （2003，億歐元）	48	澳大利亞 （2003，億澳元）	26

資料來源：根據《中國統計年鑒》（2000—2003）計算整理。

（二）中國財政支出規模分析

1978 年中國進入改革開放時期後，國民經濟實現了高速度的發展，但與此同時，中國財政支出占 GDP 以及中央財政支出占全國財政支出總額的比重都呈現出明顯的下降趨勢，但近年有所回升（見表 2.6）。

表 2.6　　　　中國財政支出占 GDP 的比重（%）

年份	GDP	財政支出	財政支出占 GDP 的比重（%）
1978	3,645.2	1,122.09	30.8
1980	4,545.6	1,228.83	13.6
1985	9,016.0	2,004.25	22.2

表2.6(續)

年份	GDP	財政支出	財政支出占GDP的比重（%）
1990	18,667.8	3,083.59	16.5
1995	60,793.7	6,823.72	11.2
2000	99,214.6	18,902.58	16.0
2001	109,655.2	18,902.58	11.2
2002	120,332.7	22,053.15	16.0
2003	135,822.8	24,649.95	17.2
2004	159,878.2	28,486.89	18.3
2005	184,937.4	33,930.28	18.1
2006	2,163,144.0	40,422.73	17.8
2007	265,810.3	49,781.35	18.4
2008	314,045.4	62,592.66	18.7
2009	340,902.2	75,874.00	19.9
2010	401,512.8	89,575.00	22.4
2011	472,881.6	108,930.00	23.1
2012	519,322.0	117,209.75	24.2

資料來源：根據《中國統計年鑒》（2012）整理而得。

中國財政支出規模先降低後有所回升同其他國家不同，原因是多方面的，歸納起來，主要反應在以下幾個方面：

1. 政策性調整

在計劃經濟體制下，國家計劃包攬一切，企業沒有生產經營自主權，只能服從國家計劃的安排，包括企業的產品生產、銷售、原材料採購、職工工資、產品價格等都由國家計劃統一規定，企業實質上是國家行政機關的附屬物。而對於普通居民來說，基本生活消費品和日常生活用品等也由國家計劃來供應，許多本來屬於個人消費的領域也都納入國家計劃，作為公共福利來進行安排，居民住房就是個典型例子。社會主義市場經濟體制的建立首先要求承認企業獨立商品生產者的地位，承認消費者的消費權利，因此，經濟體制改革必須要求財政在政策上「放權讓利」。

「放權讓利」就是要實現「政企分開」，改變以往企業只是行政附屬物的地位，使其成為自負盈虧、自求發展的經濟實體。十一屆三中全會以來，中國農村實行了家庭聯產承包責任制改革，極大地調動了農民的生產積極性，同時採取穩定農業稅收負擔政策，增加了農民的收入。在城鎮，國家採取了多種政策，鼓勵多種經濟成分的發展，其中包括減輕農民負擔政策。由於放權，企業職工的工資可以由企業根據其經濟效益自主決定。這一系列的改革為把企業推向市場，使企業成為獨立的商品生產者和使消費者成為具有消費主權的消費者，創造了條件。但由此產生的后果是財政支出占GDP的比重有大幅度下降。

在計劃經濟時期，中國的財政支出大部分集中在中央，留給地方的財力相對較少，因此不利於調動地方的積極性和創造性。經濟體制改革以來，中國進行了財政

體制改革，在確定事權的基礎上，劃分中央與地方的財權，使地方政府有了較大的財力和財權，調動了地方的積極性，加快了中國經濟建設的步伐。但與此同時，中央財政支出占全部財政支出的比重明顯下降。

2. 管理水平有待提高

中國正處於經濟體制的轉軌時期，市場體制很不完善，管理水平較低。在財政收入的管理上還存在許多弊端，致使應該上繳的財政收入不能及時、足額地繳入國庫，財政收入沒能與 GDP 同步增長，這也是財政支出占 GDP 比重下降的一個原因。

3. 管理體制上的原因

反應在預算管理上，相當一部分財政資金以預算外的形式管理分配，而中國日常所用的財政支出概念一般只反應國家預算內財政支出，這也是使這一比重下降的一個重要原因。市場經濟是法制經濟，它是以法製作為保障的，而中國還處於市場經濟的初級階段，在財政收入上不能依法辦事，地方政府依靠行政權力越權減免稅收、截留財政收入，納稅人不依法納稅，偷稅漏稅現象嚴重，這些都是使財政支出下降的原因。

4. 統計原因

國內生產總值（GDP）是根據三大產業的原則來劃分的，因此在 GDP 的統計中有許多是不形成財政收入的。例如，農民「自給自足」的消費就不形成財政收入；居民自有房屋的消費支出，城鎮職工的住房、醫療、交通等支出都不能形成財政收入。又如在社會消費中，公共部門的房地產都是免稅的，因此也不會形成財政收入。這樣，GDP 的年增長率總是超過財政支出的年增長率，從而導致財政支出占 GDP 的比重下降。

第三節　財政支出的結構

一、財政支出結構的內涵

財政支出結構是指各項財政支出占財政總支出的比例關係。財政支出結構研究的是在一定的經濟體制和財體制下，在財政資金預算、分配、使用以及管理過程中，財政支出構成要素之間相互關係、相互作用的內在關係和空間表現。對財政支出內涵的理解，應從質和量上進行，至少應把握以下幾個方面：

首先，財政支出結構是財政支出質的規定性與量的規定性的統一體。質的規定性反應了支出結構的基本特徵，而量的規定性則決定著支出構成要素間的比例關係。具體一點來說，財政支出結構是指財政支出分配中各個部門、各個地區、各個項目和社會再生產各個方面的構成及其相互聯繫、相互制約的關係。

其次，財政支出結構是穩定性與變動性的統一。在一定的時間段內，財政支出結構具有相對穩定性，即各構成要素的相互制約力作用處於平衡狀態。同時，財政支出結構處於不斷變化之中，有時變動較緩，呈現相對穩定狀態；有時變動速度快，

變動幅度大，呈現波動性。

最後，財政支出結構是橫向多樣性和縱向多層次性的統一。橫向系統是指構成支出各要素之間的並列關係，每項支出相對於其他支出是平等和並列的；縱向多層次性是指從縱向將支出結構劃分為具有有機聯繫的若干層次。例如，中國行政支出結構按照職能結構劃分可分為行政支出、國防支出、科教文衛支出、經濟建設支出等，而根據政府級次劃分則為中央、省、市、縣、鄉五級支出。

二、影響財政支出結構的主要因素

影響財政支出結構主要有以下四方面因素：

(一) 財政收入總量與GDP總量

財政收入總量制約著財政支出總量，財政支出結構很大程度上受到財政收入總量的影響。一般而言，財政收入較低時，財政支出中用於維持國家秩序的比例較高，用於經濟社會管理職能方面的支出較低；隨著財政收入的不斷提高，用於國家政府基本需要的支出比例會下降，用於經濟社會管理職能方面的支出會增加。隨著經濟發展和財力規模的不斷擴大，社會保障、社會福利等社會性支出在財政支出中的比例也越來越大。

(二) 財政支出規模

財政支出結構是建立在財政支出規模確定的基礎之上的，因此影響財政支出規模的因素如經濟、社會、政治等也會影響財政支出結構，也正是各種複雜因素對政府管理社會的影響，使得政府必須通過財政控制一定數量的社會財富，以便滿足各種財政支出構成的實現。一般而言，財政支出規模越大，財政支出結構的目標就越容易實現，財政支出結構的優化與調整就越具有財力保障。

(三) 政府職能

財政支出結構與政府職能存在著緊密的對應關係，或者說財政支出結構在根本上取決於政府職能範圍，因此正確界定政府職能是研究財政支出結構的理論前提。隨著人類社會的演進和生產力發展水平的不斷提高，政府職能也在不斷演變，財政支出結構也隨之發生變化。

(四) 經濟制度與制度變遷

國家的社會經濟制度改革將會導致財政支出結構的變化。一國選擇公有制或私有制、計劃經濟或市場經濟制度都將影響到財政支出的分配，並形成不同的財政支出結構。在私有制的社會制度下，國家經濟制度可以是市場經濟，政府財政對經濟的直接干預較少，財政支出結構主要用於國家安全、社會穩定、社會共同需要等方面，財政支出對經濟的直接投資比重會下降；而在公有制的社會制度下，若某國選擇計劃經濟制度，其財政支出結構中政府對公有制企業或生產組織的扶持，對經濟建設的投資都有可能佔較大的比重。

三、中國的財政支出結構分析

隨著中國社會主義市場經濟體制的建立，政府的經濟管理職能逐漸弱化，社會

第二章 財政支出

管理職能日益加強。伴隨著政府職能的這種轉變，財政支出結構發生了很大變化。經濟建設費用支出占財政支出總額的比重下降，社會文教費用支出比重逐步提高，而行政管理費支出比重則大幅度提高（見表2.7）。

表2.8的數據概括了這些年中國財政支出的巨大變化，這既反應出財政支出總額的大幅度增長，也表現出財政支出結構的變動，其特點主要表現在以下幾方面：

（1）經濟建設費支出一直是中國財政支出的主體。在計劃經濟時期這一比重通常在50%以上，改革開放以來這一比重有所下降，這與市場經濟制度的發展及政府逐漸從一些生產領域退出有直接的關係。

（2）社會文教費支出的比重有了較大的提高，成為僅次於經濟建設費支出的第二大支出項目。這反應了中國自改革開放以來，國家對科學技術、文化教育事業和社會福利事業的重視程度逐漸加強。

（3）國防費支出穩中有降。改革開放以來，中國的國防費支出比重雖然有所下降，但隨著財政支出總量的增長，其絕對額仍然有較大增加，並為中國的國防現代化發揮了重要作用。

（4）行政管理費支出在改革以後呈增長趨勢，甚至超過了同期國防費支出比重，成為中國財政支出的第三大支出。這一現象的產生有其合理的因素，也有行政機構過度膨脹的原因。

表2.7　　　　　1978—2006年中國財政支出結構統計表　　　　　單位：億元

年份	公共支出	經濟建設費 總量	比重	社會文教費 總量	比重	國防費 總量	比重	行政管理費 總量	比重	其他支出 總量	比重
1978	1,122.09	718.98	64.1	146.9	13.1	167.84	15.0	52.90	4.7	35.41	3.2
1979	1,281.79	769.89	60.1	175.18	13.7	222.64	17.4	63.07	4.9	51.01	4.0
1980	1,228.83	715.46	58.2	199.01	116.2	193.84	15.7	75.53	13.9	44.99	8.6
1981	1,138.41	630.76	55.4	211.46	18.6	167.97	14.8	82.63	7.3	45.59	4.0
1982	1,229.98	675.37	54.9	243.98	19.8	173.35	14.3	90.84	7.4	44.44	3.6
1983	1,409.52	794.75	56.4	282.51	20.0	177.13	12.6	103.08	73	52.05	3.7
1984	1,701.02	968.18	56.9	332.06	19.5	180.76	10.6	139.80	8.2	80.22	4.7
1985	2,004.25	1,127.55	56.3	408.43	20.4	191.53	9.6	171.06	8.5	105.68	5.3
1986	2,204.91	1,158.97	52.6	485.09	22.0	200.75	9.1	220.04	10.0	140.06	6.4
1987	2,262.18	1,153.47	51.0	505.83	22.4	209.62	9.3	228.20	10.1	165.06	7.3
1988	2,491.21	1,258.39	50.5	581.18	23.3	218.00	8.8	271.60	10.9	162.04	6.5
1989	2,823.78	1,291.19	45.7	668.44	23.7	251.47	8.9	386.26	13.7	226.42	8.0
1990	3,083.59	1,368.01	44.4	737.61	23.9	290.31	9.4	414.56	13.4	273.10	8.9
1991	3,386.62	1,428.47	42.2	849.65	25.1	330.31	9.8	414.01	12.2	364.18	10.8
1992	3,742.20	1,612.81	43.1	970.12	25.9	377.86	10.1	463.41	12.4	318.00	8.5
1993	4,642.30	1,834.79	39.5	1,178.27	25.4	425.80	9.2	634.26	13.7	569.18	12.3
1994	5,792.62	2,855.78	41.3	1,501.53	25.9	550.71	9.5	847.68	14.6	499.01	8.6

表2.7(續)

年份	公共支出	經濟建設費 總量	比重	社會文教費 總量	比重	國防費 總量	比重	行政管理費 總量	比重	其他支出 總量	比重
1995	6,823.72	2,855.78	41.9	1,756.72	25.7	636.72	9.3	996.54	14.6	577.96	8.5
1996	7,937.55	3,233.78	40.7	2,080.56	26.2	720.06	9.1	1,185.28	14.9	717.87	9.0
1997	9,233.56	3,647.33	39.5	2,469.38	26.7	812.57	8.8	1,358.85	14.7	945.43	10.2
1998	10,798.18	4,179.51	38.7	2,930.78	27.1	934.70	8.7	1,600.37	14.8	1,152.92	10.7
1999	13,187.67	5,061.46	38.4	3,638.74	27.6	1,076.40	8.2	2,020.60	15.3	1,390.47	10.5
2000	15,886.50	5,748.36	36.2	4,384.51	27.6	1,207.54	7.6	2,768.22	17.4	1,777.87	11.2
2001	18,902.58	6,472.56	34.2	5,213.23	27.6	1,442.04	7.6	3,512.49	18.6	2,262.26	12.0
2002	22,053.15	6,673.70	30.3	5,924.58	26.9	1,707.78	7.7	4,101.32	18.6	3,645.77	16.5
2003	24,647.95	7,410.87	30.1	6,469.37	26.2	1,907.87	7.7	4,691.26	19.0	4,170.58	16.9
2004	28,486.89	7,933.25	27.8	7,490.51	26.3	2,200.01	7.7	5,521.98	19.4	5,341.14	18.7
2005	33,930.28	9,316.96	27.5	8,953.36	26.4	2,474.96	7.3	6,512.34	19.2	6,672.66	19.7
2006	40,422.73	1,073.63	26.6	10,846.2	26.8	2,979.38	7.4	7,571.05	18.7	8,291.47	20.5

資料來源:《中國統計年鑒》(2006)。

表2.8　　　　2007—2014年中國財政支出結構統計表　　　　單位:億元

項目＼年份	2007年	2008年	2009年	2010年	2011年	2012年	2013年	2014年
一般公共服務	8,514.24	9,795.93	9,164.21	9,337.16	10,987.78	12,700.46	13,755.13	13,876.21
外交	215.28	240.72	250.94	269.22	309.58	333.83	355.76	——
國防	3,554.91	4,178.76	4,951.10	5,333.37	6,027.91	6,691.92	7,410.62	8,289.51
公共安全	3,486.18	4,059.76	4,744.09	5,517.7	6,304.27	7,111.60	7,786.78	—
教育	7,122.32	9,010.21	10,437.54	12,550.02	16,497.33	21,242.10	22,001.76	22,905.79
科學技術	1,783.04	2,129.21	2,744.52	3,250.18	4,797.00	4,452.63	5,084.30	5,253.86
文化體育與傳媒	898.64	1,095.74	1,393.07	1,542.70	1,893.36	2,268.35	2,544.39	——
社會保障和就業	5,447.16	6,804.29	7,606.68	9,130.62	11,109.4	12,585.52	14,490.54	15,913.4
醫療衛生	1,989.96	2,757.04	3,994.19	4,804.18	6,429.51	7,245.11	8,279.90	10,086.18
環境保護	99.582	1,451.36	1,934.04	2,441.98	2,640.98	2,963.46	3,435.15	3,752.24
城鄉社區事務	3,244.69	4,206.14	5,107.66	5,987.38	7,620.55	9,079.12	11,165.57	12,883.52
農林水務	3,404.70	4,544.01	6,720.41	8,129.58	9,937.55	11,973.88	13,349.55	14,001.67
交通運輸	1,915.38	2,354.00	4,647.59	5,488.47	7,497.80	8,196.16	9,348.82	10,370.99
工業商業金融等事務	4,257.49	6,226.37	6,008.94	2,050.18	2,060.85	——	——	——
其他支出	2,951.56	2,940.79	3,203.25	2,700.39	2,911.24	2,482.38	3,271.79	——
全國財政支出	49,781.35	62,592.66	76,299.93	89,874.16	108,929.67	125,952.97	140,212.10	151,661.54

①2007—2009年數據來源於李社寧、陳俊亞. 財政學[M]. 西安:西北大學出版社, 2011.
②2010—2014年數據來自國庫司統計數據。

第二章　財政支出

第四節　財政支出的效益

一、財政支出效益的含義

財政支出效益是指財政分配活動的成本與收益的比較。財政支出的成本，是指由政府集中支配的以貨幣形態表現的活勞動與物化勞動在社會經濟與發展等各方面的消耗。財政支出的收益，是指通過財政支出活動取得的成果，包括局部的、微觀的成果，也包括整體的、宏觀的成果。

財政支出與一般的企業或個人等微觀經濟主體的經濟活動有明顯的區別，它是以政府為主體為滿足社會公共需要而進行的分配活動。不能像微觀經濟主體那樣單純考慮個體的經濟利益，還必須從宏觀的角度考慮社會和國民經濟發展全局的整體利益，因此，分析財政支出效益有其特殊的意義。

二、財政支出效益的特點

從原則上講，財政支出效益與微觀經濟主體的支出效益是相同的。但是由於政府處於宏觀調控主體的地位上，兩者在支出項目的性質上千差萬別，因此，政府對財政支出效益的分析評估，與微觀經濟主體對其生產經營支出效益的分析評估之間存在許多不同之處。通過分析這兩者的不同，可以反應財政支出效益的特點。

（一）計算所費與所得的範圍不同

微觀經濟主體在分析其生產經營支出的效益時，只計算其自身直接投入的各項費用和自身實際獲得的所得。所費與所得相比，若所得大於所費，則可以說其生產經營活動是有效益的。而政府在分析財政支出的效益時，計算所得和所費的範圍要比微觀經濟主體寬得多，不僅要計算直接的、有形的所得與所費，而且還需要分析間接的、無形的所得與所費；不僅要分析政府本身在某項支出上的投入以及所得到的效益，還要分析社會為該項支出所付出的代價和所獲得的利益。

（二）衡量效益的標準不同

微觀經濟主體在進行效益分析時，其標準十分明確，並且易於把握。其標準就是單純的經濟效益。而對於財政支出來說，衡量效益的標準就不是如此簡單了。因為財政支出的用途十分廣泛，有些財政支出項目，如電站投資之類，其效益是經濟的、有形的，可以用貨幣計量。對於此類財政支出的效益，可以採用成本—效益分析法進行分析。而有些財政支出項目，如軍事、政治、行政管理等支出，成本是易於計算的，但效益卻不容易衡量，而且，通過此類支出所提供的商品或勞務，不可能以任何形式進入市場交換。分析此類財政支出的效益，一般採用「最低費用選擇法」。還有一些財政支出項目，如公路、郵電之類，成本易於計算，而效益同樣難以衡量，但通過這些支出所提供的商品或勞務，可以部分或全部地進入市場交易。對於此類支出項目，可以通過設計某種「公共產品（服務）收費法」或「公共定價法」來衡量和提高效益。在財政實踐中，能夠帶來直接經濟效益的支出項目較少，

更多的支出項目只產生社會效益。這在客觀上決定了財政支出效益分析不能單純地以經濟效益為衡量標準,而必須確定經濟效益和社會效益雙重的效益標準。

(三) 擇優的標準不同

對財政支出效益分析的目的,是要通過效益比較選擇出最優的支出方案,但微觀經濟主體與政府財政的擇優標準有所不同。微觀經濟主體擇優的標準很簡單,自身直接所費最少、所得最多的支出方案即為最優方案。它絕不會選擇讓自己賠錢的方案。而政府則不然,財政分配所追求的是整個社會的最大效益。因此,某些關係著整個國民經濟發展、社會總體效益很大,而對於政府財政卻毫無經濟效益可言甚至賠錢的支出項目,仍是政府安排財政支出時的選擇目標。

三、財政支出效益的分析

(一) 成本—效益分析法

所謂成本—效益分析法,就是針對國家確定的建設項目,提出若干實現建設目標的方案,詳盡計算出各種方案的全部預期成本和全部預期收益,通過比較分析,選擇出最優的投資項目。成本—效益分析法自20世紀40年代問世以來,已在世界各國得到廣泛應用。但是,這種方法的使用範圍是有限的,主要使用在對防洪、電力生產、郵政、交通和文化娛樂設施建設等項目的評價上。

採用成本—效益分析法一般按以下步驟進行:

(1) 根據國家的方針政策和既定目標,制定若干可替代方案以供選擇;

(2) 分別核算每個方案的成本和效益,計算出各方案成本效益的貨幣值,並進行比較,利用可比指標排列順序,以確定它們對財政資金的使用效率;

(3) 綜合考慮財政資金規模和其他限制條件,確定可行方案。

(二) 最低費用選擇法

最低費用選擇法,是指針對財政支出項目,設想出若干種實現目標的方案,但在對每個備選的財政支出方案進行經濟分析時,只計算備選方案的有形成本,而不用貨幣計算備選方案支出的效益,並以成本最低為擇優標準。換言之,就是選擇那些使用最少的費用就可以達到財政支出目標的方案。比如政治、軍事等財政支出項目,其支出成本是易於計算的,但效益卻不易於用貨幣衡量,而且,通過這類支出所提供的商品或勞務,不可能以任何形式進入市場交換。因此,此類支出很難用成本—效益分析法進行評價,一般應採用最低費用選擇法進行評價。

最低費用選擇法的基本步驟如下:

(1) 根據各支出目標提出各種備選方案;

(2) 以貨幣為度量尺度,分別加總各方案有形成本消耗;

(3) 按費用高低順序排序,選出最優方案,即費用最低方案。

最低費用選擇法確定財政支出項目的步驟與成本—效益分析法大體一致,主要的區別在於前者不用貨幣單位來計量備選的財政支出項目的社會效益,只計算每項備選項目的有形成本,並以成本最優作為決策準則。

最低費用選擇法的優點是簡化了效益量化的計算,適用於成本易於計算而效益

第二章　財政支出

不易計量的財政支出項目。如文化、衛生、軍事、政治等，其所提供的商品或勞務常常不能進入市場交換，因而無法用貨幣計量其社會效益，只能計算每個項目的有形成本，這類財政支出項目適合於用這種方法進行分析。最低費用選擇法作為支出項目的事前評價較為有效，而作為支出後評價的方法則不一定全面。

（三）公共服務收費法

財政學中所說的公共服務是指政府為實現其職能而開展的各項工作，包括軍事、行政、城市給水排水、建設和維修道路、住宅供應、郵電及公園建設等工作。對政府通過財政支出所提供的這些服務，一般運用商品買賣的原理，通過對公共服務價格（收費標準）的確定和調整，使公共服務得到最有效、最節約的使用，以達到提高財政支出的目的。對政府所提供的公共服務的定價，一般分為四種：免費、低價、平價和高價。免費和低價政策可以使社會成員最大限度地使用該服務，使該服務獲得極大的社會效益。但是免費和過低的價格，往往會造成使用者不夠重視該項服務，從而形成浪費，相應加大財政支出，例如有些地區實施一段時期水價免費或低價政策后帶來的水資源浪費。這種定價政策一般適用於普遍被使用的，但公眾可能尚無此覺悟去使用的公共服務，如加強義務教育、強制注射疫苗等。

平價提供的公共服務，不僅可以通過適當收費來補償提供服務的財政支出，還可以起到促使人們節約使用的作用。平價政策一般適用於那些就全社會的利益而言不需鼓勵也不必限制的公共服務項目，如公路、公園及公用醫療設施等。高價提供的公共服務一般適用於從全社會利益來看必須限制使用的公共服務項目，該種服務下的定價，不僅能起到限制消費的目的，還可以提供較多的財政收入。

本章小結

1. 財政支出又稱公共財政支出，是國家依據法律、法規將籌集到的財政資金有計劃地分配出去，用以滿足社會公共需要和實現政府職能的一種供應資金的活動。

2. 安排財政支出應遵循效率、公平、穩定原則。

3. 財政支出按經濟性質可以分為購買性支出和轉移性支出。

4. 財政支出規模，是指在一定時期（預算年度）內，政府通過財政渠道安排和使用財政資金的絕對額及相對比率，即財政支出的絕對量與相對量。

5. 影響財政支出規模的因素主要有經濟性因素、政治性因素和社會性因素。財政支出規模呈現不斷擴張趨勢，理論上給予解釋的主要有瓦格納的「政府活動擴張法則」、皮考克和威斯曼的「公共收入增長理論」、馬斯格雷夫和羅斯托的「經濟發展階段論」以及鮑莫爾的「非均衡增長模型」。

6. 財政支出結構是指各項財政支出占財政總支出的比例關係。財政支出結構研究的是在一定的經濟體制和財政體制下，在財政資金預算、分配、使用以及管理過程中，財政支出構成要素之間相互關係、相互作用的內在關係和空間表現。

7. 財政支出效益是指財政分配活動的成本與收益的比較。財政支出的成本，是

財政與稅收

指由政府集中支配的以貨幣形態表現的活勞動與物化勞動在社會經濟與發展等各方面的消耗。財政支出的收益，是指通過財政支出活動取得的成果，包括局部的、微觀的成果，也包括整體的、宏觀的成果。

同步訓練

一、名詞解釋

財政支出　　財政支出規模　　財政支出結構　　財政支出效益
成本—效益分析法　　最低費用法　　公共服務收費法

二、判斷題

1. 把全部財政支出分為購買性支出和轉移性支出的分類依據是財政支出的經濟性質。（　　）
2. 企業挖潛改造支出屬於補償性財政支出。（　　）
3. 在社會總需求中占主要地位的是個人投資需求。（　　）
4. 市場經濟國家通常用來反應財政分配規模的指標是財政支出占國民收入的比重。（　　）
5. 在世界範圍內，財政支出的變化趨勢是絕對量下降、相對量上升。（　　）
6. 低收入國家公共支出占 GDP 的比重最高。（　　）
7. 財政支出必須講究效益的根本原因是社會經濟資源的有限性。（　　）

三、問答題

1. 簡述安排財政支出應遵循的原則。
2. 簡述財政支出規模的衡量指標。
3. 簡述財政支出增長的理論。
4. 簡述中國財政支出總量與結構變化的趨勢。
5. 分析影響財政支出規模的因素。
6. 分析財政支出結構存在的問題。
7. 試述財政支出結構優化的基本思路。

綜合案例分析

新中國成立以來各時期行政管理支出占財政支出的比重

時期	行政管理支出（億元）	財政支出（億元）	行政管理支出占財政支出的比重（%）
「一五」時期	112.18	1,320.52	12.72
「二五」時期	133.16	2,238.18	5.95
「三五」時期	134.27	2,510.60	5.35
「四五」時期	196.71	1,917.94	5.02

第二章　財政支出

續表

時期	行政管理支出（億元）	財政支出（億元）	行政管理支出占財政支出的比重（％）
「五五」時期	280.06	2,582.44	5.30
「六五」時期	587.41	7,483.18	7.85
「七五」時期	1,520.66	12,865.67	9.27
「八五」時期	3,355.90	24,387.46	13.76
「九五」時期	8,933.22	57,043.46	15.66
「十五」時期	24,338.67	127,531.91	19.08

資料來源：根據《中國財政年鑒》計算整理。

案例思考題：根據上述資料，分析中國行政管理支出的變化趨勢及其原因。

第三章 財政收入

学习目标

通過本章學習，掌握財政收入的分類，財政收入規模的界定，財政收入的影響因素與趨勢分析，財政收入的構成；瞭解財政收入的功能、質量和原則，增加財政收入的途徑。

重点和难点

[本章重點]
財政收入的分類與構成
[本章難點]
財政收入規模的影響因素和趨勢分析

导入案例

中石化董事長傅成玉在「兩會」上說，2012年中石化每天給國家上繳稅款8.8億元，國家支出的每100元錢裡就有中石化的3.3元。傅成玉認為納稅夠多，紅利就該免了。中石化確實上繳了巨額稅金，但這些巨額稅金中，絕大多數並非企業所得稅等直接稅。數據顯示，2012年中石化淨利潤為635億元。按照目前企業所得稅25%的稅率計算，應納企業所得稅大致為158億元。而按照傅成玉每天8.8億元計算，則去年中石化總納稅為3,212億元。那這相差的3,000億元稅金應該就是經營中繳納的間接稅，即增值稅、營業稅、消費稅等。數據顯示，2012年中石化經營收

第三章　財政收入

入為 27,860 億元，3,000 億元的各項間接稅占此經營總收入的 11% 多一些，正好符合中國間接稅稅負的實際情況。眾所周知，企業所得稅等直接稅與商品稅等間接稅，是截然不同的。直接稅是將企業利潤的一部分拿出來上繳給國家，這減少了企業的財富。而間接稅則不然，企業將此稅收完全包含在價格之中，由消費者承擔。企業所起的作用僅僅是將千家萬戶消費者繳納的稅金，轉繳稅務部門而已。

資料來源：徐雷．「每 100 元稅就有中石化 3.3 元」說法被指忽悠人［EB/OL］．［2013-03-30］．http://www.xinzhongnews.com/Economic/zixun/20130330/79934.html.

問題：中石化每天上繳稅款 8.8 億元是否真實可信？

財政收入，是指政府為履行其職能、實施公共政策和提供公共物品與服務需要而籌集的一切資金的總和。財政收入表現為政府部門在一定時期內（一般為一個財政年度）所取得的貨幣收入。財政收入亦指國家預算收入，包括中央及地方各級政權的預算內收入及部分預算外收入。從動態看，財政收入是組織財政收入、籌集財政資金的過程；從靜態看，財政收入是一部分社會資金。財政理論研究的重要內容是對財政收入的分析。

第一節　財政收入分類

為了管理和控制財政收入，便於增加財政收入，明確財政收入的渠道及形式，順利進行財政分配，需要將財政收入進行分類。中外學者通過研究，提出了多種多樣的財政收入分類方法。

一、財政收入的分類

（一）按收入形式分類

財政收入形式是指組織財政收入採取的具體方式。中外組織財政收入的主要形式是稅收形式，所以，我們把財政收入形式分為稅收形式及非稅收形式。

1. 稅收收入

稅收收入是國家政府為實現其職能的需要，憑藉其政治權利並按照特定的標準，強制、無償地取得財政收入的一種形式，它是現代國家財政收入最重要的收入形式和最主要的收入來源。稅收收入占據財政收入的絕大比例，在中國，一般年份該比例為 90% 左右。

中國稅收收入按照徵稅對象可以分為五類稅，即流轉稅、所得稅、財產稅、資源稅和行為稅。其中流轉稅是以商品交換和提供勞務的流轉額為徵稅對象的稅收，流轉稅是中國稅收收入的主體稅種，占稅收收入的 60% 多，主要的流轉稅稅種有增值稅、營業稅、消費稅、關稅等。所得稅是指以納稅人的所得額為徵稅對象的稅收，國家已經開徵的所得稅有個人所得稅、企業所得稅。財產稅是指以各種財產（動產

和不動產) 為徵稅對象的稅收, 國家開徵的財產稅有土地增值稅、房產稅、城市房地產稅、契稅。資源稅是指對開發和利用國家資源而取得級差收入的單位和個人徵收的稅收, 中國的資源稅類包括資源稅、城市土地使用稅等。行為稅是指對某些特定的經濟行為開徵的稅收, 其目的是為了貫徹國家政策的需要, 中國的行為稅類包括印花稅、城市維護建設稅等。2013 年中國中央和地方公共財政主要收入項目如表 3.1 所示。

表 3.1　　　　2013 年中國中央和地方公共財政主要收入項目　　　　單位：億元

項　目	公共財政收入	中央	地方
合計	129,209.64	60,198.48	69,011.16
稅收收入	110,530.70	56,639.82	53,890.88
國內增值稅	28,810.13	20,533.81	8,276.32
國內消費稅	8,231.32	8,231.32	—
進口貨物增值稅、消費稅	14,004.56	14,004.56	—
出口貨物退增值稅、消費稅	-10,518.85	-10,518.85	—
營業稅	17,233.02	78.44	17,154.58
企業所得稅	22,427.20	14,443.86	7,983.34
個人所得稅	6,531.53	3,918.99	2,612.54
資源稅	1,005.65	45.34	960.31
城市維護建設稅	3,419.90	176.30	3,243.60
房產稅	1,581.50	—	1,581.50
印花稅	1,244.36	455.55	788.81
#證券交易印花稅	469.65	455.55	14.10
城鎮土地使用稅	1,718.77	—	1,718.77
土地增值稅	3,293.91	—	3,293.91
車船稅	473.96	—	473.96
船舶噸稅	43.55	43.55	—
車輛購置稅	2,596.34	2,596.34	—
關稅	2,630.61	2,630.61	—
耕地占用稅	1,808.23	—	1,808.23
契稅	3,844.02	—	3,844.02
菸葉稅	150.26	—	150.26
其他稅收收入	0.73	—	0.73
非稅收入	18,678.94	3,558.66	15,120.28
專項收入	3,528.61	406.39	3,122.22
行政事業性收費	4,775.83	278.48	4,497.35
罰沒收入	1,658.77	45.43	1,613.34
其他收入	8,715.73	2,828.36	5,887.37

資料來源:《中國統計年鑒》(2014)。

第三章　財政收入

2. 非稅收入

非稅收入是指除稅收形式以外的其他財政收入形式。這部分收入形式主要有：

（1）國有資本經營收入是指國家所有的企業上繳財政的利潤收入，這是國家作為企業所有者取得的財政收入。國有資本收益主要包括：股息和紅利收入，利潤收入，產權轉讓收入，清算收入，其他國有資產收入。1984年實行第二次利改稅後，其所占財政收入的比例大幅度下降。隨著國有企業管理體制改革的不斷深入，國有企業收入的數量還會變化。

（2）債務收入是指以有償借款的方式取得的，它是國家財政通過信用的方式從國內外取得的借款收入，也稱為公債或國債。中國的債務收入形式主要有：國內債券收入，向國內銀行借款取得的收入，在國外發行債券取得的收入，向國外政府、外國銀行或國際金融機構獲得的借款收入等。實行經濟體制改革後的20世紀80年代，債務收入數額逐年增長。現在，財政收入中債務收入佔有相當大的比例，是不可或缺的財政收入。

（3）其他收入指上述幾項收入形式外，各項財政收入的形式。它們所占財政收入的比例不大，但體現的政策性卻很強。這些形式主要有：

① 事業收入指有經常性收入的中央和地方各部門所屬事業單位向財政部門上繳的收入。許多事業單位在經濟改革中，向產業部門轉化，其為社會服務取得的收入越來越多，國家對這部分收入實行多種管理方法，將其獲得的部分收入進行再分配，使其成為財政收入。今後，第三產業或更多產業的興旺，一定會使事業收入占財政收入的比例有所提高。

② 規費收入指國家行政機關對居民或單位提供特殊服務時收取的工本費和手續費，如工商執照費、商品檢驗費、戶口證書費、護照費等。其目的主要是對一些行為進行統計和管理。

③ 罰沒收入指國家各執法機關及經濟管理部門，按照規定收取的罰沒款及沒收品的收入，還包括依法處理的贓款、贓物變價款的收入。這部分收入一定要全部上繳國家財政，任何單位和個人都不能任意截留及私分。

④ 國家資源管理收入指國家允許某些單位和個人開採礦藏等國家資源，他們依法應向國家上繳的部分收入，如礦山管理費、沙石管理費等。

⑤ 公產收入指國有山林等公產的產品收入，以及政府部門主管的公房和其他公產的租賃收入、公產變價收入等。

⑥ 其他還有基本建設收入、國際組織捐贈收入、對外貸款歸還收入和收回國外資產款收入等。

（二）按徵收權力分類

財政徵收權力是政府取得財政收入的法律依據。按此標準分類，財政收入可分為強制性收入和非強制性收入。強制性收入是指國家行使政治權力強行取得的財政收入，如稅收、罰款、規費等；非強制性收入是指國家憑藉經濟法人的地位獲得的收入，如公有財產收入、國有企業收入等。

財政與稅收

（三）按徵收政府的級別分類

按財政收入徵收的政府級別不同，財政收入可以分為中央財政收入和地方財政收入。由於中國的政權體制分中央與地方兩級政府，地方政府又可以分成省（自治區、直轄市）、市（地級市）、縣和鄉鎮四級政府，而一般有一級政府就有一級財政，因此，中國的財政收入可以分為中央和地方兩級，地方財政又可以具體分為上述四級。

（四）按財政管理方法分類

按財政管理方法分類，可將財政收入分為預算內收入、預算外收入和制度外收入。其中預算內收入指納入國家統一預算的收入；預算外收入指按現行制度規定不納入預算管理的財政性資金和基金，一般由各級政府自行安排用於國家指定的用途或項目；制度外收入又稱非預算收入，一般被定義為預算外收入之外的亂收費、亂罰款和亂攤派所形成的收入。

[資料連結]　　2012年全國財政收入117,210億元 增12.8%

1～12月累計，2012年全國公共財政收入117,210億元，比上年增加13,335億元，增長12.8%。其中，中央財政收入56,133億元，比上年增加4,805億元，增長9.4%；地方財政收入（本級）61,077億元，比上年增加8,530億元，增長16.2%。財政收入中的稅收收入100,601億元，增長12.1%。

全國公共財政收入主要項目情況如下：

（1）國內增值稅26,416億元，比上年增長8.9%。主要受工業增加值增長放緩、工業生產者出廠價格下降以及實施結構性減稅等因素影響。

（2）國內消費稅7,872億元，比上年增長13.5%。其中，卷菸消費稅3,949億元，增長17.8%；成品油消費稅2,811億元，增長9.9%。

（3）營業稅15,748億元，比上年增長15.1%。其中，房地產營業稅4,051億元，增長11.6%；建築業營業稅3,706億元，增長18.6%；金融業營業稅2,874億元，增長32.7%，主要是金融業貸款利息收入增加。

（4）企業所得稅19,654億元，比上年增長17.2%。扣除上下年企業所得稅退稅因素后增長12.8%。其中，匯算清繳上年企業所得稅增加1,022億元，占企業所得稅增加額的近四成，增長25.1%，主要是2011年企業利潤總體增長較快；預繳當年企業所得稅增長8.4%。分行業看，銀行業企業所得稅4,564億元，增長41.9%；工業企業所得稅7,349億元，增長2.6%，主要受2012年工業企業利潤增幅低（1～11月規模以上工業企業利潤同比增長3%）以及實施結構性減稅的影響。

（5）個人所得稅5,820億元，比上年下降3.9%。其中，工薪所得稅3,577億元，下降8%；個體工商戶生產經營所得稅595億元，下降12.5%。主要是受2011年9月份起提高個人所得稅工薪所得減除費用標準，以及調整個體工商戶經營所得稅率結構減收影響。

（6）進口貨物增值稅、消費稅14,796億元，比上年增長9.1%；關稅2,783億元，比上年增長8.7%。主要受一般貿易進口增長放緩，以及對部分進口商品實施

第三章 財政收入

結構性減稅等因素影響。

（7）出口退稅 10,429 億元，比上年多退 1,224 億元，增長 13.3%（帳務上作衝減收入處理）。主要是加快出口退稅進度，相應增加退稅數額。

（8）車輛購置稅 2,228 億元，比上年增長 9%。

（9）證券交易印花稅 304 億元，比上年下降 30.8%。主要受股市成交額大幅下降的影響。

（10）城市維護建設稅 3,126 億元，比上年增長 12.5%。

（11）地方其他稅種收入情況：土地增值稅 2,719 億元，比上年增長 31.8%，主要是稅務部門加強了徵收管理；契稅 2,874 億元，比上年增長 3.9%；城鎮土地使用稅 1,542 億元，比上年增長 26.1%，主要是受部分地區調整城鎮土地使用稅地段等級和稅額標準等影響；耕地占用稅 1,621 億元，比上年增長 50.7%，主要是一些地方推進產業園區等建設、新開工項目用地增加，以及加強收入清繳徵收力度。

（12）非稅收入 16,609 億元，比上年增長 17.5%。分中央和地方看，中央非稅收入 2,849 億元，增長 5.7%。地方非稅收入 13,760 億元，增長 20.3%。

資料來源：2012 年全國財政收入 117,210 億元 增 12.8%［EB/OL］.［2013-01-22］. http://news.xinhuanet.com/fortune/2013-01/22/c_124265804.htm.

二、財政收入的功能

一般認為，財政收入是調控經濟的主要工具、政府理財的重要活動和財政分配的基礎環節。

第一，財政收入是調控經濟的主要工具。從理論與實踐兩個方面看，財政政策與貨幣政策是政府調控經濟的兩個重要工具，財政收入中的稅收、公債等收入形式作為財政政策的主要工具，在政府宏觀經濟調控中發揮著重要的作用。

第二，財政收入是政府理財的重要活動。一般認為，政府理財包括聚財、用財和管財等活動，而財政收入是政府理財中的聚財環節，在處理好財源與收入的關係方面有著不可替代的作用。

第三，財政收入是財政分配的基礎環節。資源的稀缺性和有限性決定了政府在提供公共品時，需要以有償的方式佔有和使用，這就要求以財政收入作為基礎保障，以確保財政支出和實現政府職能。

三、財政收入的原則

為了正確處理好各種分配關係，在組織財政收入過程中，必須遵循一定的原則。這樣，既有利於促進經濟發展，也有利於不斷增加國家財政收入。組織財政收入必須遵循的原則有：

（一）發展經濟、廣開財源的原則

組織財政收入，籌集財政資金，首先要遵循發展經濟、廣開財源的原則。這是根據馬克思關於社會再生產原理中生產決定分配原理提出的。生產決定分配，沒有

財政與稅收

生產就沒有分配。財政作為重要的分配範疇，要以國家為主體參與社會產品或國民收入的分配，首先就要有可供分配的社會產品或國民收入，而可供分配的社會產品或國民收入，則取決於社會經濟的發展。因此，生產決定分配，經濟決定財政。這就要求在組織財政收入過程中，首先必須遵循發展經濟、廣開財源的原則。實踐證明，只有經濟發展了，才能廣開財源，增加國家財政收入。因此，在制訂財政收入計劃，特別是在組織財政收入工作中，一定要牢固樹立發展經濟增加財政收入的觀念，並把是否促經濟發展作為衡量財政工作的一個重要標誌。

（二）合理確定財政收入數量界限的原則

財政收入是國家憑藉政治權力參與社會產品或國民收入分配取得的收入。財政收入有一個數量界限問題。合理確定財政收入的數量界限，既可以達到「民不加賦而國用足」，又可以促進經濟發展和提高人民生活水平。因此，合理確定財政收入的數量界限，使之「取之有度而民不傷」，便是組織財政收入時必須遵循的一項重要原則。根據財政客觀規律和實際經濟工作總結，財政收入的數量界限有二：一是財政收入增長的最高限量，即當年財政收入的增長速度和規模不能超過同期國民收入的增長速度和規模；二是財政收入的最低限量，即在正常年景下，當年財政收入的規模不低於上一年已達到的水平。財政部門在組織財政收入時，要根據發生變化的情況，合理確定財政收入的數量界限，切實做好財政收入工作。在合理確定財政收入數量界限的問題上，還要注意到合理確定財政收入占國民收入的比重。財政收入占國民收入的比重，反應了國家財政資金的集中程度，體現了國家財政分配集中和分散的關係。財政收入占國民收入的比重過大，國家財政集中太多，會影響到其他方面的積極性，不利於國民經濟發展；反之，財政收入占國民收入比重過小，表明資金過於分散，國家掌握不了足夠的財力，勢必影響到全局利益。因此，組織財政收入時也要合理確定財政收入占國民收入的比重。

（三）兼顧國家、集體和個人三者利益的原則

組織財政收入，籌集財政資金，必然涉及各方面的物質利益關係，特別是國家、集體和個人之間的利益關係。在財政分配問題上，尤其在組織財政收入過程中，如何兼顧好國家、集體和個人三者利益，對於充分調動廣大勞動者的積極性，促進經濟持續穩定發展，保障國家財政收入，具有十分重要的意義。

（四）區別對待、合理負擔的原則

由於歷史的原因，中國各地區經濟發展不平衡。因此，中國組織財政收入不僅要為實現國家職能籌集所需要的資金，而且還要根據黨和國家對不同地區和不同產業、不同企業的不同方針政策，實行區別對待、合理負擔的原則。區別對待，是指對不同地區、不同產業和企業，根據因某種原因需要扶持和鼓勵的情況，予以區別對待。合理負擔，是指除了按照負擔能力合理負擔外，對國家需要扶持和鼓勵的地區、產業和企業在負擔上給予政策優惠，以促進這些地區經濟、產業和企業的發展。

> **課堂思考**：財政收入在一國經濟發展中的重要作用。

第三章　財政收入

第二節　財政收入規模

一、財政收入規模的內涵

財政收入規模，是指政府究竟可以組織多少財政收入，也稱為財政收入的數量界限。在任何一個國家的任何時期，對於政府財政收入總是存在一個客觀的數量界限。如果超出這個數量界限，就會對社會經濟產生不良的影響，甚至會擾亂社會經濟秩序，阻礙國民經濟的發展。也就是說，對政府財政收入有一個最高數量限制，我們稱之為財政收入客觀數量的上限。但是政府組織的財政收入也不能過少，否則政府便不能履行其最基本的財政職能。所以，對於財政收入也有一個最低數量的限制，我們稱之為財政收入客觀數量的下限。由此可見，所謂適度的財政收入，是介於這個上限與下限之間的財政收入量。

二、衡量財政收入規模的指標

1. 絕對指標

衡量財政收入規模的絕對量指標是指在一定時期內財政收入的總量，它主要反應一國政府或一級政府的財力大小。其主要包括中央和地方財政總收入、中央本級財政收入和地方本級財政收入、中央對地方的稅收返還收入、地方上繳中央收入、稅收收入等。財政收入的絕對量指標系列，具體反應了財政收入的數量、構成、形式和來源，適用於財政收入計劃指標的確定、完成情況的考核以及財政收入規模變化的縱向比較。

2. 相對指標

衡量財政收入規模的相對指標反應政府對一定時期內新創造的社會產品價值總量（即 GDP）的集中程度，又稱為財政集中率（K）。這一指標一般表示為：

$$K = FR/GDP \times 100\% \tag{3.1}$$

其中，FR 表示一定時期內（一年）的財政收入總額。它可以根據反應對象和分析目的的不同，運用不同的指標口徑，如中央政府財政收入、各級政府財政總收入、預算內財政收入、預算內和預算外財政總收入等，常用的是各級政府預算內財政總收入。財政收入的相對指標適用於衡量財政收入水平、分析財政收入的動態變化以及對財政收入規模進行縱向和橫向的比較分析。

三、中國財政收入規模的增長變化趨勢

隨著經濟的發展，絕大多數國家財政都達到了一定規模，其中尤以西方市場經濟國家的財政收入規模明顯大於其他國家。目前，中國財政收入占 GDP 的比重還是比較低，不僅低於世界發達國家，也低於一般發展中國家，財政集中度較小，影響了財政的宏觀調控力度。隨著經濟社會的不斷發展，政府職能也在擴大，正常環境下的財政收入絕對規模會隨著財源的擴大而保持上升勢頭，儘管各國的經濟發展水

財政與稅收

平和財政職能大小會存在差別,但從過去 100 多年的財政實踐來看,財政收入規模無論是絕對規模還是相對規模均呈現出上升趨勢。

(一) 從相對指標上分析

1. 中國財政收入占 GDP 的比重

從中國自身的縱向比較來看,財政收入占 GDP 的比重從 1978 年的 31.2% 下降到了 1996 年的 10.9%。其間經歷了三次較大幅度的下滑:第一次是 1978—1982 年,財政收入占 GDP 的比重由 31.2% 下降到 22.8%,下降了 8.4 個百分點;第二次是 1985—1988 年,財政收入占 GDP 的比重由 22.4% 下降到 16%,又下跌了 6.4 個百分點;第三次是 1989—1995 年,財政收入占 GDP 的比重由 15.9% 下降到 10.7%,下跌了 5.2 個百分點,且成為歷史最低點。1996—2013 年間財政收入占 GDP 的比重開始上升。在中國轉軌時期,財政收入占 GDP 比重的下降,實際上表現的是政府財政收入能力和財政功能的減弱。中國財政收入的規模狀況如表 3.2 所示。

表 3.2　　　　　　　　中國財政收入的規模狀況

年　份	公共財政收入（億元）	增長速度（%）	財政收入占 GDP 的比重（%）
1978	1,132.26	29.5	31.2
1979	1,146.38	1.2	28.2
1980	1,159.93	1.2	25.7
1981	1,175.79	1.4	24.1
1982	1,212.33	3.1	22.8
1983	1,366.95	12.8	23.0
1984	1,642.86	20.2	22.8
1985	2,004.82	22.0	22.4
1986	2,122.01	5.8	20.7
1987	2,199.35	3.6	18.2
1988	2,357.24	7.2	16.0
1989	2,664.90	13.1	15.9
1990	2,937.10	10.2	15.8
1991	3,149.48	7.2	14.6
1992	3,483.37	10.6	13.1
1993	4,348.95	24.8	12.6
1994	5,218.10	20.0	11.2
1995	6,242.20	19.6	10.7
1996	7,407.99	18.7	10.9
1997	8,651.14	16.8	11.6
1998	9,875.95	14.2	12.6
1999	11,444.08	15.9	13.9
2000	13,395.23	17.0	15.0

第三章 財政收入

表3.2(續)

年　份	公共財政收入（億元）	增長速度（％）	財政收入占 GDP 的比重（％）
2001	16,386.04	22.3	16.8
2002	18,903.64	15.4	18.0
2003	21,715.25	14.9	18.5
2004	26,396.47	21.6	19.3
2005	31,649.29	19.9	17.1
2006	38,760.20	22.5	17.9
2007	51,321.78	32.4	19.3
2008	61,330.35	19.5	19.5
2009	68,518.30	11.7	20.1
2010	83,101.51	21.3	20.7
2011	103,874.43	25.0	21.9
2012	117,253.52	12.9	22.6
2013	129,209.64	10.2	22.7

註：① 財政收入不包括國內外債務收入；② 財政收入中已抵扣企業虧損補貼。
資料來源：《中國統計年鑒》(2014)。

2. 中國財政收入占 GDP 的比重下降的原因

財政收入占 GDP 的比重的下降與中國經濟轉軌時期的改革是密切相關的。自改革開放以來，中國推行的是漸進式改革策略，盡一切可能降低對既得利益者的利益損害，以減少改革的阻力。

(1) 經濟轉軌時期「雙軌制」的存在，對國有企業和非國有企業的稅收政策不同，使得財政收入比重下降。在計劃經濟體制下，國有企業由於體制的支撐而維持著高利潤，中國當時財政收入的絕大部分來自國有企業。實行改革開放以後，非國有企業得到迅速發展，可提供的財政收入也大大增加了。但是中國的財源結構並沒有相應改變，其主要來源還是國有企業，而儘管這時國有企業發展步履維艱，效益很低，但其需要提供的財政收入卻仍相當大，因而再增加國有企業的稅收負擔十分困難。國有企業利潤在整個國民經濟中的比例下降，勢必影響財政收入的增長。與此同時，國家為了鼓勵非國有企業的發展，在稅收方面給予了很大的優惠政策，使得非國有企業承擔的財政收入份額也有所下降。因此，這兩個因素的影響導致了財政收入占 GDP 比重的下降。

(2) 為解決國有企業缺乏活力的問題，國家先後向國有企業實施放權讓利改革，大大提高了國有企業的留利水平，但這也導致了政府財政收入的減少。由於這些措施仍未能從根本上解決國有企業問題，國有企業的經濟效益並未明顯提高，財政收入也就無法提高。

(3) 1994 年財稅改革不徹底也是造成財政收入下降的因素之一。為了照顧各方面的既得利益，減少改革的阻力，1994 年的財稅改革作了相當大的讓步，實際上就是使各級政府，尤其是中央政府繼續在改革中充當「讓利者」的角色，這樣的改革

制約著國家財政收入的增加。

(4) 企業制度改革的滯后也同樣造成了國家財政收入的減少。由於產權不清，缺乏產權約束機制，企業將各種本不應該計入成本的費用如工資性項目、經營者「尋租」項目等計入成本，造成了稅收的減少。

3. 相對規模的國際比較

從國際橫向比較來看，中國財政收入占 GDP 的比例則明顯偏低，既低於發達國家，也低於其他發展中國家。2013 年 4 月，國際貨幣基金組織《世界經濟展望》報告發布了 IMF 成員一般政府收入占 GDP 的比例數據，從以稅收為主體的財政收入占 GDP 的比例來看，中國在 188 個成員中排名第 146 位。當然，進行國際比較必須要考慮統計口徑的差異。和發達國家相比，中國現行財政收入僅指預算內部分，從政府收入角度來看還有預算外收入，另外企業虧損補貼因為未列開支也未計入，而且發達國家財政收入中社會保障類收入的比重較大，如美國這一因素占 20% 左右，而中國至今仍然沒有納入預算。但是，同發展中國家相比，社會保障這一因素可以不予考慮，因為這些國家的財政收入中社會保障類部分比重很小。按照這項標準進行國際比較可以發現，中國財政收入相對規模與發達國家的差距仍然很大，但是與周邊發展中國家相比差距並不大。

(二) 從絕對指標上分析

中國財政收入從絕對數量上看，中國財政收入規模的總體變化大致可分為三個階段：第一階段，水平徘徊階段。1978—1982 年，財政收入由 1978 年的 1,132.26 億元上升到 1982 年的 1,212.33 億元，年平均增長率為 1.72%。第二階段，緩慢增長階段。1983—1992 年，財政收入由 1983 年的 1,366.95 億元增加到 1992 年的 3,483.37 億元，年平均增長率為 11.13%。第三階段，快速增長階段。1993—2013 年，財政收入由 1993 年的 4,348.95 億元增加到 2013 年的 129,209.64 億元，年平均增長率為 18.84%。

財政收入規模呈階段式發展的原因主要有：第一，國民經濟的持續穩定增長是財政收入絕對規模擴大的主要原因。在 20 世紀 80 年代初期中國經濟發展較慢，導致財政收入數量增長緩慢；而到了 20 世紀 90 年代，中國國民經濟發展速度加快，使得財政收入規模也隨之增長。第二，產業結構的調整對財政收入規模產生了一定的影響。自 20 世紀 80 年代起，中國進行了產業結構的重大調整，壓縮傳統產業，加快發展汽車、通信等行業；而到了 20 世紀 90 年代後期，這些新的產業已形成規模，成為新的經濟增長點，對財政收入的貢獻也逐步擴大。第三，財政體制的重大改革影響到財政收入的規模。在 20 世紀 80 年代初期，由於實行統收統支和總額分成的財政管理體制，地方財政收入基本上繳中央，因此地方沒有增加財政收入的積極性。1984 年實行了劃分稅種、核定收支、分級包干的財政體制，一定程度上調動了地方政府的積極性。到了 1994 年，中國進行了財政體制的大改革。「分稅制」的實施充分調動了地方政府的積極性，擴大了地方財政收入，從而使總體財政收入增長速度加快。

第三章　財政收入

四、財政收入規模的影響因素

從歷史上看，保證財政收入持續穩定增長始終是世界各國的主要財政目標，而在財政赤字籠罩世界的現代社會，謀求財政收入增長更為各國政府所重視。但是，財政收入規模多大，財政收入增長速度多快，不是或不僅僅是以政府的意願為轉移的，它要受各種政治經濟條件的制約和影響。這些條件包括經濟發展水平、生產技術水平、價格及收入分配體制等，其中最主要的是經濟發展水平和生產技術水平。

（一）經濟發展水平和生產技術水平對財政收入規模的制約

1. 經濟發展水平對財政收入規模的影響

從理論上看，經濟發展水平反應了一個國家的社會產品的豐富程度和經濟效益的高低。經濟發展水平高，社會產品豐富及其淨值——國民生產總值就多，一般而言，則該國的財政收入總額較大，占國民生產總值的比重也較高。當然，一個國家的財政收入規模還受其他各種主客觀因素的影響，但有一點是清楚的，就是經濟發展水平對財政收入的影響表現為基礎性的制約，兩者之間存在源與流、根與葉的關係，源遠則流長，根深則葉茂。

從世界各國的現實狀況考察，發達國家的財政收入規模大都高於發展中國家，而在發展中國家中，中等收入國家又大都高於低收入國家，絕對額是如此，相對數亦是如此。

從數學分析的角度看，經濟發展水平對財政收入規模的制約關係可以運用迴歸分析方法做定量分析，迴歸分析是考察經濟活動中兩組或多組經濟數據之間存在的相關關係的數學方法，其核心是找出數據之間相關關係的具體形式，得出歷史數據，借以總結經驗、預測未來。假設 y 代表財政收入，x 代表國民生產總值，則有公式：

$$y = \alpha + \beta x \tag{3.2}$$

其中 α 和 β 為待定系數。這裡需要說明一點：儘管迴歸分析是一種科學的定量分析方法，但其應用也是有條件的，當有關經濟變量受各種非正常因素影響較大時，應用迴歸分析就不一定能得出正確的結論。為了解決此類問題，在進行迴歸分析之前往往需要作一些數據處理，通常要在數據中剔除非正常的和不可比的因素。

2. 生產技術水平對財政收入的影響

生產技術水平是內含於經濟發展水平之中的，因為一定的經濟發展水平總是與一定的生產技術水平相適應，較高的經濟發展水平往往是以較高的生產技術水平為支柱的。所以，對生產技術水平制約財政收入規模的分析，事實上是對經濟發展水平制約財政收入規模的研究的深化。簡單地說，生產技術水平是指生產中採用先進技術的程度，又可稱之為技術進步水平。技術進步對財政收入規模的制約可從兩個方面來分析：一是技術進步往往以生產速度加快、生產質量提高為結果；技術進步速度較快，GDP 的增長也較快，財政收入的增長就有了充分的財源；二是技術進步必然帶來物耗比例降低。經濟效益提高，產品附加值所占的比例也會擴大。由於財政收入主要來自產品附加值，所以技術進步對財政收入的影響更為直接和明顯。因此，促進技術進步、提高經濟效益是增加財政收入的首要的有效途徑，在中國更是

如此。

(二) 分配政策和分配制度對財政收入規模的影響

在經濟發展水平一定的條件下，財政收入規模取決於兩個因素：一是國民收入分配政策，它決定剩餘產品價值占整個社會產品價值的比例，進而決定財政分配對象的大小；二是財政分配政策，它決定剩餘產品價值中財政所占的比例，從而決定財政收入規模的大小。

政府的國民收入分配政策和分配制度包括工資制度、稅收制度、國有企業利潤分配政策和制度等，其決定著 GDP 在國家、企業和居民個人之間的分割比例，是影響財政收入最直接的因素。分配制度改革影響到國家與企業、中央與地方之間的利益分配。因此，政府的分配政策和分配制度對財政規模的影響具有關鍵性的作用。中國的改革實踐就能比較充分地說明這一點。為了提高居民消費水平，增加居民個人收入，大幅度提高農產品收購價格，連續增加城鎮職工工資並推行獎金制度，以及對企業實行的企業基金制度、利潤留成制度、利改稅、企業承包制、股份制等和政府財政體制、稅收體制改革等，均屬國民收入分配政策與制度的重大調整，其結果必然改變政府財政、企業和居民個人之於社會總產品的原有分配格局，影響財政收入規模與水平，同時也改變財政收入內部結構。

(三) 價格對財政收入規模的影響

財政收入是一定量的貨幣收入，它是在一定的價格體系下形成的，又是按一定時點的現值計算的，因此，由價格變動引起的 GDP 分配必然會影響到財政收入的增減。

價格變動對財政收入的影響，首先表現在價格總水平升降的影響。在市場經濟條件下，價格總水平在一定範圍內上漲是正常的現象，當價格持續大幅度地上漲時就形成了通貨膨脹；反之，價格持續地下降就會形成通貨緊縮。當財政收入隨著價格水平的上升而同比例地增長時，財政收入就會表現為「虛增」，即財政收入名義上增長，而實際並無增長。在現實生活中，價格分配對財政收入的影響可能出現各種不同的情況。

物價上升對財政收入影響的幾種不同情況如下：①當財政收入增長率高於物價上漲率時，財政收入名義上增長實際也增長；②當物價上漲率高於財政收入增長率時，財政收入名義上正增長，而實際為負增長；③當財政收入增長率與物價上漲率大體一致時，財政收入只有名義上增長，而實際不增不減。實際經濟生活中，價格分配對財政收入增減的影響，主要取決於兩個因素：一是引發物價總水平變動的原因；二是現行的財政收入制度。

一般來說，連年的財政赤字通常是造成通貨膨脹的重要原因。當為了彌補財政赤字而造成流通中投放過多的貨幣時，財政就能通過財政赤字從 GDP 的再分配中分得更大的份額。在 GDP 只有因物價上升形成名義上增長而無實際增長的情況下，財政收入的增長就是通過價格再分配機制實現的，即價格上升導致財政收入增長。因此，此時的財政收入通常可以分為兩部分：一部分是 GDP 正常增量的分配所得；另一部分為價格再分配所得。后者就是西方財政學者所說的「通貨膨脹稅」。

第三章　財政收入

決定價格分配對財政收入影響的另一個因素是現行的財政收入制度。如果一個國家實行以累進所得稅為主體的稅制，納稅人使用的稅率會隨著名義收入的增長而提高，即出現所謂「檔次爬升」效應，從而使財政在價格再分配中所得的份額有所增加。如果實行的是以比例稅率為主的流轉稅制為主體稅制，這就意味著稅收收入的增長率等同於物價上漲率，財政收入只有名義增長，而不會有實際增長。如果實行的是定額稅率為主體的稅制，在這種稅制下，稅收收入的增長率總是低於物價上漲率，所以財政收入即使有名義增長，而實際也必然是下降的。市場價格隨市場供求關係而上下浮動，主要是在買賣雙方之間發生再分配，而隨著價格的上下浮動也會進一步影響到財政收入的增減。既然價格是影響財政收入狀況的重要因素；那麼，國家在有計劃地進行價格體制改革的過程中，就必須考慮到財政的承受能力。也就是說，財政的狀況也是影響價格體制改革的重要因素。

(四) 稅收制度與徵管水平對財政收入規模的影響

現實的收入規模如何還取決於具體的稅收徵收制度和徵管成效，即能否實現應收盡收，最大限度地減少收入的流失，並做到保護財源、創造財源。稅收收入的流失在世界各國都是一個普遍現象，差別只在於程度的不同。通過稅收徵收管理機制尤其是監督機制的縝密設計，納稅人偷逃稅款的行為一旦敗露，將面臨經濟上、政治上、個人信用上的嚴重損失。這一巨大的成本風險客觀上有助於阻止稅收的流失。

課堂思考：對財政收入規模絕對指標影響最直接的因素有哪些？

第三節　財政收入構成

財政收入構成是指財政收入的項目組成及各項目收入在財政收入總額中的比重。具體包括財政收入的價值構成、部門構成、所有制構成和地區構成。科學分析財政收入構成，有利於綜合反應財政收入狀況，對財政收入分配過程進行有效管理，從而確保財政收入構成與一定時期的經濟制度、經濟發展水平相適應。在財政收入結構分析中，主要針對常規性預算收入結構（不包括債務和非預算收入）進行分析，因為債務收入不屬於經常性收入，而非預算收入無法得到精確的計算。

一、財政收入構成的一般分析

(一) 財政收入部門構成分析

國民經濟按產業可分為第一產業、第二產業和第三產業。第一產業包括農業、牧業、林業、漁業等；第二產業包括工業和建築業；第三產業包括一、二產業以外的各業，主要有流通部門、服務業、旅遊業、交通運輸業、金融保險業等。三大產業在國民經濟整體的地位不同，在財政收入中的地位也不同。研究財政收入的產業結構以及與之相關的價格結構的變化對財政收入的影響，便於根據各部門的發展趨

財政與稅收

勢和特點，客觀地組織財政收入，開闢新的財源。

第一產業的發展會影響整個國民經濟的發展，從這個意義上說，農業也是財政收入的基礎。隨著農（牧）業稅稅率降低和農業稅的取消，這部分財政收入將很少，減輕農民負擔將有利於農業發展。第二產業是國民經濟主導，是財政收入的主要來源。隨著市場經濟體制改革加快和科學技術進步，第三產業占 GDP 的比重也越來越大，財政收入來自第三產業的比重也越來越高。

中國作為一個發展中國家，國民經濟始終處於以農業和工業為支柱產業的經濟格局之中。新中國成立后的 50 多年來，這兩個生產部門創造的國民收入始終占國民收入總額的 80% 左右。但伴隨中國經濟改革進程的不斷加快和農業稅的取消，這一比例有所下降，到 2005 年降為 60.0%。從財政收入的產業部門結構變化看，第一產業占 GDP 的比重呈下降趨勢，即從 1978 年的 28.2% 降至 2013 年的 10.0%（下降 18.2 個百分點）；第二產業占 GDP 的比重較為穩定，即 1978 年為 47.9%，2013 年為 43.9%（下降 4.0 個百分點）；第三產業占 GDP 的比重有了較大幅度的提升，即由 1978 年的 23.9% 提升為 2013 年的 46.1%（提升 22.2 個百分點）。由此可以看出，中國財政收入主要來自第三產業，其次為第二產業，第一產業的比重將越來越小。而第三產業的財政收入，將會成為今后中國財政收入的主要來源。

(二) 財政收入所有制構成分析

所謂財政收入所有制構成指的是財政收入作為一個整體，是由不同所有制的經營單位各自上繳的稅金、利潤和費用等構成的。財政收入按經濟成分分類，有國有經濟收入、集體經濟收入、私營經濟收入、個體經濟收入及外資經濟收入等。這種結構分析的意義，在於說明國民經濟所有制構成對財政收入規模和結構的影響及其變化趨勢，從而採取相應的增加財政收入的有效措施。

改革開放之前，中國是以國有經濟為主導地位的，國有經濟提供的財政收入占 2/3 以上。集體經濟和其他經濟占財政收入的 1/3。改革開放以後，特別是 20 世紀 90 年代中期實行社會主義市場經濟體制以來，私營經濟、個體經濟、外國投資企業發展迅猛，來自非國有經濟的財政收入逐步上升，目前來自這些經濟成分的財政收入約占總財政收入 50% 左右（含私營經濟、個體經濟、中外合營經濟及外商獨資經濟成分）。隨著經濟體制進一步改革，國有企業進一步減少，國有經濟占財政收入的比重將進一步降低。

(三) 財政收入地區構成分析

財政收入的地區結構和生產力佈局是否合理，不僅關係到國民經濟平衡發展，而且也是影響財政收入的重要因素。中國各地區的發展很不平衡。按經濟發展水平、交通運輸條件、技術水平、地理位置等方面區別，全國可分為東部、中部、西部三大經濟地帶。東部 12 個省（市）的土地面積占全國 14.2%，工農業總產值占全國 55% 以上；中部地區 9 個省（市）土地面積占全國的 34.3%，人口占全國 41.9%，而工農業總產值僅占全國 38%；西部地區 11 個省土地面積占全國 51%，人口占全國 11%，工農業總產值僅占全國 6%。由於經濟發展程度不一，累積水平相差懸殊，東部地區是中國財政收入主要來源地帶。因此，只有將東部的資金、技術、人

第三章 財政收入

才優勢與中西部的資源優勢有機結合起來,幫助中西部地區發展經濟,培植財源,才能實現中西部地區財政收入較快增長,特別是改變西部地區財政收入過低、靠中央財政轉移支付過多的局面。2013 年全國各地區財政收入和支出狀況如表 3.3 所示。

表 3.3　　　　2013 年全國各地區財政收入和支出狀況　　　　單位:億元

地 區	地方公共財政收入	稅收收入	地方公共財政支出	一般公共服務
地方合計	69,011.16	53,890.88	119,740.34	12,753.67
北 京	3,661.11	3,514.52	4,173.66	297.12
天 津	2,079.07	1,310.66	2,549.21	144.73
河 北	2,295.62	1,724.87	4,409.58	524.14
山 西	1,701.62	1,136.89	3,030.13	284.13
內蒙古	1,720.98	1,215.20	3,686.52	338.10
遼 寧	3,343.81	2,521.62	5,197.42	501.34
吉 林	1,156.96	856.41	2,744.81	267.31
黑龍江	1,277.40	912.82	3,369.18	278.80
上 海	4,109.51	3,797.16	4,528.61	260.10
江 蘇	6,568.46	5,419.49	7,798.47	859.41
浙 江	3,796.92	3,545.66	4,730.47	538.88
安 徽	2,075.08	1,520.22	4,349.69	469.15
福 建	2,119.45	1,723.28	3,068.80	327.06
江 西	1,621.24	1,178.74	3,470.30	337.01
山 東	4,559.95	3,533.49	66,88.80	749.96
河 南	2,415.45	1,764.71	5,582.31	733.21
湖 北	2,191.22	1,604.85	4,371.65	546.49
湖 南	2,030.88	1,299.15	4,690.89	628.45
廣 東	7,081.47	5,767.94	8,411.00	996.45
廣 西	1,317.60	875.74	3,208.67	413.20
海 南	481.01	411.63	1,011.17	115.40
重 慶	1,693.24	1,112.62	3,062.28	276.40
四 川	2,784.10	2,103.51	6,220.91	610.86
貴 州	1,206.41	839.67	3,082.66	488.78
雲 南	1,611.30	1,215.66	4,096.51	394.77
西 藏	95.02	71.54	1,014.31	180.53
陝 西	1,748.33	1,256.24	3,665.07	414.29
甘 肅	607.27	417.73	2,309.62	278.60

表3.3(續)

地　區	地方公共財政收入	稅收收入	地方公共財政支出	一般公共服務
青　海	223.86	175.05	1,228.05	97.50
寧　夏	308.34	237.49	922.48	64.15
新　疆	1,128.49	826.34	3,067.12	337.37

資料來源：《中國統計年鑒》（2014）。

二、中國財政收入結構失衡的主要表現

（一）稅收收入與非稅收入的增長不協調

根據取得收入的依據不同，公共收入可分為公共權力收入和公共產權收入兩大部分。公共權力收入是依據國家的權力無償取得的收入，公共產權收入則是依據國家是公共產權所有者代表的身分而取得的收入。公共權力收入包括稅收收入、政府性基金、罰款和捐贈收入，公共產權收入包括國有資產收益、政府性收費和特許權收入。各種形式的公共收入的增長應該是協調的，因為每種形式的收入都與一定階段的經濟、社會結構密切相關。如果出現異常或不協調，必然就會扭曲經濟與社會結構，帶來效率損失和社會不公的雙重后果。此外，畸形的公共收入結構會導致公共收入增長缺乏后勁，加大財政風險，最終制約經濟和社會的協調發展。

目前，中國稅收收入（公共權力收入）的增長與非稅收入（公共產權收入）的增長不協調，稅收收入對公共收入的貢獻遠遠大於非稅收入。以 2007 年為例，全國公共財政收入達到 51,321.78 億元，比 2006 年增加 12,561.58 億元，增長 32.4%，遠遠超過了 GDP 增長幅度。其中，稅收收入為 45,612.99 億元，占財政收入近 90%。換言之，作為財政收入主體的稅收的增長對政府公共收入的增長做出了巨大貢獻。這種幾乎完全依賴稅收收入的公共收入結構，一方面使宏觀稅負水平提高，容易對經濟增長造成抑制效應；另一方面，本應依據公共產權取得的收入卻沒有取得，造成公共產權虛置和收入流失，容易導致分配不公。

（二）地方財政收入結構不合理

地方財政收入，是指按預算管理體制的規定，由各級地方財政組織、支配和使用的收入，它是國家財政收入的重要組成部分，是各級地方政府行使其職能的財力保證。如何處理好各方面的分配關係，調整和優化地方財政收入結構，努力增加地方財政收入，是地方財政工作必須解決好的重要問題。

1. 不同地區的財政狀況差異過大

中國的區域經濟發展差距存在於方方面面，地方財政是一個很顯著的例子，並且這種差異不只存在於東部與中西部各省之間，還存在於各個地區、省際內部。按照國際標準衡量，中國地區間的財政支出和服務提供方面的不平等程度非常嚴重，且以較快的速度增長。

在轉移支付制度方面，現行分稅制的稅收返還方式在承認了原體制下區域財政能力差異的同時又因返還基數以 1993 年為準，再次拉大了地區間的差距。各省級政

第三章　財政收入

府人均支出（包含了所有轉移支付）的最高值與最低值的比率已由1990年的6.1增加到了2008年的16.5，離散系數已由0.55增長到0.86。從非預算資金角度來看，預算收入與非預算收入相關度極高，即經濟繁榮地區兩項收入都高，而不發達地區面臨的是更加吃緊的財政局面。地方政府對非預算資金的依賴性加強，明顯地強化了區域差異擴大的趨勢，分稅制改革的目的之一是要將經濟日益推向財政自給，但伴隨著轉移支付規模的下降，富裕與貧窮落後地區財政收入的水平差距越來越大，那麼他們提供地區公共物品和服務的能力差距也在逐漸拉大。

[資料連結]　　　　　　　2013年上海的地方財政收入

2013年，上海地方財政收入4,109.51億元，比上年增長9.8%，增幅比上年提高0.6個百分點。其中，增值稅848.47億元，增長27.2%；營業稅962.72億元，增長7.2%；企業所得稅837.44億元，增長3.8%。全年地方財政支出4,528.61億元，增長8.2%，增幅同比提高1.3個百分點。其中，城鄉社區事務支出增長13.6%，醫療衛生支出增長8.9%。

至2013年年末，全市中外資金融機構本外幣存款餘額69,256.32億元，比上年增長9%，比年初增加5,474.25億元，同比多增95.01億元。中外資金融機構本外幣貸款餘額44,357.88億元，增長8.2%，比年初增加3,297.46億元，同比少增520.8億元。其中，短期貸款餘額13,673.51億元，比年初增加580.99億元，同比少增1,211.48億元；中長期貸款餘額25,901.85億元，比年初增加2,320.45億元，同比多增1,562.69億元。

資料來源：2013年上海地方公共財政收入4,109.5億同比增9.8%[EB/OL].[2014-07-25].http://www.chinanews.com/sh/2014/07-25/6426572.shtml.

2. 非預算資金和非稅收入佔比太高

非預算資金包括兩部分：預算外資金和制度外資金，非預算資金是指國家機關、事業單位和社會團體為履行或代行政府職能，依據國家法律、法規和具有法律效力的規章而收取、提取和安排使用的未納入國家預算管理的各種財政性資金。其範圍主要包括：法律、法規規定的行政事業性收費、基金和附加收入等；國務院或省級人民政府及其財政、計劃（物價）部門審批建立的基金、附加收入等；主管部門從所屬部門集中的上繳資金；用於鄉鎮政府開支的鄉統籌資金；其他未納入預算管理的財政性資金。

從地方財力結構來分析，非預算資金加上預算內的非稅收入佔地方財力的比重較高。地方財力中近1/3來自非預算資金和非稅收入，這種收入結構是相當不規範的。非預算資金的增長在地方財政收支不匹配的情況下減輕了許多地方政府財政的壓力，但其規模的膨脹及其自身的缺陷已成為制約地方經濟發展、財政建設的不利因素。

首先，預算外資金的存在削弱了政府協調和控制宏觀經濟和社會發展的能力。資金分散表現在許多機構和單位擁有巨大數額的資金，而這些資金不在政府財政部門的計劃和管理之內。這些外部資金對政府預算資金產生了「擠出」效應。其次，

財政與稅收

非預算資金加速了正規財政體制地位的下降，為地方政府的稅收努力提供了一種可替代的出路，完善的地方稅收收入體系的建立愈加困難，並且各種各樣的收費結構存在無序和不透明性，帶有很強的隨意性，這些都意味著它是不公平的。最後，這種準稅收體制是在地方政府官員以最小徵收成本為目標，在其分析能力很低的情況下設計出來的，所以它也是無效率的。地方財政不能通過完善正規的稅收體系組織財政收入，從長遠發展來看是地方財政弱化的體現，發揮地方政府在經濟競爭中的優勢，在決定其社會的公共需要及掌握其需求的願望上原本所具有的優勢都會喪失。

[資料連結]　　　　2013年全國國有企業上交稅費3.8萬億元

財政部網站公布2013年全國國有企業財務決算情況。數據顯示，2013年，全國國有企業營業總收入47.1萬億元，同比增長10.8%；2013年，全國國有企業上交稅費3.8萬億元，同比增長5.4%；2013年，全國國有企業資產總額104.1萬億元，同比增長16.3%。

資料來源：2013年全國國有企業上交稅費3.8萬億元［EB/OL］．［2014-07-28］．http://www.chinairn.com/news/20140728/173158581.shtml.

課堂思考：如何解決中國財政收入地區差距過大的問題？中國應該如何加快國有大中型企業的發展？

本章小結

1. 財政收入是以國家為主體的財政分配活動。

2. 財政收入從收入形式角度可以分成稅收收入、債務收入、國有資產收益和其他收入等形式；從產業的角度可以分成第一產業、第二產業和第三產業的財政收入；從價值構成的角度來看，財政收入主要來自作為剩餘產品的價值 M，而作為必要產品的價值 V 則主要通過個人所得稅、個人存款的利息稅以及居民購買債務或各種規費來實現。

3. 必須重視虛假財政收入對經濟和財政的消極作用，提高財政收入的質量。

4. 組織財政收入不僅關係到社會經濟發展和人民生活水平的提高，也關係到正確處理國家、單位和個人三者之間和中央與地方兩級利益的關係，還關係到不同對象的合理負擔問題。為了處理好這些關係，在組織財政收入時必須掌握好以下原則：發展經濟、廣開財源原則，合理確定財政收入數量原則，兼顧國家、集體和個人利益原則，區別對待、合理負擔原則。

5. 財政收入規模是一國政府在一定時期內通過稅收等多種收入形式獲得的收入總水平。影響財政收入規模的主要因素有經濟發展水平和技術水平、國家的分配政策和管理體制以及價格等。財政收入的規模有絕對規模和相對規模之分。理解財政收入規模問題必須將兩者結合起來，既不能將它們混為一談，也不能將它們互相割

第三章 財政收入

裂。總的來看，隨著社會經濟的不斷發展，財政收入的絕對規模呈不斷增長的趨勢，而相對規模則有一定的穩定性。中國財政收入規模的變化比較特殊，它與經濟體制改革相聯繫，表現出較大的起伏性。

6. 財政收入的構成主要指財政收入價值構成、部門構成和所有制構成及地區構成。應該從不同角度分析影響財政收入的因素，掌握財政收入的變化規律，探索增加財政收入的合理途徑。

7. 衡量財政收入結構合理與否的常用指標是財政收入的形式結構。目前中國財政收入結構在稅收收入與非稅收入的增長、在地方財政收入結構等方面存在失衡的現象。優化中國財政收入結構應該從減少非稅收入、完善財政管理體制等方面入手。

8. 提高經濟效益是增加財政收入的根本，加強稅收的徵管，大力發展新興產業和第三產業，加快國有大中型企業的發展都是增加財政收入的有效途徑。

同步訓練

一、名詞解釋

財政收入　稅收收入　公債　規費　預算內收入　預算外收入　制度外收入　財政收入規模　財政集中率　財政收入構成

二、判斷題

1. 財政收入包括稅收收入、債務收入、國有資本經營收入和其他收入。（　）
2. 中國稅收收入占財政收入的比重低於非稅收入占財政收入的比重。（　）
3. 財政收入是政府理財的重要活動。（　）
4. 衡量財政收入規模的絕對量指標是指在一定時期內財政收入的總量，它主要反應一國政府或一級政府的財力大小。（　）
5. 物價水平是影響財政收入規模的重要因素。（　）
6. 收入水平是影響財政收入規模的主要因素。（　）
7. 財政收入總額占 GDP 的比重越大越好。（　）
8. C 是財政收入的主要來源。（　）
9. 大力發展第三產業可以增加財政收入。（　）
10. 提高經濟效益是增加財政收入的根本。（　）

三、問答題

1. 財政收入的分類是什麼？
2. 財政收入的原則是什麼？
3. 財政收入規模一般的變化趨勢是什麼？中國財政收入規模的變化有什麼特殊性？
4. 怎樣理解經濟發展水平、技術水平對財政收入規模的影響？
5. 從中國的實踐分析分配政策變化與財政收入規模變化之間的聯繫。
6. 價格對財政收入規模有什麼影響？
7. 從財政收入結構來分析中國增加財政收入的途徑。

財政與稅收

綜合案例分析

2006—2010 年我財政收支狀況統計表　　　　單位：億元

年份 項目	2006 年	2007 年	2008 年	2009 年	2010 年
財政收入	38,760	51,321	61,330	68,518	83,101
稅收收入	34,804	45,621	54,223	59,521	73,210
財政支出	40,422	49,781	62,592	76,299	89,874

以上是中國 2006—2010 年的財政收支狀況。請分析這幾年中國財政收入的變化情況，以及為什麼稅收收入是財政收入的最重要來源。財政作用的發揮離不開財政收入的保障，那麼中國的財政收入有哪些來源？

第四章　國家預算及預算管理體制

学习目标

通過本章的學習，要求正確掌握國家預算、預算管理體制的概念，充分認識公共財政下國家預算的基本特徵和預算形式，深入理解中國預算外資金管理改革的意義，把握預算管理體制的發展方向。

重点和难点

[本章重點]

國家預算的含義；國家預算的分類；國家預算管理體制改革以及預算管理體制的類型

[本章難點]

國家預算的含義；國家預算管理體制改革相關內容

导入案例

每個家庭都有一本記錄家庭成員開支的「家庭帳單」，每個國家也都有一本關乎國計民生的「國家帳本」。預算是財政的核心內容，是治國理政的重要手段。預算安排直接體現著政府的政策意圖，關係到千家萬戶的民生福祉。

政府預算是反應政府工作的一面鏡子，是一本有關政府活動的詳細記錄。你知道通過閱讀政府預算，我們能得到哪些重要信息嗎？

一是政府預算反應政府可獲得的資源。通過編制預算可事先預測一年內能夠籌

集到多少收入，並根據財力多少和履職需要確定支出，也就是通常所說的「量入為出」。如，2015 年全國一般公共預算收入預計 15.43 萬億元，比上年增長 7.3%。

二是政府預算反應政府活動的範圍和方向。預算中的各項收入和支出都反應著政府的每一項活動。從收入預算看，每一筆收入都要落實到具體的稅種或非稅收入項目上。如，2015 年政府為了支持實體經濟發展，進一步擴大營業稅改徵增值稅範圍、對部分小微企業暫免徵收增值稅和營業稅等，並相應減少了營業稅等稅收收入。從支出預算看，不同支出科目數額的變化反應出國家重點加強哪些領域的投入和鼓勵支持哪些行業的發展。如，為了加強大氣污染治理和生態環境保護，在 2015 年中央一般公共預算中，節能環保支出預算比上年執行數增長 10.5%。

三是政府預算反應政府活動的目的和效果。政府預算不僅反應財政資金的來龍去脈，更是要通過「錢」反應「事」。政府預算反應政府將要干哪些事、預期的目標是什麼；政府決算反應政府干了哪些事，是不是實現了預期目標，達到了人民群眾的要求和期望。如，2014 年中央一般公共預算教育支出 4,101.9 億元，增長 8.2%，全國有 488 萬名普通高中學生獲得國家助學金，有 660 萬名高校學生獲得獎助貸等資助。

四是政府預算反應財政經濟運行的可持續性。財政的收支平衡和債務情況，反應了財政經濟運行的可持續性。財政赤字控制在合理的水平內，政府債務規模適當、結構合理、有較好的還款計劃保證，有助於財政經濟的可持續發展。如，2015 年一般公共預算安排中，中央財政赤字安排 11,200 億元，地方財政赤字安排 5,000 億元，全國財政赤字合計 16,200 億元，赤字占 GDP 的比重約為 2.3%，控制在合理的範圍內。

黨的十八大報告明確提出，人大要「加強對政府全口徑預算決算的審查監督」。《中華人民共和國預算法》（以下簡稱《預算法》）第四條規定「政府的全部收入和支出都應當納入預算」。你知道政府預算都包括哪些收入和支出？通過本章課程的學習，同學們應該對國家預算的基本知識有一個較為明晰的認識，從而更好地分析國家在經濟決策方面的政策制定。

問題：國家預算在國家財政中究竟扮演著怎樣的角色？

第一節　國家預算概論

一、國家預算的含義

國家預算也稱政府預算，是具有法律地位、經過法定程序審核批准的國家年度財政收支計劃。

我們應從以下三個方面來分析國家預算的含義：

（一）國家預算是國家年度財政收支計劃

國家預算是國家的基本財政收支計劃，預算收入反應國家支配的財力規模和來

第四章　國家預算及預算管理體制

源，預算支出反應國家財力分配使用的方向和構成，預算收支的對比反應國家財力的平衡狀況。通過制定國家預算，國家能夠合理地安排財政收入和支出，有利於各項事業的建設，從而保證國家大政方針的執行和完成。

（二）國家預算是法定程序審批的法律文件

國家預算從形成的程序來看，是由政府負責編製，經國家權力機關依據法定程序審批後而形成的法律文件。國家預算一旦經權力機關審批就具有法律效力，政府就必須貫徹執行，不能任意修改，如需調整必須經權力機關批准。

（三）國家預算是實現財政職能的重要工具

國家預算是財政為實現其職能，有計劃地籌集和分配由國家集中支配的財政資金的重要工具。通過預算管理手段，把政府公共資源全部納入政府宏觀調控的範圍，從而滿足社會共同需要，既可為政府履行行政職能提供財力保障，也可實現政府資源的優化配置，還可以通過預算收支總量的變動和預算收支結構的調整，來維護社會經濟的穩定和促進社會經濟的協調發展。

二、國家預算的原則

國家預算原則是指國家選擇預算形式和體系應遵循的指導思想，也就是制定政府財政收支計劃的方針。主要有如下五條原則：

（一）公開性

國家預算反應政府活動的範圍、方向和國家政策，與全體公民的切身利益息息相關。因此，國家預算及其執行情況必須採取一定的形式公諸於眾，讓民眾瞭解財政收支情況，並將其置於民眾的監督之下。

（二）可靠性

每一收支項目的數字指標，必須運用科學的計算方法，做到依據充分、資料確實，不得假定、估算，更不能任意編造。

（三）統一性

儘管各級政府都設有相應級別財政部門，也有相應的預算，但這些預算都是國家預算的組成部分，所有地方政府預算連同中央預算共同組成了統一的國家預算。這就要求設立統一的預算科目，每個科目都要嚴格按統一的口徑、程序計算和填列。

（四）完整性

該列入國家預算的一切財政收支都要反應在預算中，不能造假帳或在預算外另列國家預算。國家允許的預算外收支，也應在預算中有所反應。

（五）年度性

任何一個國家預算的編製和實現，都有時間上的界定，即所謂預算年度。它是指預算收支起訖的有效期限，通常為一年。目前世界各國普遍採用的預算年度有兩種：一是歷年制預算年度；即從每年 1 月 1 日起至同年 12 月 31 日止，中國即實行歷年預算年度；二是跨年制預算年度，即從每年某月某日開始至次年某月某日止，中間歷經 12 月，但卻跨了兩個年度。所謂預算的年度性原則，是指政府必須按照法定預算年度編製預算，這一預算要反應全年的財政收支活動，同時不允許將不屬於

財政與稅收

本年度財政收支的內容列入本年度的國家預算之中。

一種預算原則的確立,不僅要以預算本身的屬性為依據,而且要與本國的經濟實踐相結合,要充分體現國家的政治、經濟政策。一個國家的預算原則一般是通過制定國家預算法來體現的。

三、國家預算的分類

為進一步認識和研究政府預算,我們可以依據不同的標準對政府預算進行分類,並劃分出不同的類別。

(一) 按預算編製的形式分類

按預算編製的形式可分為單式預算和復式預算。

(1) 單式預算指國家財政收支計劃通過統一的一個計劃表格來反應。

(2) 復式預算則指國家財政收支計劃通過兩個以上的計劃表格來反應。

復式預算和單式預算相比,由於它將財政收支分別按其性質編入不同的預算之中,各項收支之間建立了明確的對應關係,因此可以比較準確地反應財政收支的平衡狀況,便於政府更加科學合理地使用資金,有利於國家對經濟活動進行深入分析和控制調節。

(二) 按預算編製方法不同分類

按預算編製方法不同可分為零基預算和增量預算。

1. 零基預算

零基預算,指在編製預算時,不以以前財政年度的預算項目和預算支出數為依據,而是以預算財政年度的實際公共支出需求和公共財力為基礎,逐項審議各預算支出項目是否必要,各項開支標準是否合理,在綜合平衡的基礎上編製預算的一種方法。

零基預算的基礎是零,本期的預算額是根據本期經濟活動的重要性和可供分配的資金量確定的。零基預算法要對預算期內所有的經濟活動進行成本—效益分析。零基預算除重視金額高低外,其主要是從業務活動的必要性以及重要程度來分配有限的資金。

儘管零基預算法和傳統的預算方法相比有許多好的創新,但在實際運用中仍存在一些「瓶頸」。由於一切工作從「零」做起,因此採用零基預算法編製工作量大、費用相對較高;分層、排序和資金分配時,可能有主觀影響,容易引起部門之間的矛盾;任何單位工作項目的輕重緩急都是相對的,過分強調項目可能使有關人員只注重短期利益,忽視本單位作為一個整體的長遠利益。

2. 增量預算

增量預算,這種預算是指新的預算使用以前期間的預算或者實際業績作為基礎來編製,並在此基礎上增加相應的內容。資源的分配是基於以前期間的資源分配情況。這種方法並沒有考慮具體情況的變化。這種預算關注的是財務結果,而不是定量的業績計量,並且和員工的業績並無聯繫。

增量預算方法,又稱調整預算方法,是指以基期成本費用水平為基礎,結合預

第四章　國家預算及預算管理體制

算期業務量水平及有關影響成本因素的未來變動情況，通過調整有關原有費用項目而編製預算的一種方法。這是一種傳統的預算方法。

增量預算的最大特點是保持了國家預算的連續性，但是隨著財政收支規模的不斷擴大，這種方法可能會導致當期預算不科學、預算調整過多、約束性差等一系列問題。

(三) 按預算分級管理的要求分類

按預算分級管理的要求可分為中央預算和地方預算。

1. 中央預算

中央預算是中央政府的年度財政收支計劃，是國家預算的重要組成部分。它規定了中央財政各項收入的來源和數量、中央財政支出的各項用途和數量，反應中央的方針政策和中央預算的收支範圍。中央預算支出由中央本級支出和補助地方支出組成，主要包括國防、外交、援外支出、中央級行政管理費、文教衛生事業費、中央統籌的基本建設投資，以及中央本級負擔的公檢法支出、中央財政對地方的稅收返還等。中央預算收入在不同的預算管理體制下有不同的規定。中國的分稅制規定，中央預算收入主要由中央固定收入、共享收入的中央收入部分、地方上繳收入等組成。

2. 地方預算

地方預算是地方各級政府的年度財政收支計劃，是國家預算的重要組成部分。地方預算的構成與其政權構成相一致，中國地方預算由省（自治區、直轄市）、省轄市（自治州、直轄市轄區）、縣（自治縣、市、旗）、鄉（鎮）4級組成。

根據地方政府的職能來看，地方預算支出主要包括：地方行政管理費、公檢法支出、地方統籌的基本建設投資、支農支出、地方文教衛生事業費支出、地方上解支出等。地方預算收入主要有地方固定收入，共享收入的地方收入部分、中央對地方的返還收入、補助收入等。

(四) 按預算支出分類匯總依據的不同分類

按預算支出分類匯總依據的不同可分為功能預算和部門預算。

1. 功能預算

功能預算是指在編製預算時，不以預算部門作為劃分標準，而是根據政府的職能和經費性質對開支加以分類並進行預算編製的方法。其優點是便於瞭解政府如何行使職能，如基建支出、支農支出等項目的數額。其主要缺陷是部門沒有一本完整的預算。各部門的預算一般只反應預算內資金的日常經費收支，不反應預算內安排的建設性和事業發展性支出，也不包括預算外資金和自有資金。

2. 部門預算

部門預算是編製政府預算的一種制度和方法，由政府各個部門編製，反應政府各部門所有收入和支出情況的政府預算。部門預算的實施，嚴格了預算管理，增加了政府工作的透明度，是防止腐敗的重要手段和預防措施之一，是當前財政改革的重要內容。

財政與稅收

> **課堂思考**：大家認為中國的預算應該如何做好合理的收支規劃，具體應該採用哪些方法？

四、國家預算的程序

預算的基本程序包括四個階段：編製、審判、執行和決算，這四個階段構成了一個完整的預算週期。在預算形成與執行的過程中，財政部門是編製預算、預算撥款和預算監督管理的政府職能機構。

(一) 國家預算的編製

國家預算的編製是整個預算工作程序的開始，各級政府預算在各級政府的領導下，由各級財政部門負責編製。

預算編製是一項複雜而又細緻的工作，因此在正式編製國家預算之前，需要做好一系列的準備工作。具體包括：第一，對本年度的預算執行情況進行預計和分析，為計劃年度的預算編製提供參照基礎。第二，下達編製國家預算草案的指示。指示內容一般包括編製預算的方針任務、政策要求、具體方法、報送程序和期限、指標數據處理的技術性問題等。第三，修訂和下達預算科目和預算表格等。

按照中國《預算法》的要求，在政府預算草案的編製過程中，中央政府公共預算不列赤字，其必需的建設投資的部分資金，可以通過舉借國內和國外債務等方式籌措，但是借債應當有合理的規模和結構。地方各級預算按照量入為出、收支平衡的原則編製，不列赤字，除法律和國務院另有規定外，地方政府不得發行地方政府債券。各級預算收入的編製，應當與國民生產總值的增長率相適應。按照規定必須列入預算的收入，不得隱瞞、少列，也不得將上年的非正常收入作為編製預算收入的依據。各級預算支出的編製應當貫徹厲行節約、勤儉建國的方針，應當統籌兼顧、確保重點，在保證政府公共支出合理需要的前提下，妥善安排其他各類預算支出。各級政府預算中要安排必要的資金，用於扶助經濟不發達的民族自治地區、革命根據地以及邊遠、貧窮地區發展經濟文化建設事業。應當按照本級預算支出額的 1%～3% 設置預備費，用於當年預算執行中的自然災害救災開支以及其他難以預見的特殊支出。

在中國，國家預算的編製程序是自上而下和自下而上相結合，按照國家預算立法規定的級次和程序，總體經過建議、概算、編製和下達這樣「二上二下」的過程。其具體程序如下：

首先，由有關公共部門和地方政府提供預算建議數，以確保各級編製的預算計劃的協調性。其中包括：中央政府各個部門，即主管預算單位（或部門）和地方省級總預算兩個方面的預算計劃建議數。這一般在每年的 11 月進行。目前，預算收支建議數的指標依據主要是三個方面：一是當年預算計劃執行情況的估算；二是預算年度的社會和經濟發展目標、財政稅收政策以及基礎性核算指標；三是按預算計劃年度的經濟狀況和變動進行的收支數字調整。

其次，財政部對上報的預算建議數進行概算，概算平衡後經國務院批准後下達

第四章　國家預算及預算管理體制

預算編製的控制指標。概算是在建議數匯總的基礎上，對國家預算進行的綜合，它構成初步的預算計劃框架。在概算過程中，需要協調不同部門之間和中央、地方之間的職責和各種預算關係，進行收支指標的調整和平衡。

概算結果作為國家預算計劃編製的控制指標，由財政部下達給中央各個主管預算單位和各個省財政部門，作為編製預算計劃的依據。中央各個主管部門將對其二級預算單位和基層預算單位逐級下達預算控制指標。各個省政府總預算在接到控制指標後，一方面向省直屬主管預算單位下達預算控制指標；另一方面向所屬下一級政府總預算下達控制指標，直至各級基層預算單位。

最後，各級政府自下而上地編製國家預算計劃（草案）。在所下達的預算控制指標的基礎上，各級預算單位按照控制指標編製單位預算，然後逐級上報和匯總，由各級財政部門匯集成各級政府預算計劃草案，最後匯總到財政部。財政部將匯編的中央預算和地方預算草案報送國務院審核。

按照現行預算法，中央預算由全國人民代表大會審批，地方各級預算由本級人民代表大會審批。在履行審批手續之前，財政部門要代表政府向人民代表大會報告國家預算（草案）編製的方針政策、收支安排的具體情況、存在的問題和採取的措施。報告後，經過一般性討論質疑、常設委員會的專業性審查後，提交全體代表表決通過。經過立法程序審核批准後的國家預算即為正式的國家預算，產生法律效力，成為年度預算活動的法定依據。這一國家預算將由財政部門按照級次逐級下達，由各級政府和預算執行機構遵照執行。

（二）預算批准

預算的批准是國家預算程序的第二個階段。國家預算草案形成後，必須經過法律程序審核批准，才構成正式的國家預算。國家預算的審批權限屬於各級立法機構，在中國即各級人民代表大會。各級立法機構每年定期召開會議，履行審批國家預算的職權。在西方國家，預算的批准權力屬於議會。在實行一院制的國家中，國家預算直接由其批准，如瑞典、西班牙、荷蘭等。在實行兩院制的國家中，大部分國家議會的兩院都有對國家預算的批准權力。一般來說，下院在預算批准上具有更大的權力，美國、德國、法國等屬於此類。國家預算經權力機構批准，才具有法律效力。

（三）預算執行

預算執行是整個預算工作程序的重要環節。國家預算的執行是指各級政府依照立法機關批准的預算方案，組織預算收入、安排和使用預算支出的過程。具體包括組織收入、撥付支出以及預算調整等內容。在中國，各級預算由本級政府組織執行，具體工作由本級財政部門負責。

1. 組織預算收入

預算收入的執行是預算收入的實現過程。在中國，稅務機關、財政機關和海關等部門是政府預算收入的徵收部門，因而也是預算收入的主要執行部門。在收入徵收的過程中，執行部門必須依據國家相關的法律法規及時、足額地徵收應徵收的預算收入，不得隨意增收或減收，並將所徵得的收入及時足額地繳入國庫，不得截留、占用或挪用預算收入。

73

另外，有預算收入上繳任務的部門和單位，必須依照規定，將上繳的預算資金及時、足額地上繳國庫。

國庫對組織的財政收入要及時收納、劃分和報解，按規定辦理收入退庫。縣級以上各級預算必須設立國庫，具備條件的鄉（民族鄉、鎮）也應設立國庫。中央金庫業務由中國人民銀行辦理，地方國庫業務依照國務院的有關規定辦理。

2. 撥付預算支出

預算支出的執行是支出目標的實現過程。預算管理部門和政府所屬的相關公共部門是支出執行的主體。財政部門要按預算計劃、規定用途、工作進度和交易合同等發出支付命令，國庫要根據財政部門支付命令及時、足額撥款，以保證政府部門履行其職能。

3. 預算調整

預算調整，是指經過批准的各級政府預算，在執行過程中因實際情況發生變化需要改變原預算安排的行為。因為，政府財政預算畢竟是一個收支計劃，在實際執行的過程中，由於各種情況的變化，會影響預算的平衡，為實現預算平衡，或者為了保證預算執行的平穩，財政部門要不斷地按規定進行預算調整。預算調整是預算執行中的一項重要程序。預算調整根據其調整的幅度不同分為全面調整和局部調整。

（1）全面調整。全面調整實際上是對預算重新編製，這種情況罕見。

（2）局部調整。局部調整可以在預算總規模不變或預算總規模稍有調整的兩種狀態下進行。

在改變預算總規模狀態下的調整措施有：①追加或追減預算；②動用預備費；③經費留用；④預算劃轉。預算劃轉是指在預算執行中，由於行政區劃或企事業單位隸屬關係有所改變，因而必須按照改變的隸屬關係進行預算劃轉調整。

各級政府對於必須進行的預算調整，應當編製預算調整方案，並提請本級人民代表大會常務委員會審查和批准。未經批准，不得調整預算。

在預算執行中，因上級政府返還或者給予補助而引起的預算收支變化，不屬於預算調整，但應向本級人民代表大會常務委員會報告有關情況。

（四）國家預算的決算

決算是整個預算工作程序的總結和終結。國家決算是指經過法定程序批准的年度政府預算執行結果的會計報告，包括報表和文字說明兩部分。尚未經過法定程序批准之前的年度政府預算執行結果的會計報告稱作決算草案。

每一個預算年度終了後，各級人民政府、各部門、各單位都要編製決算草案。政府各部門所屬的行政、企業事業單位，按其主管部門部署編製本單位決算草案；各部門在審核匯總所屬各單位決算草案基礎上，連同部門本身的決算收支數字，匯編成本部門決算草案；縣級以上各級財政部門作為各級財政決算的機構編製本級政府決算草案；財政部根據審定後的中央部門的決算草案匯總編製中央決算草案。按照中國《預算法》的規定，各級財政部門不再匯編包括本級政府決算和下一級政府決算在內的匯總決算草案，但是經過權力機關批准了的本級決算必須報上一級政府備案。參加組織預算執行、經辦預算資金收納和撥款的機構，也要及時編製年報或

第四章 國家預算及預算管理體制

決算，這些年報或決算都是各級財政決算的組成部分。

> **課堂思考**：同學們找一個國家的預算編製過程進行深入學習，比較總結其和中國的預算編製方面的異同。

第二節 國家預算管理體制

一、預算管理體制的含義

預算管理體制是在中央與地方政府，以及地方各級政府之間規定預算收支範圍和預算管理職權的一項根本制度。它的實質是處理預算資金分配和管理上的集權與分權，集中與分散的關係問題。國家預算管理體制是財政管理體制的一個重要組成部分，也是預算制度的一個組成部分。

國家預算管理體制在國家財政管理體制中占主導地位。從經濟基礎角度看，國家預算管理體制以制度的形式處理中央與地方政府之間的集中與分散的分配關係；從上層建築角度看，國家預算管理體制解決中央與地方政府之間的集權與分權問題。集權與分權問題是帶有普遍性的問題。

二、預算管理體制的內容

預算管理體制的根本任務是通過劃分預算收支範圍和國定預算管理職權，促使各級政府明確各自的責權利，發揮各級政府理財的積極性，促進國民經濟和社會事業發展。

（一）確定預算管理主體和級次

一般是一級政權即構成一級預算管理主體；中國的政權機構分為五級，相應的預算管理主體也分為中央、省、市、縣、鄉五級。這五級形成了較為完整、層次明晰的管理主體級次。

（二）預算收支範圍的劃分

預算收支範圍的劃分，是在中央和地方之間劃分收支範圍以及確定劃分收支範圍的方法等問題的總稱。在財力總規模一定的前提下，如何劃分收支範圍直接決定著一級財政擁有財力的多少。

（三）預算管理權限的劃分

預算管理權限的劃分用以確定各級人民代表大會、各級人大常委會和各級政府在預算的編製、審批、執行、監督等方面擁有的權限和應負的責任。

（四）預算調節制度和方法

政府預算調節可以採用轉移支付的方式進行相應的調節。財政轉移支付制度是因中央和地方財政之間的縱向不平衡和各區域之間的橫向不平衡而產生和發展的，是國家為了實現區域間各項社會經濟事業的協調發展而採取的財政政策。它是最主

財政與稅收

要的區域補償政策，也是世界縮小區域經濟發展差距實踐中最普遍使用的一種政策工具。它在促進區域經濟的協調發展上能夠轉移和調節區域收入，從而直接調整區域間經濟發展的不協調、不平衡狀況。轉移支付是政府把以稅收形式籌集上來的一部分財政資金轉移到社會福利和財政補貼等費用的支付上，以便縮小區域經濟發展差距。

[資料連結] <center>**中國預算管理體制的演變**</center>

中國預算管理體制的演變過程如下：

(1) 新中國成立之初的國民經濟恢復時期實行統收統支體制。這是一種高度集中的預算管理體制，主要收入集中上繳中央金庫，地方開支由中央核准，統一撥付，只給地方留下少許機動財力。

(2) 1953—1978年20多年時間內實行的是「統一領導、分級管理」體制。其主要做法是由中央核定地方收支指標，全部收入分為各級固定收入和比例分成收入，凡收大於支的地方上解收入，凡支大於收的地方由中央補助。中央預算另設專項撥款，由中央集中支配。

(3) 改革開放後，於1980年開始改行「劃分收支、分級包干」體制，簡稱財政包干體制。財政包干體制對原來的體制有重大的突破，是中國預算管理體制的一次重大改革，主要表現在地方預算初步成為責、權、利相結合的相對獨立的一級預算主體。其具體做法經過幾次調整，於1988年形成了對不同地區的六種不同的包干方法：收入遞增包干、總額分成、總額分成加增長分成、上解額遞增包干、定額上解、定額補助。財政包干體制的主要優點是，在總額分成的基礎上增收或超收部分加大地方留成比例，通過多收多留的激勵機制鼓勵地方特別是富裕地區增收的積極性，從而保證全國財政收入的不斷增長。但是，隨著經濟體制改革的深化和經濟的快速增長，越來越明顯地暴露出財政包干體制的弊端：①中央收入占全部收入的比重日趨下降，1990年為33.8%，1993年下降為22%；②各地的地方收入多了，都熱衷於利潤大、見效快的加工工業的投資，而且形成「多收、多留、多投資——多收、多留、多投資」的運行機制，加劇了當時的經濟過熱現象；③重複建設嚴重，地區產業結構趨同，地區相互封鎖，盲目競爭；④地區間富的越富，窮的越窮，貧富差距拉大；⑤各地區的包干方法多種多樣，缺乏規範性。因此，財政包干體制的改革勢在必行。改革的方向，是從中國實際出發，借鑑西方國家的有益經驗，實行具有中國特色的分級分稅預算管理體制。

(4) 1994年，國家開始實行「分級分稅預算管理體制」。1994年至今，鑑於傳統預算管理體制的弊端，中國在借鑑國際經驗的基礎上，結合中國的實際情況，於1992—1993年在遼寧、天津等九個地區進行了分稅制試點改革。在總結試點經驗的基礎上，中國從1994年開始正式實行在分稅制基礎上的分級預算管理體制。

資料來源：楊志勇. 中國預算管理制度的演進軌跡：1979—2014年[EB/OL]. [2015-01-17]. http://www.crifs.org.cn/crifs/html/default/yusuanzhidu/_content/15_01/17/1421474944106.html.

第四章 國家預算及預算管理體制

三、中國現行的預算管理體制

(一) 分稅制的含義

分稅制是指將國家的全部稅種在中央和地方政府之間進行劃分，借以確定中央財政和地方財政的收入範圍的一種財政管理體制。其實質是根據中央政府和地方政府的事權確定其相應的財權，通過稅種的劃分形成中央與地方的收入體系。它是市場經濟國家普遍推行的一種財政管理體制。

分稅制的內涵極為豐富，它包括分稅、分權、分徵、分管。分稅是按中央和地方政府事權和預算支出需要，把稅收劃分為中央稅、地方稅、中央和地方共享稅。分權是指劃分各級政府在稅收方面的立法權、徵管權和減免權。分徵是指分別設置國稅和地稅兩套稅務機構，分別徵稅。中央政府設置國家稅務局，負責中央稅和共享稅的徵收；地方政府設置地方稅務局，負責地方稅的徵收，以保證各級稅收收入能夠穩定、足額入庫。分管是指中央政府和地方政府分別管理和使用各自的稅款，涵養稅源，不得相互混淆、平調或擠占。建立規範化的中央預算對地方的轉移支付制度，實現中央對地方的宏觀調控和調節地區之間的財力分配，這是實現分稅制預算管理體制的關鍵。

(二) 分稅制的主要內容

1. 中央與地方的事權和支出劃分

根據現行中央政府與地方政府事權的劃分，中央財政主要承擔國家安全、外交和中央國家機關運轉所需經費，調整國民經濟結構、協調地區發展、實施宏觀調控所必需的支出以及由中央直接管理的事業發展支出。具體包括：國防費、武警經費、外交和援外支出、中央級行政管理費、中央統管的基本建設投資、中央直屬企業的技術改造和新產品研製費、地質勘探費、由中央財政安排的支農支出、由中央負擔的國內外債務的還本付息支出，以及中央本級負擔的公檢法支出和文化、教育、衛生、科學等各項事業費支出。

地方財政主要承擔本地區政權機關運轉所需支出以及本地區經濟、事業發展所需支出。具體包括：地方行政管理費；公檢法支出；部分武警經費；民兵事業費；地方統籌的基本建設投資；地方企業的技術改造和新產品研製經費；支農支出；城市維護和建設經費；地方文化、教育、衛生等各項事業費；價格補貼支出以及其他支出。

2. 中央與地方的收入劃分

根據事權與財權相結合的原則，按稅種劃分中央與地方的收入。

(1) 將維護國家權益，實施宏觀調控所必需的稅種劃為中央稅；
(2) 將同經濟發展直接相關的主要稅種劃為中央與地方共享稅；
(3) 將適合地方徵管的稅種劃為地方稅，並充實地方稅稅種，增加地方稅收入。

中央與地方的收入劃分具體如下：

中央固定收入包括：關稅；海關代徵消費稅和增值稅；消費稅；中央企業所得

財政與稅收

稅;地方銀行和外資銀行及非銀行金融企業所得稅;鐵道部門、各銀行總行;各保險總公司等集中繳納的收入(包括營業稅、所得稅、利潤和城市維護建設稅);中央企業上繳利潤等。外貿企業出口退稅,除1993年地方已經負擔的20%部分列入地方上繳中央基數外,以後發生的出口退稅全部由中央財政負擔。

地方固定收入包括:營業稅(不含各銀行總行、鐵道部門、各保險總公司集中繳納的營業稅);地方企業所得稅(不含上述地方銀行和外資銀行及非銀行金融企業所得稅);地方企業上繳利潤;個人所得稅;城鎮土地使用稅;城市維護建設稅(不含各銀行總行、鐵道部門;各保險總公司集中繳納的部分);房產稅;車船使用稅;印花稅;屠宰稅;農牧業稅;農業特產稅;耕地占用稅;契稅;遺產和贈與稅;土地增值稅;國有土地有償使用收入等。

中央與地方共享收入包括:增值稅、資源稅、證券交易稅。增值稅中央分享75%,地方分享25%;資源稅按不同的資源品種劃分,大部分資源稅作為地方收入,海洋石油資源稅作為中央收入;證券交易稅中央分享80%,地方分享20%。

3. 中央財政對地方稅收返還數額的確定

為了保持地方既得利益格局,逐步達到改革的目標,中央財政對地方稅收返還數額以1993年為基期核定。按照1993年地方實際收入以及稅制改革和中央地方收入劃分情況,核定1993年中央從地方淨上劃的收入數額。1993年中央淨上劃收入,全額返還地方,保證現有地方既得財力,並以此作為以後中央對地方稅收返還基數。1994年以後,稅收返還額在1993年基數上逐年遞增,遞增率按本地區增值稅和消費稅增長率的1:0.3係數確定,即本地區兩稅每增長1%,對地方的稅收返還則增長0.3%。如果1994年以後上劃中央收入達不到1993年基數,則相應扣減稅收返還數額。

4. 原體制中央補助、地方上解及有關結算事項的處理

為順利推行分稅制改革,1994年實行分稅制以後,原體制的分配格局暫時不變,過渡一段時間再逐步規範化。原來中央撥給地方的各項專款,該下撥的繼續下撥。地方1993年承擔的20%部分出口退稅以及其他年度結算的上解和補助項目相抵後,確定一個數額,作為一般上解或一般補助處理,以後年度按此定額結算。

5. 過渡期轉移支付制度

為了補充和完善分稅制改革,1995年制定了《過渡期轉移支付辦法》。該辦法是一種充分考慮當前實際的過渡性轉移支付制度,主要表現在兩個方面:①體現1994年分稅制改革中「存量不動,增量調節」原則,仍維持「稅收返還」,只是從中央收入的增量中拿出一部分用於轉移支付,重點是緩解地方財政運行中的突出矛盾,體現對民族地區適度傾斜的政策精神,因而撥款金額以及調節的範圍和力度都是有限的。②由於繼續維持既得利益,在制度設計上不可能全面放棄「基數法」轉入按影響因素計算的「標準收支法」,同時也存在統計數據不完備和計算方法不完善的問題,因而規範化程度也是有限的。1995年實行的《過渡期轉移支付辦法》實際上是一種有限的轉移支付,它的主要意義不在於轉移支付額度,而在於制度的轉變,即開始由「基數法」向按客觀影響因素計算的「標準收支法」的轉變。

第四章　國家預算及預算管理體制

（三）分稅制改革的指導思想

根據黨的十四屆三中全會的決定，為了進一步理順中央與地方的財政關係，更好地發揮國家財政的職能，增強中央的宏觀調控能力，促進社會主義市場經濟體制的建立，國務院決定從1994年1月1日起改革分級包干體制，對各省、自治區、直轄市以及計劃單列市實行分稅制預算管理體制。分稅制改革的指導思想是：

1. 正確處理中央與地方的利益關係

促進國家財政收入合理增長，逐步提高中央財政收入的比重。既要考慮地方利益，調動地方發展經濟、增收節支的積極性，又要適當增加中央財力，增強中央財政的宏觀調控能力。為此，中央要從財政收入的增量中適當多得一些，以保證中央財政收入的穩定增長。

2. 合理調節地區之間財力分配

既要有利於經濟發達地區繼續保持較快的發展勢頭，又要通過中央財政對地方的稅收返還和轉移支付制度，扶持經濟不發達地區的發展和老工業基地的改造。同時，促使地方加強對財政支出的約束。

3. 堅持「統一政策與分級管理相結合」的原則

劃分稅種不僅要考慮中央與地方的收入分配，還必須考慮稅收對經濟發展和社會分配的調節作用。中央稅、共享稅以及一些重要的地方稅的立法權都要集中在中央，以保證中央政令統一，維護全國統一市場和企業平等競爭。分設國家稅務總局和地方稅務局、實行分級徵管，中央稅和共享稅由國稅局負責徵收，共享稅中的地方部分，由國稅局直接劃入地方金庫，地方稅由地稅局負責徵收。

4. 堅持整體設計與逐步推進相結合的原則

分稅制改革既要借鑒國外經驗，又要從本國實際出發。在明確改革目標的基礎上，辦法力求規範化，但必須抓住重點，分步實施，逐步完善。首先要針對收入流失比較嚴重的狀況，通過分稅和分別徵管堵塞漏洞，保證財政收入的合理增長，強化中央財政和地方財政的預算約束，做到收入劃分、稅收返還和轉移支付辦法全國統一。

> **課堂思考**：分稅制改革的實踐對於建設中國與國際接軌的財稅制度有何積極意義？

第三節　中國預算管理體制改革

作為中國預算管理基本法，《預算法》規定了中國預算的基本制度。隨著中國市場化改革的逐步深入，預算管理制度的改革也成了市場經濟體制改革的重要內容。為實現預算管理的科學化、精細化，必須深化預算管理制度改革，加快財政預算管理的制度化、規範化、程序化建設，加強預算執行管理。近年來，中國進行了各項政府預算改革，如部門預算、國庫集中收付制度等，財政資金運行管理的新機制基

財政與稅收

本建立，預算執行管理不斷加強。

一、部門預算含義

中國《預算法》規定，政府預算由本級各部門的預算組成，各部門預算由本部門所屬各單位預算組成。部門預算是政府部門依據國家有關政策規定及其行使職能的需要，由基層預算單位開始編製，逐級上報、審核並按政府部門進行匯總，經財政部門審核後提交立法機關依法批准的涵蓋部門各項收支的綜合財政計劃。

二、國庫集中收付制度改革

（一）定義

國庫集中收付制度的主要內容是指，建立國庫單一帳戶體系，所有財政性資金都納入國庫單一帳戶管理，收入直接繳入國庫或財政專戶，支出通過國庫單一帳戶體系，按照不同支付類型，採用財政直接支付與授權支付的方法，支付到商品或貨物供應者或用款單位。

（二）基本特徵

國庫集中收付制度的基本特徵有：

（1）建立國庫單一帳戶體系。國庫單一帳戶體系是一個統攬財政性資金的帳戶體系、即所有財政性資金收入和支出都納入該帳戶體系，由國庫實行集中收付，各徵收機關和預算單位不再設立過渡性資金帳戶。國庫單一帳戶體系包括四類帳戶：國庫單一帳戶、零餘額帳戶、財政專戶、特設專戶。

（2）所有財政收入直接繳入國庫。

（3）建立高效的預算執行機構、科學的信息管理系統和完善的監督檢查機制。

（4）建立國庫單一帳戶體系。

（三）國庫集中收付制度改革的重要性

1. 財政性資金繳撥方式

財政性資金繳撥方式是在計劃經濟體制下形成，通過預算單位和徵收機關設立多重存款帳戶分散進行的，隨著改革的不斷深入，已不適應社會主義市場經濟體制的客觀要求。其主要弊端是：財政性資金在預算單位滯留時間長，降低了財政性資金的使用效率並難以有效集中財力；財政收支信息反饋遲緩，難以為預算編製、執行分析和宏觀經濟調控提供及時準確的依據；財政性資金使用缺乏事前和事中監督，截留、擠占、挪用等違紀違規情況時有發生，甚至出現腐敗現象。因此，國庫集中收付制度改革已勢在必行。

2. 預算執行的根本性制度

預算執行的根本性制度是建立社會主義市場經濟條件下公共財政管理體制的重要內容。由於國庫集中收付制度貫穿於公共財政管理全過程，不僅可以通過監督財政資金流入和流出各個公共機構的各個環節來控制預算執行過程，而且可以為預算編製和制定各項財政政策提供準確依據，因此國庫集中收付制度是預算執行的根本

第四章　國家預算及預算管理體制

性制度，也是建立科學、規範的部門預算編製和加強財政監督的重要保證。

3. 財務管理科學化

財務管理科學化是提高財政財務管理科學化、法制化程度的有效手段。國庫集中收付制度要求財政收入的收繳方式和財政支出的去向及支付方式必須建立在法制的基礎上，要求合理界定徵收機關、財政部門、預算單位、中央銀行國庫及代理銀行的職責範圍，實行科學規範管理。從財政部門內部看，實行預算編製、執行、監督相對分開，是一場自我革命；從各部門間的關係看，財政部門、預算單位、代理銀行在財政資金運行的全過程中，都分別持有統一規範的可以相互核對的收支帳冊，使預算執行更加規範透明。從預算單位看，作為預算執行的主體，國庫集中收付制度要求預算單位必須加強財務管理，科學而準確、細緻地編製部門預算和用款計劃，並按規範程序收繳和使用財政資金，從而使財務管理和單位業務的開展有機結合起來。

4. 資金運行效益

資金運行效益是提高財政資金運行效益，降低財政籌資成本的可靠保證。實行國庫集中收付制度後，預算單位的財政資金都集中存放在國庫單一帳戶體系內，這有利於財政部門加強對財政資金的統一調度和管理。同時，由於預算單位未支用的資金都保存在國庫單一帳戶，財政部門可以依法對結餘的國庫資金進行資本運作，不僅可以有效降低財政籌資成本，而且可以使國庫資金得到增值，從而增加財政收入。

5. 加強財政監督

加強財政監督是防範腐敗的治本措施。國庫集中收付制度的實行能從機制上減少或杜絕資金在預算單位的滯留時間。同時，通過新的支出程序及與預算單位零餘額帳戶的聯網，可以對每個基層預算單位、每一筆支出進行查詢和監督，實現了財政監督由事後檢查、秋後算帳轉變為事前審核監督、事中即時監控、事後績效評價的全過程監督，有利於從源頭上防治腐敗現象發生。

> 課堂思考：中國國庫集中收付制度改革的積極意義何在？其對於規範財政建設方面有什麼有益的作用？

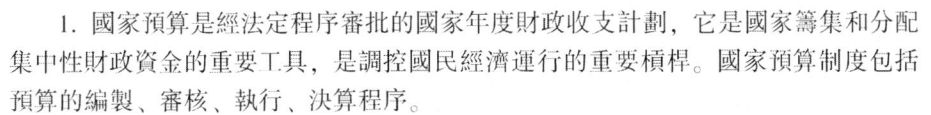

本章小結

1. 國家預算是經法定程序審批的國家年度財政收支計劃，它是國家籌集和分配集中性財政資金的重要工具，是調控國民經濟運行的重要槓桿。國家預算制度包括預算的編製、審核、執行、決算程序。

2. 國家預算管理體制是處理一國財政體系中各級政府間財政分配關係的一項基本制度，其核心問題是各級政府預算收支範圍及管理職權的劃分和相互制衡關係。是在中央與地方政府，以及地方各級政府之間規定預算收支範圍和預算管理職權的

一項根本制度。它的實質是處理預算資金分配和管理上的集權與分權、集中與分散的關係問題。國家預算管理體制是財政管理體制的一個重要組成部分，也是預算制度的一個組成部分。

3. 國家預算管理體制在國家財政管理體制中占主導地位。從經濟基礎角度看，國家預算管理體制以制度的形式處理中央與地方政府之間的集中與分散的分配關係；從上層建築角度看，國家預算管理體制解決中央與地方政府之間的集權與分權問題。集權與分權問題是帶有普遍性的問題。

4. 分稅制改革是指將國家的全部稅種在中央和地方政府之間進行劃分，借以確定中央財政和地方財政的收入範圍的一種財政管理體制。其實質是根據中央政府和地方政府的事權確定其相應的財權，通過稅種的劃分形成中央與地方的收入體系。它是市場經濟國家普遍推行的一種財政管理體制。

5. 中國預算管理制度改革現今已經進入到了改革的關鍵時期，尤其是以部門預算改革為核心的國庫單一帳戶體系改革為主要方式，這些方式能夠強化國家對財政的監督管理，對優化中國財政制度有極為重要的意義。

同步訓練

一、名詞解釋

國家預算　預算年度　零基預算　增量預算　預算管理體制　部門預算改革　國庫單一帳戶制度

二、判斷題

1. 各級政府預算按法定財政年度編製，要反應全年的財政收支活動，不允許將不屬於本財政年度財政收支的內容列入本年度的國家預算之中。（　　）
2. 中國預算體系由中央、省、市、縣、鄉五級組成。（　　）
3. 中國現在實行的是以中央集權為主，適當下放財權的預算管理體制。（　　）
4. 零餘額帳戶屬於國庫單一帳戶體系。（　　）
5. 國防、武警、重點建設、中央單位事業經費和中央單位職工工資支出應當由中央財政負擔。（　　）

三、問答題

1. 簡述單式預算的優缺點。
2. 簡述復式預算的優缺點。
3. 簡述國家預算的原則。
4. 簡述現行預算管理體制的主要內容。
5. 簡述國家預算編製的原則。
6. 簡述國家預算的組成。

第四章　國家預算及預算管理體制

綜合案例分析

印度的中央與地方財政分配關係

印度是聯邦制國家，中央與地方實行分級分稅制的財政管理體制，在劃分事權、財權的基礎上，形成了中央、邦、市三級獨立預算。

一、從中央與邦的財政收支劃分看

財政收入劃分為中央固定收入、地方固定收入、中央和地方共享收入三類。中央財政固定收入主要包括關稅、法人所得稅、利息稅、贈與稅、福利稅、聯邦領地占用稅、中央非稅收入、債務收入等。地方財政固定收入主要包括銷售稅、農業所得稅、土地收入、印花稅、特種商品稅、交通稅、旅遊稅、地方非稅收入、來自中央政府的補助等。中央與地方共享收入主要包括個人所得稅和產品稅等。

在中央與地方的財政支出劃分上，中央財政支出主要包括中央計劃項目支出、債務還本付息支出、國防支出、行政管理支出、社會公益事業費、經濟部門事業費、對地方的財政補助等。地方財政支出主要包括地方計劃項目支出、行政管理費、社會公益事業費、經濟部門事業費、對市級政府的財政補助等。

中央財政在整個財政體系中占支配地位，財權財力的集中程度較高。中央財政收大於支，邦和市支大於收。中央本級籌集的財政收入占全國三級政府財政總收入的70%以上，邦和市加在一起接近30%。中央用於本級的支出則不到三級政府財政總支出的一半，所餘的財力用於自上而下對邦政府的補助。

二、從中央與邦的財政資金往來看

印度中央與地方財政關係是通過財政委員會制定的五年財政計劃確定的，即由財政委員會具體確定每五年中央與地方的收入分成比例及財政補助，一旦被議會批准，就具有法律效力，在執行過程中不得調整。中央對邦的資金分配關係體現中央實施各邦之間的「橫向均等化」，即通過中央政府自上而下進行補助，調節各邦間的發展和平衡。中央政府對25個邦級政府實行補助，近年來邦級政府的財力約有40%來自中央政府的補助撥款。中央政府對地方政府的財政補助制度，實際上是對不同邦在收入、支出兩方面因自然、社會、經濟、種族等各種因素而形成的客觀差異，以及因政策目標、努力程度和工作效率等因素而形成的主觀差異加以調節，給予各地不同數量的補助數額，從而使自然、經濟環境迥異的不同地區的公民，都能得到基本同等水平的公共服務。而能夠實行這種補助的一個必要前提，就是前面所述印度中央政府因收大於支而掌握著可用於補助的一定數量的財力，其操作的關鍵環節是由聯邦委員會制定五年財政計劃，使轉移支付能夠比較合理地量化和具體化。

（資料來源：王國清．財政學 [M]．成都：西南財經大學出版社，2000.）

問題：印度在處理中央與地方財政關係上的做法對我們有什麼啟示？

第五章　財政平衡與財政政策

学习目标

通過本章學習，要求掌握財政收支平衡的概念，財政赤字及影響，財政政策的分類和構成要素，財政政策傳導機制和效應，財政政策和貨幣政策不同的組合模式。要求正確理解財政平衡，瞭解財政政策和貨幣政策配合的必要性和時滯問題。

重点和难点

[本章重點]
財政平衡；財政政策的分類及構成要素；財政政策與貨幣政策的組合模式

[本章難點]
財政政策的傳導和效應

导入案例

　　為應對國際金融危機，中國自 2009 年開始實施擴張性財政政策。2009 年至 2012 年，全國赤字規模分別是 9,500 億元、1 萬億元、8,500 億元、8,000 億元。雖然全國赤字絕對規模維持在高位，但赤字率逐年下降，2009 至 2012 年依次為 2.83%、2.48%、1.80%、1.56%。按 2012 年 GDP 增長 7.8%、2013 年 GDP 增長 8% 計算，2013 年赤字率將達到 2.2%。顯然，這一比重將超過 2011 年和 2012 年。2013 年全國赤字規模和赤字率將同時超過此前兩年。到 2013 年年末，為應對本輪國際金融危機，中央和地方政府赤字融資規模將達 4.8 萬億元。此前，政府年度赤

第五章 財政平衡與財政政策

字最高額為 2010 年的 1 萬億元。今年中央、地方政府赤字數將比去年各增加 2,000 億元,分別達到 7,500 億元、4,500 億元。2013 年、2010 年中央代發的三年期地方政府債券陸續到期,累計 1,384 億元。地方政府實際可用的政府債券資金為 3,116 億元,是地方政府發債以來最高的。2009 年至 2011 年,地方政府發債額均為 2,000 億元,2012 年增加到 2,500 億元。但是,因 2012 年有 2,000 億元地方政府債券到期,當年實際可用資金僅為 500 億元。

資料來源:2013 年全國財政赤字或達 1.2 萬億元 [EB/OL]. [2013-01-18]. http://www.askci.com/news/201301/18/18925655874.shtml.

問題:中國不斷增長的財政赤字規模對於財政平衡和經濟發展會有什麼影響?

第一節 財政平衡

運用財政政策調節經濟、調節社會總需求的關鍵是財政平衡問題。各個國家在經濟運行的過程中,無論是採取限制性財政政策,還是採取刺激性財政政策,無論是增加政府財政支出,還是減少政府財政支出,結果都必然涉及要不要保持財政平衡的問題。

一、財政收支平衡的概念

財政收支平衡簡稱「財政平衡」,通常是指年度財政收入與支出在總量上的平衡。一般地,財政收支平衡是通過國家預算進行的,所以,財政平衡也稱預算平衡。財政收支平衡問題必然會涉及以下三種情況。第一,財政收入與財政支出數額相等,習慣上也被稱為財政平衡;第二,財政收入大於財政支出,其餘額通常被稱為財政結餘;第三,財政支出大於收入,其差額在會計上習慣用紅字書寫,故稱財政赤字。

由於財政收支是通過國家預算平衡的,所以,財政結餘一般表現為財政收入大於支出的餘額;財政赤字則表現為預算赤字或預算執行結果支大於收的差額。在編製國家預算時,上述三種情況都可能出現。但是,從預算執行的結果來看,收支數額恰好相等的情況往往很少出現。在大多數情況下出現的或者是財政結餘,或者是財政赤字。財政赤字已經是當今一種世界性經濟現象,成為各國政府十分頭痛的問題。因此,財政平衡不過是一種理想狀態,作為預算的編製和執行追求的參照系而已。因此,中國政府在實踐中,在制定和實施具體的財政政策過程中,對財政平衡的概念略作了修正,提出在安排預算收支時,做到收支相抵,留有餘地;實際執行的結果,要收大於支,略有節餘。概括起來講,就是「收支平衡,略有結餘」。

二、財政平衡的計算問題

計算財政的結餘或赤字,通常有以下幾種不同的口徑:

(1) 赤字或結餘=(經常收入+債務收入)-(經常支出+債務支出)

(2) 赤字或結餘=經常收入-經常支出

這兩種口徑的主要差別在於：債務收入是否計入正常收入之中，以及債務的清償是否計入正常支出之中。按第一種口徑，債務收入計入正常財政收入，債務還本付息也計入正常支出。按第二種口徑，債務收入不計入正常財政收入，債務的償還也不計入正常支出，但利息的支付卻列入正常支出。前者發生赤字稱為「硬赤字」，後者發生赤字稱為「軟赤字」。世界各國在計算財政赤字時的口徑都各不相同。蘇聯歷來把公債列為正常財政收入而不作為彌補赤字的來源，所以從二戰後的統計數字來看，幾乎年年有財政結餘。但如果把公債從收入中扣除，則存在多年的赤字。西方發達的資本主義國家，對債務的處理也不盡相同。美國一向不把公債收入作為正常收入，而明確地作為彌補赤字的來源。國際貨幣基金組織也採用這種口徑來統計各國的財政收支。日本則把公債分為建設公債和赤字公債，僅將赤字公債作為彌補赤字的來源。

從中國的情況來看，新中國成立以來基本上採用第一種口徑計算，但財政向央行的借款不計算在內。實際上，採用第一種口徑計算存在很多問題。一是它掩蓋了財政赤字的真實情況，因為按這種口徑計算時，只有財政向央行透支時才有赤字，否則，財政收支永遠是平衡的，如果債務發行量大，還會使財政收支表現為結餘。二是按這種口徑計算的財政赤字小於其實際規模，會使人們對財政困難認識不足，可能會導致政府支出的無限擴張。三是財政赤字數額不真實，很難準確分析財政支出對經濟運行所產生的影響。因此，中國已於1994年改用第二種口徑來統計財政赤字。按第二種計算方法，如果財政出現赤字，就表明財政在其正常收入之外增加了一筆支出，它可能會增加社會總需求。對於這個差額，政府只能在稅收之外設法予以彌補（如發行公債）。運用這種方法能夠較真實地反應財政赤字的狀況及財政收支對國民經濟的影響。

與財政赤字相聯繫的還有預算赤字、決算赤字和赤字財政幾個概念。預算赤字是指在編製預算時，就存在收不抵支的情況，預算列有赤字，不代表預算執行結果也一定要有赤字，因為在預算執行過程中可以通過採取增收節支的措施，實現收支平衡。決算赤字，是指預算執行結果支大於收。決算有赤字，可能是因為預算編製時就有赤字，也可能是預算執行過程中出現新的減收增支的因素而導致的結果。預算赤字或決算赤字，從指導思想上說，並不是有意識地安排赤字，也並非在每一個財政年度都出現，只是由於經濟生活中的一些矛盾一時難以解決而導致的個別年度或少數年度的赤字。赤字財政則完全不同。赤字財政實質上是一種經濟政策取向，是指有意識地用財政赤字來調節經濟的一種手段，即通過財政赤字擴大政府支出的規模，刺激社會有效需求的增長。因而，赤字財政不是個別年度或少數年度存在赤字，它的主要標志是連年的巨額赤字。

三、財政赤字

（一）財政赤字產生的原因

1. 理論依據

在凱恩斯需求管理理論誕生以前，財政赤字是經濟學家和政治家所忌諱的東西。

第五章 財政平衡與財政政策

財政收支平衡是政府制定財政政策的唯一選擇。凱恩斯主義的經濟理論認為，對任何經濟社會而言，保持充分就業狀態的宏觀經濟均衡是壓倒一切的事情，自然比保持政府財政收支年度平衡更重要，並且政府對此有不可推卸的責任。正是由於這一經濟理論的政治影響，大多數國家政府通過審慎財政政策（輔之以其他經濟政策），對國民經濟進行靈活、積極的宏觀調控。推行這種理論的客觀結果就是政府的年度財政收支不平衡，即出現了財政赤字。即使預算赤字可能會給政府和社會帶來一些麻煩，但它對國民經濟的危害畢竟是潛在的，而宏觀經濟的失衡所帶來的社會經濟不安定卻是一個非常現實的問題。

2. 現實依據

市場經濟本身的競爭機制會帶來財富懸殊、收入與財產分配不公等問題，這可能會引發嚴重的社會問題。單純靠市場經濟本身是不可能解決這個問題的。所以政府這時就需挺身而出，建立旨在將社會收入在某種程度上的再分配的社會保障制度。所以，現代社會中，隨著市場經濟的充分發展，社會保障制度所代表的社會福利制度的建立，使得政府公益開支在全部政府開支中的份額越來越大，以致必要時可以首先擠掉其他類型的開支項目，然後再靠預算赤字籌集部分被擠掉的項目開支。於是，政府調控經濟，根據需要增加開支也有了有利的依據。可見，政府所推行的赤字財政政策不僅有助於維護其特定社會經濟制度存在的合法性，而且也有助於保持其國民經濟的持續增值和效率改善。

3. 本體依據

就財政赤字對社會經濟發展本身各種影響而言，在未對造成財政赤字的正常原因和非正常原因進行明確區分的情況下，不能認為任何性質的財政赤字都是有百害而無一利的。如果按赤字形成原因對財政赤字進行有針對性的治理，即在財政政策決策過程中加強預算管理，特別是加強對財政赤字的管理，還是能夠最大限度地減少財政赤字的消極影響而發揮其積極作用的。這就是許多國家的政府自 20 世紀 80 年代以來在推行審慎財政政策時，往往要把財政赤字管理置於重要地位，並予以極大重視的根本原因之一。

（二）財政赤字的彌補手段

從一般意義上來講，下列手段都可以被政府用來作為彌補財政赤字的手段，但在現實中，財政赤字的成因及類型不同，每一種手段的適用範圍，要根據對經濟發展可能的影響和作用來選擇。

1. 財政發行

財政發行是指一個國家的貨幣當局為了彌補財政赤字而增加的貨幣發行。與財政發行相對應的貨幣發行是經濟發行。經濟發行是指一個國家的貨幣當局根據國民經濟發展的需要而增加的貨幣發行。一般來說，經濟發行是通過信用渠道實現的，是貨幣發行的正常方式。財政發行通常是超過經濟運行正常需要量而增發的貨幣量，是通過政府支出渠道實現的。在一定條件下，財政透支也會造成財政發行。

無論是經濟發行還是財政發行，都具有擴張社會經濟需求的作用。但經濟發行的原動力是經濟發展對貨幣流通量的需要，適度的經濟發行一般不會引發通貨膨脹。

而財政發行則不然，其發行的原動力是為了彌補赤字的非市場需求，容易引起通貨膨脹。財政發行在經濟實踐中，只有在計劃經濟或者中央集權的經濟體制下，通過銀行代理國庫制度才做得到。在現代市場經濟運行中，各國政府一般不採取財政發行的方式來彌補財政赤字。

2. 財政透支

財政透支是指政府財政在其銀行的帳戶支取的款項超過其存款的數額。這是政府彌補赤字最不得已的手段。在中國計劃經濟條件下，實行銀行代理國庫制度，政府的財政收入和財政支出是通過銀行的帳戶辦理的。如果政府是在編製預算時通過財政與信貸的綜合平衡有計劃地安排財政透支，實際上是用銀行的信貸資金彌補財政赤字，一般也不會引起通貨膨脹。但是，如果財政透支的數量過大，時間過長，致使銀行無力墊付，或者在財政透支的同時，已經出現了信用膨脹的現象，那麼，財政透支必然導致增發紙幣發行，這種赤字的貨幣化，會引起通貨膨脹的後果。1994年以前，中國曾經以財政透支作為彌補財政赤字的主要方式。自1994年中國實施分稅制的財政體制改革後，政府不再以財政透支的方式彌補財政赤字。當今世界上大多數市場經濟國家，也不採用財政透支的方式彌補財政赤字。

3. 動用上年或以前的財政結餘

累計的財政結餘是政府執行預算收大於支的結果。如果在封閉經濟體制並實行銀行代理國庫的條件下，財政結餘在價值形態上表現為銀行的財政性存款，在物質形態上表現為相應的未動用的物資。這時，如果所動用的財政結餘是真實的，實際上等於將過去形成的經濟需求投入到當前的市場上去，就會對本期的社會需求形成擴張性的影響。這種影響一般不會產生通貨膨脹。由此看來，動用財政結餘彌補赤字不失為一種可以選擇的手段。從現在的實際情況來看，由於世界上國際經濟交往日益擴大，各個國家的經濟很難在封閉的狀態下運行，況且隨著政府職能的擴展，大部分年份很少出現財政結餘。並且，在動用財政結餘彌補財政赤字時，也要考慮國際經濟環境的影響。因此，靠動用財政結餘彌補赤字缺乏基礎和環境。

4. 發行公債

通過債務收入來彌補財政赤字，其實質是在現有的社會需求總量不變的前提下，使債權人將其貨幣購買力暫時有償地讓渡給政府。因此，如果不考慮政府的債務負擔問題的話，若通過發行公債，以債務收入來彌補財政赤字，一般不會對社會總需求產生擴張性的衝擊，也不會導致通貨膨脹。但在現實操作中，必定要認真考慮到借債規模對彌補財政赤字的可能空間，以及發揮公債使用效率問題。

國家舉債只是貨幣使用權的轉移，因而是彌補赤字的重要和經常方式。當前，無論發達國家還是發展中國家，都面臨赤字增加導致債務增加的財政局面。從債務的最終償還來看，規模巨大的債務會帶來貨幣化、稅收化的可能後果。換句話說，在政府支出未能有效削減的情況下，政府債務將是預期的或延期的貨幣發行或稅負增加。政府債務大都需要付息，而隨著債務規模的擴大，利息支付將有可能成為產生赤字的重要因素，即存在赤字引起的債務使赤字可能進一步擴大的風險。實踐證明只有極少數國家能在某些時候利用稅收手段籌資來償還債務的利息支出，而絕大

第五章　財政平衡與財政政策

多數國家則是靠發行貨幣或舉借新債來償還債務利息。而發行貨幣和舉借新債本身就是財政赤字，因此，巨額利息支付導致更大財政赤字的風險是客觀存在的。國際經驗表明，控制赤字規模的關鍵，就是控制未償還債務規模和利息支付。

（三）財政赤字的經濟影響

1. 財政赤字的通脹效應

「劍橋公式」$m+u=p+y$ 揭示了通貨膨脹的決定因素。式中，m 是貨幣的增長速度，u 是貨幣乘數的變化速度，p 是通貨膨脹率，y 是國民經濟總產值的實際增長率。由上式可得：$p=m+u-y$。

由此可見，影響通貨膨脹率的因素有三個：貨幣的增長率，貨幣乘數的變化速度，國民生產總值的實際增長率。貨幣的增長率和貨幣乘數的變化速度會加速通貨膨脹，而國民生產總值的實際增長率會減少通貨膨脹。在通常情況下，一國的實際國民生產總值的增長是相對穩定的，貨幣乘數在短期內雖然變化較大，但在長期內也是相對穩定的。因此，從長期來看，通貨膨脹在很大程度上取決於貨幣的增長速度，為了彌補財政赤字的財政貨幣發行和財政透支所引起的過量貨幣發行必定會引起通貨膨脹。

2. 財政赤字的排擠效應

財政赤字存在排擠效應，是指政府通過赤字而擴大的政府投資會引起非政府投資的相應減少，即增加的政府投資擠出了非政府部門的部分投資。理論界一般認為，在政府通過發行公債、運用債務收入來彌補財政赤字的時候，構成政府債務收入的資源實質上是民間可以用來進行投資的資源。在此情況下財政赤字排擠效應的發生，一方面是政府通過發行公債，將民間的這部分資源轉為政府的債務收入，並用它來彌補政府的財政赤字，形成了對民間投資的直接「排擠」；另一方面，在整個經濟運行的貨幣供應量不變的條件下，政府的財政赤字支出實質上是增加了市場上對貨幣的需求量，因而財政赤字支出的增加必然導致市場上利率水平的提高，相應地抑制了民間對資金的需求，從而進一步導致民間投資的減少。這就是通常所講的，財政赤字支出往往容易通過利率的上升間接排擠民間投資的情形。當然排擠效應理論也注意到，排擠效應出現的前提條件直接影響到排擠程度。從一般情況來看，它主要取決於一個國家的整體經濟環境，包括民間投資經濟能力、國家的市場發展狀況，尤其是資金市場利率對市場的資金供求反應的敏感機制健全程度等。

3. 財政赤字的拉動效應

財政赤字拉動效應是指政府的財政赤字支出形成的促使經濟增長和私人投資增加的效果。它反應的是財政赤字支出對經濟發展的正面的或者積極的影響。財政赤字的拉動效應，主要可以從以下幾種情況來分析。

（1）政府的財政赤字支出，通過加大資本性支出，通常會帶來國民收入的增加，從而會使整個社會（主要是民營經濟）的投資支出增加。這時財政赤字拉動效應的原理是：當政府的財政赤字支出使國民收入的增加能夠抵消掉利率提高對投資的負面影響時，政府的財政赤字支出就會使整個社會，尤其是私人投資開始增加，從而產生對經濟的拉動效應。這種情況下，決定拉動效應的關鍵是把握好赤字支出的方向和使用效率。

（2）當有些國家的利率管制制度使得利率水平對財政赤字的反應靈敏度很小的時候，或者在經濟運行中民間投資利率變化缺乏彈性的狀態下，財政赤字一般不會通過影響利率水平而排擠民間的投資。一些經驗研究表明，發展中國家較普遍存在著私人投資對利率反應不靈敏的現象。在一些發展中國家中，當政府投資成為經濟發展必不可少的部分時，赤字也就在所難免。

（3）在不同的宏觀經濟條件下，政府利用赤字的動機不同，財政赤字就會產生不同的結果。當經濟中產生供過於求的情況，有支付能力的需求相對不足，市場出現蕭條，政府就必須實行擴張的財政政策，以校正經濟發展中的波動。財政赤字可以有助於擴大購買力，增加有支付能力的社會需求，緩解供需總量矛盾，在一定限度內給經濟發展注入新的活力，起到推動經濟發展的作用。

（4）當財政赤字支出採用政府債券的投資形式時，它可為社會投資開拓風險較小的選擇空間，引導社會投資增加，帶動整個經濟增長。通常情況下，人們進行的投資決策表現在對各類資產的選擇上，若主要考慮收入和風險兩種因素，一般認為，政府公債的風險是比較小的。這種因政府的財政赤字引導出的替代功能，對整個社會經濟產生了拉動效應。

就赤字給經濟帶來的影響以及彌補赤字的方式的選擇而言，不能一概而論。只要一定時期內的財政赤字規模（以及由此導致的公債規模）促進了經濟增長，提高了人民生活水平，並且沒有引起政治危機，那麼，這種赤字規模就可以說是適度的。只有全面考慮一國自身的政治制度、經濟發展階段、社會文化傳統等種種複雜因素，並選擇科學的方法，才能真正確定合適的赤字彌補方式。事實上，在現代社會中，政府能否調控宏觀經濟並獲得積極效果，關鍵在於能否有效地利用財政赤字。

[資料連結]　　2013年美國財政赤字在近5年首次低於1萬億

美國財政部宣布，在截至9月底的2013財年，由於稅收增加和政府開支減少，美國聯邦政府的財政赤字約為6,800億美元，為過去5個財年中首次低於1萬億美元，但是當年財政赤字占國內生產總值的比例依舊超過3%的國際警戒線。

財政部的報告顯示，2013財年聯邦政府的財政收入為2.774萬億美元，比2012財年要高3,250億美元；2013財年聯邦政府財政支出為3.454萬億美元，比2012財年要少840億美元；2013財年聯邦政府的財政赤字低於2012財年約1.09萬億美元的財政赤字規模，2013財年聯邦政府的財政赤字占國內生產總值的比例為4.1%。

在美國總統奧巴馬任期內，聯邦政府財政赤字連續4個財年突破1萬億美元大關，居高不下的財政赤字成為美國面臨的一項嚴峻挑戰，2013財年是過去5個財年中聯邦政府的財政赤字首次低於1萬億美元的一年。2009財年聯邦政府財政赤字占國內生產總值的比例為9.2%，2013財年該比例已經比2009財年下降了超過一半。

資料來源：2013年美國財政赤字6,800億　5年中首次低於1萬億［EB/OL］．［2013-10-31］．http://www.askci.com/news/201310/31/31135386903.shtml．

第五章　財政平衡與財政政策

四、財政平衡與社會總供求平衡

（一）社會總供給與社會總需求

社會主義市場經濟，是使市場在國家宏觀調控下起到資源配置的基礎性作用的經濟體制模式。宏觀調控的主要目標，就是要保持社會總供給與總需求首先在總量上的大體平衡，為微觀經濟的發展創造一個良好的公平競爭的市場環境，促進國民經濟持續、穩定、健康地運行。

1. 供給與需求矛盾是商品經濟發展的重要矛盾

這一矛盾貫穿於任何性質的商品經濟的始終，無論是簡單的商品經濟還是發達的市場經濟，也不管是資本主義市場經濟還是社會主義市場經濟，它都必然存在和發生作用。

從供給與需求內含口徑的角度分析，其矛盾呈現為總量矛盾和結構矛盾。研究總量矛盾是從社會經濟宏觀全局著眼，它是市場經濟發展供求矛盾的典型形式。社會總供給是一定時期內（一般指一年）可以提供給社會使用的最終產品和勞務的總和。它既包括消費品，也包括投資品；不僅包括國內生產的部分，也包括國外進口的部分。根據中國目前國民經濟核算的總量指標選擇的要求，應採用國民生產總值（國內生產總值）作為社會總供給的主要表示指標。社會總需求是一個社會在一定時期內（一般指一年）對社會最終產品和勞務有貨幣支付能力的總購買力。總需求按性質劃分，可分為消費需求、投資需求和出口需求三部分。總需求的數量表現與總供給的數量表現相對應，同樣，社會對最終產品和勞務的總需求，也應採用國民生產總值（國內生產總值）作為主要表示指標。供給總量是側重社會所提供的商品價值和勞務總額來考察的，供給結構和需求結構是側重從使用價值方面考察的，即社會所提供的各種產品必須同社會對它的需求量相適應。如果只有總量平衡，而無結構平衡，則可能導致比例失調，經濟阻滯。結構平衡是實現總量平衡必須解決的深層次問題。從供給與需求矛盾對立與統一的角度分析，其矛盾表現又存在兩種狀態：一是平衡狀態，二是失衡狀態。失衡又分為兩種情況：一種是總供給大於總需求，表現為總供給過剩或需求不足；另一種是總需求大於總供給，表現為總需求膨脹或供給短缺。

2. 總供給與總需求平衡的標志

經濟學中所講的平衡大體上是指兩種情況：一種是比例雙方的對等關係，如一定時期需要煤炭1億噸，煤炭生產可供量亦為1億噸，則表明該期間煤炭供求是平衡的；另一種是指比例雙方的協調狀態，有些比例關係不存在對等關係，如投資和消費比例不能認為各占50%即為平衡，只能是投資和消費比例雙方協調即為平衡。

社會總供給與總需求平衡，是指社會總供給與總需求處於大致均衡狀態，宏觀經濟能夠保持穩定、協調地運行。總量的基本平衡不是要求供需雙方嚴格對等或絕對相等，而是指在社會商品的兩種運動中，由價值運動通過分配再分配形式的社會總需求，與由實物運動通過各種流通渠道所形成的社會總供給能基本對應，即使有差異，如果限定在不影響宏觀經濟健康運行的範圍內，就可以視為社會供需處於平

財政與稅收

衡之中。因為經濟發展是極為複雜的社會再生產運動，包括實物運動和價值運動及其相互關係的矛盾運動過程。所以，這種平衡只能是一種基本趨勢或稱均勢。如中國有關部門認為社會總供求差率不超過±5%就視為社會總供求平衡。

社會總供給與社會總需求的平衡關係是宏觀經濟中最高層次的一個比例關係。這種平衡是宏觀經濟調控目標的概括反應，是制定宏觀經濟政策的基礎和出發點，同時它又是經濟生活中各種問題的綜合表現。社會總供給與總需求是否平衡，必定通過宏觀經濟運行態勢反應出來。現代市場經濟理論通常認為，衡量總供給與總需求是否平衡，主要是從考察三種市場狀態入手，即商品市場、貨幣資本市場和勞動力市場。商品市場上看物價上漲率，貨幣資本市場上看利率和匯率，勞動力市場上看失業率，這四個指標再加上經濟增長率，就成為觀察市場經濟運行態勢和供求總量平衡與否的顯示器。一般地說，社會總需求大於社會總供給，會出現物價上漲率上升，利率、匯率上升，失業率下降，經濟運行趨熱。反之則情況相反。

3. 總供給與總需求失衡對經濟運行的影響。

無論是社會總供給過大於社會總需求的失衡，還是社會總需求過大於社會總供給的失衡，都是國民經濟運行不正常的表現，都會給經濟社會發展帶來不利影響以致造成損失。

當總供給過大於總需求時，雖然客觀上形成了買方市場，使企業的生產經營增加了競爭壓力，但由於社會總需求不足，產品銷售不暢，庫存積壓增多，生產滑坡。同時由於商品流通時間延長，資金週轉速度減慢，流通費用增加，商業不興旺，因此生產企業和流通企業效益下降，造成財政收入增長緩慢。並且由於經濟不景氣，帶來的失業和半失業人員增多，在業人員的工資水平也會下降，就可能使廣大職工生活水平下降。

當出現總需求過大於總供給的失衡狀況時，總需求膨脹會帶來商品搶購，當物價上漲較快時，商品的市場價格就會由劣等生產條件下的個別商品價值來決定。生產者很容易獲得利潤，企業不關心採用先進技術、改善產品質量，甚至只顧擴大週期短和盈利高的產業和產品生產，其結果是不利於生產發展和技術進步，也難以實現資源和生產要素的有效利用和合理配置。市場緊張的出現，會有相當一部分貨幣購買力不能實現，不利於人民生活的穩定。物資匱乏會導致通貨膨脹的加劇，必然使價格扭曲，不能反應正常的社會必要勞動消耗，利率、稅率和匯率等市場信號也相應失真，運用經濟機制的餘地縮小，寬鬆的宏觀市場環境難以形成，效率和公平不能正常體現，造成各種經濟政策和手段不能達到預期目標和效果。

社會總供求失衡的兩種表現形式，在各種社會都可能出現。一般說來，西方發達的市場經濟國家較長期存在社會總供給大於社會總需求的生產過剩的失衡。而在短缺經濟下的發展中國家，中國在從高度集中的計劃經濟向社會主義市場經濟體制轉換的過程中，往往容易出現社會總需求大於社會總供給的需求膨脹的失衡，但在向市場經濟過渡期間，也會出現市場疲軟以至於社會總供給大於社會總需求的失衡情況。

第五章　財政平衡與財政政策

(二) 財政平衡與總量平衡

根據現代經濟學關於總供給與總需求存在著平衡關係的理論，在政府干預經濟和存在對外經濟往來的條件下，總供給與總需求平衡有如下恒等關係：

$$C+S+T+M=C+I+G+X \tag{5.1}$$

等式的左邊代表總供給的流量，右邊代表總需求的流量。其中：C 為消費；S 為儲蓄；T 為政府收入（主要是稅收）；M 為進口額；I 為投資；G 為政府支出；X 為出口額。

根據以上的恒等關係，可以得出如下描述財政預算收支與儲蓄和投資帳戶以及貿易經常帳戶之間關係的恒等關係：

$$G-T=(S-I)+(M-X) \tag{5.2}$$

等式左邊表示預算收支平衡狀況，當 $G>T$，財政預算出現赤字；當 $G<T$，則表示財政結餘。等式右邊由兩部分不同帳戶組成，S 和 I 是儲蓄和投資帳戶，M 和 X 是對外貿易經常帳戶。

通過前邊的理論描述和對以上恒等關係的分析，對財政平衡和社會總供需關係可以得出以下認識：市場經濟條件下的宏觀調控的主要目標是社會總供需的大體平衡。財政平衡是社會總供需平衡中的一個組成部分，財政收支的變動，會影響社會總供給與總需求的對比關係。財政收支屬於政府行為，是政府宏觀調控的重要手段。而消費、儲蓄、投資以及進出口屬於個人和企業的經濟行為，是通過市場實現的。政府必須正確運用財政收支這一平衡槓桿，引導個人和企業的經濟行為，協調消費、儲蓄、投資以及進出口的關係，以促進社會總供給與總需求的平衡。針對社會總供需出現的不平衡狀況，可以通過改變財政收支以調節社會總供需的變化。具體分為以下兩種情況：

(1) 當社會總需求大於總供給時，即當 $C+S+T+M<C+I+G+X$ 時，政府通過財政收支進行調節有三種途徑：

①可以直接削減財政支出，以抑制總需求膨脹，從而達到平衡，即：

$$C+S+T+M=C+I+G\downarrow+X$$

②也可以用增加稅收的辦法，擴大供給，使總供求達到平衡，即：

$$C+S+T\uparrow+M=C+I+G+X$$

③還可以將上述兩種措施雙管齊下，在既縮小需求的同時，又增加供給，從而加快總供求平衡，即：

$$C+S+T\uparrow+M=C+I+G\downarrow+X$$

(2) 當出現總供給過大於總需求時，則政府財政收支採取與上述相反的措施：

①擴大財政支出：

$$C+S+T+M=C+I+G\uparrow+X$$

②削減稅收：

$$C+S+T\downarrow+M=C+I+G+X$$

③擴大財政支出與減輕稅負同時運用：

$$C+S+T\downarrow+M=C+I+G\uparrow+X$$

以上措施的具體應用，已在西方市場經濟國家以及中國體制轉換過程中防止經濟波動、促進經濟穩定發展的實踐中得到有效的證實。不過，應考慮稅收乘數與支出乘數的不同效果，還要考慮每一個國家的具體情況，以對症下藥。

> **課堂思考**：為促進財政平衡你認為中國財政還應該增加哪些領域的投入？

第二節　財政政策

一、財政政策的概念

學術界對財政政策的概念看法各異。有學者認為，「財政政策是國家為實現特定的政治、經濟目標而制定的指導財政分配活動和處理財政分配關係的基本方針和原則的總和」。也有學者認為，「所謂財政政策，是指國家為了達到一定目的或目標而制定的指導財政分配活動、處理財政分配關係的基本準則和措施的總和」。現代西方經濟學者把財政政策定義為「財政政策就是利用政府預算（包括稅率和支出率），來調節國家需求水平進而促進充分就業和控制通貨膨脹」，或者定義為「利用政府的開支和產生收入的活動以達到一定的目的」。

我們認為比較科學的定義應該是：財政政策是政府以某種財政理論為依據，為達到一定的政策目標而採取各種財政工具的總稱。簡言之，財政政策就是政府尤其是中央政府運用財政工具實現一定的政策目標，財政政策由政府、財政工具和政策目標三要素組成。

二、財政政策的分類

財政政策種類繁多，為了更好地研究、運用財政政策，充分發揮財政政策的作用，必須對財政政策進行科學的分類：

（一）根據財政政策對總需求的影響，把財政政策分為擴張性財政政策、緊縮性財政政策和均衡性財政政策

所謂擴張性財政政策，是指通過減少收入、擴大支出來增加總需求。採取的財政措施是：減少稅收，減少上繳利潤、擴大投資規模、增加財政補貼，實行赤字預算。所謂緊縮性財政政策，是指通過增加財政收入、減少財政支出來壓縮總需求。採取的措施是：提高稅率、提高國有企業上繳利潤的比例、降低固定資產折舊率、縮小投資規模、減少財政補貼，實行盈餘預算。所謂均衡性財政政策，是指採取收支平衡的辦法，既不擴大總需求，也不縮小總需求。

（二）根據財政政策對總供給的影響，把財政政策分為刺激性財政政策和限制性財政政策

所謂刺激性財政政策是通過傾斜性投資和財政利益誘導，如減免稅等手段，重點扶持某些部門的發展，以增加社會供給的財政政策。所謂限制性財政政策是通過

第五章　財政平衡與財政政策

各種財政工具，如提高稅率等手段，限制某些部門的發展，壓縮局部過剩的財政政策。

（三）根據財政政策對經濟的調節是自動的還是自覺的，把財政政策分為自動調節的財政政策和相機抉擇的財政政策

所謂自動調節的財政政策又稱「內在穩定器」，是指利用財政工具與經濟運行的內在聯繫來自動調節經濟運行的財政政策。這種內在聯繫是指財政政策工具在經濟週期中，能夠自動調節社會總需求變化所帶來的經濟波動，具有這種自動調節作用的財政政策工具是累進所得稅、社會保障支出和財政補貼。所謂相機抉擇的財政政策，是指國家為達到預定目標，根據客觀經濟形勢的不同，適時調整財政收支規模和結構的財政政策。相機抉擇的財政政策主要包括：① 調整政府購買商品和勞務的水平（除轉移支付以外的政府財政支出）；② 調整稅率；③ 調整稅收起徵點和減免稅規定條件；④ 調整轉移支付條件；⑤ 調整加速折舊政策規定。

（四）根據財政政策調節的對象是收支總量還是收支結構，把財政政策劃分為宏觀財政政策和微觀財政政策

所謂宏觀財政政策，是指通過改變收支總量以實現財政政策目標的財政政策。所謂微觀財政政策，是指在國家收支總量既定的前提下，通過稅收和支出結構的改變，來影響某一部分、某一市場甚至某一企業的經濟活動，以達到一定的財政政策目標的財政政策。

（五）根據財政收支活動對經濟活動的作用，財政政策可分為積極的財政政策和穩健的財政政策

所謂積極的財政政策，是政府根據國民經濟狀況，利用財政收支活動主動干預經濟活動的一種經濟政策。積極的財政政策是一種非均衡的財政政策，它通過財政赤字的增減和財政盈餘的增減等形式表現出來。積極的財政政策又可分為擴張性財政政策和緊縮性財政政策　所謂穩健的財政政策　，並不是指政府消極對待社會經濟生活，不干預國民經濟活動，而是指它以財政收支平衡為原則，通過稅收和政府購買同增同減的收支動態平衡方式干預社會總供求。所以穩健的財政政策是一種均衡的財政政策，其主要目的是為了避免由於預算赤字或預算盈餘可能造成的通貨膨脹或通貨緊縮的不良後果。

三、財政政策的構成要素

財政政策包括政策目標、政策主體和政策工具三大要素：

（一）財政政策目標

財政政策目標，是在一定時期內，政府實施財政政策所要努力達到的預期目的，或要實現的期望值。財政政策是國家履行其職能的重要手段，財政政策目標的選擇受多種因素的影響和制約。

第一，政府的職能。財政政策是實現政府職能的手段，政府的職能決定財政的職能，政府職能的圓滿實現就是財政政策所追求的目標，所以，政府的職能決定著財政政策的目標。

財政與稅收

第二，不同時期的政治經濟形勢。不同時期的政治經濟形勢不同，所需解決的主要矛盾不同，財政政策目標的側重點當然就有所不同。

第三，受政治、經濟、文化環境以及民眾偏好與政府行為的制約。財政政策目標的選擇，在不同國家有不同的選擇，在同一國家的不同歷史時期也有不同的選擇。從資本主義國家情況看，自從20世紀30年代大危機以來，財政政策目標由單元向多元變化。20世紀40年代，英、美等資本主義國家把謀求充分就業作為財政政策的目標，但對這種目標的追求，卻造成了20世紀70年代資本主義經濟的「滯脹」局面。於是，資本主義國家被迫改弦更張，以多目標代替單目標。1978年，美國國會通過了《充分就業和平衡增長法》，將充分就業、物價穩定、經濟增長、國際收支平衡作為財政政策的四大目標。此舉紛紛為其他資本主義國家所效仿。從中國情況看，由於長期以來沒有形成比較完善的財政政策理論，財政政策幾乎等同於黨和國家的路線、方針、政策，財政政策的目標等同於黨和國家的路線、方針、政策的目標。由於中國長期以來追求經濟的高速發展，故財政政策目標表現為單一的經濟增長目標。從實際效果看，這種單一的目標往往會造成經濟波動，影響國民經濟有計劃按比例的發展。

改革開放以來，經濟理論界開始了財政政策的理論研究，財政政策的目標作為財政政策的重要構成要素被提到十分重要的地位，形成了「三元目標說」「四元目標說」「多元目標說」。「三元目標說」把財政政策目標限定為穩定物價、公平分配、經濟增長三大目標。「四元目標說」把財政政策的目標限定為經濟穩定增長、資源有效配置、收入公平分配、保持政治統一和社會安定。「多元目標說」認為，財政政策的目標可分為積極的和消極的目標。減少經濟蕭條或通貨膨脹的惡果，是其消極目標；積極的目標可分為促成充分就業、穩定物價水準、促進經濟成長、平衡國際收支及其他經濟目標。

根據中國社會主義市場經濟體制的要求及實際，中國現階段財政政策的目標如下：

1. 經濟增長

所謂經濟增長，是指財政政策的實施要促使經濟穩定、持續的發展。一國的經濟要從落後或比較落後狀態向現代化或比較現代化進軍，促使整個社會精神文明和物質文明的提高，沒有一定的經濟發展是不可能的。經濟增長要用一定的指標來衡量。衡量經濟增長的指標是國內生產總值或國民收入。所謂國內生產總值，是指一國以當年價格（或不變價格）計算的一年內用於銷售的一切產品和勞務價值的總和；所謂國民收入，是一國以當年價格或不變價格計算的用於生產的各種生產要素報酬（即利潤、工資、租金和利息）的總和。中國常用國內生產總值或國民收入增長率反應經濟增長情況，並以此作為調整財政政策的依據。

2. 物價穩定

這是世界各國財政政策追求的重要目標。物價穩定，並非凍結物價，而是把物價總水平的波動約束在經濟穩定發展和人民可接受的幅度內。其可接受的幅度則受到政治、經濟、社會、倫理、歷史等多種因素的影響。從國際慣例看，一般用物價

第五章　財政平衡與財政政策

指數來衡量。若物價指數波動的幅度在 4%～5% 之間，說明物價相對穩定；若超過這個範圍，則說明物價不穩定。物價指數是用來反應兩個不同時期商品價格的動態指標。

3. 充分就業

所謂充分就業是指每一個有工作能力且願意工作的人都能找到工作。衡量充分就業的指標是失業率，而經濟學家和政府所關注的焦點主要是非自願失業。如同物價穩定的含義一樣，充分就業只是用來形容令人滿意的就業水平的，並不意味著失業率為零，因為摩擦性失業在經濟中通常是不可避免的，正常的經濟社會免不了會有一定程度的失業率。至於失業率的具體指數是多少，由於各國的社會文化背景、經濟環境、歷史傳統不同，對這個問題的看法也不盡相同，但大多數經濟學家認為4%左右的失業率即可看作是充分就業。

4. 國際收支平衡

國際收支是現代開放經濟的重要組成部分。一國的國際收支狀況不僅反應了這個國家的對外經濟交往情況，而且還反應出該國的經濟穩定程度。由於國際收支會影響一國的經濟穩定增長，也會影響一國的物價穩定，還間接影響一國的就業水平，因此，國際收支歷來受到各國政府宏觀調控的重視。中國加入世界貿易組織後，經濟國際化程度進一步加深，國際收支狀況對國內就業、通貨膨脹和經濟穩定發展的影響程度日益增大，從而導致財政的宏觀調控活動也必須對國際收支平衡給予更大的關注。

5. 公平分配

所謂公平分配，是指通過財政參與國民收入和財富分配，使國民收入和財富分配達到社會認為的「公平」和「正義」的分配狀態。尤其需要指出的是，公平不是一個單純的經濟目標，而是經濟、政治、社會、倫理、歷史等多種因素的統一，不同的國家以及同一國家的不同歷史時期，對公平的理解也不同。因此，公平是一個歷史的概念。人們一般把公平分為縱向公平和橫向公平。所謂縱向公平，是指不同能力的人承擔不同的義務；所謂橫向公平，是指具有相同能力的人承擔相同的義務。收入的合理分配是實現經濟穩定與發展的關鍵所在。收入分配不合理，貧富差距過大，不利於社會經濟的穩定；「吃大鍋飯」的平均主義分配辦法抑制了勞動者的生產積極性，不利於經濟的增長。因此，充分發揮財政政策的作用，實現收入的公平分配無疑是十分重要的。衡量收入分配是否合理，主要有洛倫茨曲線和基尼系數兩種方法。

6. 社會生活質量不斷提高

經濟發展的最終目標是滿足全體成員的需要。需要的滿足程度不僅取決於個人消費的實現，還取決於社會消費的實現。這種社會消費的滿足，綜合表現為社會生活質量的提高，而提高社會生活質量則要靠財政提供資金。中國財政是公共財政，這就要求財政政策把社會生活質量的提高作為財政政策的重要目標。

(二) 財政政策主體

財政政策主體是指政策的制定者和執行者。政策主體是否規範，對於政策功能

的發揮和效應的大小都具有重要影響。改革開放前,中國實行統收統支體制,這種體制使中央政府處於政策主體地位,地方政府處於財政政策執行者的地位。改革開放後,情況發生了很大變化。由於放權讓利的改革,地方政府已具有較大的自主權,它不僅是政策的執行者,也是政策的制定者。這樣就造成了政策主體多元化。多元化產生了以下問題:一是地方政府的政策抵觸行為,出現了「上有政策,下有對策」;二是政策攀比行為,即各地競相攀比優惠政策。

(三) 財政政策工具

財政政策工具是財政政策主體所選擇的用以達到政策目標的各種財政分配手段。要構成財政政策工具必須具備以下兩個條件:一是實現財政政策目標所需要的,二是政府能夠直接控制的。根據這兩個條件,中國財政政策工具主要有以下五種:

1. 稅收

稅收是政府憑藉政治權力參與國民收入的分配形式,具有強制性、無償性、固定性等特徵,這些特徵使稅收具有權威性,成為財政政策的主要工具。其作用形式是稅種、稅率和稅收優惠或稅收懲罰。

2. 公債

公債是政府舉借的內外債的總稱。公債產生的最初原因是為了彌補財政赤字,但隨著信用的發展,公債已成為調節貨幣供求、協調財政與金融關係的重要手段,成為財政政策的重要工具。公債調節的手段主要是公債的種類(可出售公債或不可出售公債、短期公債或長期公債)、發行對象(向居民公開發行或向銀行發行)、還本付息的資金來源(徵稅償還或發行貨幣償還)等。以上這些手段都會對經濟運行產生影響,國家可根據宏觀經濟的需要加以運用。

3. 政府投資

政府投資是指政府直接參與物質生產領域的投資,它是實現資源有效配置的重要手段。在市場經濟條件下,政府投資的項目主要是那些具有自然壟斷特徵、外部效應大、產業關聯度高,具有示範和誘導作用的基礎性產業、公共設備以及新興的高科技主導產業。私人不願投資於這些產業,但這些產業關係著國計民生,必須由政府進行投資。政府投資作用的形式包括投資總量和結構,通過總量和結構的變化,對資源配置產生影響,促進產業結構、產品結構的合理化,使國民經濟有計劃按比例發展。

4. 公共支出

公共支出是滿足社會公共需要的一般性支出或稱為經常性支出,它包括購買支出和轉移性支出兩大類。政府可以通過增減購買和轉移支出,發揮公共支出的槓桿作用,調節總供給和總需求,保證財政政策目標的實現。

5. 預算

預算是一國的基本財政收支計劃,是一種計劃性很強的政策工具。其作用形式包括收支總量(如順差、逆差、均衡)和收支結構,政府可根據宏觀經濟的需要,分別採用不同的總量和結構政策,以達到調節總供給和總需求的目的,實現財政政策的目標。

四、財政政策的特點

(一) 財政政策是財政理論指導財政實踐的中間環節

人們在財政實踐活動中，形成了各種各樣的財政理論，這些理論凝聚著人們對財政實踐總結的成果，但這些認識成果並不能直接規範人們的行為，這種規範要通過財政政策這一仲介來完成。

(二) 財政政策是主觀指導和客觀規律的統一

財政政策作為規範人們行為的準則之一，對客觀世界的經濟運行具有指導和控制作用，帶有主觀性，但這種主觀指導是根據客觀經濟的實際制定的，是客觀經濟規律的反應，有其客觀性。財政政策是基於客觀經濟狀況制定的，具有客觀性，但制定出來的政策正確與否，主要取決於政府的主觀認識程度。

(三) 財政政策是穩定性和連續性的統一

財政政策的穩定性是指財政政策在其有效範圍內相對地保持不變。財政政策之所以具有穩定性，主要是由財政政策目標決定的，財政政策的任何一個目標被確定之後，要實現它就要經過一個時間長短不一的過程。財政政策的變動性是指財政政策要根據客觀經濟狀況的變化而變化。

財政政策之所以有變動性，是因為：第一，客觀經濟狀況是不斷變化的，隨著客觀經濟狀況的變化，財政政策理應隨之變化；第二，財政政策是主觀見之於客觀的東西，隨著人們對客觀規律認識的深化，財政政策也應隨之變化。

> **課堂思考**：財政政策各目標之間的關係。

第三節 財政政策與貨幣政策的配合

一、財政政策與貨幣政策配合的必要性

政府手中掌握的財政政策與貨幣政策兩大工具，它們之間既有聯繫，又有區別。二者在政策的總體目標上是基本一致的，都是為了實現社會總供給與總需求的平衡，且都是通過對社會資金的分配實現的，但它們各自使用的政策工具和作用不盡相同。其主要區別在於以下幾個方面：

(一) 政策主體不同

貨幣政策的主體是中央銀行，而財政政策的主體是政府。一般來說，西方國家的中央銀行都有較大的獨立性，如美國的聯邦儲備體系就只向國會而不是總統（代表政府）負責，因此貨幣政策受政治因素的干擾較少。但財政政策由政府掌握，為政府的政治利益服務。

(二) 政策的調控對象不同

貨幣政策調控涉及的領域廣泛，凡是存在商品貨幣關係的地方，就會受到貨幣

政策的影響，它是通過貨幣總量的調節來實現總供求平衡的，因而是對經濟活動的全面調控。財政政策進行的財政分配，一般只涉及社會再生產的分配環節，是通過對社會收入的再分配來實現總供求的平衡的。

（三）政策調控中的貨幣流向不同

這兩種政策都是通過貨幣的運動進行調控的。貨幣政策的調節使貨幣在供求關係的作用下，在各經濟主體之間作橫向流動，改變了貨幣在個經濟環節中的分佈狀況。財政政策調節下的貨幣運動以縱向為主，財政收入與支出的過程使貨幣資金發生自下而上或自上而下的流動。

（四）政策作用的側重點不同

貨幣政策與財政政策在實施中，其政策作用的側重點也各不相同。

1. 貨幣政策調控總量，財政政策調控機構

貨幣政策通過政策手段的運用來改變貨幣供給量，從而控制社會總需求。這種間接的調控一般不會選擇作用的特定對象，而是針對整個宏觀經濟進行調節。財政政策是由政府掌握的，它可以按政府的主觀意願將財政資金分配到某些具體的對象上，由此改變資源配置，達到優化經濟結構的目的。

2. 貨幣政策側重物價穩定，財政政策側重經濟增長

儘管貨幣政策與財政政策調控的總體目標是一致的，但在實施過程中具有不同特點，從而決定了它們的調控重點也有所不同。運用貨幣政策擴大貨幣供應量，雖可刺激有效需求，加速經濟增長，但往往會造成通貨膨脹。貨幣政策一般被看作是通過對物價的調節為經濟增長提供良好環境的手段。而財政政策則更多地側重於經濟增長，而且經濟的結構性失衡更需要由財政政策來進行調節。

3. 貨幣政策著重於提高經濟運行效率，財政政策著重於經濟利益的公平分配

由於貨幣政策所調控的資金屬於借貸資金，既還本且付息，這就決定了通過貨幣政策的調節所運用的貨幣資金的使用效益必須提高，相應地整個經濟運行的數量也得到提高。而財政政策所分配的資金是以無償為主的，且側重於結構性調節，能夠改變社會各個不同主體所佔有的資源及財富的比例，是經濟利益在社會各階層中重新進行的分配，因而它更多關注的是公平分配。

二、不同的政策組合模式

通常有以下四種常用的組合模式：

（一）鬆的財政政策與鬆的貨幣政策

鬆的財政政策與鬆的貨幣政策即「雙鬆」模式。鬆的財政政策是指通過減少稅收和擴大政府支出規模來增加社會的總需求；鬆的貨幣政策是指通過降低法定準備金率、降低利息率來擴大信貸支出的規模，增加貨幣的供給。該模式一般在社會總需求嚴重不足、生產資源大量閒置、增加就業和刺激經濟增長成為宏觀調控的首要目標時採用。在這種模式下，由於貨幣供應量的增加，市場利率降低，在一定程度上可抵消因財政擴張所帶來的「擠出效應」。擴張性的財政政策措施與擴張性貨幣政策措施同時使用，就像給陷入蕭條中的經濟注入一針強心劑，能使宏觀經濟強力

第五章　財政平衡與財政政策

擴張。但這種模式長期採用，可能會導致財政赤字與通貨膨脹雙高的局面。

（二）緊的財政政策與緊的貨幣政策

緊的財政政策與緊的貨幣政策即「雙緊」模式。緊的財政政策是指通過增加稅收、削減政府支出規模等來抑制社會的總需求；緊的貨幣政策是指通過提高法定準備金率、提高利息率來壓縮支出的規模，減少貨幣的供給。該模式與前一模式的運用環境正好相反。當社會總需求極度膨脹，社會總供給嚴重不足，物價大幅度上升，抑制通貨膨脹成為宏觀調控的首要目標時，適合採用這種緊貨幣緊財政的模式。雙緊模式下，社會總需求受到貨幣政策與財政政策的雙重壓制，對經濟產生強力的收縮作用。

（三）緊的財政政策與松的貨幣政策

如果政府開支過大，但經濟結構合理，物價雖然穩定，但企業投資並不活躍，經濟增長乏力時，表明經濟運行過程中效益不高。這時提高經濟運行效率成為宏觀調控的焦點。政府需要壓縮財政支出的規模以平衡財政收支，減輕通貨膨脹的壓力，但另一方面也要通過松的貨幣政策增加貨幣供給，使利率降低，以信用約束促進經濟運行效率的提高。因此，這種政策組合的效應就是在控制通貨膨脹的同時，保持適度的經濟增長。但貨幣政策過松，也難以制止通貨膨脹。

（四）松的財政政策與緊的貨幣政策

當社會經濟運行中存在滯脹現象，即經濟發展停滯、通貨膨脹率居高不下、產業與產品結構失調時，刺激經濟增長並消除通貨膨脹成為政府宏觀調控的首要目標，此時應當採用緊貨幣松財政的配合模式。緊縮的貨幣政策通過減少貨幣供給量來治理通貨膨脹，但同時為了不使本來就陷入停滯的經濟進一步衰退，有必要實施減稅和增加政府支出的擴張性財政政策，並有效地發揮財政政策的結構調節優勢，優化經濟結構，促進經濟增長。因此，這種政策組合的效應是在保持經濟適度增長的同時盡可能地避免通貨膨脹。但長期運用這種政策配合，會累積起大量的財政赤字。

當然，如果考慮財政政策與貨幣政策中都有中性的政策措施，則會產生更多的政策組合模式。以上各種組合模式的運用都必須綜合權衡，究竟採用什麼組合，要根據國情及經濟運行環境來考慮，並非一定要以上面的模式來套。

三、財政政策與貨幣政策的時滯

良好的經濟政策不僅僅是單純的政策配合問題，還要把握住運用政策的時機。因此，政府在利用相機抉擇的財政政策與貨幣政策來解決經濟問題時，應當考慮到時滯問題。

從相機抉擇的財政政策來看，財政政策的實施一般會產生下列五種時滯，依次為：認識時滯、行政時滯、決策時滯、執行時滯以及效果時滯。認識時滯是指從經濟現象發生變化到決策者對這種需要調整的變化有所認識所經過的時間，這段延遲時間的長短，主要取決於行政部門掌握經濟信息和準確預測的能力。行政時滯也稱為行動時滯，是指財政當局在制定採用何種政策之前對經濟問題調查研究所耗費的時間。這兩種時滯只涉及行政單位而與立法機構無關，也就是說，這兩種時滯只屬

101

於研究過程,與決策單位沒有直接關係,經濟學稱之為內在時滯。內在時滯的長短,一方面取決於財政當局收集資料、研究情況所占用的時間以及採取行動的效率;另一方面取決於當時的政治與經濟目的,尤其是在希望實現的目標較多的情況下,必須對政策目標的優先順序進行選擇。

與內在時滯相對應的是外在時滯。外在時滯是指從財政當局採取措施到這些措施對經濟體系產生影響的這一段時間。主要包括三種時滯:①決策時滯,是指財政當局將分析的結果提交給立法機構審議通過所占用的時間;②執行時滯,是指政策議案在立法機構通過後交付有關單位付諸實施所經歷的時間;③效果時滯,是指政策正式實施到已對經濟產生影響所需要的時間。這三種時滯與決策單位發生直接關係,而且直接影響社會的經濟活動,故稱為外在時滯。由於經濟結構和經濟主體的行為具有不確定性,很難預測,因此,外在時滯可能會更長。

實際上,貨幣政策的操作或多或少地也存在著上述五種時滯。就財政政策與貨幣政策的時滯長短比較而言,內在時滯只涉及經濟問題的發現與對策研究,這對財政政策和貨幣政策來說,大體是一致的。因此,就內在時滯而言,無法確定這兩種政策孰優孰劣。

但是,就外在時滯來說,財政政策與貨幣政策的優勢比較就較為容易。一般而言,財政政策的決策時滯較長,因為財政政策措施要通過立法機構,經過立法程序,比較費時;相比之下,貨幣政策可由中央銀行的公開市場業務直接影響貨幣數量,時滯比較短。就執行時滯來看,財政政策措施在通過立法之後,還要交付給有關執行單位具體實施;而貨幣政策在中央銀行決策之後,可以立即付諸實施。所以,財政政策的執行時滯一般比貨幣政策要長。但是,從效果時滯來看,財政政策就可能優於貨幣政策。由於財政政策的工具直接影響社會的有效需求,從而能使經濟活動發生有力的反應;而貨幣政策主要是影響利率水平的變化,通過利率水平變化引導經濟活動的變化,因此不會直接影響社會有效需求。因此,財政政策的效果時滯比貨幣時滯要短。

總之,就時滯方面來看,很難比較財政政策與貨幣政策的有效性。在研究這兩種政策的時滯問題時,一定要對不同的客觀經濟環境和不同政策的各種時滯加以比較,才能做出正確判斷,選擇有效的政策與措施。

> **課堂思考**:為應對歐債危機帶來的機遇與挑戰,中國應該採取什麼樣的貨幣政策和財政政策措施?

本章小結

1. 對財政平衡不可以作絕對的理解,它是一種相對平衡,也是一種動態平衡,還是一種綜合平衡。財政平衡應是真實的而非虛假的財政平衡。

2. 財政赤字可以通過財政發行、財政透支、動用上年或以前財政結餘、發行公

第五章　財政平衡與財政政策

債等手段來彌補。但財政赤字會通過通脹效應、拉動效應影響經濟。

3. 政府可以通過對財政收支進行調節來調節全社會的總需求和總供給。

4. 財政政策是政府以某種財政理論為依據，為達到一定的政策目標而採取各種財政工具的總稱。它有經濟穩定增長、物價相對穩定、充分就業、國際收支平衡、公平分配、提高生活質量等目標。財政政策工具包括稅收、公債、政府投資、公共支出、預算。

5. 財政政策類型可分為多種：擴張性政策、緊縮性政策和均衡性政策；刺激性財政政策和限制性財政政策；自動調節的財政政策和相機抉擇的財政政策；宏觀財政政策和微觀財政政策；積極財政政策和穩健財政政策；等等。

6. 財政政策通過以下途徑進行傳導：財政政策實施→傳導媒體發生變化→企業、居民調整投資，消費行為→達到財政政策目標→對財政政策效應進行評價→進一步分析改進財政政策。它會產生「內在穩定器」效應、乘數效應、導向效應和貨幣效應。

7. 由於財政政策與貨幣政策主體不同、調控對象不同、調控中的貨幣流向不同、作用的側重點不同，因此必須把兩者搭配使用。它們有各種組合，常見的有四種：松的財政政策與松的貨幣政策、緊的財政政策與緊的貨幣政策、松的財政政策與緊的貨幣政策、緊的財政政策與松的貨幣政策。各種組合模式的運用都必須綜合權衡，究竟採用什麼組合，要根據國情及經濟運行環境來考慮。

8. 政府在利用相機抉擇的財政政策與貨幣政策來解決經濟問題時，應當考慮到時滯問題。財政政策的實施一般會產生下列五種時滯，依次為：認識時滯、行政時滯、決策時滯、執行時滯、效果時滯。就時滯方面來看，很難比較財政政策與貨幣政策的有效性。在研究這兩種政策的時滯問題時，一定要對不同的客觀經濟環境和不同政策的各種時滯加以比較，才能做出正確判斷，選擇出有效的政策與措施。

同步訓練

一、名詞解釋

財政平衡　財政赤字　財政發行　財政透支　財政政策　擴張性財政政策
緊縮性財政政策　宏觀財政政策　微觀財政政策　財政支出乘數　稅收乘數
平衡預算乘數　財政政策傳導機制

二、判斷題

1. 財政平衡就是財政收支的完全平衡，即財政收入完全等於財政支出時才是財政平衡。　　　　　　　　　　　　　　　　　　　　　　　　　　（　）

2. 財政平衡必須以財政收支結構的合理化為前提。　　　　　　　（　）

3. 財政發行是指一個國家的貨幣當局為了彌補財政赤字而增加的貨幣發行。
　　　　　　　　　　　　　　　　　　　　　　　　　　　　　（　）

4. 財政赤字能促使經濟增長和私人投資增加。　　　　　　　　　（　）

5. 擴張性財政政策的目的是為了增加總供給。　　　　　　　　　（　）

財政與稅收

6. 積極的財政政策又可分為擴張性財政政策和緊縮性財政政策。（ ）
7. 地方政府不僅是政策的執行者，也是政策的制定者。（ ）
8. 稅收是財政政策的主要工具。（ ）
9. 財政政策和貨幣政策調控的對象相同。（ ）
10. 松的財政政策是指通過減少稅收和擴大政府支出規模來增加社會的總需求。
（ ）

三、問答題

1. 什麼是財政平衡？怎樣全面理解財政平衡的含義？
2. 當社會總供需出現失衡狀態時，怎樣通過改變財政收支來進行調節？
3. 什麼是財政赤字？財政赤字有哪些影響？
4. 財政政策的分類和特點有哪些？
5. 財政政策的構成要素包括什麼？
6. 財政政策的傳導機制是什麼？
7. 財政政策的目標是什麼？如何認識與評價財政政策的效應？
8. 什麼是自動穩定的財政政策和相機抉擇的財政政策？
9. 為什麼財政政策與貨幣政策必須相互配合？它們有哪些不同的政策組合？
10. 研究財政政策和貨幣政策的時滯差別有什麼意義？

綜合案例分析

由美國的次貸危機引發的全球金融危機，讓世界各國的經濟感到了寒意，其對中國經濟的影響也日益顯現。2008年下半年以來，中國經濟增長放緩，國內對一些重要的生產資料如鋼鐵、煤炭等的需求下降；沿海一些中小型企業倒閉，失業率有所上升。面對嚴峻的經濟形勢，為促進經濟平穩較快發展，國務院加大了投資力度，在未來兩年內投入4萬億元。

問題：①從國家投資4萬億元這一重要措施中，能否看出中國實施的是何種財政政策？這種政策通常在什麼經濟背景下實施？其手段是什麼？實施的目的是什麼？

②從4萬億元資金的分配使用流向看，財政在社會經濟生活中可以發揮怎樣的作用？

第六章　稅收原理

学习目标

通過本章的學習，瞭解稅收的作用、原則；掌握稅收的基本概念及形式特徵；掌握稅制構成要素及稅收的分類；瞭解衡量稅收負擔的指標及影響因素；明確稅負轉嫁的含義、形式及影響因素；瞭解稅收效應及分類；明確中國稅收的基本原則。

重点和难点

[本章重點]

稅收的概念、特徵及作用；稅制構成要素及稅收的分類

[本章難點]

稅負轉嫁的含義、形式及影響因素；稅收效應問題

导入案例

從公元前594年春秋時期魯國實施「初稅畝」，到2006年中國全面廢止《農業稅條例》，在中國歷史上曾經實行了2,600年的「皇糧國稅」從此退出歷史舞臺。農村稅費改革是新中國成立以來繼農村土地改革、實行家庭承包經營後的又一重大改革。這項改革依法調整和規範國家、集體和農民的利益關係，將農村的分配制度進一步納入法治軌道，大幅度減輕了農民的負擔。2006年取消農業稅後，與改革前的1999年相比，全國農民減負1,045億元，人均減負120元左右。

問題：取消農業稅後農民是否還是負稅人？

第一節 稅收概述

一、稅收的基本概念

稅收是伴隨著國家財政的產生而產生的，迄今已經經歷了奴隸社會、封建社會、資本主義社會和社會主義社會幾千年的歷史。馬克思指出，「賦稅是政府機器的經濟基礎，而不是其他任何東西」「國家存在的經濟體現就是捐稅」。恩格斯指出，「為了維持這種公共權力，就需要公民繳納費用——捐稅」。19世紀美國法官霍爾姆斯說，「稅收是我們為文明社會付出的代價」。稅收歷來是政府取得財政收入的最佳、最有效的形式之一。在社會主義市場經濟條件下，稅收是國家為向社會提供公共品，憑藉政治權力，按照法律預先規定的標準，參與社會產品或國民收入分配，無償取得財政收入的基本形式。

具體來說，稅收概念主要包括以下幾方面的內容：

(一) 稅收主體

稅收是以國家為主體，憑藉其政治權力進行的政府分配行為。在徵稅過程中，徵收者是國家和政府，繳納者是經濟組織、單位和個人。政府徵稅是為了履行提供公共產品和公共服務的職責，經濟組織、單位和個人享用了政府提供的公共產品和服務並得到滿足，因此，有義務及時足額地繳納稅款。

(二) 徵稅依據

政府既是政權組織，又是社會管理者，它可以憑藉政治權力通過立法程序來規範徵納雙方應履行的權利與義務，並以此取得稅收收入。通常，政府同時還具有另外一個身分，即代表國有資產的所有者來取得相應的收益。但嚴格來說，政府憑藉國有資產所有權所取得的收益與憑藉政治權力所取得的稅收收入，其性質是不同的。

(三) 稅收目的

一般來說，稅收是為了滿足政府履行其經濟和社會管理職能的需要而徵收的。在市場經濟條件下，稅收表現為政府作為公共產品和服務的供給者而向需求者（即社會公眾及組織）開出的「價格」。在市場失靈的條件下，政府為彌補市場缺陷，必須提供一些公共產品和服務，而稅收則是政府提供這些公共產品和服務的收入保證。

(四) 稅收體現一定的分配關係

由於稅收將原本屬於納稅人的一部分國民收入轉歸政府所有和分配，因而它體現了國民收入的一種再分配關係。同時，政府為了更好地實現社會公平，也會有意識地利用稅收來調整國民收入在不同社會成員之間的分配狀況。

二、稅收的形式特徵

稅收與其他分配方式相比，具有強制性、無償性和固定性的特徵，習慣上稱為

第六章 稅收原理

稅收的「三性」。「三性」使得稅收區別於其他形式的財政收入，不同時具備「三性」的財政收入也可以認定為非稅收收入。

(一) 強制性

稅收的強制性，是指稅收是國家以社會管理者的身分，憑藉政權力量，依據政治權力，通過頒布法律或政令來進行強制徵收的。負有納稅義務的社會集團和社會成員，都必須遵守國家強制性的稅收法令，在國家稅法規定的限度內，納稅人必須依法納稅，否則就要受到法律的制裁，這是稅收具有法律地位的體現。強制性特徵體現在兩個方面：一方面稅收分配關係的建立具有強制性，即稅收徵收完全是憑藉國家擁有的政治權力；另一方面是稅收的徵收過程具有強制性，即如果出現了稅務違法行為，國家可以依法進行處罰。

(二) 無償性

稅收的無償性，是指國家徵稅以後，稅款即為國家所有，不再歸還給納稅人，也不向納稅人直接支付任何代價或報酬。稅收的這種無償性是與國家憑藉政治權力進行收入分配的本質相聯繫的。無償性體現在兩個方面：一方面是指政府獲得稅收收入後無需向納稅人直接支付任何報酬；另一方面是指政府徵得的稅收收入不再直接返還給納稅人。但是必須指出，稅收無償性也是相對的。就個別的納稅人來說，納稅後並未直接獲得任何報償，即稅收不具有償還性；但是若從財政活動的整體來考察，稅收的無償性與財政支出的無償性是並存的，這又反應出稅收有償性的一面。在社會主義條件下，稅收具有馬克思所說的「從一個處於私人地位的生產者身上扣除的一切，又會直接或間接地用來為處於社會成員地位的這個生產者謀福利」即「取之於民，用之於民」。

(三) 固定性

稅收的固定性是指稅收是按照國家法令規定的標準徵收的，即納稅人、課稅對象、稅目、稅率、計稅辦法和期限等，都是稅收法令預先規定了的，有一個比較穩定的試用期間，是一種固定的連續收入。對於稅收預先規定的標準，徵稅和納稅雙方都必須共同遵守，非經國家法令修訂或調整，徵納雙方都不得違背或改變這個固定的比例或數額以及其他制度規定。

稅收的「三性」是相互關聯、密不可分的統一體，被集中概括為稅收的權威性。稅收的權威性緣於國家政權的權威性。因此在稅收徵納過程中出現的納稅人不依法納稅、徵稅人不依法徵管等無視稅收權威性的現象，均是無視國家法律和政權的權威；而加強稅收規範化和法制化，正是維護稅收權威性的重要保證。

> **課堂思考**：在經濟生活中，稅收、罰款、沒收財產都形成財政收入，但就特徵而言，稅收與後兩者有哪些相同點和不同點？

第二節　稅制要素與稅收分類

一、稅制要素

稅制要素指的是構成稅收制度的基本因素，它說明誰來徵稅、誰來交稅、針對什麼交稅、交多少稅、什麼時候交稅及上哪交稅等。稅制要素一般包括納稅義務人、徵稅對象、稅目、稅率、納稅環節、納稅期限、納稅地點、減稅免稅、法律責任等項目。其中納稅人、徵稅對象、稅率稱為「三要素」，更是稅種最基本的構成元素。要理解稅法，掌握每個稅種如何繳納，就要先從學習稅制構成要素開始。

（一）納稅義務人

納稅義務人或納稅人又叫納稅主體，是稅法規定的直接負有納稅義務的單位和個人。任何一個稅種首先要解決的就是國家對誰徵稅的問題。

稅法中規定的納稅人有自然人和法人兩種最基本的形式。自然人和法人是兩個相對稱的法律概念。自然人指享有民事權利，並承擔民事義務的公民個人，包括本國公民，也包括外國人和無國籍人。法人是指依法成立，能夠獨立支配財產，並能以自己的名義享有民事權利和承擔民事義務的社會組織。中國的法人主要有四種：機關法人、事業法人、企業法人和社團法人。

按照不同的目的和標準，還可以對自然人和法人進行多種詳細的分類，這些分類對國家制定區別對待的稅收政策，發揮稅收的經濟調節作用，具有重要的意義。如自然人可劃分為居民納稅人和非居民納稅人，個體經營者和其他個人等；法人可劃分為居民企業和非居民企業，還可按企業的不同所有制性質來進行分類等。

與納稅人有關的還有四類「人」：負稅人、代扣代繳義務人、代收代繳義務人、代徵代繳義務人。

1. 負稅人

顧名思義，負稅人就是實際負擔稅款的單位和個人。也許會有人問，納稅人是負有納稅義務、繳納稅款的單位和個人，承擔了納稅義務的單位和個人就負擔了稅款，二者應該是一類「人」。應該說，在有些情況下，「納稅人」和「負稅人」是一致的，比如個人所得稅，某人繳納了稅款 100 元，他是納稅人也是稅款的負擔者。但在另一些情況下，納稅人和負稅人就不一致。比如，香菸的消費稅納稅人主要是生產香菸的單位和個人，但負擔稅款的卻是香菸的消費者，即「菸民」，這就是稅收學研究的稅款轉嫁給他人負擔。

2. 代扣代繳義務人

代扣代繳義務人是指雖不承擔納稅義務，但依照有關規定，在向納稅人支付收入、結算貨款、收取費用時有義務代扣代繳其應納稅款的單位和個人，如出版社代扣作者稿酬所得的個人所得稅等。

3. 代收代繳義務人

代收代繳義務人是指雖不承擔納稅義務，但依照有關規定，在向納稅人收取商

品或勞務收入時，有義務代收代繳其應納稅款的單位和個人。如消費稅條例規定，委託加工的應稅消費品，由受託方在向委託方交貨時代收代繳委託方應該繳納的消費稅。

4. 代徵代繳義務人

代徵代繳義務人是指因稅法規定，受稅務機關委託而代徵稅款的單位和個人。由代徵代繳義務人代徵稅款，不僅便利了納稅人稅款的繳納，有效地保證了稅款徵收的實現，而且有利於強化稅收徵管，有效杜絕和防止稅款流失。

(二) 徵稅對象

徵稅對象又叫課稅對象、徵稅客體，指稅法規定對什麼徵稅，是區別一種稅與另一種稅的重要標志。如中國增值稅的徵稅對象是銷售貨物、提供應稅勞務過程中產生的增值額；消費稅的徵稅對象是消費稅條例所列舉的應稅消費品等。徵稅對象是稅法最基本的要素，因為它體現著徵稅的最基本界限，決定著某一種稅的基本徵稅範圍，同時，徵稅對象也決定了各個不同稅種的名稱。如消費稅、土地增值稅、個人所得稅等，這些稅種因徵稅對象不同、性質不同，稅名也就不同。

與課稅對象相關的還有以下三個重要概念：

1. 稅目

稅目是課稅對象的具體化，是徵稅的具體品目。劃分稅目有兩個目的：一是明確徵稅的範圍。凡是列入稅目的徵稅，不列入稅目的不徵稅。二是解決徵稅對象的歸類問題，並根據歸類確定稅率。在實際立法中，多以「稅目稅率表」的形式將稅目統一明確列示出來。

2. 稅基

稅基又叫計稅依據，是據以計算徵稅對象應納稅款的直接數量依據。正確核算計稅依據，是納稅人合理計算繳納稅款的核心環節。

計稅依據和課稅對象既有區別又有聯繫：課稅對象是徵稅的目的物，計稅依據則是在目的物已經確定的前提下，對目的物據以計算應納稅額的標準；課稅對象是對徵稅客體在質的方面的規定，而計稅依據則是從數量方面所作的規定。比如消費稅的課稅對象是應稅的消費品，這是質的規定。僅有質的規定不能計算出應納稅額，只有在規定了消費稅的計稅依據是應稅消費品的銷售額或銷售數量時，才能據此計算出實際應納的消費稅稅額。

(三) 稅率

稅率是對徵稅對象的徵收比例或徵收額度。稅率是計算稅額的尺度，也是衡量稅負輕重與否的重要標志。中國現行的稅率主要有：

1. 比例稅率

比例稅率即對同一徵稅對象，不分數額大小，規定相同的徵收比例。中國的增值稅、營業稅、城市維護建設稅、企業所得稅等採用的是比例稅率。比例稅率在適用中又可分為三種具體形式：

(1) 單一比例稅率，是指對同一徵稅對象的所有納稅人都適用同一比例稅率。

(2) 差別比例稅率，是指對同一徵稅對象的不同納稅人適用不同的比例徵稅。

財政與稅收

中國現行稅法又分別按產品、行業和地區的不同將差別比例稅率劃分為以下三種類型：一是產品差別比例稅率，即對不同產品分別適用不同的比例稅率，同一產品採用同一比例稅率，如消費稅、關稅等；二是行業差別比例稅率，即對不同行業分別適用不同的比例稅率，同一行業採用同一比例稅率，如營業稅等；三是地區差別比例稅率，即區分不同的地區分別適用不同的比例稅率，同一地區採用同一比例稅率，如中國城市維護建設稅等。

（3）幅度比例稅率，是指對同一徵稅對象，稅法只規定最低稅率和最高稅率，各地區在該幅度內確定具體的適用稅率。

2. 累進稅率

累進稅率是指隨著徵稅對象數量增大而隨之提高的稅率，即按徵稅對象數額的大小劃分為若干等級，不同等級的課稅數額分別適用不同的稅率，課稅數額越大，適用稅率越高。累進稅率比較好地體現了稅收的量能負擔原則。累進稅率理論上包括全額累進稅率、超額累進稅率、超倍累進稅率、超率累進稅率。中國現行稅收體系採用的稅率形式只有超額累進稅率和超率累進稅率。

（1）全額累進稅率，是把徵稅對象的數額劃分為若干等級，對每個等級分別規定相應稅率，當稅基超過某個級距時，課稅對象的全部數額都按提高後級距的相應稅率徵稅（見表 6.1）。

表 6.1　　　　　　　　　　某三級全額累進稅率表

級數	全月應納稅所得額（元）	稅率（%）
1	5,000 以下	10
2	5,000~20,000（含）	20
3	20,000 以上	30

例如，某納稅人某月應納稅所得額為 6,000 元，按表 6.1 所列稅率，適用第二級次，其應納稅額為 6,000×20% = 1,200（元）。

（2）超額累進稅率，是指把徵稅對象按數額的大小分成若干等級，每一等級規定一個稅率，稅率依次提高，但每一納稅人的徵稅對象則依所屬等級同時適用幾個稅率分別計算，將計算結果相加後得出應納稅款（見表 6.2）。

表 6.2　　　　　　　　　　某三級超額累進稅率表

級數	全月應納稅所得額（元）	稅率（%）	速算扣除數
1	5,000 以下	10	0
2	5,000~20,000（含）	20	500
3	20,000 以上	30	2,500

例如，某人某月應納稅所得額為 6,000 元，按表 6.2 所列稅率，其應納稅額可以分步計算：

第一級的 5,000 元適用 10% 的稅率，應納稅額為 5,000×10% = 500（元）；

第六章 稅收原理

第二級的 1,000 元 (6,000-1,000) 適用 20% 的稅率,應納稅額為 1,000×20%=200 (元);其該月應納稅額為 5,000×10%+1,000×20%=700 (元)。

在級數較多的情況下,分級計算然後相加的方法比較繁瑣。為了簡化計算,也可採用速算法。速算法的原理是基於全額累進計算的方法,可將超額累進計算的方法轉化為全額累進計算的方法。對於同樣的課稅對象數量,按全額累進方法計算出的稅額比按超額累進方法計算出的稅額多,即有重複計算的部分,這個多徵的常數叫速算扣除數。用公式表示為:

速算扣除數=按全額累進方法計算的稅額-按超額累進方法計算的稅額

公式移項得:按超額累進方法計算的稅額=按全額累進方法計算的稅額-速算扣除數

接上例,某人某月應納稅所得額為 6,000 元,如果直接用 6,000 元乘以所對應級次的稅率 20% 則對於第一級次的 5,000 元應納稅所得額就出現了 5,000×(20%-10%) 的重複計算的部分。因為這 5,000 元僅適用 10% 的稅率,而現在全部用了 20% 的稅率來計算,故多算了 10%,這就是應該扣除的所謂速算扣除數。如果用簡化的方法計算,則 6,000 元月應納稅所得額=6,000×20%-500=700 (元)。

> **課堂思考**:超額累進稅率和全額累進稅率相比有哪些優點?

(3) 超率累進稅率,即以課稅對象的相對率劃分若干級距,分別規定相應的差別稅率,相對率每超過一個級距的,對超過部分就按高一級的稅率計算徵稅。目前,中國只有土地增值稅採用這一稅率形式。

3. 定額稅率

定額稅率也稱固定稅額,指根據課稅對象的一定計量單位,規定一個納稅的金額。如消費稅規定甲類啤酒每噸納稅 250 元,每升汽油納稅 1.52 元。因為規定了納稅的固定金額,課稅多少就與課稅對象的價格脫離了聯繫,因此,定額稅率適用於對單位數量下價格差異不大的商品課稅,如汽油、柴油等。也正由於定額稅率忽略了商品的價值,其適用範圍不是特別廣泛。

(四) 納稅環節

納稅環節主要指稅法規定的徵稅對象在從生產到消費的流轉過程中應當繳納稅款的環節。如流轉稅在生產和流通環節納稅、所得稅在分配環節納稅等。按照某種稅徵稅環節的多少,可以將稅種劃分為一次課徵制或多次課徵制。前者指同一種稅在商品流轉的全過程中只選擇某一環節課徵,如現行消費稅對生產銷售應稅消費品選擇在出廠銷售環節徵稅,以後的批發、零售環節就不再徵消費稅;後者指同一種稅在商品流轉的全過程中選擇兩個或兩個以上環節課徵,如現行增值稅,貨物從出廠銷售到批發到零售再到最終消費,每經過一個環節就徵一次。合理選擇納稅環節,對加強稅收徵管、有效控制稅源、保證國家財政收入的及時、穩定、可靠,方便納稅人生產經營活動和財務核算,靈活機動地發揮稅收調節經濟的作用,具有十分重要的理論和實踐意義。

（五）納稅期限

納稅期限是指稅法規定的關於稅款繳納時間方面的限定。稅法關於納稅時限的規定，有三個概念：一是納稅義務發生時間。納稅義務發生時間，是指應稅行為發生的時間。如增值稅條例規定採取預收貨款方式銷售貨物的，其納稅義務發生時間為貨物發出的當天。二是納稅期限，納稅人每次發生納稅義務後，不可能馬上去繳納稅款。稅法規定了每種稅的納稅期限，即每隔固定時間匯總一次納稅義務的時間。如增值稅條例規定，增值稅的具體納稅期限分別為1日、3日、5日、10日、15日、1個月或者1個季度。納稅人的具體納稅期限，由主管稅務機關根據納稅人應納稅額的大小分別核定；不能按照固定期限納稅的，可以按次納稅。三是繳庫期限，即稅法規定的納稅期滿後，納稅人將應納稅款繳入國庫的期限。如增值稅暫行條例規定，納稅人以1個月或者1個季度為1個納稅期的，自期滿之日起15日內申報納稅；以1日、3日、5日、10日或者15日為1個納稅期的，自期滿之日起5日內預繳稅款，於次月1日起15日內申報納稅並結清上月應納稅款。

（六）納稅地點

納稅地點是指納稅人申報納稅的地點。明確規定納稅地點，一是為了避免對同一應稅收入、應稅行為重複徵稅或漏徵稅款；二是為了保證地方政府依法取得財政收入。中國現行稅制規定的納稅地點大致可分為以下幾種情況：

（1）機構所在地納稅，即納稅人向其機構所在地主管稅務機關申報納稅。
（2）勞務提供地納稅，即納稅人向勞務提供地主管稅務機關申報納稅。
（3）進口貨物向報關地海關申報納稅。

（七）減免稅

減免稅是指稅法體系中對某些納稅人和課稅對象給予鼓勵和照顧的法律規定。制定這種特殊規定，一方面是為了鼓勵和支持某些行業和項目的發展；另一方面是為了照顧納稅人的特殊困難。減免稅主要包括以下兩方面的內容：

1. 減稅和免稅

減稅是指應徵稅款減少徵收一部分。免稅是指依法免徵全部應徵稅款。減稅和免稅又分為兩種情況：一種是稅法直接規定的長期減免稅；另一種是依法給予的一定期限內的減免稅措施，期滿後正常納稅。

2. 起徵點和免徵額

起徵點是指對徵稅對象達到一定數額才開始徵稅的界限。計稅依據數額達不到起徵點的不徵稅，達到起徵點的按照計稅依據全額徵稅。免徵額是指對課稅對象總額中免予徵稅的數額，即不管徵稅對象數額的大小均按免徵額免稅，僅對超過免徵額的部分徵稅。

[資料連結] 減免稅的具體形式有三種

減免稅的具體形式有以下三種：

（1）稅基式減免，就是通過縮小計稅依據方式來實現稅收減免。具體應用形式有設起徵點、免徵額和允許跨期結轉等。

第六章　稅收原理

（2）稅率式減免，就是通過降低稅率的方式來實現稅收的減免。
（3）稅額式減免，就是通過直接減免稅收的方式來實現稅收減免，具體包括全額免徵、減半徵收、核定減徵率和核定減徵額等。

（八）法律責任
法律責任包括加收滯納金、處理罰款、送交人民法院依法處理等。違章處理是稅收強制性在稅收制度中的體現，納稅人必須按期足額的繳納稅款，凡有拖欠稅款、逾期不繳稅、偷稅逃稅等違反稅法行為的，都應受到制裁。

> 課堂思考：當一個新稅種頒布時，如果你特別需要理解它，那麼你需要把握的最關鍵的幾點是什麼？

二、稅收的分類

在中國稅收體系中，稅種繁多。為了對稅制進行深入的研究和實施有效的稅收徵管，有必要按照不同的標準對稅種進行歸類。中國稅收體系可以劃分為以下幾個大類：

（一）按照課稅對象的性質分類
按徵稅對象性質的不同來分類，是稅種最基本和最主要的分類方法。按照這個標準，中國稅種大體可分為以下五類：流轉稅類、所得稅類、資源稅類、財產稅類、行為稅類。

1. 流轉稅
流轉稅是指以商品流轉額或非商品流轉額為徵稅對象的稅種，中國當前開徵的流轉稅主要有增值稅、消費稅、營業稅和關稅。

2. 所得稅
所得稅是指以納稅人的總收益或純收益為徵稅對象的稅種，中國當前開徵的所得稅主要有企業所得稅、個人所得稅。

3. 資源稅
資源稅是以佔有和開發自然資源獲取的收入為課稅對象的稅種，中國當前開徵的資源稅主要有資源稅、城鎮土地使用稅、土地增值稅和耕地占用稅。需要說明的是，一些國家把對土地課徵的稅種歸入財產稅。

4. 財產稅
財產稅是指以納稅人擁有或支配的財產為課稅對象的稅種體系，中國當前開徵的財產稅主要有房產稅、契稅、車船稅等。

5. 行為稅
行為稅是以納稅人的某些特定行為為課稅對象的一類稅種，中國當前開徵的行為稅主要有印花稅、車輛購置稅、城市維護建設稅。

（二）按稅收管理和使用權限分類
稅收按其管理和使用權限劃分，可分為中央稅、地方稅、中央地方共享稅。這

是在分級財政體制下的一種重要的分類方法。通過這種劃分，可以使各級財政有相應的收入來源和一定範圍的稅收管理權限，從而有利於調動各級財政組織收入的積極性，更好地完成一級財政的任務。

1. 中央稅

中央稅包括消費稅（含進口環節海關代徵的部分）、車輛購置稅、關稅、海關代徵的進口環節增值稅等。

2. 地方稅

地方稅包括城鎮土地使用稅、耕地占用稅、房產稅、土地增值稅、契稅、車船稅。

3. 中央與地方共享稅

中央與地方共享稅包括：

增值稅（不含進口環節由海關代徵的部分）：中央政府分享75％，地方政府分享25％。營業稅：中國鐵路總公司（原鐵道部）、各銀行總行、各保險總公司集中繳納的部分歸中央，其餘部分歸地方政府。企業所得稅：中國鐵路總公司（原鐵道部）、各銀行總行及海洋石油企業繳納的部分歸中央政府，其餘部分中央與地方政府按60％與40％的比例分享。個人所得稅：除儲蓄存款利息所得的個人所得稅外，其餘部分的分享比例與企業所得稅相同。資源稅：海洋石油企業繳納的部分歸中央政府，其餘部分歸地方政府。城市維護建設稅：鐵道部、各銀行總行、各保險總公司集中繳納的部分歸中央政府，其餘部分歸地方政府。印花稅：證券交易印花稅收入的97％歸中央政府，其餘3％和其他印花稅收入歸地方政府。

（三）按稅收與價格的關係分類

按稅收與價格的關係分類，稅收可分為價內稅和價外稅。凡稅收構成價格組成部分的稅收稱為價內稅，凡稅收是價格之外的附加額的稅收稱為價外稅。前者，其價格的組成等於成本、利潤、稅金之和，後者其價格等於成本加利潤。價內稅有利於國家通過對稅負的調整，直接調節生產和消費，但往往容易造成對價格的扭曲。價外稅與企業的成本核算和利潤、價格沒有直接聯繫，能更好地反應企業的經營成果，不至於因徵稅而影響公平競爭；同時，它不干擾價格對市場供求狀況的正確反應，因此，更適應市場經濟的要求。

（四）按稅負是否易於轉嫁分類

稅收按其負擔是否易於轉嫁分類，可分為直接稅和間接稅。所謂稅負轉嫁是指納稅人依法繳納稅款之後，通過種種途徑將所繳稅款的一部分或全部轉移給他人負擔的經濟現象和過程，它表現為納稅人與負稅人的非一致性。由納稅人直接負擔的稅收為直接稅。在這種情況下納稅人即負稅人，如所得稅、遺產稅等；可以由納稅人轉嫁給負稅人的稅收為間接稅，即負稅人通過納稅人間接繳納的稅收，如增值稅、消費稅、營業稅、關稅等。

（五）按計稅依據分類

稅收按其計稅依據的不同，可分為從價稅、從量稅和複合稅。從價稅是以徵稅對象的價值量為標準計算徵收的稅收。稅額的多少將隨著價格的變動而相應增減。

第六章 稅收原理

從量稅，是按徵稅對象的重量、件數、容積、面積等為標準，採用固定稅額徵收的稅收。從量稅具有計算簡便的優點。但稅收收入不能隨價格高低而增減。複合稅是採用從價稅和從量稅同時計徵的一種方法。

（六）按徵收管理的分工體系分類

按徵收管理的分工體系分類，可分為工商稅類、關稅類。

1. 工商稅類

工商稅類由稅務機關負責徵收管理（絕大部分）。

2. 關稅類

關稅類由海關負責徵收管理（進出口關稅，由海關代徵的進口環節增值稅、消費稅和船舶噸稅）。

[資料連結]　　　　客觀公正看待稅收法治化

十八屆五中全會上提出了依法治國的內容，而稅收法治化是重要組成部分，特別是稅收涉及國家對公民財產權利的徵收，涉及千千萬萬的納稅人，推進稅收法治化能夠讓人民深切體會，更能說明稅收法治化的重大意義。

不可否認，中國稅收法治化建設程度與法治建設存在差距，但也取得了積極成績，需要客觀公正看待。

首先，中國自1978年改革開放以來，積極從「資產收益國家」（改革開放以前中國財政收入主要依靠國有企業上繳的利潤，稅收在財政收入占的比重非常低）向「租稅國家」（財政收入主要依靠稅收）轉型，稅收法治化也隨之推進建設。

其次，目前中央通過的《中共中央關於全面深化改革若干重大問題的決定》（以下簡稱《決定》）明確提出「落實稅收法定原則」，而且《決定》提出到2020年在重要領域和關鍵環節改革上取得決定性成果，完成本決定提出的改革任務。由此可以看出，稅收法治化建設有了可預期的時間目標。這對稅收法治化建設來說是一個硬約束。

當然，中國稅收法治化建設的任務可謂任重道遠。目前18個稅種中只有3個稅種立法，從一個側面說明了目前稅收法治化面臨的嚴峻形勢。同時，中國稅收立法也存在轉授權的問題，即國務院以條例的形式所立的稅收法規，解釋權則歸財政部等部門，這就導致了大量使用規範性文件來徵稅的問題，一定程度上影響了稅收的法律權威，而且也導致了稅收執法和徵稅的風險。

稅收憑藉國家政治權力無償對公民財產權進行徵用，稅收法定原則就是將這種徵用權力限制在法律規定範圍之內。換句話說，基於契約的觀念，國家的徵稅必須徵得人民的「同意或認可」，即所謂「無法律許可，不納稅」、「無代表則不納稅」。所以，對稅收進行立法，深入推進稅收法定原則落實，就是要按照《中華人民共和國憲法》和《中華人民共和國立法法》的規定，通過人民代表大會表決的莊嚴形式，讓人民行使權力保障合法財產權益不受國家徵稅權過度侵犯。

資料來源：廖佳. 客觀公正看待稅收法治化［N］. 中國青年報，2015-11-02.

第三節　稅收負擔與稅負轉嫁

一、稅收負擔

　　稅收負擔簡稱「稅負」。它是納稅人因履行納稅義務而承受的一種經濟負擔。用相對數表示，是稅額占稅基數量的比重，即稅收負擔率。用絕對數表示，是稅收負擔額。稅收負擔具體體現國家的稅收政策，是稅收的核心和靈魂，它直接關係著社會利益的分配格局，是發揮稅收經濟槓桿作用的著力點。在稅收負擔分析上，可以從宏觀稅負和微觀稅負兩方面進行研究。

　　(一) 衡量宏觀稅收負擔的指標

　　宏觀稅收負擔是一定時期內（通常是一年）國家稅收收入總額在整個國民經濟體系中所占的比重。這實際上是從全社會的角度來考核稅收負擔，從而可以綜合反應一個國家或地區的稅收負擔總體情況。目前衡量全社會經濟活動總量比較通行並可進行國際比較的指標，一是國內生產總值（GDP），二是國民收入（NI）。因而衡量宏觀稅收負擔狀況的指標也就主要有兩個：國內生產總值稅收負擔率，簡稱 GDP 稅負率；國民收入稅收負擔率，簡稱 NI 稅負率。其計算公式如下：

$$國內生產總值稅負率 = 稅收總額 / 國內生產總值$$
$$國民收入稅負率 = 稅收總額 / 國民收入$$

　　(二) 衡量微觀稅收負擔的指標

　　微觀稅收負擔是從企業或個人，即從納稅人或負稅人個體來考察分析稅收負擔狀況，也是稅收負擔分析中的一個重要的分析指標。國際上對企業和個人稅收負擔的衡量主要有如下兩個指標：

　　1. 企業盈利稅負率

　　它是指一定時期內企業實際繳納的各種稅收與企業稅利總額的比率。

　　2. 個人所得稅負率

　　它是指一定時期內個人的各種稅收與個人所得總額的比率。

　　(三) 影響稅收負擔的因素

　　由於稅收負擔必須考慮需要和可能兩方面的情況，因此，一個國家在制定稅收政策，確定總體稅收負擔時，必須綜合考慮國家的總體經濟發展水平，並根據不同的經濟調控需要，來制定稅收負擔政策。一般來看，影響稅收負擔水平的主要因素有：

　　1. 社會經濟發展水平

　　一個國家的社會經濟發展總體水平，可以通過國民生產總值和人均國民生產總值這兩個綜合指標來反應。國家的國民生產總值越大，總體負擔能力越高。特別是人均國民生產總值，最能反應國民的稅收負擔能力。一般而言，在人均國民收入比較高的國家，社會經濟的稅負承受力也較強。

第六章 稅收原理

2. 國家的宏觀經濟政策

任何國家為了發展經濟,必須綜合運用各種經濟、法律以及行政手段,來強化宏觀調控體系。國家會根據不同的經濟情況採取不同的稅收負擔政策。如在經濟發展速度過快過熱時,需要適當提高社會總體稅負,以使國家集中較多的收入,減少企業和個人的收入存量,抑制需求的膨脹,使之與社會供給總量相適應。此外,還要根據經濟情況的發展變化,在徵收中實行某些必要的傾斜政策和區別對待辦法,以利於優化經濟結構和資源配置。

3. 稅收徵收管理能力

由於稅收是由國家無償徵收的,稅收徵納矛盾比較突出。因此,一個國家的稅收徵收管理能力,有時也對稅收負擔的確定有較大的影響。一些國家的稅收徵收管理能力強,在制定稅收負擔政策時,就可以根據社會經濟發展的需要來確定,而不必考慮能否將稅收徵上來。而在一些稅收徵管能力較差的國家,可選擇的稅種有限,勉強開徵一些稅種,也很難保證稅收收入,想提高稅收負擔也較困難。

二、稅負轉嫁

(一) 稅負轉嫁的概念

稅負轉嫁是指稅法上規定的納稅人將自己所繳納的稅款轉移給他人負擔的過程。稅負是在運動著的,總要由納稅人或其他人來承擔。稅負運動的結果形成三種不同的形態,展示稅負轉嫁的不同程度。

1. 稅負完全轉嫁

這是指納稅人將自己應負擔的稅款全部轉嫁給他人負擔。

2. 稅負部分轉嫁

這是指納稅人將自己負擔的稅款的一部分轉嫁給他人負擔,餘下部分則由自己負擔。

3. 稅負完全不轉嫁

這是指納稅人繳納的稅款全部由自己負擔,不轉給他人負擔。納稅人具有獨立的經濟利益是稅負轉嫁存在的主觀條件,自由價格機制的存在是稅負轉嫁的客觀條件。

準確理解稅負轉嫁概念應把握以下三個要點:

(1) 稅負轉嫁是稅收負擔的再分配。其經濟實質是每個人所佔有的國民收入的再分配。沒有國民收入的再分配,就不構成稅收負擔的轉嫁。

(2) 稅負轉嫁是一個客觀的經濟運動過程,其中不包括任何感情因素。至於納稅人是主動去提高或降低價格,還是被動地接受價格的漲落,是與稅負轉嫁無關的。納稅人與負稅人之間的經濟關係是階級對立關係,還是交換雙方的對立統一關係,也是與稅負轉嫁無關的。

(3) 稅負轉嫁是通過價格變化實現的。這裡所說的價格,不僅包括產出的價格,而且包括要素的價格。這裡所說的價格變化,不僅包括直接地提價和降價,而且包括變相地提價和降價。沒有價格變化,就不構成稅負轉嫁。

(二) 稅負轉嫁的主要形式

1. 向前轉嫁

向前轉嫁又稱前轉，指納稅人將其所納稅款順著商品流轉方向，通過提高商品價格的辦法，轉嫁給商品的購買者或最終消費者負擔。前轉是賣方將稅負轉嫁給買方負擔，通常通過提高商品售價的辦法來實現。在這裡，賣方可能是製造商、批發商或零售商，買方也可能是製造商、批發商、零售商，但稅負最終主要轉嫁給消費者負擔。由於前轉是順著商品流轉順序從生產到零售再到消費的，因而也叫順轉。前轉的過程可能是一次，也可能經過多次，例如對棉紗製造商徵收的棉紗稅，棉紗製造商通過提高棉紗出廠價格將所繳納的稅款轉嫁給棉布製造商，棉布製造商又以同樣的方式把稅負轉嫁給批發商，批發商再以同樣方式把稅負轉嫁給零售商，零售商也以同樣方式把稅負轉嫁於消費者身上。前轉順利與否要受到商品供求彈性的制約。稅負前轉實現的基本前提條件是課稅商品的需求彈性小於供給彈性。當需求彈性大時，轉嫁較難進行；當供給彈性大時，轉嫁容易進行。

2. 向後轉嫁

向後轉嫁又稱後轉，即納稅人將其所納稅款逆著商品流轉的方向，以壓低購進商品價格的辦法，向後轉移給商品的提供者。例如對某種商品在零售環節徵稅，零售商將所納稅款通過壓低進貨價格，把稅負逆轉給批發商，批發商又以同樣的方式把稅負逆轉給製造商，製造商再以同樣方式壓低生產要素價格把稅負逆轉於生產要素供應者負擔。稅負後轉實現的前提條件是供給方提供的商品需求彈性較大，而供給彈性較小。在有些情況下，儘管已實現了稅負前轉，但也仍會再發生後轉的現象。

3. 混合轉嫁

混合轉嫁又稱混轉，是指納稅人將自己繳納的稅款分散轉嫁給多方負擔。混轉是在稅款不能完全向前順轉，又不能完全向後逆轉時採用。例如織布廠將稅負一部分用提高布匹價格的辦法轉嫁給印染廠，一部分用壓低棉紗購進價格的辦法轉嫁給紗廠，一部分則用降低工資的辦法轉嫁給本廠職工等。嚴格地說，混轉並不是一種獨立的稅負轉嫁方式，而是前轉與後轉等的結合。

4. 消轉

消轉是指納稅人用降低課稅品成本的辦法使稅負在新增利潤中求得抵補的轉嫁方式。即納稅人在不提高售價的前提下，以改進生產技術、提高工作效率、節約原材料、降低生產成本等方式，將所繳納的稅款在所增利潤中求得補償。因為它既不是提高價格的前轉，也不是壓低價格的後轉，而是通過改善經營管理、提高勞動生產率等措施降低成本增加利潤，使稅負從中得到抵消，所以稱之為消轉。消轉有合法消轉和非法消轉兩種形式。前者指採用改進技術、節約原材料等方法，從而降低成本求得補償；後者指採用降低工資、增加工時、增大勞動強度等方法，從而降低成本求得補償。

(三) 稅負轉嫁的影響因素

一般認為，物價自由波動是稅負轉嫁的基本前提條件，商品供求彈性、市場結構、成本變動和課稅制度等則是稅負轉嫁的制約和影響因素。

第六章 稅收原理

1. 商品供求彈性與稅負轉嫁

在商品經濟中，市場調節的效應往往使稅收負擔能否轉嫁和如何轉嫁在很大程度上取決於市場上的供求狀況。在自由競爭的市場中，課稅商品的價格受供求規律的制約，市場上商品的供給和物價的漲落，都非一個生產者或一群生產者所能操縱的。商品價格一有變化，需求就隨著發生變動，而供給也會發生相類似的變化。

(1) 需求彈性與稅負轉嫁。需求彈性是指商品或生產要素的需求量對市場價格變動的反應的敏感程度，一般用需求彈性系數表示，其公式為：

需求彈性系數＝需求變動百分比/價格變動百分比

一般來講，需求彈性系數越大，需求量對市場價格變動的反應越敏感。依據需求彈性的差異，稅負轉嫁可以分為三種情形進行考察。

第一，需求完全無彈性，即需求彈性系數等於0。需求完全無彈性，說明當某種商品或生產要素因政府課稅而導致企業加價出售時，購買者對價格的變動毫無反應，其購買量不會因為價格的提高而受到影響。在這種情況下，企業完全可以通過提高商品或生產要素的價格的方式將稅負向前順次轉嫁給其他需求者直至終極的消費者。

第二，需求缺乏彈性，即需求彈性系數大於0小於1。如果購買者或消費者對於提供商品或生產要素的企業進行稅款加價的行為反應較弱，即其購買量下降的幅度低於價格提高的幅度，便表明相關商品或生產要素的需求缺乏彈性，此時，因價格提高的阻力較小，企業便可以比較容易地將所納稅款通過前轉的方式實現轉嫁。

第三，需求富有彈性，即需求彈性系數大於1。當企業把所納的稅款附加於商品或生產要素價格之上而誘發購買者的強烈反應時，就意味著這些商品或生產要素的需求有較大的彈性。此時，購買者的慾望將會大大受到抑制，從而導致有關企業商品或生產要素購買量的下降幅度超過價格上漲的幅度，甚至完全停止購買行為，當然購買者也可能選擇某替代品以獲得滿足。當出現這種情形時，表明企業的定價已超過極限，其結果是，企業提價得到的邊際效益抵補不了銷量減少的邊際損失，致使企業不得不調低價格或阻止價格提高。一旦出現這種情形，企業所納的稅款便無法進行順向轉嫁，而只能謀求逆轉給前面的供應者負擔。倘若後轉不得實現，企業在作為直接的納稅者的同時，又不得不成為終極的負稅者。

> **課堂思考：**請列舉現實生活中的實例，說明商品的需求彈性是如何影響稅負轉嫁的。

(2) 供給彈性與稅負轉嫁。供給彈性揭示出商品或生產要素的供給量對市場價格變動反應的敏感程度，一般用供給彈性系數來表示，其公式為：

供給彈性系數＝供給量變動百分比/價格變動百分比

供給彈性的大小對企業組織稅負轉嫁的影響，亦可區分三種情況進行考察。

第一，供給完全無彈性，即供給彈性系數等於0。供給完全無彈性，說明當某種商品或生產要素因政府徵稅而價格不能提高時，生產供應企業對價格的相對下降沒有任何反應，其生產量不會因價格下降而減少。在這種情況下，企業只能將所納

的稅款謀求向後轉嫁，甚至無法進行轉嫁。

第二，供給缺乏彈性，即供給彈性系數大於 0 小於 1。供給彈性系數小，表明當某種商品或生產要素因政府徵稅而價格得不到相應的提高時，生產供應企業往往會因生產條件、轉產困難等因素的限制而未能或無法對價格的相對下降做出較為強烈的反應，其實際生產供應量調減的幅度不會很大，通常低於價格相對下降的幅度。由於此時生產供應量基本還是維持原有水平，故而價格難有較大幅度的升降，也就導致企業無法將所納稅款以前轉的方式轉移出去，更主要的便是考慮能否實現逆轉並通過怎樣的途徑進行。

第三，供給富有彈性，即供給彈性系數大於 1。供給富有彈性，意味著當某種商品或生產要素因政府課稅而價格不能相應提高時，生產供應者將會對價格的相對下降做出強烈的反應，使得其生產供應量的下降幅度大於價格相對下降幅度。這種情形，一方面表明價格有些偏低，影響市場供應量，使供應量減少，從而隱藏著價格漲揚的趨勢；另一方面，由於有效生產供應量的不斷減少，漸已出現供不應求，進而直接推動價格趨漲。基於這種考慮，企業便可以將所納稅款的大部分甚至全部以商品加價的方式實現前轉，使稅負落於購買者身上。

（3）供求彈性與稅負轉嫁。供給彈性與需求彈性的比值即為供求彈性。供求間的制衡統一關係決定了企業稅負轉嫁及其實現方式不能片面地依從其中某一方面，而必須根據供給彈性和需求彈性的力量對比及轉換趨勢予以相機決策。一般而言，當供給彈性大於需求彈性，即供求彈性系數大於 1 時，企業應優先考慮稅負前轉的可能性；反之，如果供求彈性系數小於 1，則進行稅負後轉或無法轉嫁的可能性比較大。如果供給彈性系數等於需求彈性系數，則稅款趨於買賣雙方均分負擔。綜合分析，可以得出這樣的結論：稅負轉嫁是商品經濟發展的客觀存在。依此為基點，直接納稅的企業通常會把能夠轉嫁出去的稅收僅僅作為虛擬的成本（或稱為額外的成本），而把不可轉嫁的稅收視為真正的成本。因此，西方人把納稅人和負稅人一致的稅種稱為直接稅種，把納稅人和負稅人不一致的稅種稱為間接稅種。

2. 市場結構與稅負轉嫁

由於市場結構不同，稅負轉嫁情況也不同。市場結構一般有完全競爭、不完全競爭、寡頭壟斷和完全壟斷四種。

（1）完全競爭市場結構下的稅負轉嫁。在完全競爭市場結構下，任何單個廠商都無力控制價格，因而不能把市場價格提高若干而把稅負向前轉嫁給消費者，只有通過該工業體系才能在短期內部分地利用提價的辦法轉嫁給消費者。但在長期供應成本不變的情況下，各個廠商在整個工業體系下形成一股力量，則稅負可能可以完全轉嫁給消費者。

（2）不完全競爭市場結構下的稅負轉嫁。商品的差異性是不完全競爭的重要前提。在不完全競爭市場結構下，雖然單個廠商很多，但是各個廠商可利用其產品差異性對價格做出適當的調整，借以把稅負部分地向前轉嫁給消費者。

（3）寡頭壟斷市場結構下的稅負轉嫁。寡頭是指少數幾家企業供應市場某種商品的大部分，各家都占市場供應量的一定比重。它們的產品是一致的，或稍有差別。

第六章 稅收原理

寡頭壟斷的價格波動不像一般競爭工業那樣大。他們總是互相勾結，達成某種協議或默契，對價格升降採取一致行動。因此，如果對某產品徵收一種新稅或提高某種稅的稅率，各寡頭廠商就會按早已達成的協議或默契並在各家成本同時增加的情況下，自動按某一公式各自提高價格，從而把稅負轉嫁給消費者負擔（除非該產品需求彈性大或差異大）。

（4）完全壟斷市場結構下的稅負轉嫁。壟斷競爭市場是指某種商品只有一個或少數幾個賣主的市場結構，並且沒有代用品。壟斷廠商可以採取獨占或聯合形式控制市場價格和銷售量，以達到最大利潤或超額利潤的目的。如果某壟斷產品為絕對必需品，且需求無彈性又無其他競爭性的代用品，則壟斷者可以隨意提價，不會影響銷售量，稅負就可以全部向前轉嫁給消費者。

如果需求有彈性，則壟斷廠商不能把稅額全部向前轉嫁給消費者，而只能考慮部分前轉、部分後轉。因為如果全部前轉，可能引起價格太高，需求量減少，達不到最大利潤。但不管怎樣，在完全壟斷市場結構下，壟斷廠商可以隨時改變價格，把稅負向前轉嫁給消費者。

3. 成本變動與稅負轉嫁

在成本遞增、遞減和固定三種情況下，稅負轉嫁有不同的規律。成本固定的商品，所課之稅有可能全部轉嫁給消費者，因為此種商品單位成本與產量多少無關。此時，若需求無彈性，稅款就可以加入價格實行轉嫁。成本遞增商品，所課之稅轉嫁於買方的金額可能少於所課稅款額。此種商品單位成本隨產量的增加而增加。課稅後，商品價格提高會影響銷路，賣方為維持銷路，只好減產以求降低產品成本。這樣稅負就不能全部轉嫁出去，只能由賣方自己承擔一部分。成本遞減商品，不僅所課之稅可以完全轉嫁給買方，還可以獲得多於稅款額的價格利益。此種商品單位成本隨產量的增加而遞減，課稅商品如無彈性，稅款就可以加入價格之中轉嫁出去。

4. 課稅制度與稅負轉嫁

課稅制度中稅種的設置及各個要素的設計差異，如課稅範圍的寬窄、稅率的形式和高低、課稅方法等都對稅負轉嫁有一定的影響。

（1）稅種性質。商品交易行為是稅負轉嫁的必要條件，一般來說，只有對商品交易行為或活動課徵的間接稅才能轉嫁，而與商品交易行為無關或對人課徵的直接稅則不能轉嫁或很難轉嫁。如營業稅、消費稅、增值稅和關稅等一般認為是間接稅，稅負可由最初納稅人轉嫁給消費者，這類稅的稅負還可以向後轉嫁給生產要素提供者來承擔。而個人所得稅、公司所得稅、財產稅等一般認為是直接稅，稅負不能或很難轉嫁。

（2）稅基寬窄。一般情況下，稅基越寬，越容易實現稅負轉嫁，反之，稅負轉嫁的可能性便會趨小。原因在於，稅基寬窄直接決定著購買者需求選擇替代效應的大小，進而影響市場供求彈性的程度及轉嫁態勢，導致稅負轉嫁或易或難的變化。如果對所有商品課稅，購買者需求選擇替代效應就小，稅負轉嫁就較容易；反之，如果只對部分商品課稅，且課稅商品具有替代效應，稅負就不易轉嫁。

（3）課稅對象。對生產資料課稅，稅負輾轉次數多，容易轉嫁，且轉嫁速度

快。對生活資料課稅，稅負輾轉次數少，較難轉嫁，且轉嫁速度慢。

（4）課稅依據。稅收計算的方法大致可以分為從價計徵和從量計徵兩種。從價計徵，稅額隨商品或生產要素價格的高低而彼此不同，商品或生產要素昂貴，加價稅額必然亦大，反之，價格越低廉，加價稅額亦微小。因此，在從價計徵的方法下，通過商品加價轉嫁稅負難以被察覺，轉嫁較容易。但從量計徵則完全不同，在此方法下，每個單位商品的稅額很明顯，納稅人很容易察覺到它是一種額外的負擔，因而必然想方設法提高商品價格把稅負轉嫁給消費者，但或輕或重的稅負同樣易直接為購買者所察覺。因此，如果需求方面有彈性，稅收負擔便無法轉嫁。

（5）稅負輕重。稅負輕重也是稅負轉嫁能否實現的一個重要條件。在其他條件相同的情況下，如果一種商品的稅負很重，出賣者試圖轉嫁全部稅負就必須大幅度提高價格，這就勢必導致銷售量的減少。

第四節　稅收效應與稅收原則

一、稅收效應

（一）稅收效應的概念

稅收效應是指政府課稅所引起的各種經濟反應。政府課稅除為滿足財政所需外，總是要對經濟施加某種影響。但其影響的程度和效果如何，不一定會完全符合政府的最初意願，納稅人對政府課稅所作出的反應可能和政府的意願保持一致，但更多的情況可能是與政府的意願背道而馳。比如課稅太重或課稅方式的不健全，都可能使納稅人不敢盡心盡力地去運用其生產能力。又如政府課徵某一種稅，是想促使社會資源配置優化，但執行的結果可能使社會資源配置更加不合理。凡此種種，都可歸於稅收的效應。

（二）稅收效應的分類

1. 正效應與負效應

某稅的開徵必定使納稅人或經濟活動做出某些反應。如果這些反應與政府課徵該稅時所希望達到的目的一致，稅收的這種效應就是正效應；如果課稅實際產生的經濟效果與政府課稅目的相違背，稅收的這種效應則是負效應。

政府課徵某稅究竟是在產生正效應還是在產生負效應，可用課徵該稅取得收入的環比增長率來測定，用公式表示如下：

收入環比增長率＝（本期收入－上期收入）／上期收入×100%

如果政府課徵該稅的主要目的是為了籌集財政收入，上式中收入環比增長率為正時，則該稅產生的效應是正效應；如果比率為零或為負，則說明該稅沒有產生正效應甚或產生了負效應。

如果政府課徵該稅的主要目的不是為了籌集財政收入，而是為了限制經濟活動向原有方向發展或促進其向新的方向發展，那麼上式中收入環比增長率為負時，則

第六章 稅收原理

該稅產生的效應為正效應，如果比率為零或為負，則說明該稅無效應或產生了負效應。

2. 收入效應與替代效應

從稅收對納稅人的影響來看，一般可產生收入效應或替代效應，或兩者兼有。所謂稅收的收入效應，是指課稅減少了納稅人可自由支配的所得和改變了納稅人的相對所得狀況。稅收的收入效應本身並不會造成經濟的無效率，它只表明資源從納稅人手中轉移到政府手中。但因收入效應而引起納稅人對勞動、儲蓄和投資等所作出的進一步反應則會改變經濟的效率與狀況。

稅收的替代效應是指當某種稅影響相對價格或相對效益時，人們就選擇某種消費或活動來代替另一種消費或活動。例如，累進稅率的提高，使得工作的邊際效益減少，人們就會選擇休息來代替部分工作時間；又如對某種商品課稅可增加其價格，從而引起個人消費選擇無稅或輕稅的商品。稅收的替代效應一般會妨礙人們對消費或活動的自由選擇，進而導致經濟的低效或無效。

3. 中性效應與非中性效應

中性效應是指政府課稅不打亂市場經濟運行，即不改變人們對商品的選擇，不改變人們在支出與儲蓄之間的抉擇，不改變人們在努力工作還是休閒之間的抉擇。能起中性效應的稅我們稱之為中性稅。中性稅只能是對每個人一次徵收的總額稅——人頭稅，因為人頭稅不隨經濟活動的形式變化而變化，所以它對經濟活動不會發生什麼影響。但人頭稅由於課及所有的人，它可能會影響到納稅人家庭對人口多少的規劃。所以，即使是人頭稅，在一般情況下，也不可能是完全中性的。可以肯定地說，在現代社會，完全意義上的中性稅是根本不存在的。

非中性效應是指政府課稅影響了經濟運行機制，改變了個人對消費品、勞動、儲蓄和投資等的抉擇，進而影響到資源配置、收入分配和公共抉擇等。幾乎所有的稅收都會產生非中性效應，因而現代社會的稅收均屬非中性稅收。

4. 激勵效應與阻礙效應

稅收激勵效應是指政府課稅（包括增稅或減稅）使得人們更熱衷於某項活動，而阻礙效應則是指政府課稅使得人們更不願從事某項活動。但政府的課稅究竟是產生激勵效應還是產生阻礙效應，取決於納稅人對某項活動的需求彈性。彈性很少，則政府課稅會激勵人們更加努力地工作，賺取更多的收入，以保證其所得不因課稅而有所減少；如果納稅人對稅後所得的需求彈性大，則政府課稅會妨礙人們去努力工作，因為與其努力工作賺取收入付稅還不如少賺收入不付稅。

二、稅收原則

稅收原則就是建立稅收制度和執行稅法時所應遵循的指導思想和價值理念。稅收是國家通過強制手段對國民財富進行的強制性的再分配，它勢必會影響財富的分配格局和經濟的運行。合理科學的稅收制度對市場運行的扭曲最小並能主動調節市場運行，反之就可能會損害經濟的整體效率，最終導致稅收收入的下降。因此要處理好徵納關係，使稅收發揮出積極的作用，就要明確並遵循一定的原則。西方有一

財政與稅收

則關於徵稅的諺語，說徵稅是拔鵝毛的藝術，要達到一定的境界，必須「既拔到鵝毛又不叫鵝叫」，也就是政府既能足額徵稅，對經濟的損害又最小，同時納稅人的抱怨反對之聲也最小。為使徵稅達到這樣的境界，經濟學家、稅收學家對稅收原則作了許多建設性的思考。

(一) 西方經濟學家有關稅收原則的理論

1. 亞當·斯密的稅收四原則

亞當·斯密是經濟學的開山鼻祖，他在《國富論》一書中列舉了稅收的四原則：①平等原則，即任何納稅人應按他的收入的一定比例負擔稅收；②確實原則，即應納稅額及繳納方式應該確定明白，一就是一、二就是二，且不能隨意變更；③便利原則，即各種稅的納稅方法應盡可能為納稅人提供便利；④最少徵收費用原則，即徵稅和納稅的各種耗費要最小，要使納稅人付出的盡可能等於國家收入，不產生稅收以外的負擔。斯密的稅收原則是和他的經濟政策主張相適應的，他主張自由放任的經濟政策，並認為國家的職能是作為「守夜者」管理好國家安全和社會秩序，而不應干預市場對資源的有效配置，財政支出也應降到最低限度，建立「廉價政府」。他的經濟思想和稅收思想至今看來仍顯示出天才的真知灼見。

2. 以凱恩斯為代表的稅收干預經濟原則

西方市場經濟國家經過一段「田園牧歌」式的經濟發展後，在20世紀20年代末遭遇了重大打擊，爆發了席捲整個西方世界的「大危機」，過去認為靠市場調節可以自動達到完全均衡的傳統經濟理論也隨之破產。在這種條件下，凱恩斯主義的經濟理論應運而生。凱恩斯學派雖然沒有對新的稅收原則提出明確的表述，但從他們的論著裡可以看出，他們非常強調稅收調節經濟運行的功能，認為稅收應成為政府宏觀調節的工具。凱恩斯明確指出，「國家必須用改變租稅體系、限定稅率以及其他方法，指導消費傾向」。他主張實行機動稅率的稅收政策，繁榮時期多徵稅，限制消費和投資；蕭條時期少徵稅，刺激消費，鼓勵投資。現代西方經濟學家還把稅收作為經濟運行的「內在穩定器」。如薩繆爾森就曾說過，「我們目前的稅收制度是一個有力的迅速的內在穩定器」「是穩定經濟活動和減輕經濟週期波動的一個有力因素」。所以，凱恩斯學派認為，稅收的重要原則之一就是要積極干預經濟。

3. 當代西方稅收原則理論

20世紀70年代以來，西方經濟出現了滯脹——發展停滯伴隨通貨膨脹，凱恩斯主義的需求管理理論受到嚴重挑戰。以供給學派為代表的新自由主義經濟理論開始風行。他們主張減稅政策，通過增加廠商的可用資金進而增強其活力。他們還認為國家應當減少對經濟的干預，政府徵稅應當是中性的，即徵稅不能扭曲市場的走向，不要影響納稅人在生產、投資、消費等方面的決策行為。

(二) 中國稅收原則

目前，中國稅收理論界普遍認為在設計稅制、選擇稅種時，應堅持財政原則、效率原則、公平原則和便利原則。

1. 財政原則

所謂財政原則，是指稅收應能夠提供滿足國家行使職能需要的資金。組織財政

第六章 稅收原理

資金是稅收的基本屬性之一。因此，財政原則是建立稅收制度基本、首要的原則。稅收的財政原則有以下四個方面的含義。

（1）稅源充裕。在選擇稅種時，應當優先選擇那些稅源充裕的稅種作為主體稅種，以使國家獲得一定規模的穩定稅收收入，保證政府的用度需要。

（2）富有彈性。稅收收入應當隨著國民財富的增長而增長，從而能夠適應隨著經濟規模的擴大而不斷擴大的政府需求。

（3）保護稅本。各種稅的課徵客體必須是稅源，而不能是稅本。通俗地說，就是只能對產生的收益徵稅，而不能對產生收益的本源徵稅。如果徵稅損害稅源，無異於竭澤而漁。

（4）適度合理。稅率設計要適度，過低不能保證收入，過度徵稅則會傷害納稅人的生產動力和能力，傷害經濟機體的運行機制。過度徵稅還會引發納稅人的「偷稅」衝動，增加徵稅成本。

2. 效率原則

效率原則是指稅收制度的設計和稅種的選擇應當將對經濟的損害降至最低限度，並且有利於徵管，以保證稅收的行政效率。因此，稅收的效率原則包括經濟效率和行政效率兩層含義。

（1）行政效率，也就是徵稅過程本身的效率，它要求稅收在徵收和繳納過程中耗費成本最小。

（2）經濟效率，就是徵稅應有利於促進經濟效率的提高，或者對經濟效率的不利影響最小。遵循行政效率是徵稅最基本、最直接的要求，而追求經濟效率，則是稅收的高層次要求，它同時也反應了人們對稅收調控作用認識的提高。

3. 公平原則

公平原則是稅收最高原則之一，它指具有相等納稅能力者應負擔相等的稅收，不同納稅能力者應負擔不同的稅收。

學術界對公平原則的理解存在兩種觀點：

（1）受益說。在受益說中，包括有橫向公平和縱向公平。橫向公平是指凡自政府得到相同利益者應負擔相同的稅收，縱向公平是指凡自政府所得利益不同者應負擔不同的稅收。

（2）負擔能力說。其認為凡具有相同納稅能力者應負擔相同的稅收，不同納稅能力者應負擔不同的稅收。稅收負擔能力是指各納稅人的經濟負擔能力，其基礎有所得、財產和消費三種。

> **課堂思考**：有人說稅收的效率原則與公平原則既是矛盾的又是統一的，你怎樣理解？

4. 便利原則

納稅便利原則已不限於納稅日期和納稅方法方面，而是作了更廣泛的擴展。具體包括：各項稅收法規必須明確、具體和盡量簡化，同時要保持連續性，不要作經常變動，以便於徵納雙方準確理解和執行。要盡量使用現代化的徵管手段，改進稽

徵技術，簡化稽徵手續。要在稅務登記、納稅申報、納稅檢查、發票管理和帳簿管理等方面盡量為納稅人提供便利。

本章小結

1. 稅收的概念：稅收是國家為向社會提供公共品，憑藉政治權力，按照法律預先規定的標準，參與社會產品或國民收入分配，無償取得財政收入的基本形式。

2. 稅收的形式特徵：強制性、無償性、固定性。

3. 稅收的作用：為國家治理提供最基本的財力保障；稅收是確保經濟效率、政治穩定、政權穩固、不同層次政府正常運行的重要工具；稅收是促進現代市場體系構建、促進社會公平正義的重要手段；稅收是促進依法治國、促進法治社會建立、促進社會和諧的重要載體；稅收是國際經濟和政治交往中的重要政策工具，也是維護國家權益的重要手段。

4. 稅制要素：納稅義務人、徵稅對象、稅率、納稅環節、納稅期限、納稅地點、減免稅、法律責任。

5. 稅收的分類：按徵稅對象性質劃分，可分為五類，即流轉稅類、所得稅類、資源稅類、財產稅類、行為稅類；稅收按其管理和使用權限劃分，可分為中央稅、地方稅、中央地方共享稅；按稅收與價格的關係分類，稅收可分為價內稅和價外稅；稅收按其負擔是否易於轉嫁分類，可分為直接稅和間接稅；稅收按其計稅依據的不同分類，可分為從價稅、從量稅和複合稅；稅收按徵收管理的分工體系分類，可分為工商稅類、關稅類。

6. 稅收負擔：簡稱「稅負」。它是納稅人因履行納稅義務而承受的一種經濟負擔。

7. 影響稅收負擔的因素：社會經濟發展水平、國家的宏觀經濟政策、稅收徵收管理能力。

8. 稅負轉嫁：稅法上規定的納稅人將自己所繳納的稅款轉移給他人負擔的過程。

9. 稅負轉嫁的形式：向前轉嫁、向後轉嫁、混合轉嫁、旁轉、消轉、稅收資本化。

10. 稅負轉嫁的影響因素：商品供求彈性、市場結構、成本變動、課稅制度。

11. 稅收效應：政府課稅所引起的各種經濟反應。

12. 稅收效應的分類：正效應與負效應、收入效應與替代效應、中性效應與非中性效應、激勵效應與阻礙效應。

13. 稅收原則：建立稅收制度和執行稅法時所應遵循的指導思想和價值理念。

14. 中國稅收四原則：財政原則、效率原則、公平原則、便利原則。

第六章 稅收原理

同步訓練

一、名詞解釋

稅收　稅制要素　納稅義務人　徵稅對象　稅目　累進稅率　超額累進稅率　全額累進稅率　稅收負擔　稅負轉嫁　稅收效應　效率原則　公平原則　便利原則

二、判斷題

1. 稅務機關在徵稅過程中，是否徵稅或徵收多少稅款，可以與納稅人協商議定。（　）

2. 中國稅法構成要素中，能夠區別不同類型稅種的主要標志是徵稅對象。（　）

3. 稅目是稅法中具體規定應當徵稅的項目，是課稅對象的具體化，因此對所有的稅種均要規定稅目。（　）

4. 起徵點是對徵稅對象達到一致數額才開始徵稅的界限，徵稅對象的數額沒有達到規定數額的不徵稅，徵稅對象的數額達到或超過規定數額的，就超過的部分數額徵稅。（　）

5. 按照稅收的徵收權限和收入支配權限分類，可以將中國稅種分為中央稅、地方稅和中央地方共享稅，增值稅屬於地方稅。（　）

6. 超率累進稅率是按課稅對象的某種比例來劃分不同的部分，並規定相應的稅率，中國的土地增值稅就是採用的這種稅率。（　）

7. 稅負轉嫁是指納稅人主要以改變價格的方式，將其應納稅款的一部分或者全部轉移給他人負擔的過程。（　）

8. 比例稅率即徵稅對象數額越大，稅率越高。（　）

9. 現代西方經濟學家認為良好的稅制應該符合的兩大原則是公平與節約原則。（　）

三、問答題

1. 稅收的形式特徵有哪些？
2. 稅收在現代國家治理中有哪些作用？
3. 稅制主要包括哪些構成要素？
4. 稅收有哪些分類方法，最基本最主要的分類方法是什麼？
5. 影響稅收負擔的因素有哪些？
6. 稅負轉嫁的形式與影響稅負轉嫁的因素是什麼？
7. 稅收效應的分類如何？
8. 亞當·斯密提出的稅收原則是什麼？
9. 中國的稅收原則是什麼？

综合案例分析

謹慎使用稅負轉嫁

一、案例內容

佳樂思有限責任公司是一家專門生產家用電器的企業，該企業成立於1994年，生產經營狀況一直良好，1998年由於偷漏稅被稅務機關查處。這次事件該企業補繳稅款及罰款共12萬元，該企業經理胡某認為這次查處給企業帶來了巨大損失，應想辦法彌補回來。

1999年3月，企業經理胡某決定提高產品出售價格，通過稅負轉嫁方法將稅款最終轉移到消費者身上。經過這次調價，該企業的產品銷售數量較調價前大幅下降，企業實際效益反而減少。

經研究討論決定，該企業於1999年8月再次將價格調回，第二個月銷售量雖有小額上升，但企業實際收益仍在下降。

二、案例評析

本案例涉及企業稅負轉嫁的運用問題。

稅負轉嫁是以價格為手段，通過經濟交往，將稅收負擔轉移給別人的過程。稅負轉嫁一般有以下幾種形式：前轉、後轉、混轉和消轉。

前轉就是廠商通過提高產品售價的方法將稅負轉移給消費者的過程。本案例中佳樂思公司採用的就是這種方法。

後轉就是廠商通過壓低原料進價的方法將稅負轉移給原材料提供商的過程。混轉則是企業既採用順轉又採用逆轉進行稅負轉嫁的過程。

消轉其實不屬於嚴格意義上的稅負轉嫁，它是指納稅人通過降低成本，使稅負在盈利中自行消化的過程。

將稅負轉嫁出去是任何納稅人都存在的願望，但把這種願望轉化為現實取決於客觀條件，這就是商品的需求彈性和供給彈性。

需求彈性是指商品的需求量對價格變動反應程度。在其他條件不變的情況下，商品的需求彈性越小，則價格變動對買方的需求影響越小，稅負越容易轉嫁。反之需求彈性越大，則稅負越不容易轉嫁。

本案例中，由於佳樂思公司生產的家用電器屬於大眾產品，其需求彈性較大，價格調高會使銷售額下降，因而實際效果不好。

供給彈性是指商品的供給量對價格變動反應程度。在其他條件不變的情況下，商品的供給彈性越大，稅負越易轉嫁，反之則不易轉嫁。

本案例中，佳樂思公司提價後銷量大減，按理說價格下降時，銷量會上升，但由於價格的下調給別人一種不可信賴的感覺，使人認為產品質量有問題，因而銷售額只是小幅上升，而且恢復又需要一定時間，故使企業實際收益再次下降。

案例思考題：佳樂思公司應採取什麼措施轉嫁稅負、提升企業收益？

第七章　流轉稅

学习目标

通過本章的學習，掌握增值稅、消費稅、營業稅、關稅的徵稅範圍、納稅人和稅率及各稅種的應納稅額的計算方法。熟悉各稅種的稅收優惠，瞭解各稅種的徵收管理。

重点和难点

[本章重點]

增值稅、消費稅、營業稅的徵稅範圍、納稅人和稅率

[本章難點]

增值稅、消費稅的應納稅額的計算

导入案例

北京宏大木地板有限責任公司屬於一般納稅人，主營業務是銷售各種木地板，兼營木地板安裝服務。其下設三個部門，採購部門負責採購木地板，安裝部門負責安裝木地板，銷售部門負責銷售木地板，其收支均由公司實行統一核算。銷售部門的收入由銷售木地板收入、銷售複合地板收入和銷售實木地板收入組成。2013年1~12月，銷售部門銷售木地板收入800,000元，銷售複合地板收入688,005元，銷售實木地板收入968,231元，安裝部門安裝木地板收入為120,156元。

問題：北京宏大木地板有限責任公司銷售木地板、複合地板和實木地板以及安裝木地板服務收入應當如何進行稅務處理？

第一節　流轉稅概述

一、流轉稅的概念

流轉稅是指以商品流轉額和非商品（勞務）的流轉額為課稅對象的稅種的統稱。商品流轉額是指商品交換過程中的商品銷售額或採購額；非商品流轉額是指營業收入額或提供勞務所取得的貨幣收入額。凡是以商品銷售額、購進商品支付金額、營業收入額或勞務收入額為課稅對象的稅種，統稱為流轉稅。

二、流轉稅的特點

（一）徵稅範圍廣泛

以商品生產、交換和提供商業性勞務為徵稅前提，徵稅範圍較為廣泛，既包括第一產業和第二產業的產品銷售收入，也包括第三產業的營業收入；既對國內商品徵稅，也對進出口的商品徵稅，稅源比較充足，從而保證了國家財政收入的充裕。

（二）以流轉額為計稅依據

流轉稅的計稅依據是商品和非商品的流轉額。這裡的流轉額既可能是流轉總額，也可能是流轉的增值額，由此也就形成了流轉稅的各個稅種之間的主要差別。由於流轉稅以流轉額為計稅依據，在稅率既定的前提下，稅額的多少只取決於商品和勞務價格的高低及流轉額的多少，一般不受生產、經營成本和費用變化的影響，可以保證國家能夠及時、穩定、可靠地取得財政收入。

（三）計徵簡便

由於流轉稅以流轉額為計稅依據，不需要核算成本和盈利水平，其稅率又採用比例稅率和定額稅率形式，所以計稅十分簡便。

（四）稅負容易轉嫁

流轉稅屬於間接稅，其納稅人與負稅人往往不一致，納稅人可以通過商品或勞務加價的辦法將稅負轉嫁給消費者，或者通過壓價轉移給前一道供應方。

第二節　增值稅

一、增值稅概述

增值稅是以商品（含應稅勞務和應稅服務）在流轉過程中產生的增值額作為徵稅對象而徵收的一種流轉稅。按照中國增值稅法的規定，增值稅是對在中國境內銷售貨物或者提供加工、修理修配勞務費（以下簡稱「應稅勞務」），交通運輸業、郵政業、電信業、部分現代服務業服務（以下簡稱「應稅服務」），以及進口貨物的企業單位和個人，就其銷售貨物、提供應稅勞務、提供應稅服務的增值額和貨物

第七章 流轉稅

進口金額為計稅依據而課徵的一種流轉稅。

增值稅最早發源於丹麥，法國於 1954 年開始實施，以後在西歐和北歐各國迅速推廣，現在已經成為許多國家廣泛採用的一個國際性稅種。增值稅之所以能夠在世界上眾多國家推廣，是因為其可以有效地防止商品在流轉過程中的重複徵稅問題，並使其具備稅收中性、普遍徵收、稅收負擔由最終消費者承擔、實行稅款抵扣制度、實行比例稅率、實行價外稅制度等特點。

中國從 1979 年開始在部分城市試行生產型增值稅。2009 年 1 月 1 日，中國進行了增值稅轉型改革，即由生產型增值稅轉為消費型增值稅。2011 年年底，國家決定在上海試點營業稅改徵增值稅（以下簡稱「營改增」）工作，近幾年「營改增」試點地區已擴展到全國，「營改增」的行業不斷增加。自 2016 年 5 月 1 日起，全面推開營改增試點。

[資料連結]　　　　　　　　增值稅的三種類型

根據對外購固定資產所含稅金扣除方式的不同，增值稅制分為生產型、收入型和消費型三種類型。

生產型不允許扣除外購固定資產所含的已徵增值稅，稅基相當於國民生產總值，稅基最大，但重複徵稅也最嚴重。收入型允許扣除固定資產當期折舊所含的增值稅，稅基相當於國民收入，稅基其次。消費型允許一次性扣除外購固定資產所含的增值稅，稅基相當於最終消費，稅基最小，但消除重複徵稅也最徹底。在目前世界上 140 多個實行增值稅的國家中，絕大多數國家實行的是消費型增值稅。

二、增值稅徵稅範圍

根據《中華人民共和國增值稅暫行條例》（以下簡稱《增值稅暫行條例》）和「營改增」的規定，在中華人民共和國境內（以下簡稱境內）銷售貨物、提供應稅勞務、提供應稅服務以及進口貨物的單位和個人為增值稅的納稅人。增值稅的徵稅範圍包括在境內銷售貨物，提供應稅勞務、提供應稅服務以及進口貨物。境內是指銷售貨物的起運地或者所在地在境內，提供的應稅勞務發生在境內以及應稅服務提供方或者接受方在境內。

（一）徵稅範圍的一般規定

1. 銷售或者進口的貨物

貨物是指有形動產，包括電力、熱力、氣體在內。銷售貨物是指有償轉讓貨物的所有權。

2. 提供的應稅勞務

應稅勞務是指納稅人提供的加工、修理修配勞務。加工是指受託加工貨物，即委託方提供原料及主要材料，受託方按照委託方的要求製造貨物並收取加工費的業務。修理修配是指受託方對損傷和喪失功能的貨物進行修復，使其恢復原狀的功能的業務。提供應稅勞務指有償提供的加工、修理修配勞務。單位或者個體工商戶聘用的員工為本單位或者雇主提供加工、修理修配勞務的，不包括在內。有償是指從

購買方取得貨幣、貨物或者其他經濟利益。

3. 提供的應稅服務

應稅服務是指陸路運輸服務、水路運輸服務、航空運輸服務、管道運輸服務、郵政普遍服務、郵政特殊服務、其他郵政服務、基礎電信服務、增值電信服務、研發和技術服務、信息技術服務、文化創意服務、物流輔助服務、有形動產租賃服務、鑒證諮詢服務、廣播影視服務。

提供應稅服務是指有償提供應稅服務，但不包括非營業活動中提供的應稅服務。有償是指取得貨幣、貨物或者其他經濟利益。

(二) 徵稅範圍的具體規定

1. 屬於徵稅範圍的特殊項目

(1) 貨物期貨應當徵收增值稅，在期貨的實物交割環節納稅。交割時採取由期貨交易所開具發票的，以期貨交易所為納稅人；交割時採取由供貨的會員單位直接將發票開給購貨會員單位的，以供貨會員單位為納稅人。

(2) 銀行銷售金銀的業務，應當徵收增值稅。

(3) 典當業的死當物品銷售業務和寄售業代委託人銷售寄售物品的業務，均應徵收增值稅。

(4) 電力公司向發電企業收取的過網費，應當徵收增值稅。

(5) 對從事熱力、電力、燃氣、自來水等公用事業的增值稅納稅人收取的一次性費用，凡與貨物的銷售數量有直接關係的，徵收增值稅；凡與貨物的銷售數量無直接關係的，不徵收增值稅。

(6) 印刷企業接受出版單位委託，自行購買紙張，印刷有統一刊號（CN）以及採用國際標準書號編序的圖書、報紙和雜志，按貨物銷售徵收增值稅。

(7) 對增值稅納稅人收取的會員費收入不徵收增值稅。

(8) 各燃油電廠從政府財政專戶取得的發電補貼不屬於增值稅規定的價外費用，不計入應稅銷售額，不徵收增值稅。

(9) 納稅人提供的礦產資源開採、挖掘、切割、破碎、分揀、洗選等勞務，屬於增值稅應稅勞務，應當繳納增值稅。

2. 屬於徵稅範圍的特殊行為

(1) 視同銷售貨物或視同提供應稅服務行為。單位或者個體工商戶的下列行為，視同銷售貨物：

①將貨物交付其他單位或者個人代銷；

②銷售代銷貨物；

③設有兩個以上機構並實行統一核算的納稅人，將貨物從一個機構移送至其他機構用於銷售，但相關機構設在同一縣（市）的除外；

④將自產或者委託加工的貨物用於非增值稅應稅項目；

⑤將自產、委託加工的貨物用於集體福利或者個人消費；

⑥將自產、委託加工或者購進的貨物作為投資，提供給其他單位或者個體工商戶；

第七章　流轉稅

⑦將自產、委託加工或者購進的貨物分配給股東或者投資者；

⑧將自產、委託加工或者購進的貨物無償贈送其他單位或者個人；

⑨單位和個體工商戶向其他單位或者個人無償提供應稅服務，但以公益活動為目的或者以社會公眾為對象的除外。

上述 9 種行為應該確定為視同銷售貨物行為，均要徵收增值稅。其確定的目的主要有三個：一是保證增值稅稅款抵扣制度的實施，不會因發生上述行為而造成各相關環節稅款抵扣鏈條的中斷；二是避免因發生上述行為而造成貨物銷售稅收負擔不平衡的矛盾，防止以上述行為逃避納稅的現象。三是體現增值稅計算的配比原則，即購進貨物已經在購進環節實施了進項稅額抵扣，這些購進貨物應該產生相應的銷售額，同時就應該產生相應的銷項稅額。

（2）混合銷售行為。一項銷售行為如果既涉及貨物又涉及非增值稅應稅勞務，為混合銷售行為。所謂非應稅勞務是指除了應繳納增值稅的加工、修理修配勞務以外的其他勞務，如建築安裝、金融保險勞務等。

需要說明的是，混合銷售行為涉及的貨物和非增值稅應稅勞務是在同一項銷售行為中產生的，非增值稅應稅勞務是為了銷售貨物才產生，二者之間存在緊密的從屬關係。混合銷售行為應依納稅人的主業繳納增值稅或營業稅。

（3）兼營非增值稅應稅勞務行為。納稅人兼營非增值稅應稅項目的，應分別核算貨物或者應稅勞務的銷售額和非增值稅應稅項目的營業額；未分別核算的，由主管稅務機關核定貨物或者應稅勞務的銷售額。

需要說明的是兼營行為，即貨物的銷售與勞務的提供完全是獨立的兩項行為。

[資料連結]　北京 7 月啓動增值稅擴圍改革試點　津渝蘇深積極申請

據《經濟參考報》報導，增值稅擴圍改革有望年內提速。繼北京之後，天津、重慶、江蘇、深圳等地都在積極爭取納入試點範圍，而北京的試點將於 2012 年 7 月正式啓動。

報導援引中國政府網消息稱，北京已正式提交申請報告，積極爭取試點，涉及行業主要是交通運輸業和部分現代服務業。試點方案已獲批並將於 2012 年 7 月起正式實施。此外，天津、重慶、江蘇、深圳等地也正積極申請納入試點範圍。

從 2012 年 1 月 1 日起，中國在上海市正式開展營業稅改徵增值稅試點。交通運輸業和與先進製造業關係密切的現代服務業為這次納入試點範圍的主要行業企業。其中交通運輸業包括陸路運輸、水路運輸、航空運輸、管道運輸；部分現代服務業包括研發和技術、信息技術、文化創意、物流輔助、有形動產租賃和鑒證諮詢。

國家稅務總局此前披露的數據顯示，截至 2011 年年底，已有 12 萬戶企業納入試點範圍，其中一般納稅人近 3.5 萬戶，小規模納稅人 8.5 萬戶。經測算，在實施營業稅改徵增值稅試點後，這 12 萬戶企業中大部分會出現稅負減少或基本持平，相應將對上海市財政產生減收增支的影響。

資料來源：北京 7 月啓動增值稅擴圍改革試點　津渝蘇深積極申請 [EB/OL]. [2013-10-31]. http://economy.caijing.com.cn/2012-02-27/111716846.html.

三、增值稅的納稅義務人與扣繳義務人

(一) 納稅義務人的基本規定

凡是在中華人民共和國境內銷售或者進口貨物、提供應稅勞務和應稅服務的單位和個人都是增值稅納稅義務人。

單位，是指企業、行政單位、事業單位、軍事單位、社會團體及其他單位。

個人，是指個體工商戶和其他個人。

在境內銷售或進口貨物、提供應稅勞務的單位租賃或承包給其他單位或者個人經營的承租人或者承包人為納稅人。

(二) 兩類納稅人的劃分

增值稅實行憑專用發票抵扣稅款的制度，客觀上要求納稅人具備健全的會計核算制度和能力。在實際經濟生活中中國增值稅納稅人眾多，會計核算水平差異較大。大量的小企業和個人還不具備用發票抵扣稅款的條件，為了簡化增值稅的計算和徵收，減少稅收徵管漏洞，將增值稅納稅人按會計核算水平和經營規模分為小規模納稅人和一般納稅人兩類，分別採取不同的增值稅計稅方法。

1. 小規模納稅人的認定標準

小規模納稅人是指年銷售額在規定標準以下，並且會計核算不健全，不能按規定報送有關稅務資料的增值稅納稅人。所稱會計核算不健全是指不能正確核算增值稅的銷項稅額、進項稅額和應納稅額。

小規模納稅人的界定如下：

(1) 從事貨物生產或者提供應稅勞務的納稅人，以及以從事貨物生產或者提供應稅勞務為主，並兼營貨物批發或者零售的納稅人，年應徵增值稅銷售額 (以下簡稱應稅銷售額) 在 50 萬元以下 (含)；

(2) 對上述規定以外的納稅人 (不含提供應稅服務的納稅人)，年應稅銷售額在 80 萬元以下 (含)；

(3) 年應稅銷售額超過小規模納稅人標準的其他個人按小規模納稅人納稅；

(4) 非企業性單位、不經常發生應稅行為的企業可選擇按小規模納稅人納稅；對於應稅服務銷售額超過規定標準但不經常提供應稅服務的單位和個體工商戶可選擇按照小規模納稅人納稅。

(5) 應稅服務年銷售額標準為 500 萬元，應稅服務年銷售額未超過 500 萬元的納稅人為小規模納稅人。

(6) 旅店業和飲食業納稅人銷售非現場消費的食品，屬於不經常發生增值稅應稅行為，可以選擇按小規模納稅人繳納增值稅。

(7) 兼有銷售貨物、提供加工修理修配勞務以及應稅服務，且不經常發生應稅行為的單位和個體工商戶可選擇按照小規模納稅人納稅。

2. 一般納稅人的認定標準

一般納稅人是指年應徵增值稅銷售額 (以下簡稱年應稅銷售額)，超過財政部、國家稅務總局規定的小規模納稅人標準的企業和企業性單位 (以下簡稱企業)。

第七章 流轉稅

年應稅銷售額，是指納稅人在連續不超過 12 個月的經營期內累計應徵增值稅銷售額，包括納稅申報銷售額、稽查查補銷售額、納稅評估調整銷售額、稅務機關代開發票銷售額和免稅銷售額。其中稽查查補銷售額和納稅評估調整銷售額計入查補稅款申報當月的銷售額，不計入稅款所屬期銷售額。經營期，是指在納稅人存續期內的連續經營期間，含未取得銷售收入的月份。

應稅服務的年應徵增值稅銷售額（以下稱應稅服務年銷售額）超過財政部和國家稅務總局規定標準的納稅人為一般納稅人，未超過規定標準的納稅人為小規模納稅人。

兼有銷售貨物、提供應稅勞務以及應稅服務的納稅人，應稅貨物及勞務銷售額與應稅服務銷售額分別計算，分別適用增值稅一般納稅人資格認定標準。

兼有銷售貨物、提供加工修理修配勞務以及應稅服務，且不經常發生應稅行為的單位和個體工商戶可選擇按照小規模納稅人納稅。

小規模納稅人會計核算健全，能夠提供準確稅務資料的，可以向主管稅務機關申請資格認定，不作為小規模納稅人，並依照有關規定計算應納稅額。

試點實施前應稅服務年銷售額未超過 500 萬元的試點納稅人，如符合相關規定條件，也可以向主管稅務機關申請增值稅一般納稅人資格認定。

（三）扣繳義務人

中華人民共和國境外的單位或者個人在境內提供應稅勞務，在境內未設有經營機構的，以其境內代理人為扣繳義務人；在境內外沒有代理人的，以購買方為扣繳義務人。

四、增值稅稅率與徵收率

中國增值稅採用比例稅率形式。為了發揮增值稅的中性作用，原則上增值稅的稅率應該對不同行業不同企業實行單一稅率，稱為基本稅率。實踐中為照顧一些特殊行業或產品也增設了低稅率檔次，對出口產品實行零稅率。為了適應增值稅納稅人分成兩類的情況，對這兩類不同的納稅人也採用了不同的稅率和徵收率。

（一）基本稅率

增值稅一般納稅人銷售或者進口貨物、提供應稅勞務、提供應稅服務，除低稅率適用範圍外，稅率一律為 17%，這就是通常所說的基本稅率。

（二）低稅率

增值稅一般納稅人銷售或者進口下列貨物，按低稅率 13% 計徵增值稅：

（1）糧食、食用植物油。

（2）自來水、暖氣、冷氣、熱氣、煤氣、石油液化氣、天然氣、沼氣、居民用煤炭製品。

（3）圖書、報紙、雜誌。

（4）飼料、化肥、農藥、農機、農膜。

（5）國務院及其有關部門規定的其他貨物。

（6）農產品（指各種動、植物初級產品），音像製品，電子出版物，二甲醚等。

另外，提供交通運輸業服務，稅率為11%；提供郵政服務，稅率為11%；提供基礎電信服務，稅率為11%，提供增值電信服務，稅率為6%；提供現代服務業服務稅率為6%（有形動產租賃服務適用17%的稅率）。

（三）零稅率

零稅率就是納稅人銷售貨物的適用稅率是零，並且允許其抵扣進項稅額。適用零稅率的納稅人不僅不需要繳納本階段原應繳稅額，而且可以抵扣已支付的以前環節增值稅。納稅人出口貨物，一般都適用零稅率。

增值稅零稅率應稅服務適用範圍：

（1）國際運輸服務、港澳臺地區運輸服務。港澳臺地區運輸服務包括提供的往返內地與香港、澳門、臺灣地區的交通運輸服務；在香港、澳門、臺灣地區提供的交通運輸服務。

（2）向境外單位提供研發服務、設計服務。向境外單位提供的設計服務，不包括對境內不動產提供的設計服務。

（3）採用期租、程租和濕租方式租賃交通運輸工具從事國際運輸服務和港澳臺地區運輸服務的，出租方不適用增值稅零稅率，由承租方申請適用增值稅零稅率。

（四）徵收率

增值稅對小規模納稅人及一些特殊情況採用簡易徵收辦法，對小規模納稅人及特殊情況適用的稅率稱為徵收率。

1. 一般規定

為進一步規範稅制、公平稅負，經國務院批准，決定簡並和統一增值稅徵收率，將6%和4%的增值稅徵收率統一調整為3%，不再設置工業和商業兩檔徵收率。

2. 國務院及其有關部門的規定

下列按簡易辦法徵收增值稅的優惠政策繼續執行，不得抵扣進項稅額：

（1）納稅人銷售自己使用過的物品，按下列政策執行：

①一般納稅人銷售自己使用過的屬於《增值稅暫行條例》第十條規定不得抵扣且未抵扣進項稅額的固定資產，按簡易辦法依照3%徵收率減按2%徵收增值稅。

一般納稅人銷售自己使用過的除固定資產以外的物品，應當按照適用稅率徵收增值稅。

②小規模納稅人銷售自己使用過的固定資產，減按2%徵收率徵收增值稅。

小規模納稅人銷售自己使用過的除固定資產以外的物品，應按3%徵收率徵收增值稅。

（2）納稅人銷售舊貨，按照簡易辦法依照3%徵收率減按2%徵收增值稅。

（3）一般納稅人銷售自產的下列貨物，可選擇按照簡易辦法依照3%徵收率計算繳納增值稅：

①縣級及縣級以下小型水力發電單位生產的電力。小型水力發電單位，是指各類投資主體建設的裝機容量為5萬千瓦以下（含5萬千瓦）的小型水力發電單位。

②建築用和生產建築材料所用的砂、土、石料。

③以自己採掘的砂、土、石料或其他礦物連續生產的磚、瓦、石灰（不含粘土

第七章　流轉稅

實心磚、瓦)。

④用微生物、微生物代謝產物、動物毒素、人或動物的血液或組織製成的生物製品。

⑤自來水。

⑥商品混凝土（僅限於以水泥為原料生產的水泥混凝土）。

一般納稅人選擇簡易辦法計算繳納增值稅後，36個月內不得變更。

（4）一般納稅人銷售貨物屬於下列情形之一的，暫按簡易辦法依照3%徵收率計算繳納增值稅：

①寄售商店代銷寄售物品（包括居民個人寄售的物品在內）。

②典當業銷售死當物品。

五、增值稅的計稅方法

增值稅的計稅方法包括一般計稅方法、簡易計稅方法和扣繳計稅方法。

（一）一般計稅方法應納稅額的計算

一般納稅人銷售貨物或者提供應稅勞務和應稅服務適用一般計稅方法計稅。其計算公式為：

當期應納增值稅額＝當期銷項稅額－當期進項稅額

1. 銷項稅額的計算

銷項稅額是指納稅人銷售貨物或者提供應稅勞務和應稅服務，按照銷售額或提供應稅勞務和應稅服務收入與規定的稅率計算並向購買方收取的增值稅稅額。銷項稅額的計算公式為：

銷項稅額＝銷售額×稅率

在適用稅率既定的前提下，銷項稅額的大小主要取決於銷售額的大小。增值稅適用稅率的選擇是比較簡單的，因而銷項稅額計算的關鍵就是如何確定作為增值稅計稅依據的銷售額。

（1）一般銷售方式下的銷售額

銷售額是指納稅人銷售貨物或者提供應稅勞務和應稅服務向購買方（承受應稅勞務和應稅服務也視為購買方）收取的全部價款和價外費用。特別需要強調的是，銷項稅額也是銷售方向購買方收取的，但是由於增值稅採用價外計稅方式，用不含稅價作為計稅依據，因而銷售額中不包括向購買方收取的銷項稅額。

價外費用是指價外向購買方收取的手續費、補貼、基金、集資費返還利潤、獎勵費、違約金（延期付款利息）、包裝費、包裝物租金、儲備費、優質費、運輸裝卸費、代收款項、代墊款項及其他各種性質的價外收費。但下列項目不包括在內：

①向購買方收取的銷項稅額。

②受託加工應徵消費稅的消費品所代收代繳的消費稅。

③同時符合以下條件的代墊運費：承運部門的運費發票開具給購貨方的；納稅人將該項發票轉交給購貨方的。

④符合條件代為收取的政府性基金和行政事業性收費。

⑤銷貨同時代辦保險收取的保險費、代購買方繳納的車輛購置稅、車輛牌照費。

（2）特殊銷售方式下的銷售額

在銷售活動中，為了達到促銷的目的，有多種銷售方式。不同銷售方式下，銷售者取得的銷售額會有所不同。對不同銷售方式如何確定其計徵增值稅的銷售額，既是納稅人關心的問題，也是稅法必須分別予以明確規定的事情。稅法對以下幾種銷售方式分別作了規定：

①折扣方式銷售。折扣銷售是指銷貨方在銷售貨物或提供應稅勞務和應稅服務時，因購貨方購貨數量較大等原因而給予購貨方的價格優惠。根據稅法規定，納稅人採取折扣方式銷售貨物，如果銷售額和折扣額在同一張發票上分別註明，可以按折扣後的銷售額徵收增值稅；如果將折扣額另開發票，不論其在財務上如何處理，均不得從銷售額中減除折扣額。這裡需要解釋的是：

折扣銷售不同於銷售折扣。銷售折扣是指銷貨方在銷售或提供應稅勞務和應稅服務後，為了鼓勵購貨方及早償還貨款而協議許諾給予購貨方的一種折扣優待。銷售折扣發生在銷貨之後，是一種融資性質的理財費用，因此，銷售折扣不得從銷售額中減除。企業在研究銷售額時應把折扣銷售與銷售折扣嚴格區分開。

銷售折扣又不同於銷售折讓。銷售折讓是貨物銷售後，由於其品種、質量等原因購貨方未予退貨，但銷貨方需給予購貨方的一種價格折讓。銷售折讓與銷售折扣相比較，雖然都是在貨物銷售後發生的，但因為銷售折讓是由於貨物的品種和質量引起的銷售額的減少，因此，對銷售折讓可按折讓後的貨款作為銷售額。

折扣銷售僅限於貨物價格的折扣，如果銷貨者將自產、委託加工和購買的貨物用於實物折扣的，則該實物不能從貨物銷售額中減除，且該實物應按增值稅條例「視同銷售貨物」中的「贈送他人」計算徵收增值稅。

②以舊換新方式銷售。以舊換新銷售是指納稅人在銷售貨物時，折價收回同類舊貨物，並以折價款部分衝減新貨物價款的一種銷售方式。根據稅法規定，採取以舊換新方式銷售貨物的，應按新貨物的同期銷售價格確定銷售額，不得扣減舊貨物的收購價格。

但是對金銀首飾以舊換新業務，可以按銷售方實際收取的不含增值稅的全部價款徵收增值稅。

③還本銷售方式銷售。還本銷售是指納稅人在銷售貨物後，到一定期限將貨款一次或分次退還給購貨方全部或部分價款的一種銷售方式。這種方式實際上是一種籌資，是以貨物換取資金的使用價值，到期還本不付息的方法。根據稅法規定，採取還本銷售方式銷售貨物，其銷售額就是貨物的銷售價格，不得從銷售額中減除還本支出。

④以物易物方式銷售。以物易物是指購銷雙方不是以貨幣結算，而是以同等價款的貨物相互結算，實現貨物購銷的一種方式。根據稅法的規定，以物易物雙方都應作購銷處理，以各自發出的貨物核算銷售額並計算銷項稅額，以各自收到的貨物按規定核算購貨額並計算進項稅額。在以物易物活動中，應分別開具合法的票據，如收到的貨物不能取得相應的增值稅專用發票或其他合法票據的，不能抵扣進項

第七章　流轉稅

稅額。

⑤包裝物押金的稅務處理。包裝物是指納稅人包裝本單位貨物的各種物品。納稅人銷售貨物時另收取包裝物押金，目的是促使購貨方及早退回包裝物以便週轉使用。對包裝物的押金是否計入貨物銷售額徵收增值稅呢？

根據稅法規定，納稅人為銷售貨物而出租包裝物收取的押金，單獨核算的，時間在 1 年以內，又未過期的，不並入銷售額徵稅，但對因逾期未收回包裝物不再退還的押金，應按所包裝貨物的適用稅率計算銷項稅額。

上述規定中的「逾期」是指按合同約定實際逾期或以 1 年為期限，對收取 1 年以上的押金，無論是否退還均並入銷售額徵稅。當然，在將包裝物押金並入銷售額徵稅時，需要先將該押金換算為不含稅價，再並入銷售額徵稅。納稅人為銷售貨物出租包裝物而收取的押金，無論包裝物週轉使用期限長短，超過 1 年（含 1 年）以上仍不退還的均並入銷售額徵稅。

從 1995 年 6 月 1 日起，對銷售除啤酒、黃酒外的其他酒類產品而收取的包裝物押金，無論是否返還以及會計上如何核算，均應並入銷售額徵稅。對銷售啤酒、黃酒所收取的押金，按上述一般押金的規定處理。另外，包裝物押金不應混同於包裝物租金，包裝物租金在銷貨時作為價外費用並入銷售額計算銷項稅額。

⑥銷售已使用過的固定資產的稅務處理。自 2009 年 1 月 1 日起，增值稅一般納稅人銷售自己使用過的固定資產，應區分不同情形徵收增值稅，同時應根據《關於簡並增值稅徵收率政策的通知》的規定，對 2014 年 7 月 1 日后的有關行為進行徵收率的處理：

銷售自己使用過的 2009 年 1 月 1 日以後或者自製的固定資產，按照適用稅率徵收增值稅。

2008 年 12 月 31 日以前未納入擴大增值稅抵扣範圍試點的納稅人，銷售自己使用過的 2008 年 12 月 31 日以前購進或者自製的固定資產，按照 4%的徵收率減半徵收增值稅，2014 年 7 月 1 日以後的按照徵收率減按 2%徵收增值稅。

2008 年 12 月 31 日以前已納入擴大增值稅抵扣範圍試點的納稅人，銷售自己使用過的在本地區擴大增值稅抵扣範圍試點以前購進或者自製的固定資產按照 4%的徵收率減半徵收增值稅，2014 年 7 月 1 日以後按照 3%的徵收率減按 2%徵收增值稅。銷售自己使用過的在本地區擴大增值稅抵扣範圍試點以後購進或者自製的固定資產，按照適用稅率徵收增值稅。

按照「營改增」規定認定的一般納稅人，銷售自己使用過的本地區試點實施之日（含）以後購進或者自製的固定資產，按照適用稅率徵收增值稅，銷售自己使用過的本地區試點實施之日以前購進或者自製的固定資產，按照 4%的徵收率減半徵收增值稅，2014 年 7 月 1 日以後按照 3%的徵收率減按 2%徵收增值稅。

⑦對視同銷售貨物行為的銷售額的確定。稅法規定，對視同銷售徵稅而無銷售額的按下列順序確定其銷售額：

按納稅人最近時期同類貨物的平均銷售價格確定。

按其他納稅人最近時期同類貨物的平均銷售價格確定。

按組成計稅價格確定，組成計稅價格的公式為：

$$組成計稅價格 = 成本 \times (1+成本利潤率)$$

屬於應徵消費稅的貨物，其組成計稅價格中應加計消費稅額。

即　　組成計稅價格 = 成本 × (1+成本利潤率) + 消費稅稅額

或　　組成計稅價格 = 成本 × (1+成本利潤率) ÷ (1−消費稅稅率)

公式中的成本是指銷售自產貨物的為實際生產成本，銷售外購貨物的為實際採購成本。公式中的成本利潤率由國家稅務總局確定。

（3）含稅銷售額的換算

為了符合增值稅作為價外稅的要求，納稅人在填寫進銷貨及納稅憑證，進行帳務處理時，應分項記錄不含稅銷售額、銷項稅額和進項稅額，以正確計算應納增值稅額。然而，在實際工作中，常會出現一般納稅人將銷售貨物或者應稅勞務採用銷售額和銷項稅額合併價收取的方法，這樣，就會形成含稅銷售額，中國增值稅是價外稅，計稅依據中不含增值稅本身的數額。在計算應納稅額時，如果不將含稅銷售額換算成不含稅的銷售額，就不符合中國增值稅的設計原則，會導致對增值稅銷項稅額本身重複徵稅的現象，也會影響企業成本核算的過程，因此，一般納稅人銷售貨物或者應稅勞務取得含稅的銷售額在計算銷項稅額時，必須將其換算成不含稅的銷售額。其計算公式如下：

$$銷售額 = 含稅銷售額 ÷ (1+稅率)$$

2. 進項稅額的計算

納稅人購進貨物或者接受應稅勞務和應稅服務支付或者負擔的增值稅額，為進項稅額。進項稅額是與銷項稅額相對應的另一個概念。一項銷售業務中，銷售方收取的銷項稅額就是購貨方支付的進項稅額。增值稅設計的關鍵是用「稅減稅」的辦法體現對增值額計稅，即應納稅額是銷項稅額減去進項稅額的差額，進項稅額的多少直接關係著納稅人的納稅金額。但有一點必須注意，並不是所有的進項稅額都能從銷項稅額中抵扣。

因此，嚴格把握哪些進項稅額可以抵扣，哪些不可以抵扣，是正確計算應納稅額的關鍵。

（1）準予從銷項稅額中抵扣的進項稅額

①從銷售方取得的增值稅專用發票上註明的增值稅額。

②從海關取得的完稅憑證上註明的增值稅額。

③增值稅一般納稅人購進農業生產者銷售的農業產品，或者向小規模納稅人購買的農產品，準予按照買價和13%的扣除率計算進項稅額，從當期銷項稅額中扣除。其進項稅額的計算公式為：

$$準予抵扣的進項稅額 = 買價 \times 扣除率$$

④原增值稅一般納稅人取得的2013年8月1日（含）以後開具的運輸費用結算單據，不得作為增值稅扣稅憑證。原增值稅一般納稅人取得的試點小規模納稅人由稅務機關代開的增值稅專用發票，按增值稅專用發票註明的稅額抵扣進項稅額。

第七章　流轉稅

（2）不得從銷項稅額中抵扣的進項稅額

①用於簡易方法計稅項目、非增值稅應稅項目、免徵增值稅項目、集體福利或者個人消費的購進貨物或者應稅勞務。

②非正常損失的購進貨物及相關的應稅勞務。非正常損失是指因管理不善造成被盜、丟失、霉爛變質的損失。

③非正常損失的在產品、產成品所耗用的購進貨物或者應稅勞務。

④納稅人從海關取得的進口增值稅專用繳款書上註明的增值稅額準予從銷項稅額中抵扣。因此，納稅人進口貨物取得的合法海關進口增值稅專業繳款書，是計算增值稅進項稅額的唯一依據。其進口貨物向境外實際支付的貨款低於進口報送價格的差額部分以及從境外供應商取得的退還或返還的資金，不作進項稅額轉出處理。

⑤原增值稅一般納稅人接受試點納稅人提供的應稅服務，下列項目的進項稅額不得從銷項稅額中抵扣：

用於簡易計稅方法計稅項目、非增值稅應稅項目、免徵增值項目、集體福利或者個人消費，其中涉及的專利技術、非專利技術、商譽、商標、著作權、有形動產租賃，僅指專用於上述項目的專利技術、非專利技術、商譽、商標、著作權、有形動產租賃；

接受的旅客運輸服務；

與非正常損失的購進貨物相關的交通運輸業服務；

與非正常損失的在產品、產成品所耗用購進貨物相關的交通運輸業服務。

【例7-1】某生產企業為增值稅一般納稅人，適用增值稅稅率17%，2014年2月份的有關生產經營業務如下：

（1）銷售甲產品給某大商場，開具增值稅專用發票，取得不含稅銷售額80萬元；另外，取得銷售甲產品的送貨運輸費收入5.85萬元（含增值稅價格，與銷售貨物不能分別核算）。

（2）銷售乙產品，開具普通發票，取得含稅銷售額29.25萬元。

（3）將試製的一批應稅新產品用於本企業基建工程，成本價為20萬元，國家稅務總局規定成本利潤率為10%，該新產品無同類產品市場銷售價格。

（4）銷售2013年10月份購進作為固定資產使用過的進口摩托車5輛，開具增值稅專用發票，上面註明每輛取得銷售額1萬元。

（5）購進貨物取得增值稅專用發票，註明支付的貨款60萬元、進項稅額10.2萬元；另外支付購貨的運輸費用6萬元，取得運輸公司開具的貨物運輸業增值稅專用發票。

（6）向農業生產者購進免稅農產品一批（不適用進項稅額核定扣除辦法），支付收購價30萬元，支付給運輸單位的運費5萬元，取得相關的合法票據。本月下旬將購進的農產品的20%用於本企業職工福利。

以上相關票據均符合稅法的規定。請按下列順序計算該企業5月應繳納的增值稅稅額：

（1）計算銷售甲產品的銷項稅額；

(2) 計算銷售乙產品的銷項稅額；

(3) 計算自用新產品的銷項稅額；

(4) 計算銷售使用過的摩托車應納稅額；

(5) 計算外購貨物應抵扣的進項稅額；

(6) 計算外購免稅農產品應抵扣的進項稅額；

(7) 計算該企業5月份合計應繳納的增值稅額。

解：

(1) 銷售甲產品的銷項稅額＝80×17%＋5.85÷(1＋17%)×17%＝14.45（萬元）

(2) 銷售乙產品的銷項稅額＝29.25÷(1＋17%)×17%＝4.25（萬元）

(3) 自用新產品的銷項稅額＝20×(1＋10%)×17%＝3.74（萬元）

(4) 銷售使用過的摩托車應納稅額＝1×17%×5＝0.85（萬元）

(5) 外購貨物應抵扣的進項稅額＝10.2＋6×11%＝10.86（萬元）

(6) 外購免稅農產品應抵扣的進項稅額＝(30×13%＋5×11%)×(1－20%)＝3.56（萬元）

(7) 該企業5月份應繳納的增值稅額＝14.45＋4.25＋3.74＋0.85－10.86－3.56＝8.87（萬元）

(二) 簡易計稅方法應納稅額的計算

1. 應納稅額的計算

納稅人銷售貨物或者提供應稅勞務和應稅服務適用按簡易計稅方法的，按照銷售額和徵收率計算應納稅額，並不得抵扣進項稅額。其應納稅額計算公式是：

應納稅額＝銷售額×徵收率

這裡需要解釋兩點：第一，按簡易計稅方法取得的銷售額是銷售貨物或提供應稅勞務和應稅服務向購買方收取的全部價款和價外費用，但是不包括按3%的徵收率收取的增值稅稅額；第二，按簡易計稅方法不得抵扣進項稅額。

根據「營改增」的規定，一般納稅人應該按照一般計稅方法計算繳納增值稅，但是下列情形屬於可在兩種方法中選擇的範疇：

①試點納稅人中的一般納稅人提供的公共交通運輸服務（不包括鐵路旅客運輸服務），可以選擇按照簡易計稅方法計算繳納增值稅。公共交通運輸服務，包括輪客渡、公交客運、軌道交通（含地鐵、城市輕軌）、出租車、長途客運、班車。其中，班車是指按固定路線、固定時間營運並在固定站點停靠的運送旅客的陸路運輸。

②試點納稅人中的一般納稅人，以該地區試點實施之日前購進或者自製的有形動產為標的物提供的經營租賃服務，試點期間可以選擇適用簡易計稅方法計算繳納增值稅。

③自本地區試點實施之日起至2017年12月31日，被認定為動漫企業的試點納稅人中的一般納稅人，為開發動漫產品提供的動漫腳本編撰、形象設計、背景設計、動畫設計、分鏡、動畫製作、攝製、描線、上色、畫面合成、配音、配樂、音效合成、剪輯、字幕製作、壓縮轉碼（面向網路動漫、手機動漫格式適配）服務，以及在境內轉讓動漫版權（包括動漫品牌、形象或者內容的授權及再授權），可以選擇

第七章 流轉稅

按照簡易計稅方法計算繳納增值稅。

④試點納稅人中的一般納稅人提供的電影放映服務（含城市電影放映服務）、倉儲服務、裝卸搬運服務和收派服務，可以選擇按照簡易計稅辦法計算繳納增值稅。

⑤試點納稅人中的一般納稅人兼有銷售貨物、提供應稅勞務的，凡未規定可以選擇按照簡易計稅方法計算繳納增值稅的，其全部銷售額應一併按照一般計稅方法計算繳納增值稅。

> **課堂思考：**「營改增」的意義是什麼？

2. 含稅銷售額的換算

簡易計稅方法的銷售額不包括其應納的增值稅稅額，納稅人採用銷售額和應納增值稅稅額合併定價方法的，按照下列公式計算銷售額：

$$銷售額 = 含稅銷售額 \div (1+徵收率)$$

納稅人提供的適用簡易計稅方法計稅的應稅服務，因服務中止或者折讓而退還給接受方的銷售額，應當從當期銷售額中扣減。扣減當期銷售額後仍有餘額造成多繳的稅款，可以從以後的應納稅額中扣減。

【例 7-2】某商店為增值稅小規模納稅人，2014 年 1 月取得零售收入總額 12.36 萬元。計算該商店 1 月應繳納的增值稅稅額。

解：
(1) 1 月取得的不含稅銷售額 = 12.36÷（1+3%）= 12（萬元）
(2) 1 月應繳納增值稅稅額 = 12×3% = 0.36（萬元）

（三）進口貨物應納增值稅的計算

申報進入中華人民共和國海關境內的貨物，均應繳納增值稅。納稅人進口貨物，按照組成計稅價格和條例規定的稅率計算應納稅額。進口貨物計算增值稅組成計稅價格和應納稅額的計算公式為：

$$應納稅額 = 組成計稅價格 \times 稅率$$

組成計稅價格分以下兩種情況：

(1) 如果進口貨物不屬於《中華人民共和國消費稅暫行條例》（以下簡稱《消費稅暫行條例》）中應徵消費稅的貨物，則：

$$組成計稅價格 = 關稅完稅價格 + 關稅$$

(2) 如果進口貨物屬於《消費稅暫行條例》中應徵消費稅的貨物，則：

$$組成計稅價格 = 關稅完稅價格 + 關稅 + 消費稅$$

【例 7-3】某商場 10 月進口貨物一批。該批貨物在國外的買價 40 萬元，另該批貨物運抵中國海關前發生的包裝費、運輸費、保險費等共計 20 萬元。貨物報關後，商場按規定繳納了進口環節的增值稅並取得了海關開具的海關進口增值稅專用繳款書。假定該批進口貨物在國內全部銷售，取得不含稅銷售額 80 萬元。

相關資料：貨物進口關稅稅率 15%，增值稅稅率 17%。請按下列順序回答問題：

(1) 計算關稅的完稅價格；

（2）計算進口環節應納的進口關稅；

（3）計算進口環節應納增值稅的組成計稅價格；

（4）計算進口環節應繳納增值稅的稅額；

（5）計算國內銷售環節的銷項稅額；

（6）計算國內銷售環節應繳納增值稅稅額。

解：

（1）關稅的完稅價格 = 40+20 = 60（萬元）

（2）應繳納進口關稅 = 60×15% = 9（萬元）

（3）進口環節應納增值稅的組成計稅價格 = 60+9 = 69（萬元）

（4）進口環節應繳納增值稅的稅額 = 69×17% = 11.73（萬元）

（5）國內銷售環節的銷項稅額 = 80×17% = 13.6（萬元）

（6）國內銷售環節應繳納增值稅稅額 = 13.6－11.73 = 1.87（萬元）

六、增值稅的減免稅

（一）《增值稅暫行條例》規定的免稅項目

（1）農業生產者銷售的自產農產品。農業生產者包括從事農業生產的單位和個人。農業產品是指種植業、養殖業、林業、牧業、水產業生產的各類植物、動物的初級產品。對上述單位和個人銷售的外購農產品，以及單位和個人外購農產品生產、加工後銷售的仍然屬於規定範圍的農業產品，不屬於免稅的範圍，應當按照規定的稅率徵收增值稅。

（2）避孕藥品和用具。

（3）古舊圖書，就是指向社會收購的古書和舊書。

（4）直接用於科學研究、科學試驗和教學的進口儀器、設備。

（5）外國政府、國際組織無償援助的進口物資和設備。

（6）由殘疾人的組織直接進口供殘疾人專用的物品。

（7）銷售自己使用過的物品。自己使用過的物品，是指其他個人自己使用過的物品。

（二）其他免徵稅規定

1. 資源綜合利用、再生資源、鼓勵節能減排的規定

（1）對銷售再生水、以廢舊輪胎為全部生產原料生產的膠粉、翻新輪胎、生產原料中摻兌廢渣比例不低於30%的特定建材產品等貨物實行免徵增值稅政策。

（2）對符合規定的污水處理勞務免徵增值稅。

（3）對銷售以工業廢氣為原料生產的高純度二氧化碳產品、以垃圾為燃料生產的電力或者熱力、以煤炭開採過程中伴生的捨棄物油母頁岩為原料生產的頁岩油、以廢舊瀝青混凝土為原料生產的再生瀝青混凝土、採用旋窰法工藝生產的水泥（包括水泥熟料，下同）或者外購水泥熟料採用研磨工藝生產的水泥、水泥生產原料中摻兌廢渣比例不低於30%的水泥等自產貨物實行增值稅即徵即退的政策。

（4）對銷售自產的綜合利用生物柴油實行增值稅先徵後退政策。

第七章 流轉稅

(5) 對增值稅一般納稅人生產的黏土實心磚、瓦，一律按適用稅率徵收增值稅，不得採取簡易辦法徵收增值稅。2008 年 7 月 1 日起，以立窯法工藝生產的水泥 (包括水泥熟料)，一律不得享受本通知規定的增值稅即徵即退政策。

2. 扶持動漫產業發展增值稅政策

對屬於增值稅一般納稅人的動漫企業銷售其自主開發生產的動漫軟件，按 17% 的稅率徵收增值稅後，對其增值稅實際稅負超過 3%的部分，實行即徵即退政策。

3. 對批發、零售的納稅人銷售的蔬菜免徵增值稅

納稅人既銷售蔬菜又銷售其他增值稅應稅貨物的，應分別核算蔬菜和其他增值稅應稅貨物的銷售額；未分別核算的，不得享受蔬菜增值稅免稅政策。

(三) 增值稅起徵點的規定

納稅人銷售額未達到國務院財政、稅務主管部門規定的起徵點的免徵增值稅。增值稅起徵點的適用範圍適用於個人 (不包括認定為一般納稅人的個體工商戶)。

增值稅起徵點的幅度規定如下：

(1) 銷售貨物的，為月銷售額 5,000～20,000 元。
(2) 銷售應稅勞務的，為月銷售額 5,000～20,000 元。
(3) 按次納稅的，為每次 (日) 銷售額 300～500 元。
(4) 應稅服務的起徵點：
①按期納稅的，為月銷售額 5,000～20,000 元 (含本數)。
②按次納稅的，為每次 (日) 銷售額 300～500 元 (含本數)。

七、增值稅出口貨物退 (免) 稅

(一) 出口貨物退 (免) 稅含義及基本政策

出口貨物以不含國內流轉稅的價格參與全球市場競爭，是國際上在「消費地」徵稅原則的體現，是國際通行慣例。中國稅法依照國際慣例，實行出口貨物為零的優惠政策。所謂實行出口貨物零稅率，是指貨物在出口時整體稅負為零。這樣，出口貨物適用零稅率，不但出口環節不必納稅，而且還可以退還以前納稅環節已納稅款。零稅率是基本原則，針對不同的出口組織者和不同的出口商品種類，法律也制定了不同的退 (免) 稅方法。

1. 出口免稅並退稅

出口免稅是指對貨物在出口環節不徵收增值稅、消費稅。

出口退稅是指對貨物在出口前實際承擔的稅收負擔，按規定的退稅率計算後予以退還。適用這個政策的有以下情形：

(1) 生產企業自營出口或委託外貿企業代理出口的自產貨物。
(2) 有出口經營權的外貿企業收購後直接出口或委託其他外貿企業代理出口的貨物。
(3) 下列貨物由於在銷售方式、消費環節、結算辦法上存在特殊性，以及國家間的特殊情況，法律特准退還或免徵其增值稅和消費稅。這些貨物主要有：
①對外承包工程公司運出境外用於對外承包項目的貨物。

②對外承接修理修配業務的企業用於對外修理修配的貨物。
③外輪供應公司、遠洋運輸供應公司銷售給外輪、遠洋貨輪而收取外匯的貨物。
④企業在國內採購並運往境外作為在國外投資的貨物等。

需要強調的是，除上述企業出口貨物準予退（免）外，其他非生產性企業委託外貿企業出口的貨物不予退（免）稅，這是對一般無進出口經營權的商貿企業進行出口貿易的限制。

2. 出口免稅但不退稅

（1）下列企業出口貨物，除另有規定外，給予免稅，但不予退稅。
①屬於生產企業的小規模納稅人自營出口或委託外貿企業代理、出口的自產貨物。
②外貿企業從小規模納稅人購進並持有普通發票的，免稅但不予退稅；但對規定列舉的諸如抽紗、工藝品等12類出口貨物，考慮其占出口比重較大及其生產、採購的特殊因素特準退稅。
③外貿企業直接購進法律規定的免稅貨物（包括免稅農產品）出口的，免稅但不予退稅。

（2）下列貨物出口，免稅但不予退稅：
①來料加工復出口的貨物所用原材料進口免稅，加工自製的貨物出口不退稅。
②避孕藥品和用具、古舊圖書，內銷免稅，出口也免稅。
③有出口卷菸權的企業出口國家出口卷菸計劃內的卷菸，生產環節免徵增值稅、消費稅，出口環節不退稅。
④軍品及軍隊系統企業出口軍需工廠生產或軍需部門調撥的貨物免稅。
⑤國家規定的其他免稅貨物。

3. 出口不免稅也不退稅

除經批准屬於進料加工復出口貿易外，下列出口貨物不免稅也不退稅：
（1）國家計劃外出口的原油。
（2）援外出口貨物。
（3）國家禁止出口的貨物。

(二) 出口貨物退稅率

根據《增值稅暫行條例》規定，企業產品出口後，稅務部門應當按照出口商品的進項稅額為企業辦理退稅。由於稅收減免及其國家經濟政策等原因，商品的進項稅額往往不等於實際負擔的稅額，如果按出口商品的進項稅額退稅，就會產生少徵多退的問題，於是就有了計算出口商品應退稅款的比率——出口退稅率。

出口貨物的退稅率，是出口貨物實際退稅額與退稅計稅依據的比例。現行出口貨物的退稅率主要有17%、16%、14%、13%、5%等。

(三) 出口貨物應退稅額的計算

出口貨物只有在適用既免稅又退稅的政策時，才會涉及如何計算退稅的問題。中國《出口貨物退（免）稅管理辦法》規定了兩種退稅的計算辦法：第一種是「免、抵、退」辦法，主要適用於自營和委託出口自產貨物的生產企業；第二種是

第七章　流轉稅

「先徵後退」的辦法，目前主要用於收購貨物出口的外（工）貿企業。

稅法規定，自 2002 年 1 月 1 日起，生產企業自營或委託外貿企業代理出口自產貨物，除另外有規定外，增值稅一律實行「免、抵、退」稅管理辦法。

實行「免、抵、退」稅管理辦法的「免」稅是指生產企業出口的自產貨物，免徵本企業生產銷售環節增值稅；「抵」稅是指生產企業出口自產貨物所耗用的原料、零部件、燃料、動力等所含應予退還的進項稅額，抵頂內銷貨物的應納稅額；「退」稅是指生產企業出口的自產貨物在當月內應抵頂的進項額大於應納稅額時，對未抵頂完的部分予以退稅。

「免、抵、退」稅計算辦法如下：

（1）當期應納稅額的計算

當期應納稅額＝當期內銷貨物的銷項稅額－（當期全部進項稅額－當期免抵退稅不得免徵和抵扣稅額）

其中：

當期免抵退稅不得免徵和抵扣稅額＝當期出口貨物離岸價格×外匯人民幣牌價×（出口貨物徵稅率－出口貨物退稅率）－免抵退稅不得免徵和抵扣稅額抵減額

出口貨物離岸價（FOB）以出口發票計算的離岸價為準。出口發票不能如實反應實際離岸價格的，出口企業必須按照實際離岸價格申報，由主管稅務機關依法核定。

其中：

免抵退稅不得免徵和抵扣稅額抵減額＝免稅購進原材料價格×（出口貨物徵稅率－出口貨物退稅率）

（2）免抵退稅額的計算

免抵退稅額＝出口貨物離岸價×外匯人民幣牌價×退稅率－免抵退稅額抵減額

免抵退稅額抵減額＝免稅購進原材料價格×出口貨物退稅率

（3）當期應退稅額和免抵稅額的計算

①如當期期末留抵稅額≤當期免抵退稅額，則：

當期應退稅額＝當期期末留抵稅額

當期免抵稅額＝當期免抵退稅額－當期應退稅額

②如當期期末留抵稅額＞當期免抵退稅額，則：

當期應退稅額＝當期免抵退稅額

當期免抵稅額＝0

當期期末留抵稅額根據當期「增值稅納稅申報表」中「期末留抵稅額」確定。

八、增值稅的徵收管理

（一）納稅義務發生時間

1. 銷售貨物或者提供應稅勞務的納稅義務發生時間

（1）納稅人銷售貨物或者提供應稅勞務，其納稅義務發生時間為收訖銷售款項或者取得索取銷售款項憑據的當天；先開具發票的，為開具發票的當天。其中，收

訖銷售款項或者取得索取銷售款項憑據的當天按銷售結算方式的不同，具體為：

①採取直接收款方式銷售貨物，不論貨物是否發出，均為收到銷售款或者取得索取銷售款憑據的當天。

②採取托收承付和委託銀行收款方式銷售貨物，為發出貨物並辦妥托收手續的當天。

③採取賒銷和分期收款方式銷售貨物，為書面合同約定的收款日期的當天，無書面合同的或者書面合同沒有約定收款日期的，為貨物發出的當天。

④採取預收貨款方式銷售貨物，為貨物發出的當天，但生產銷售生產工期超過12個月的大型機械設備、船舶、飛機等貨物，為收到預收款或者書面合同約定的收款日期的當天。

⑤委託其他納稅人代銷貨物，為收到代銷單位的代銷清單或者收到全部或者部分貨款的當天；未收到代銷清單及貨款的，為發出代銷貨物滿180天的當天。

⑥銷售應稅勞務，為提供勞務同時收訖銷售款或者取得索取銷售款的憑據的當天。

⑦納稅人發生除將貨物交付其他單位或者個人代銷和銷售代銷貨物以外的視同銷售貨物行為，為貨物移送的當天。

（2）納稅人進口貨物，其納稅義務發生時間為報關進口的當天。

（3）增值稅扣繳義務發生時間為納稅人增值稅納稅義務發生的當天。

2. 提供應稅服務的納稅義務發生時間

（1）納稅人提供應稅服務的納稅義務發生時間為提供應稅服務並收訖銷售款項或者取得了索取銷售款項憑據的當天；先開具發票的，為開具發票的當天。

（2）納稅人提供有形動產租賃服務採取預收款方式的，其納稅義務發生時間為收到預收款的當天。

（3）納稅人發生視同提供應稅服務的，其納稅義務發生時間為應稅服務完成的當天。

（4）增值稅扣繳義務發生時間為納稅人增值稅納稅義務發生的當天。

（二）納稅期限

在明確了增值稅納稅義務發生時間後，還需要掌握具體納稅期限，以保證按期繳納稅款。根據《增值稅暫行條例》的規定，增值稅的納稅期限分別為1日、3日、5日、10日、15日、1個月或者1個季度。

納稅人的具體納稅期限，由主管稅務機關根據納稅人應納稅額的大小分別核定，不能按照固定期限納稅的，可以按次納稅。以1個季度為納稅期限的規定僅適用於小規模納稅人以及財政部和國家稅務總局規定的其他納稅人。小規模納稅人的具體納稅期限，由主管稅務機關根據其應納稅額的大小分別核定。

納稅人以1個月或者1個季度為1個納稅期的，自期滿之日起15日內申報納稅；以1日、3日、5日、10日或者15日為1個納稅期的，自期滿之日起5日內預繳稅款，於次月1日起15日內申報納稅並結清上月應納稅款。

扣繳義務人解繳稅款的期限，依照前兩款規定執行。

第七章　流轉稅

納稅人進口貨物，應當自海關填發進口增值稅專用繳款書之日起 15 日內繳納稅款。

（三）納稅地點

（1）固定業戶應當向其機構所在地的主管稅務機關申報納稅。總機構和分支機構不在同一縣（市）的，應當分別向各自所在地的主管稅務機關申報納稅；但在同一省（區、市）範圍內的，經省（區、市）財政廳（局）、國家稅務局審批同意，可以由總機構匯總向總機構所在地的主管稅務機關申報繳納增值稅。

（2）固定業戶到外縣（市）銷售貨物或者應稅勞務，應當向其機構所在地的主管稅務機關申請開具外出經營活動稅收管理證明，並向其機構所在地的主管稅務機關申報納稅；未開具證明的，應當向銷售地或者勞務發生地的主管稅務機關申報納稅；未向銷售地或者勞務發生地的主管稅務機關申報納稅的，由其機構所在地的主管稅務機關補徵稅款。

（3）非固定業戶銷售貨物或者應稅勞務，應當向銷售地或者勞務發生地的主管稅務機關申報納稅；未向銷售地或者勞務發生地的主管稅務機關申報納稅的，由其機構所在地或者居住地的主管稅務機關補徵稅款。

（4）進口貨物，應當向報送地海關申報納稅。

（5）扣繳義務人應當向其機構所在地或者居住地的主管稅務機關申報繳納其扣繳的稅款。

第三節　消費稅

一、消費稅概述

（一）消費稅的含義

消費稅是對在中國境內從事生產、委託加工和進口應稅消費品的單位和個人，就其銷售額或銷售數量，在特定環節徵收的一種稅。

在中國，消費稅是 1994 年稅制改革中在流轉環節新設置的一個稅種。在對貨物普遍徵收增值稅的基礎上，選擇少數消費品再徵一道特殊的流轉稅——消費稅，目的是引導消費和生產結構，調節收入分配，增加財政收入。

（二）消費稅的特點

1. 消費稅以特定消費品為課稅對象

中國消費稅根據產業政策與消費政策僅選擇部分消費品徵稅，而不是對所有消費品都徵收消費稅。目前中國消費稅的徵稅範圍包括 15 個稅目，主要針對某些高檔消費品或奢侈品，如貴重首飾及珠寶玉石；某些不可再生的資源類消費品，如木制一次性筷子；以及某些危害人類健康和社會生態環境的消費品，如菸、酒等。

2. 徵稅環節具有單一性

消費稅一般在消費品的生產、委託加工和進口環節徵稅，在以後的批發、零售

等流轉環節中不再徵稅。但是，金銀首飾、鑽石及鑽石飾品、鉑金首飾在零售環節徵稅；自2009年5月1日起，卷菸由原來在生產環節徵收消費稅調整為在生產環節與批發環節徵收消費稅，批發環節加徵一道從價稅。

3. 徵收方法具有靈活性

既採用對消費品制定單位稅額，以消費品的數量實行從量定額的徵收方法，也採用對消費品制定比例稅率，以消費品的價格實行從價定率的徵收方法。

4. 消費稅體現了稅收的宏觀調控功能

通過選擇某些高檔奢侈品課以重稅，使高收入者承擔更多的稅金；對消耗資源類產品徵稅，引導生產者轉變生產方式，努力提高資源利用效率，注重環保，實現經濟可持續發展；對多消費有害健康產品適用較高的稅率，達到調節消費結構的目的。

5. 消費稅實行價內徵收

在計算應稅消費品應納的消費稅額時，稅基中應當不包括增值稅，但包括消費稅。

> **課堂思考**：2015年春節有日本媒體報導，中國狂熱的消費蔓延到了日本，中國遊客春節期間在日本消費近60億元人民幣。在奢侈品稅收方面，如果通過降稅能不能把購買力留在國內？

二、消費稅納稅義務人與徵稅範圍

（一）納稅義務人

在中華人民共和國境內生產、委託加工和進口應稅消費品的單位和個人，以及國務院確定的銷售《消費稅暫行條例》規定消費品的其他單位和個人，為消費稅的納稅人。

（二）徵稅範圍

目前，消費稅的徵稅範圍分佈於四個環節。

1. 生產應稅消費品

生產應稅消費品的銷售是消費稅徵收的主要環節，因為消費稅具有單一環節徵稅的特點，在生產銷售環節徵稅以後，貨物在流通環節無論再轉銷多少次，都不用再繳納消費稅。生產應稅消費品除了直接對外銷售應徵收消費稅外，納稅人將生產的應稅消費品換取生產資料、消費資料、投資入股、償還債務，以及用於繼續生產應稅消費品以外的其他方面都應繳納消費稅。

另外，工業企業以外的單位和個人的下列行為視為應稅消費品的生產行為，並按規定徵收消費稅：

（1）將外購的消費稅非應稅產品以消費稅應稅產品對外銷售的。

（2）將外購的消費稅低稅率應稅產品以高稅率應稅產品對外銷售的。

2. 委託加工應稅消費品

委託加工應稅消費品是指委託方提供原料和主要材料，受託方只收取加工費和

第七章　流轉稅

代墊部分輔助材料加工的應稅消費品。由受託方提供原材料或其他情形的一律不能視同加工應稅消費品。委託加工的應稅消費品收回後，再繼續用於生產應稅消費品銷售且符合現行政策規定的，其加工環節繳納的消費稅款可以扣除。

3. 進口應稅消費品

單位和個人進口貨物屬於消費稅徵稅範圍的，在進口環節要繳納消費稅。

4. 零售應稅消費品

自1995年1月1日起，金銀首飾消費稅由生產銷售環節徵收改為零售環節徵收。改在零售環節徵收消費稅的金銀首飾僅限於金基、銀基合金首飾以及金、銀和金基、銀基合金的鑲嵌首飾，進口環節暫不徵收，零售環節適用稅率為5%，在納稅人銷售金銀首飾、鑽石及鑽石飾品時徵收。其計稅依據是不含增值稅的銷售額。

三、消費稅稅目與稅率

（一）稅目

2014年12月調整後，確定徵收消費稅的只有菸、酒、化妝品等15個稅目，有的稅目還進一步割分若干子目。消費稅屬於價內稅，一般在應稅消費品的生產、委託加工和進口環節繳納。

1. 菸

凡是以菸葉為原料加工生產的產品，不論使用何種輔料，均屬於本稅目的徵收範圍。菸類包括卷菸（進口卷菸、白包卷菸、手工卷菸和未經國務院批准納入計劃的企業及個人生產的卷菸）、雪茄菸和菸絲。

2. 酒

酒類包括糧食白酒、薯類白酒、黃酒、啤酒和其他酒。

3. 化妝品

化妝品包括各類美容、修飾類化妝品、高檔護膚類化妝品和成套化妝品。

美容、修飾類化妝品是指香水、香水精、香粉、口紅、指甲油、胭脂、眉筆、唇筆、藍眼油、眼睫毛以及成套化妝品。

舞臺、戲劇、影視演員化妝用的上妝油、卸裝油、油彩，不屬於本稅目的徵收範圍。

高檔護膚類化妝品徵收範圍另行制定。

4. 貴重首飾及珠寶玉石

貴重首飾及珠寶玉石包括以金、銀、白金、寶石、珍珠、鑽石、翡翠、珊瑚、瑪瑙等高貴稀有物質以及其他金屬、人造寶石等製作的各種純金銀首飾及鑲嵌首飾和經採掘、打磨、加工的各種珠寶玉石。

5. 鞭炮、焰火

此項包括各種鞭炮、焰火。體育上用的發令紙、鞭炮藥引線，不按本稅目徵收。

6. 成品油

成品油包括汽油、柴油、石腦油、溶劑油、航空煤油、潤滑油、燃料油7個子目，航空煤油暫緩徵收。

7. 摩托車

摩托車包括輕便摩托車和摩托車兩種。對最大設計車速不超過 50 千米/小時、發動機氣缸總工作容量不超過 50 毫米的三輪摩托車不徵收消費稅。取消氣缸容量 250 毫升（不含）以下的小排量摩托車消費稅。

8. 小汽車

小汽車是指由動力驅動，具有 4 個或 4 個以上車輪的非軌道承載的車輛。

9. 高爾夫球及球具

高爾夫球及球具包括高爾夫球、高爾夫球杆、高爾夫球包（袋）。高爾夫球杆的杆頭、杆身和握把屬於本稅目的徵收範圍。

10. 高檔手錶

高檔手錶是指銷售價格（不含增值稅）每只在 10,000 元（含）以上的各類手錶。

11. 遊艇

遊艇是指長度大於 8 米小於 90 米，船體由玻璃鋼、鋼、鋁合金、塑料等多種材料製作，可以在水上移動的水上浮載體。按照動力劃分，遊艇分為無動力艇、帆艇和機動艇。

12. 木制一次性筷子

木制一次性筷子又稱衛生筷子，是指以木材為原料經過鋸段、浸泡、旋切、刨切、烘干、篩選、打磨、倒角、鐥等環節加工而成的各類供一次性使用的筷子。

本稅目徵收範圍包括各種規格的木制一次性筷子。未經打磨、倒角的木制一次性筷子屬於本稅目徵稅範圍。

13. 實木地板

實木地板是指以木材為原料，經鋸割、干燥、刨光、截斷、開榫、塗漆等工序加工而成的塊狀或條狀的地面裝飾材料。實木地板按生產工藝不同，可分為獨板（塊）實木地板、實木接地板、實木橫徵複合地板三類；按表面處理狀態不同，可分為未塗飾（白坯板素板）和漆飾地板兩類。

本稅目徵收範圍包括各類規格的實木地板、實木指接地板、實木複合地板及用於裝飾牆壁、天棚的側端為榫、槽的實木裝飾板。未經塗飾的素板也屬於本稅目徵稅範圍。

14. 電池

2015 年 2 月 1 日起對電池（鉛蓄電池除外）徵收消費稅；對無汞原電池、金屬氫化物鎳蓄電池（又稱「氫鎳蓄電池」或「鎳氫蓄電池」）、鋰原電池、鋰離子蓄電池、太陽能電池、燃料電池、全釩液流電池免徵消費稅。2015 年 12 月 31 日前對鉛蓄電池緩徵消費稅；自 2016 年 1 月 1 日起，對鉛蓄電池按 4% 稅率徵收消費稅。

15. 塗料

塗料是指塗於物體表面能形成具有保護、裝飾或特殊性能的固態塗膜的一類液體或固體材料之總稱。

（二）稅率

消費稅根據不同的稅目或子目確定相應的稅率或單位稅額。經整理匯總的消費稅稅目、稅率表見表 7.1。

第七章 流轉稅

表 7.1　　　　　　　　　消費稅稅目、稅率表

稅目	稅率
一、菸	
1. 卷菸	
工業	
（1）甲類卷菸（生產或進口環節）	56%加 0.003 元/支
（2）乙類卷菸（生產或進口環節）	36%加 0.003 元/支
（3）批發環節	11%加 0.005 元/支
2. 雪茄菸	36%
3. 菸絲	30%
二、酒	
1. 白酒	20%加 0.5 元/500 克（或者 500 毫升）
2. 黃酒	240 元/噸
3. 啤酒	
（1）甲類啤酒	250 元/噸
（2）乙類啤酒	220 元/噸
4. 其他酒	10%
三、化妝品	30%
四、貴重首飾及珠寶玉石	
1. 金銀首飾、鉑金首飾和鑽石飾品	5%
2. 其他貴重首飾和珠寶玉石	10%
五、鞭炮、焰火	15%
六、成品油	
1. 汽油	1.52 元/升
2. 柴油	1.2 元/升
3. 航空煤油	1.2 元/升
4. 石腦油	1.52 元/升
5. 溶劑油	1.52 元/升
6. 潤滑油	1.52 元/升
7. 燃料油	1.2 元/升
七、摩托車	
1. 氣缸容量為 250 毫升的	3%
2. 氣缸容量為 250 毫升以上的	10%
八、小汽車	
1. 乘用車	
（1）氣缸容量（排氣量，下同）在 1.0 升（含 1.0 升）以下的	1%
（2）氣缸容量在 1.0 升以上至 1.5 升（含 1.5 升）的	3%
（3）氣缸容量在 1.5 升以上至 2.0 升（含 2.0 升）的	5%
（4）氣缸容量在 2.0 升以上至 2.5 升（含 2.5 升）的	9%
（5）氣缸容量在 2.5 升以上至 3.0 升（含 3.0 升）的	12%
（6）氣缸容量在 3.0 升以上至 4.0 升（含 1.5 升）的	25%
（7）氣缸容量在 4.0 升以上的	40%
2. 中輕型商用客車	5%

表7.1(續)

稅目	稅率
九、高爾夫球及球具	10%
十、高檔手錶	20%
十一、遊艇	10%
十二、木制一次性筷子	5%
十三、實木地板	5%
十四、電池	4%
十五、塗料	4%

課堂思考：自2015年5月10日起，卷菸批發環節從價稅稅率由5%提高至11%，並按0.005元/支加徵從量稅。這是中國繼2009年5月之後時隔六年再度調整菸草消費稅。請分析調高卷菸批發環節的消費稅稅率的原因。

四、消費稅應納稅額的計算

按照現行消費稅法的基本規定，消費稅應納稅額的計算主要分為從價計徵、從量計徵和從價從量複合計徵三種方法。

（一）從價定率計徵

在從價定率計算方法下，應納稅額等於應稅消費品的銷售額乘以適用稅率，應納稅額的多少取決於應稅消費品的銷售額和適用稅率兩個因素。

1. 生產銷售應稅消費品銷售額的確定

（1）計稅銷售額的一般規定

銷售額為納稅人銷售應稅消費品向購買方收取的全部價款和價外費用。

價外費用是指價外收取的基金、集資費、返還利潤、補貼、違約金（延期付款利息）和手續費、包裝費、儲備費、優質費、運輸裝卸費、代收款項、代墊款項以及其他各種性質的收費。但下列項目不包括在內：

①同時符合以下條件的代墊運輸費用：

第一，承運部門的運輸費用發票開具給購買方的。

第二，納稅人將該項發票轉交給購買方的。

②同時符合以下條件代為收取的政府性基金或者行政事業性收費：

第一，由國務院或者財政部批准設立的政府性基金，由國務院或者省級人民政府及其財政、價格主管部門批准設立的行政事業性收費。

第二，收取時開具省級以上財政部門印製的財政票據。

第三，所收款項全額上繳財政。

其他價外費用，無論是否屬於納稅人的收入，均應並入銷售額計算徵稅。

（2）包裝物計稅的規定

實行從價定率辦法計算應納稅額的應稅消費品連同包裝銷售的，無論包裝是否

第七章　流轉稅

單獨計價，也不論在會計上如何核算，均應並入應稅消費品的銷售額中徵收消費稅。如果包裝物不作價隨同產品銷售，而是收取押金，此項押金則不應並入應稅消費品的銷售額中徵稅。但對因逾期未收回的包裝物不再退還的或者已收取的時間超過12個月的押金，應並入應稅消費品的銷售額，按照應稅消費品的適用稅率繳納消費稅。

對既作價隨同應稅消費品銷售，又另外收取的包裝物的押金，凡納稅人在規定的時期內沒有退還的，均應並入應稅消費品的銷售額，按照應稅消費品的適用稅率繳納消費稅。

（3）含增值稅銷售額的換算

應稅消費品在繳納消費稅的同時，與一般貨物一樣，還應繳納增值稅。應稅消費品的銷售額，不包括應向購貨方收取的增值稅稅款。如果納稅人應稅消費品的銷售額中未扣除增值稅稅款或者因不得開具增值稅專用發票而發生價款和增值稅稅款合併收取的，在計算消費稅時，應將含增值稅的銷售額換算為不含增值稅款的銷售額。其換算公式為：

應稅消費品的銷售額＝含增值稅的銷售額÷（1+增值稅稅率或徵收率）

【例7-4】南陵化妝品廠銷售化妝品一批，出廠價格共計146,250元（含增值稅），另收取包裝物材料費23,400元。計算南陵化妝品廠應稅消費品的銷售額。

解：應稅消費品的銷售額＝（146,250+23,400）÷（1+17%）＝145,000（元）

2. 自產自用應稅消費品計稅銷售額的確定

所謂自產自用，就是納稅人生產應稅消費品後，不是用於直接對外銷售，而是用於自己連續生產應稅消費品或用於其他方面。

（1）用於連續生產應稅消費品

納稅人自產自用的應稅消費品，用於連續生產應稅消費品的，不納稅。所謂「納稅人自產自用的應稅消費品，用於連續生產應稅消費品的」，是指作為生產最終應稅消費品的直接材料並構成最終產品實體的應稅消費品。例如，卷菸廠生產出菸絲，菸絲已是應稅消費品，卷菸廠再用生產出的菸絲連續生產卷菸，這樣，用於連續生產卷菸的菸絲就不繳納消費稅，只對生產的卷菸徵收消費稅。當然，生產出的菸絲如果是直接銷售的，則菸絲還是要納消費稅的。

（2）用於其他方面的應稅消費品

納稅人自產自用的應稅消費品，除用於連續生產應稅消費品外，凡用於其他方面的，移送使用時納稅。用於其他方面的是指納稅人用於生產非應稅消費品、在建工程、管理部門、非生產機構、提供勞務，以及用於饋贈、贊助、集資、廣告、樣品、職工福利、獎勵等方面。

（3）組成計稅價格及稅額的計算

納稅人自產自用的應稅消費品，凡用於其他方面應當納稅的，按照納稅人生產的同類消費品的銷售價格計算納稅。同類消費品的銷售價格是指納稅人當月銷售的同類消費品的銷售價格，如果當月同類消費品各期銷售價格高低不同，應按銷售數量加權平均計算。但銷售的應稅消費品有下列情況之一的，不得列入加權平均計算：

①銷售價格明顯偏低又無正當理由的。

②無銷售價格的。

如果當月無銷售或者當月未完結，應按照同類消費品上月或者最近月份的銷售價格計算納稅。

沒有同類消費品銷售價格的，按照組成計稅價格計算納稅。組成計稅價格的計算公式是：

組成計稅價格 =（成本 + 利潤）÷（1 - 消費稅稅率）

在上式中，成本是指應稅消費品的生產成本，利潤是指根據應稅消費品的全國平均成本利潤率計算的利潤。應稅消費品的全國平均成本利潤率由國家稅務總局確定，如表7.2所示。

表7.2　　　　　　　　　　平均成本利潤率表　　　　　　　　　　單位：%

貨物名稱	利潤率	貨物名稱	利潤率
1. 甲類卷菸	10	11. 貴重首飾及珠寶玉石	6
2. 乙類卷菸	5	12. 汽車輪胎	5
3. 雪茄菸	5	13. 摩托車	6
4. 菸絲	5	14. 高爾夫球及球具	10
5. 糧食白酒	10	15. 高檔手錶	20
6. 薯類白酒	5	16. 遊艇	10
7. 其他酒	5	17. 木製一次性筷子	5
8. 酒精	5	18. 實木地板	5
9. 化妝品	5	19. 乘用車	8
10. 鞭炮、焰火	5	20. 中輕型商用客車	5

【例7-5】某化妝品廠將一批自產的化妝品作為福利全部發給職工，該批化妝品成本為15萬元。計算該化妝品應繳納的消費稅稅額。

解：（1）組成計稅價格 = 15×（1+5%）÷（1-30%）= 22.5（萬元）

（2）應納稅額 = 22.5×30% = 6.75（萬元）

3. 委託加工應稅消費品計稅銷售額的確定

（1）委託加工應稅消費品的界定

委託加工的應稅消費品是指由委託方提供原料和主要材料，受託方只收取加工費和代墊部分輔助材料加工的應稅消費品。對於由受託方提供原材料生產的應稅消費品，或者受託方先將原材料賣給委託方，然後再接受加工的應稅消費品，以及由受託方以委託方名義購進原材料生產的應稅消費品，不論納稅人在財務上是否作銷售處理，都不得作為委託加工應稅消費品，而應當按照銷售自製應稅消費品繳納消費稅。

（2）代收代繳稅款

對於確實屬於委託方提供原材料和主要材料，受託方只收取加工費和代墊部分輔助材料加工的應稅消費品，由受託方在向委託方交貨時代收代繳消費稅。但是納稅人委託個體經營者加工應稅消費品的，一律由委託方收回後在委託所在地繳納消費稅。

第七章 流轉稅

委託加工的應稅消費品，受託方在交貨時已代繳消費稅，委託方收回後直接出售的，不再徵收消費稅。

(3) 計稅依據的確定

委託加工的應稅消費品，按照受託方的同類消費品的銷售價格計算納稅，同類消費品的銷售價格是指受託方（即代收代繳義務人）當月銷售的同類消費品的銷售價格，如果當月同類消費品各期銷售價格高低不同，應按銷售數量加權平均計算。但銷售的應稅消費品有下列情況之一的，不得列入加權平均計算：

①銷售價格明顯偏低又無正當理由的。
②無銷售價格的。

如果當月無銷售或者當月未完結，應按照同類消費品上月或最近月份的銷售價格計算納稅。沒有同類消費品銷售價格的，按照組成計稅價格計算納稅。組成計稅價格的計算公式為：

$$組成計稅價格 = (材料成本 + 加工費) \div (1 - 消費稅稅率)$$

公式中的「材料成本」是指委託方所提供加工材料的實際成本。委託加工應稅消費品的納稅人，必須在委託加工合同上如實註明（或以其他方式提供）材料成本，凡未提供材料成本的，受託方所在地主管稅務機關有權核定其材料成本。

「加工費」是指受託方加工應稅消費品向委託方所取的全部費用（包括代墊輔助材料的實際成本，不包括增值稅稅金）。

【例 7-6】某鞭炮企業 2015 年 4 月受託為某單位加工一批鞭炮，委託單位提供的原材料金額為 60 萬元，收取委託單位不含增值稅的加工費 8 萬元，鞭炮企業無同類產品市場價，鞭炮的適用稅率為 15%。計算鞭炮企業應代收代繳的消費稅。

解：
(1) 組成計稅價格 = (60+8) ÷ (1-15%) = 80（萬元）
(2) 應代收代繳消費稅 = 80×15% = 12（萬元）

4. 進口應稅消費品的計稅銷售額的確定

以組成計稅價格為計稅銷售額，組成計稅價格計算公式為：

$$組成計稅價格 = (關稅完稅價格 + 關稅) \div (1 - 消費稅比例稅率)$$

【例 7-7】某商貿公司於 2015 年 5 月從國外進口一批應稅消費品，已知該批應稅消費品的關稅完稅價格為 90 萬元，按規定應繳納關稅 18 萬元，假定進口的應稅消費品的消費稅稅率為 10%。計算該批消費品進口環節應繳納的消費稅稅額。

解：
(1) 組成計稅價格 = (90+18) ÷ (1-10%) = 120（萬元）
(2) 應繳納消費稅稅額 = 120×10% = 12（萬元）

（二）從量定額計徵

從量定額應納稅額的計算公式為：

$$應納稅額 = 應稅消費品數量 \times 消費稅定額稅率$$

在從量定額計算方法下，應納稅額等於應稅消費品的銷售數量乘以單位稅額，應納稅額的多少取決於應稅消費品的銷售數量和單位稅額兩個因素。

1. 銷售數量的確定

銷售數量是指納稅人生產、加工和進口應稅消費品的數量。具體規定為：

(1) 銷售應稅消費品的，為應稅消費品的銷售數量。
(2) 自產自用應稅消費品的，為應稅消費品的移送使用數量。
(3) 委託加工應稅消費品的，為納稅人收回的應稅消費品數量。
(4) 進口的應稅消費品，為海關核定的應稅消費品進口徵稅數量。

2. 計量單位的換算標準

《消費稅暫行條例》規定，黃酒、啤酒以噸為稅額單位；汽油、柴油以升為稅額單位。但是，考慮到在實際銷售過程中，一些納稅人會把噸或升這兩個計量單位混用，故此規範了同產品的計量單位，以準確計算應納稅額，噸與升兩個計量單位的換算標準如表7.3所示。

表7.3　　　　　　　　　　噸、升換算表

序號	名稱	計量單位的換算標準
1	黃酒	1噸=962升
2	啤酒	1噸=988升
3	汽油	1噸=1,388升
4	柴油	1噸=1,176升
5	航空煤油	1噸=1,246升
6	石腦油	1噸=1,385升
7	溶劑油	1噸=1,282升
8	潤滑油	1噸=1,126升
9	燃料油	1噸=1,015升

(三) 從價從量複合計徵

現行消費稅的徵稅範圍中，只有卷菸、糧食白酒和薯類白酒採用複合計徵方法。應納稅額等於應稅銷售數量乘以定額稅率再加上應稅銷售額乘以比例稅率。其基本計算公式為：

應納稅額＝應稅銷售數量×定額稅率＋應稅銷售額×比例稅率

(四) 已納消費稅扣除的計算

為了避免重複徵稅，現行消費稅規定，將外購應稅消費品和委託加工收回的應稅消費品用於繼續生產應稅消費品銷售的，可以將外購應稅消費品和委託加工收回應稅消費品已繳納的消費稅給予扣除。

1. 以外購應稅消費品繼續生產應稅消費品的已納消費稅允許扣除範圍

連續生產出來的應稅消費品計算徵稅時，稅法規定應按當期生產領用數量計算準予扣除外購的應稅消費品已納的消費稅稅款。扣除範圍包括：

(1) 外購已稅菸絲生產的卷菸。
(2) 外購已稅化妝品生產的化妝品。
(3) 外購已稅珠寶玉石生產的貴重首飾及珠寶玉石。
(4) 外購已稅鞭炮、焰火生產的鞭炮、焰火。

第七章 流轉稅

（5）外購已稅桿頭、桿身和握把為原料生產的高爾夫球桿。
（6）外購已稅木制一次性筷子為原料生產的木制一次性筷子。
（7）外購已稅實木地板為原料生產的實木地板。
（8）對外購已稅汽油、柴油、石腦油、燃料油、潤滑油用於連續生產應稅成品油。
（9）外購已稅摩托車連續生產應稅摩托車（如用外購兩輪摩托車改裝三輪摩托車）。

上述當期準予扣除外購應稅消費品已納消費稅稅款的計算公式為：

當期準予扣除的外購應稅消費品已納稅款＝當期準予扣除的外購應稅消費品買價×外購應稅消費品適用稅率

當期準予扣除的外購應稅消費品買價＝期初庫存的外購應稅消費品的買價+當期購進的應稅消費品的買價−期末庫存的外購應稅消費品的買價

【例7-8】某卷菸生產企業某月初庫存外購應稅菸絲金額50萬元，當月又外購應稅菸絲金額500萬元（不含增值稅），月末庫存菸絲金額30萬元，其餘被當月生產卷菸領用。計算卷菸廠當月准許扣除的外購菸絲已繳納的消費稅稅額（菸絲適用的消費稅稅率為30%）。

解：
（1）當期准許扣除的外購菸絲買價＝50+500−30＝520（萬元）
（2）當月准許扣除的外購菸絲已繳納的消費稅稅額＝520×30%＝156（萬元）

2. 委託加工收回的應稅消費品已納稅款的扣除

委託加工的應稅消費品因為已由受託方代收代繳消費稅，因此，委託方收回貨物後用於連續生產應稅消費品的，其已納稅款準予按照規定從連續生產的應稅消費品應納消費稅稅額中抵扣。按照國家稅務總局的規定，下列連續生產的應稅消費品準予從應納消費稅稅額中按當期生產領用數量計算扣除委託加工收回的應稅消費品已納消費稅稅款：

（1）以委託加工收回的已稅菸絲為原料生產的卷菸。
（2）以委託加工收回的已稅化妝品為原料生產的化妝品。
（3）以委託加工收回的已稅珠寶玉石為原料生產的貴重首飾及珠寶玉石。
（4）以委託加工收回的已稅鞭炮、焰火為原料生產的鞭炮、焰火。
（5）以委託加工收回的已稅桿頭、桿身和握把為原料生產的高爾夫球桿。
（6）以委託加工收回的已稅木制一次性筷子為原料生產的木制一次性筷子。
（7）以委託加工收回的已稅實木地板為原料生產的實木地板。
（8）以委託加工收回的已稅汽油、柴油、石腦油、燃料油、潤滑油用於連續生產應稅成品油。
（9）以委託加工收回的已稅摩托車連續生產應稅摩托車（如用外購兩輪摩托車改裝三輪摩托車）。

上述當期準予扣除委託加工收回的應稅消費品已納消費稅稅款的計算公式是：

當期準予扣除的委託加工應稅消費品已納稅款=期初庫存的委託加工應稅消費品已納稅款+當期收回的委託加工應稅消費品已納稅款-期末庫存的委託加工應稅消費品已納稅款

納稅人用委託加工收回的已稅珠寶玉石生產的改在零售環節徵收消費稅的金銀首飾，在計稅時一律不得扣除委託加工收回的珠寶玉石的已納消費稅稅款。

五、消費稅出口退（免）稅

出口應稅消費品退（免）消費稅在政策上分為以下三種情況：

（一）出口免稅並退稅

適用這個政策的是：有出口經營權的外貿企業購進應稅消費品直接出口，以及外貿企業受其他外貿企業委託代理出口應稅消費品。這裡需要重申的是，外貿企業只有受其他外貿企業委託，代理出口應稅消費品才可辦理退稅，外貿企業受其他企業（主要是非生產性的商貿企業）委託，代理出口應稅消費品是不予退（免）稅的。這個政策限定與前述出口貨物退（免）增值稅的政策規定是一致的。

（二）出口免稅但不退稅

適用這個政策的是：有出口經營權的生產性企業自營出口或生產企業委託外貿企業代理出口自產的應稅消費品，依據其實際出口數量免徵消費稅，不予辦理退還消費稅。這裡，免徵消費稅是指對生產性企業按其實際出口數量免徵生產環節的消費稅。不予辦理退還消費稅，是指因已免徵生產環節的消費稅，該應稅消費品出口時，已不含有消費稅，所以也無須再辦理退還消費稅了。這項政策規定與前述生產性企業自營出口或委託代理出口自產貨物退（免）增值稅的規定是不一樣的。其政策區別的原因是，消費稅僅在生產企業的生產環節徵收，生產環節免稅了，出口的應稅消費品就不含有消費稅了；而增值稅卻在貨物銷售的各個環節徵收，生產企業出口貨物時，已納的增值稅就需退還。

（三）出口不免稅也不退稅

適用這個政策的是：除生產企業、外貿企業外的其他企業，具體是指一般商貿企業，這類企業委託外貿企業代理出口應稅消費品一律不予退（免）稅。

> 課堂思考：出口退（免）消費稅的意義是什麼？

六、消費稅的徵收管理

（一）消費稅的納稅義務發生時間

1. 納稅人銷售的應稅消費品，納稅義務發生時間按不同的銷售結算方式分別確定：

（1）納稅人採取賒銷和分期收款結算方式的，為書面合同約定的收款日期的當天；書面合同沒有約定收款日期或者無書面合同的，為發出應稅消費品的當天。

（2）納稅人採取預收貨款結算方式的，為發出應稅消費品的當天。

（3）納稅人採取托收承付、委託銀行收款結算方式的，為發出應稅消費品並辦

第七章 流轉稅

妥托收手續的當天。

（4）納稅人採取其他結算方式的，為收訖銷售款或者取得了索取銷售款憑據的當天。

2. 納稅人自產自用的應稅消費品，為移送使用的當天。

3. 納稅人委託加工應稅消費品的，為納稅人提貨的當天。

4. 納稅人進口應稅消費品的，為報關進口的當天。

（二）消費稅的納稅地點

（1）納稅人銷售的應稅消費品，以及自產自用的應稅消費品，除國務院財政、稅務主管部門另有規定外，應當向納稅人機構所在地或者居住地的主管稅務機關申報納稅。

（2）委託個人加工的應稅消費品，由委託方向其機構所在地主管稅務機關申報納稅。

（3）納稅人銷售的應稅消費品，如因質量等原因由購買者退回時，經所在地主管稅務機關審核批准後，可退還已徵收的消費稅稅款。

（三）納稅期限

消費稅的納稅期限分別為1日、3日、5日、10日、15日、1個月或者1個季度。納稅人的具體納稅期限，由主管稅務機關根據納稅人應納稅額的大小分別核定；不能按照固定期限納稅的，可以按次納稅。

納稅人以1個月或以1個季度為一期納稅的，自期滿之日起15日內申報納稅；以1日、3日、5日、10日或者15日為一期納稅的，自期滿之日起5日內預繳稅款，於次月1日起至15日內申報納稅並結清上月應納稅款。

納稅人進口應稅消費品，應當自海關填發海關進口消費稅專用繳款書之日起15日內繳納稅款。

第四節 營業稅

一、營業稅概述

營業稅是以在中國境內提供應稅勞務、轉讓無形資產或銷售不動產所取得的營業額為課稅對象而徵收的一種流轉稅。

營業稅實行普遍徵收，計稅依據為營業額全額，稅額不受成本、費用高低影響，對於保證財政收入的穩定增長具有十分重要的意義。現行營業稅徵稅範圍為增值稅徵稅範圍之外的所有經營業務，因而稅率設計的總體水平一般較低。但由於各經營業務盈利水平高低不同，因此，實際稅負設計中，往往採取按不同行業、不同經營業務設立稅目、稅率的方法，實行同一行業同稅率，不同行業不同稅率。

二、營業稅的納稅義務人和扣繳義務人

（一）納稅義務人

1. 關於納稅人的一般規定

在中華人民共和國境內提供應稅勞務、轉讓無形資產或者銷售不動產的單位和

161

個人，為營業稅的納稅義務人。

2. 關於納稅人的特殊規定

（1）單位以承包、承租、掛靠方式經營的，承包人、承租人、掛靠人（以下統稱承包人）發生應稅行為，承包人以發包人、出租人、被掛靠人（以下統稱發包人）名義對外經營並由發包人承擔相關法律責任的，以發包人為納稅人；否則以承包人為納稅人。

（2）建築安裝業務實行分包的，分包者為納稅人。

（二）扣繳義務人

（1）境外的單位或者個人在境內提供應稅勞務、轉讓無形資產或者銷售不動產，在境內未設有經營機構的，以其境內代理人為扣繳義務人；在境內沒有代理人的，以受讓方或者購買方為扣繳義務人。

（2）非居民在中國境內發生營業稅應稅行為而在境內未設立經營機構的，以代理人為營業稅的扣繳義務人；沒有代理人的，以發包方、勞務受讓方為扣繳義務人。

三、營業稅稅目與稅率

（一）稅目

營業稅的稅目按照行業、類別的不同分別設置，現行營業稅共設置了7個稅目。

1. 建築業

建築業是指建築安裝工程作業等，包括建築、安裝、修繕、裝飾和其他工程作業等項內容。

2. 金融保險業

金融保險業是指經營金融、保險的業務：

（1）金融是指經營貨幣資金融通活動的業務，包括貸款、金融商品轉讓、金融經紀業、郵政儲蓄業務和其他金融業務（註：有形動產融資租賃，已納入「營改增」）。

①貸款是指將資金有償貸與他人使用（包括貼現、押匯方式）的業務。以貨幣資金投資但收取固定利潤或保底利潤的行為，也屬於這裡所稱的貸款業務。按資金來源不同，貸款分為轉貸業務和一般貸款業務。

②金融商品轉讓，是指轉讓外匯、有價證券或非貨物期貨的所有權的行為，包括股票轉讓、債券轉讓、外匯轉讓、其他金融商品轉讓。

③金融經紀業務，指受託代他人經營金融活動的中間業務，如委託業務、代理業務、諮詢業務等。

④其他金融業務，是指上列業務以外的各項金融業務，如銀行結算、票據貼現等。存款或購入金融商品行為，不徵收營業稅。

（2）保險是指將通過契約形式集中起來的資金，用以補償被保險人的經濟利益的活動。

（3）對中國境內外資金融機構從事離岸銀行業務，屬於在中國境內提供應稅勞務的，徵收營業稅。

第七章　流轉稅

3. 文化體育業

文化體育業是指經營文化、體育活動的業務，包括文化業和體育業。

（1）文化業是指經營文化活動的業務，包括表演、經營遊覽場所和各種展覽、培訓活動，舉辦文學、藝術、科技講座、講演、報告會、圖書館的圖書和資料的借閱業務等。

（2）體育業是指舉辦各種體育比賽和為體育比賽或體育活動提供場所的業務。

4. 娛樂業

娛樂業是指為娛樂活動提供場所和服務的業務，包括經營歌廳、舞廳、音樂茶座、臺球、高爾夫球、保齡球、網吧、遊藝場等娛樂場所，以及娛樂場所為顧客進行娛樂活動提供服務的業務。娛樂場所為顧客提供的飲食服務及其他各種服務也按照娛樂業徵稅。

5. 服務業

（1）服務業是指利用設備、工具、場所、信息或技能為社會提供服務的業務，包括代理業、旅店業、飲食業、旅遊業、租賃業和其他服務業（註：倉儲業和廣告業及有形動產的經營租賃、廣告代理服務、知識產權代理服務、貨物運輸代理服務、代理報關服務、客運場站代理服務、代理記帳服務、郵政代理服務已納入「營改增」）。

（2）自2002年1月1日起，福利彩票機構發行銷售福利彩票取得的收入不徵收營業稅。對福利彩票機構以外的代銷單位銷售福利彩票取得的手續費收入應按規定徵收營業稅。

（3）對社保基金投資管理人、社保基金託管人從事社保基金管理活動取得的收入，依照稅法的規定徵收營業稅。

（4）單位和個人在旅遊景點經營索道取得的收入按「服務業」稅目中的「旅遊業」項目徵收營業稅。

（5）交通部門有償轉讓高速公路收費權行為，屬於營業徵收範圍，應按「服務業」稅目中的「租賃業」項目徵收營業稅。

（6）自2012年1月1日起，旅店業和飲食業納稅人銷售非現場消費的食品應當繳納增值稅，不繳納營業稅。

6. 轉讓無形資產

轉讓無形資產是指轉讓無形資產的所有權或使用權的行為，包括轉讓土地使用權、轉讓自然資源使用權（註：轉讓商標權、轉讓專利權、轉讓非專利技術、轉讓著作權和轉讓商譽，已納入「營改增」）。

自2003年1月1日起，以無形資產投資入股，參與接受投資方的利潤分配、共同承擔投資風險的行為，不徵收營業稅。在投資後轉讓其股權的也不徵收營業稅。

7. 銷售不動產

銷售不動產是指有償轉讓不動產所有權的行為，包括銷售建築物或構築物和銷售其他土地附著物。在銷售不動產時連同不動產所占土地的使用權一併轉讓的行為，比照銷售不動產徵收營業稅。

財政與稅收

自 2003 年 1 月 1 日起，以不動產投資入股，參與接受投資方利潤分配、共同承擔投資風險的行為，不徵收營業稅。在投資後轉讓其股權的也不徵收營業稅。

單位或者個人將不動產或者土地使用權無償贈送其他單位或者個人，視同發生應稅行為按規定徵收營業稅；單位或者個人自己新建（以下簡稱自建）建築物後銷售，其所發生的自建行為，視同發生應稅行為按規定徵收營業稅。

（二）稅率

營業稅按照行業、類別的不同分別採用不同的比例稅率，具體規定為：

（1）建築業、文化體育業，稅率為 3%。

（2）金融保險業、服務業、銷售不動產、轉讓無形資產，稅率為 5%。

（3）娛樂業執行 5%～20% 的幅度稅率，具體適用的稅率，由各省、自治區、直轄市人民政府根據當地的實際情況在稅法規定的幅度內決定。

四、營業稅應納稅額的計算

納稅人提供應稅勞務、轉讓無形資產或者銷售不動產，按照營業額和規定的適用稅率計算應納稅額。計算公式為：

$$應納稅額 = 營業額 \times 稅率$$

（一）營業額的一般規定

營業稅的計稅依據是營業額，營業額為納稅人提供應稅勞務、轉讓無形資產或者銷售不動產時向對方收取的全部價款和價外費用。價外費用包括收取的手續費、補貼、基金、集資費、返還利潤、獎勵費、違約金、滯納金、延期付款利息、賠償金、代收款項、代墊款項、罰息及其他各種性質的價外收費，但不包括同時符合以下條件代為收取的政府性基金或者行政事業性收費：

（1）由國務院或者財政部批准設立的政府性基金，由國務院或者省級人民政府及其財政、價格主管部門批准設立的行政事業性收費。

（2）收取時開具省級以上財政部門印製的財政票據。

（3）所收款項全額上繳財政。

（二）營業額的具體規定

1. 建築業

（1）建築業的總承包人將工程分包給他人，以工程的全部承包額減去付給分包人的價款的餘額為營業額。

（2）納稅人提供建築業勞務（不含裝飾勞務）的，其營業額應當包括工程所用原材料、設備及其他物資和動力價款在內，但不包括建設方提供的設備的價款。

從事安裝工程作業，安裝設備價值作為安裝工程產值的，營業額包括設備的價款。如果設備由發包方提供，承包方只是提供安裝勞務，營業額不應包括設備的價款；如果設備由承包方提供，與安裝勞務一併收款，營業額應包括設備的價款。

2. 金融保險業

（1）一般貸款業務的營業額為貸款利息收入（包括各種加息、罰息等）。

（2）外匯、有價證券、期貨等金融商品買賣業務，以賣出價減去買入價後的餘

第七章 流轉稅

額為營業額。

（3）金融經紀業務和其他金融業務（中間業務）營業額為手續費（佣金）類的全部收入。金融企業從事受託收款業務，如代收電話費、水電煤氣費、信息費、學雜費、尋呼費、社保統籌費、交通違章罰款、稅款等，以全部收入減去支付給委託方價款後的餘額為營業額。

（4）保險業務營業額包括：

①辦理初保業務。營業額為納稅人經營保險業務向對方收取的全部價款。

②保險企業開展無賠償獎勵業務的，以向投保人實際收取的保費為營業額。

③中華人民共和國境內的保險人將其承保的以境內標的物為保險標的的保險業務向境外再保險人辦理分保的，以全部保費收入減去分保保費後的餘額為營業額。

境外再保險人應就其分保收入承擔營業稅納稅義務，並由境內保險人扣繳境外再保險人應繳納的營業稅稅款。

3. 娛樂業

娛樂業的營業額為經營娛樂業收取的全部價款和價外費用，包括門票收費、臺位費、點歌費、菸酒、飲料、茶水、鮮花、小吃等收費及經營娛樂業的其他各項收費。

4. 服務業

（1）代理業以納稅人從事代理業務向委託方實際收取的報酬為營業額。

（2）電腦福利彩票投註點代銷福利彩票取得的任何形式的手續費收入，應照章徵收營業稅。

（3）對拍賣行向委託方收取的手續費應徵收營業稅。

（4）納稅人從事旅遊業務的，以其取得的全部價款和價外費用扣除替旅遊者支付給其他單位或者個人的住宿費、餐費、交通費、旅遊景點門票和支付給其他接團旅遊企業的旅遊費後的餘額為營業額。

（5）對單位和個人在旅遊景區經營旅遊遊船、觀光電梯、觀光電車、景區環保客運車所取得的收入應按「服務業—旅遊業」徵收營業稅。

（6）從事物業管理的單位，以與物業管理有關的全部收入減去代業主支付的電、水、燃氣以及代承租者支付的水、電、燃氣、房屋租金的價款後的餘額為營業額。

5. 銷售不動產或土地使用權

（1）單位和個人銷售或轉讓其購置的不動產或受讓的土地使用權，以全部收入減去不動產或土地使用權的購置或受讓原價後的餘額為營業額。

（2）單位和個人銷售或轉讓抵債所得的不動產、土地使用權的，以全部收入減去抵債時該項不動產或土地使用權作價後的餘額為營業額。

（3）中國將從2015年3月31日起調整個人住房轉讓營業稅政策，個人將購買不足2年的住房對外銷售的，全額徵收營業稅；個人將購買2年以上（含2年）的非普通住房對外銷售的，按照其銷售收入減去購買房屋的價款後的差額徵收營業稅；個人將購買2年以上（含2年）的普通住房對外銷售的，免徵營業稅。

> **課堂思考：** 營業稅免徵「五改二」政策將對樓市產生哪些影響？購房者將獲得哪些實惠？

6. 其他情況下營業額的確定

對於納稅人提供勞務、轉讓無形資產或銷售不動產價格明顯偏低而無正當理由的，或者視同發生應稅行為而無營業額的，稅務機關可按下列順序確定其營業額：

(1) 按納稅人最近時期發生同類應稅行為的平均價格核定。

(2) 按其他納稅人最近時期發生同類應稅行為的平均價格核定。

(3) 按下列公式核定：

營業額 = 營業成本或者工程成本 × (1 + 成本利潤率) ÷ (1 - 營業稅稅率)

公式中的成本利潤率由各省、自治區、直轄市的稅務局確定。

【例7-9】甲建築公司承包一項工程，工程總造價為15,000萬元。甲建築公司將其中價值5,000萬元的工程轉包給乙公司。由於該工程提前竣工，建設單位支付給甲建築公司提前竣工獎600萬元。甲建築公司將提前竣工獎200萬元支付給乙公司。另甲建築公司當期還取得其他工程結算收入700萬元，取得建築施工機械出租收入20萬元。

要求：為甲建築公司分別按「建築業」和「租賃業」稅目計算應繳納的營業稅額和應代扣代繳的營業稅額。

解：

(1) 甲建築公司建築業應繳納的營業稅 = (15,000 - 5,000 + 600 - 200 + 700) × 3% = 333（萬元）

(2) 甲建築公司建築業應代扣代繳的營業稅 = (5,000 + 200) × 3% = 156（萬元）

(3) 甲建築公司租賃業應繳納的營業稅 = 20 × 5% = 1（萬元）

【例7-10】某歌舞廳某月取得門票收入60萬元，臺位費收入30萬元，相關的菸酒和飲料費收入20萬元，鮮花和小吃收入10萬元，假定適用的稅率為15%。計算該歌舞廳應繳納的營業稅稅額。

解：應納稅額 = 營業額 × 適用稅率 = (60 + 30 + 20 + 10) × 15% = 18（萬元）

五、營業稅的稅收優惠

(一) 起徵點

營業稅起徵點的適用範圍限於個人。

(1) 按期納稅的，為月營業額5,000~20,000元。

(2) 按次納稅的，為每次（日）營業額300~500元。

(二) 稅收優惠規定

(1) 根據《中華人民共和國營業稅暫行條例》（以下簡稱《營業稅暫行條例》）的規定，下列項目免徵營業稅：

①托兒所、幼兒園、養老院、殘疾人福利機構提供的育養服務、婚姻介紹、殯葬服務。

②殘疾人員個人為社會提供的勞務。
③學校和其他教育機構提供的教育勞務、學生勤工儉學提供的勞務。
④農業機耕、排灌、病蟲害防治、植保、農牧保險以及相關技術培訓業務，家禽、牲畜、水生動物的配種和疾病防治。
⑤紀念館、博物館、文化館、美術館、展覽館、書畫院、圖書館、文物保護單位管理機構舉辦文化活動的門票收入，宗教場所舉辦文化、宗教活動的門票收入。
⑥醫院、診所和其他醫療機構提供的醫療服務。
⑦境內保險機構為出口貨物提供的保險產品。
（2）根據國家的其他規定，下列項目減徵或免徵營業稅：
①保險公司開展的1年期以上返還性人身保險業務的保費收入免徵營業稅。
②將土地使用權轉讓給農業生產者用於農業生產，免徵營業稅。
③凡經中央及省級財政部門批准納入預算管理或財政專戶管理的行政事業性收費、基金，無論是行政單位收取的，還是由事業單位收取的，均不徵收營業稅。
④社會團體按財政部門或民政部門規定標準收取的會費，不徵收營業稅。
⑤對住房公積金管理中心用住房公積金在指定的委託銀行發放個人住房貸款取得的收入，免徵營業稅。
⑥對按政府規定價格出租的公有住房和廉租住房暫免徵收營業稅；對個人出租住房，區分用途，以3%的法定稅率為基數減半徵收營業稅。
⑦中國人民銀行對金融機構的貸款業務，不徵收營業稅。中國人民銀行對企業貸款或委託金融機構貸款的業務應當徵收營業稅。
⑧金融機構往來業務暫不徵收營業稅。金融機構往來是指金融企業聯行、金融企業與中國人民銀行及同業之間的資金往來業務取得的利息收入，不包括相互之間提供的服務。
⑨對金融機構的出納長款收入，不徵收營業稅。

六、營業稅的徵收管理

（一）納稅義務發生時間

營業稅的納稅義務發生時間為納稅人收訖營業收入款項或者取得索取營業收入款項憑據的當天，為書面合同確定的付款日期的當天；未簽訂書面合同或者書面合同未確定付款日期為應稅行為完成的當天。

（二）納稅期限

（1）營業稅的納稅期限，分別為5日、10日、15日、1個月或1個季度。納稅人的具體納稅期限，由主管稅務機關根據納稅人應納稅額的大小分別核定；不能按照固定期限納稅的可以按次納稅。

納稅人以1個月或1個季度為一期納稅的，自期滿之日起15日內申報納稅；以5日、10日或者15日為一期納稅的，自期滿之日起5日內預繳稅款，於次月1日起15日內申報納稅並結清上月應納稅款。

（2）扣繳義務人的解繳稅款期限，比照上述規定執行。

（3）銀行、財務公司、信託投資公司、信用社、外國企業常駐代表機構的納稅期限為1個季度。自納稅期滿之日起15日內申報納稅。

（三）營業稅的納稅地點原則上採取屬地徵收的方法，就是納稅人在經營行為發生地繳納應納稅款。具體規定如下：

（1）納稅人提供應稅勞務，應當向機構所在地或者居住地的主管稅務機關申報納稅。

（2）納稅人轉讓土地使用權，應當向土地所在地主管稅務機關申報納稅。納稅人轉讓其他無形資產，應當向其機構所在地或居住地的主管稅務機關申報納稅。

（3）單位和個人出租土地使用權、不動產的營業稅納稅地點為土地、不動產所在地；單位和個人出租物品、設備等動產的營業稅納稅地點為出租單位機構所在地或個人居住地。

（4）納稅人銷售不動產，應當向不動產所在地主管稅務機關申報納稅。

第五節　關稅

一、關稅概述

（一）關稅的概念

關稅是一個古老的稅種，它的起源很早。隨著社會生產力的發展，出現了商品的生產和交換，關稅正是隨著商品交換和商品流通領域的不斷擴大、國際貿易的不斷發展而產生和逐步發展的。

關稅是指進出口商品在經過一國關境時，由政府設置的海關向進出口商品所徵收的稅收。請注意，這裡需要強調的是，是否徵收關稅，以貨物或物品是否經過一個國家的關境而不是以國境為標準。一般情況下關境與國境是一致的，但兩者不完全相同。所謂關境，是指一國海關法令有效實施的境域。國境包括一個主權國家全部的領土、領海、領空。當一個國家不存在貿易自由港、自由區和未加入關稅同盟的時候，其關境與國境是一致的。當存在自由港、自由區，或者幾個國家結成關稅同盟的時候，關境與國境的範圍就會產生不一致。

（二）關稅的分類

按照不同的標準，關稅有多種分類方法。

1. 按徵收對象分類的關稅，可以分成正稅和特別關稅

（1）正稅

關稅的正稅包括進口稅、出口稅和過境稅三種。

①進口稅是海關對進口貨物和物品所徵收的關稅。進口關稅是現今世界各國最主要的一種關稅。目前，許多國家已經不徵收出口關稅和過境關稅，人們提到的關稅，往往指進口關稅。

②出口稅是海關對出口貨物和物品所徵收的關稅。目前，世界上大多數國家都

第七章　流轉稅

不徵收出口稅。中國在 2002 年出口稅則中僅對一小部分關係到國計民生的重要出口商品徵收出口稅。

③過境稅是對外國經過本國國境運往另一國的貨物所徵收的關稅。目前，世界上大多數國家都不徵收過境稅，中國也不徵收過境稅。

（2）特別關稅

特別關稅是因某種特定的目的而對進口的貨物和物品徵收的關稅。

常見的特別關稅有：

①報復性關稅。任何國家或者地區對其進口的原產於中國的貨物徵收歧視性關稅或者給予其他歧視性待遇的，中國對原產於該國家或者地區的進口貨物徵收報復性關稅。

②反傾銷稅。這是針對實行商品傾銷的進口商品而徵收的一種進口附加稅。

③反補貼稅。這是對於直接或間接接受獎金或補貼的進口貨物和物品所徵收的一種進口附加稅。

④保障性關稅。根據《中華人民共和國保障措施條例》規定，有明確證據表明進口產品數量增加，在不採取臨時保障措施將對國內產業造成難以補救的損害的緊急情況下，可以做出初裁確定，並採取臨時保障措施。臨時保障措施採取提高關稅的形式。終裁確定進口產品數量增加會對國內產業造成損害的，可以採取保障措施。保障措施有提高關稅、數量限制等形式。

[資料連結]　　美國將對中國鋼材徵收 236% 的關稅 因中國政府補貼

中美鋼鐵貿易摩擦正在升級，這對於指望增加出口以消化國內過剩產能的中國鋼鐵企業來說，處境將更加艱難。

2015 年 11 月 4 日報導稱，美國商務部將對進口自中國的部分耐蝕鋼徵收最高達 236% 的關稅，這一稅率是根據其所獲知的中國政府補貼而確定的。

美國商務部稱其初步調查發現，鞍鋼集團香港有限公司、寶鋼集團、河北鋼鐵集團、常熟科弘材料科技有限公司、邯鄲鋼鐵集團這五家中國出口商所獲得的政府補貼比例高達 235.66%。此外，燁輝（中國）科技材料有限公司等其他企業亦獲得了 26.26% 的補貼。

美國政府認定，這對美國鋼鐵業造成了實質性損害。因此，美國海關邊境保護局將按照指示，根據這些公司所獲補貼比例來要求它們繳納關稅。

道瓊斯消息稱，此決定立即生效，如果明年 1 月做出的最終裁決也贊成徵稅，那麼這一關稅將實施五年。

「一般進口關稅也就百分之十幾，236% 的稅率明顯過高。」蘭格鋼鐵信息研究中心主任王國清告訴界面新聞記者，這將逼迫國內企業減少出口至美國的耐蝕鋼數量，並尋找其他出口途徑和渠道。

中國鋼鐵出口的利潤主要來自退稅。根據品種不同，鋼材的出口退稅率為 5%～10% 不等。

國家通過調整退稅比例，實現限制或鼓勵某些產品出口的目的。中國對企業出

口實行退稅，是在一定層面增強企業在海外的競爭力，而美國對中國企業徵收高關稅也是為了保護本土企業，削弱中國企業的競爭力，在這種兩國貿易博弈的情況下，中國企業應該主動應對，向世界貿易組織進行申訴。

中國企業還可以嘗試尋找其他出口渠道，並結合國務院關於推進國際產能和裝備製造合作的戰略指導意見，將與中國裝備和產能契合度高、合作願望強烈、合作條件和基礎好的發展中國家作為推進國際產能和裝備製造合作的重點國別，以點帶面，逐步將國內鋼材產能推向海外。

資料來源：美國將對中國鋼材徵收236%的關稅 因中國政府補貼［EB/OL］.［2015-11-05］. http://news.ifeng.com/a/20151105/46120424_0.shtml.

2. 按徵收關稅的標準，可以分成從價稅、從量稅、複合稅、滑準稅

（1）從價稅

從價稅是一種最常用的關稅計稅標準。它是以貨物的價格或者價值為徵稅標準，以應徵稅額占貨物價格或者價值的百分比為稅率，價格越高，稅額越高。貨物進口時，以此稅率和海關審定的實際進口貨物完稅價格相乘計算應徵稅額。目前，中國海關計徵關稅標準主要是從價稅。

（2）從量稅

從量稅是以貨物的數量、重量、體積、容量等計量單位為計稅標準，以每計量單位貨物的應徵稅額為稅率。中國目前對原油、啤酒和膠卷等進口商品徵收從量稅。

（3）複合稅

複合稅又稱混合稅，即訂立從價、從量兩種稅率，隨著完稅價格和進口數量而變化，徵收時兩種稅率合併計徵。中國目前僅對錄像機、放像機、攝像機、數字照相機和攝錄一體機等進口商品徵收複合稅。

（4）滑準稅

滑準稅是根據貨物的不同價格適用不同稅率的一類特殊的從價關稅。它是一種關稅稅率隨進口貨物價格由高至低而由低至高設置計徵關稅的方法。通俗地講，就是進口貨物的價格越高，其進口關稅稅率越低，進口商品的價格越低，其進口關稅稅率越高。中國目前僅對進口新聞紙實行滑準稅。

3. 按貨物國別來源而區別對待的原則，可以分成最惠國關稅、協定關稅、特惠關稅和普通關稅

（1）最惠國關稅

最惠國關稅適用原產於與中國共同適用最惠國待遇條款的世界貿易組織成員國或地區的進口貨物，或原產於與中國簽訂有相互給予最惠國待遇條款的雙邊貿易協定的國家或地區的進口貨物。

（2）協定關稅

協定關稅適用原產於中國參加的含有關稅優惠條款的區域性貿易協定的有關締約方的進口貨物。

（3）特惠關稅

特惠關稅適用原產於與中國簽訂有特殊優惠關稅協定的國家或地區的進口貨物。

第七章 流轉稅

(4) 普通關稅

普通關稅適用原產於上述國家或地區以外的國家或地區的進口貨物。

二、關稅的徵稅對象、納稅義務人及稅率

(一) 徵稅對象

關稅的徵稅對象是准許進出境的貨物和物品。貨物是指貿易性商品，物品指入境旅客隨身攜帶的行李物品、個人郵遞物品、各種運輸工具上的服務人員攜帶進境的自用物品、饋贈物品以及其他方式進境的個人物品。

(二) 納稅義務人

進口貨物的收貨人、出口貨物的發貨人、進出境物品的所有人，是關稅的納稅義務人。進出口貨物的收、發貨人是依法取得對外貿易經營權，並進口或者出口貨物的法人或者其他社會團體。

(三) 稅率

1. 進口關稅稅率

在中國加入世界貿易組織之前，中國進口稅則設有兩欄稅率，即普通稅率和優惠稅率。對原產於與中國未訂有關稅互惠協議的國家或者地區的進口貨物，按照普通稅率徵稅；對原產於與中國訂有關稅互惠協議的國家或者地區的進口貨物，按照優惠稅率徵稅。

2. 出口關稅稅率

國家僅對少數資源性產品及易於競相殺價、盲目進口、需要規範出口秩序的半製成品徵收出口關稅。現行稅則對 100 餘種商品計徵出口關稅，主要是鰻魚苗、部分有色金屬礦砂等。

三、關稅的完稅價格

進出口貨物的完稅價格，由海關以該貨物的成交價格為基礎審查確定。

(一) 一般進口貨物的完稅價格

1. 以成交價格為基礎的完稅價格

進口貨物的完稅價格包括貨物的貨價、貨物運抵中國境內輸入地點起卸前的運輸及其相關費用、保險費。

2. 對實付或應付價格進行調整的有關規定

實付或應付價格指買方為購買進口貨物直接或間接支付的總額，即作為賣方銷售進口貨物的條件，由買方向賣方或為履行賣方義務向第三方已經支付或將要支付的全部款項。

(1) 如下列費用或者價值未包括在進口貨物的實付或者應付價格中，應當計入完稅價格：

①由買方負擔的除購貨佣金以外的佣金和經紀費。購貨佣金指買方為購買進口貨物向自己的採購代理人支付的勞務費用。經紀費指買方為購買進口貨物向代表買

賣雙方利益的經紀人支付的勞務費用。

②由買方負擔的與該貨物視為一體的容器費用。

③由買方負擔的包裝材料和包裝勞務費用。

④與該貨物的生產和向中國境內銷售有關的，買方以免費或以低於成本價方式提供的其他價款，以及在境外開發、設計等相關服務的費用。

⑤與該貨物有關並作為賣方向中國銷售該貨物的一項條件，由買方直接或間接支付的特許權使用費。

⑥賣方直接或間接從買方取得轉售、處置或使用所得中獲得的收益。

（2）不計入完稅價格的項目有：

①廠房、機械、設備等與該貨物進口後的基建、安裝、裝配、維修和技術服務費用。

②貨物運抵境內輸入地點之後的運輸費用、保險費和其他相關費用。

③進口關稅及其他國內稅收。

（二）出口貨物的完稅價格

1. 以成交價格為基礎的完稅價格

出口貨物的完稅價格，由海關以該貨物向境外銷售的成交價格為基礎審查確定，並應包括貨物運至中國境內輸出地點裝載前的運輸及其相關費用、保險費，但其中包含的出口關稅稅額，應當扣除。

出口貨物的成交價格，是指該貨物出口銷售到中國境外時買方向賣方實付或應付的價格。出口貨物的成交價格中含有支付給境外的佣金的，如果單獨列明，應當扣除。

2. 出口貨物海關估價方法

出口貨物的成交價格不能確定時，完稅價格由海關依次使用下列方法估定：

（1）同時或大約同時向同一國家或地區出口的相同貨物的成交價格。

（2）同時或大約同時向同一國家或地區出口的類似貨物的成交價格。

（3）根據境內生產相同或類似貨物的成本、利潤和一般費用、境內發生的運輸及其相關費用、保險費計算所得的價格。

（4）按照合理方法估定的價格。

四、關稅應納稅額的計算

（1）從價稅應納稅額的計算公式：

應納稅額＝應稅進（出）口貨物數量×單位完稅價格×稅率

（2）從量稅應納稅額的計算公式：

應納稅額＝應稅進（出）口貨物數量×單位貨物稅額

（3）複合稅應納稅額的計算公式：

應納稅額＝應稅進(出)口貨物數量×單位貨物稅額＋應稅進(出)口貨物數量×完稅價格×稅率

【例7-11】某商場於2015年2月進口一批化妝品。該批貨物在國外的買價為

第七章　流轉稅

120 萬元，貨物運抵中國入關前發生的運輸費、保險費和其他費用分別為 10 萬元、6 萬元、4 萬元。貨物報關後，該商場按規定繳納了進口環節的增值稅和消費稅並取得了海關開具的繳款書。從海關將化妝品運往商場所在地取得增值稅專用發票，註明運輸費用 5 萬元、增值稅進項稅額 0.55 萬元，該批化妝品當月在國內全部銷售，取得不含稅銷售額 520 萬元（假定化妝品進口關稅稅率 20%，增值稅稅率 17%，消費稅稅率 30%）。

要求：計算該批化妝品進口環節應繳納的關稅、增值稅、消費稅和國內銷售環節應繳納的增值稅。

解：
(1) 關稅的完稅價格 = 120+10+6+4 = 140（萬元）
(2) 應繳納進口關稅 = 140×20% = 28（萬元）
(3) 進口環節應納增值稅的組成計稅價格 =（140+28）÷（1-30%）= 240（萬元）
(4) 進口環節應繳納增值稅 = 240×17% = 40.8（萬元）
(5) 進口環節應繳納消費稅 = 240×30% = 72（萬元）
(6) 國內銷售環節應繳納增值稅 = 520×17%-0.55-40.8 = 47.05（萬元）

五、關稅的減免稅

（一）法定減免稅

下列貨物、物品予以減免關稅：
(1) 關稅稅額在人民幣 50 元以下的一票貨物，可免徵關稅。
(2) 無商業價值的廣告品和貨樣，可免徵關稅。
(3) 外國政府、國際組織無償贈送的物資，可免徵關稅。
(4) 進出境運輸工具裝載的途中必需的燃料、物料和飲食用品，可予免稅。
(5) 經海關核准暫時進境或者暫時出境，並在 6 個月內復運出境或者復運進境的貨樣、展覽品、施工機械、工程車輛、工程船舶、供安裝設備時使用的儀器和工具、電視或者電影攝制器械、盛裝貨物的容器以及劇團服裝道具，在貨物收、發貨人向海關繳納相當於稅款的保證金或者提供擔保後，可予暫時免稅。
(6) 進口貨物如有以下情形，經海關查明屬實，可酌情減免進口關稅：
①在境外運輸途中或者在起卸時，遭受損壞或者損失的。
②起卸後海關放行前，因不可抗力遭受損壞或者損失的。
③海關查驗時已經破漏、損壞或者腐爛，經證明不是保管不慎造成的。

（二）特定減免稅
(1) 科教用品。
(2) 殘疾人專用品。
(3) 扶貧、慈善性捐贈物資。

（三）臨時減免稅

臨時減免稅是指以上法定和特定減免稅以外的其他減免稅，即由國務院根據《中華人民共和國海關法》（以下簡稱《海關法》）對某個單位、某類商品、某個項

目或某批進出口貨物的特殊情況，給予特別照顧，一案一批，專文下達的減免稅。

六、關稅的徵收管理

(一) 關稅繳納

進口貨物自運輸工具申報進境之日起 14 日內，出口貨物在貨物運抵海關監管區後裝貨的 24 小時以前，應由進出口貨物的納稅義務人向貨物進（出）境地海關申報，海關根據稅則歸類和完稅價格計算應繳納的關稅和進口環節代徵稅，並填發稅款繳款書。納稅義務人應當自海關填發稅款繳款書之日起 15 日內，向指定銀行繳納稅款。

(二) 關稅的強制執行

納稅義務人未在關稅繳納期限內繳納稅款，即構成關稅滯納。《海關法》賦予海關對滯納關稅的納稅義務人強制執行的權利。強制措施主要有兩類：

(1) 徵收關稅滯納金。滯納金自關稅繳納期限屆滿滯納之日起，至納稅義務人繳納關稅之日止，按滯納稅款萬分之五的比例按日徵收，週末或法定節假日不予扣除。具體計算式為：

關稅滯納金金額＝滯納關稅稅額×滯納金徵收比率×滯納天數

(2) 強制徵收。如納稅義務人自海關填發繳款書之日起 3 個月仍未繳納稅款，經海關長批准，海關可以採取強制扣繳、變價抵繳等強制措施。

(三) 關稅退還

關稅退還是關稅納稅義務人按海關核定的稅額繳納關稅後，因某種原因的出現海關將實際徵收多於應當徵收的稅額退還給原納稅義務人的一種行政行為。根據《海關法》規定，海關多徵的稅款，海關發現後應當立即退還。

有下列情形之一的，進出口貨物的納稅義務人可以自繳納稅款之日起 1 年內，書面聲明理由，連同原納稅收據向海關申請退稅並加算銀行同期活期存款利息，逾期不予受理：

(1) 因海關誤徵，多納稅款的。

(2) 海關核准免驗進口的貨物，在完稅後，發現有短缺情形，經海關審查認可的。

(3) 已徵出口關稅的貨物，因故未將其出口，申報退關，經海關查驗屬實的。

(四) 關稅補徵和追徵

補徵和追徵是海關在關稅納稅義務人按海關核定的稅額繳納關稅後，發現實際徵收稅額少於應當徵收的稅額時，責令納稅義務人補繳所差稅款的一種行政行為。海關法根據短徵關稅的原因，將海關徵收原短徵關稅的行為分為追徵和補徵兩種。由於納稅違反海關規定造成短徵關稅的，稱為追徵；非因納稅人違反海關規定造成短徵關稅的，稱補徵。進出境貨物和物品放行後，海關發現少徵或者漏徵稅款，應當自繳納稅款或者貨物、物品放行之日起 1 年內，向納稅義務人補徵；因納稅義務人違反規定而造成的少徵或者漏徵的稅款，自納稅義務人應繳納稅款日起 3 年以內可以追徵，並從繳納稅款之日起按日加收少徵或者漏徵稅款萬分之五的滯納金。

第七章　流轉稅

本章小結

1. 流轉稅是指以商品流轉額和非商品（勞務）的流轉額為課稅對象的稅種的統稱。同其他稅類相比，流轉稅具有課稅對象普遍、以流轉額為計稅依據、計徵簡便和容易轉嫁的特點。

2. 增值稅是以商品（含應稅勞務和應稅服務）在流轉過程中產生的增值額作為徵稅對象而徵收的一種流轉稅。增值稅具有以增值額為課稅對象、稅收中性、普遍徵收、稅收負擔由最終消費者承擔、實行稅款抵扣制度、實行比例稅率、實行價外稅制度等特點。2009年1月1日，中國進行了增值稅轉型改革，即由生產型增值稅轉為消費型增值稅。2011年年底國家決定在上海試點營業稅改徵即「營改增」工作。

3. 增值稅納稅義務人是指在中華人民共和國境內銷售或者進口貨物、提供應稅勞務和應稅服務的單位和個人。增值稅納稅義務人按會計核算水平和經營規模分為一般納稅人和小規模納稅人兩類，分別採取不同的增值稅計稅方法、適用稅率，以及不同的發票使用制度。一般納稅人納稅方法為：當期應納增值稅稅額＝當期銷項稅額－當期進項稅額，小規模納稅人的納稅方法是按照銷售額和規定的徵收率計算應納稅額的簡易方法，並不得抵扣進項稅額；一般納稅人適用於17%或13%的稅率納稅，小規模納稅人適用於3%的徵收率納稅；一般納稅人銷售貨物、提供應稅勞務或應稅服務，除另有規定外必須使用專用發票，小規模納稅人只能使用普通發票。

4. 消費稅是對規定的消費品和消費行為徵收的一種稅。消費稅具有以下特點：以特定消費品為課稅對象、徵稅環節具有單一性、徵收方法具有靈活性、具有宏觀調控功能、實行價內徵收。

5. 中國消費稅的納稅人為在中華人民共和國境內生產、委託加工和進口應稅消費品的單位和個人，以及國務院確定的銷售《消費稅暫行條例》規定的消費品的其他單位和個人。中國現行消費稅共有15個稅目，有的稅目還進一步劃分為若干子目。消費稅的稅目有菸、酒、化妝品、貴重首飾及珠寶玉石、鞭炮、焰火、成品油、小汽車、摩托車、高爾夫球及球具、高檔手錶、遊艇、木制一次性筷子、實木地板、電池、塗料。消費稅應納稅額的計算有從價定率計徵、從量定額計徵和從價從量複合計徵三種方法。

6. 營業稅是以在中國境內提供應稅勞務、轉讓無形資產或銷售不動產所取得的營業額為課稅對象而徵收的一種流轉稅。

7. 中國現行營業稅共設置7個稅目，分別是建築業、金融保險業、文化體育業、娛樂業、服務業、轉讓無形資產或銷售不動產。營業稅按照營業額和規定的適用稅率計算應納稅額。

8. 關稅是指進出口商品在經過一國關境時，由政府設置的海關向進出口商品所徵收的稅收。按照不同的標準，關稅有多種分類方法。按徵收對象分類，可以分成正稅和特別稅。正稅包括進口稅、出口稅和過境稅三種。特別關稅包括報復性關稅、反傾銷稅、反補貼稅、保障性關稅。按徵收關稅的標準，可以分成從價稅、從量稅、

複合稅、滑準稅。按貨物國別來源而區別對待的原則，可以分成最惠國關稅、協定關稅、特惠關稅和普通關稅。

9. 中國關稅的納稅義務人是進口貨物的收貨人、出口貨物的發貨人、進出境物品的所有人。

同步訓練

一、名詞解釋

增值稅　銷項稅額　進項稅額　混合銷售　兼營非增值稅應稅勞務　視同銷售　消費稅　委託加工應稅消費品　營業稅　關稅

二、判斷題

1. A、B 兩機構均設在某一市區，實行統一核算。A 機構將貨物運至 B 機構，在貨物移送時應交增值稅。　　　　　　　　　　　　　　　　　　　　(　)

2. 某廠將購進貨物作為福利發放，應視同銷售計徵增值稅。　　　　　(　)

3. 增值稅的納稅人和營業稅的納稅人，發生兼營業務活動時，如果未分別核算銷售額和營業額的，均應一併徵收增值稅而不徵收營業稅。　　　　(　)

4. 一建築裝飾材料商店以銷售裝飾材料為主，同時也能為客戶進行設計施工（未單獨核算），其發生的混合銷售收入應一併徵收增值稅。　　　　(　)

5. 某商店開展促銷活動，買一贈一，在這項活動中售貨取得銷售額 10 萬元，贈送的商品價值 5,000 元，因未取得收入，所以企業按 10 萬元的銷售額計算銷項稅金。　　　　　　　　　　　　　　　　　　　　　　　　　　　　　　(　)

6. 中國目前的增值稅只在商品的生產銷售環節徵收。　　　　　　　　(　)

7. 對納稅人發生的混合銷售行為徵收增值稅還是營業稅，應當根據納稅人的性質來確定。　　　　　　　　　　　　　　　　　　　　　　　　　　　　(　)

8. 納稅人將購買的貨物無償贈送他人，因該貨物購買時已繳納增值稅，因此，贈送他人時可不再計入銷售額徵稅。　　　　　　　　　　　　　　　　(　)

9. 納稅人銷售帶包裝的貨物，無論其包裝是否單獨計價，財務上如何核算，包裝物的價格都計入銷售額計徵增值稅。　　　　　　　　　　　　　　　(　)

10. 小規模納稅人的徵收率是 6%。　　　　　　　　　　　　　　　　(　)

11. 「營改增」後提供交通運輸業服務，稅率為 6%。　　　　　　　　(　)

12. 農業生產者銷售自產初級農產品，不屬於免徵增值稅項目。　　　(　)

13. 納稅人將自產的、委託加工收回的和進口的應稅消費品發放本企業職工，均應視同銷售徵收消費稅和增值稅。　　　　　　　　　　　　　　　(　)

14. 在計算消費稅的組成計稅價格時，稅法規定的成本利潤率不區分應稅消費品，統一為 10%。　　　　　　　　　　　　　　　　　　　　　　　　(　)

15. 應徵收增值稅的貨物均應徵收消費稅。　　　　　　　　　　　　　(　)

16. 消費稅的徵稅環節與增值稅一樣，都是從生產到流通的所有環節。(　)

17. 計徵消費稅和增值稅的價格，均為含消費稅金不含增值稅金的價格。
　　　　　　　　　　　　　　　　　　　　　　　　　　　　　　　　　(　)

第七章 流轉稅

18. 當貨物為應稅消費品時，對其徵收增值稅的同時也應徵收消費稅。（　）
19. 消費稅是在對貨物普遍徵收增值稅的基礎上，選擇多數消費品再徵收一道稅。（　）
20. 委託加工應稅消費品是指受託方提供原料和主要材料並收取加工費加工的應稅消費品。（　）
21. 自產自用，就是納稅人生產應稅消費品後，不是用於直接對外銷售，而是用於自己連續生產應稅消費品或用於其他方面。（　）
22. 營業稅起徵點的適用範圍僅限於個人。（　）
23. 營業稅納稅人兼營應稅勞務與銷售貨物，其取得的應稅勞務的營業額與銷售貨物的銷售額可以合併計算並繳納營業稅。（　）
24. 非營利性的療養院提供的住宿和伙食收入，應交營業稅。（　）
25. 單位或個人自建建築物後銷售，其自建行為視同提供應稅勞務；因此分別按建築業、銷售不動產繳納兩道營業稅。（　）
26. 凡進口國內生產急需貨物，如果納稅確有困難的，海關可以酌情減免關稅。（　）
27. 進口貨物應當由進口人或者代理人向其機構所在地海關申報納稅。（　）
28. 中國特別關稅的種類包括報復性關稅、保障性關稅、進口附加稅、反傾銷稅與反補貼稅。（　）

三、問答題

1. 簡述中國增值稅的徵稅範圍。
2. 消費稅有何特點？
3. 現行消費稅的應納稅額的計算方法有哪幾種？
4. 哪些消費品屬於消費稅的徵收範圍？
5. 現行營業稅的稅目有哪幾個？
6. 應稅消費品的計稅規定是什麼？
7. 營業稅混合銷售行為如何進行稅務處理？
8. 什麼是關稅的納稅人？關稅的稅率和關稅的計稅依據是如何規定的？
9. 到岸價格包括的內容是什麼？

綜合案例分析

某生產企業屬於一般納稅人，某月發生下列購銷業務：
（1）銷售一批產品，取得銷售收入 40 萬元（不含稅）；
（2）零售貨物一批，取得零售收入 30 萬元；
（3）購進原材料一批，共 60 噸，取得的專用發票註明價款 24 萬元，稅額 4.08 萬元；
（4）企業在建工程領用材料 8 噸，成本 4 萬元，成本利潤率為 10%。
請計算該企業當月應納增值稅額。

177

第八章 所得稅

学习目标

通過本章的學習，理解各種所得稅的概念、特點；掌握中國流轉稅的主要稅種，包括企業所得稅和個人所得稅；掌握流轉稅的徵稅範圍、納稅人和稅率的相關規定；掌握流轉稅應納稅所得額和應納稅額的計算方法；熟悉所得稅的減免優惠政策；明確所得稅的特殊稅務處理。

重点和难点

[本章重點]

企業所得稅允許可扣除項目和不允許扣除項目的規定；個人所得稅的徵稅項目及其具體規定

[本章難點]

企業所得稅應納稅所得額以及應納稅額的計算；個人所得稅應納稅額的計算

导入案例

某公司是一家外資企業，2004年設立，2005年投產。2005—2012年稅後利潤合計超過5,000萬元，其中2007年前的稅後利潤超過4,000萬元，一直沒有分配利潤。由於要新增一條生產線，2013年董事會決議用2005—2012年稅後利潤增加註冊資本150萬元。

問題：該公司是否要因增資繳納企業所得稅？

第八章 所得稅

第一節 所得稅概述

所得稅在整個稅收制度中，佔有極其重要的位置，不論國家在籌集財政收入方面還是在調節經濟方面，所得稅都具有明顯的優勢。在許多國家，所得稅都是主體稅種。在中國，所得稅的收入水平還較低，但其經濟調節作用卻在進一步增強。

所得稅又稱收益稅，是以個人和法人的所得為徵稅對象的一種稅收體系，即國家對法人、自然人和其他經濟組織從事勞動、投資等活動取得的各種所得課徵的稅收的總稱。所得稅創立於1799年，英國皮特政府時期為了籌集軍費，頒布了一種新稅種，該稅以納稅人上年度的納稅額為計稅依據，並對富有階級課以重稅，同時制定了各種寬免、扣除規定，這就是所得稅的雛形。進入19世紀後，大多數資本主義國家相繼開徵了所得稅，使其逐漸成為大多數國家的主體稅種。到目前為止，世界上有160多個國家和地區開徵了所得稅。

一、所得稅的特點

與其他稅種相比，中國所得稅具有以下特點：

1. 稅負相對公平

所得課稅是以純收入或淨所得為計稅依據，並一般實行多得多徵、少得少徵的原則，合乎量能課稅的原則，因此所得稅是能夠較好體現公平稅負和稅收中性的一個良性稅種。

2. 一般不存在重複徵稅問題

所得課稅徵稅環節單一，只要不存在兩個或兩個以上的課稅主體，就不會出現重複徵稅問題，不影響商品的相對價格，因而不會影響市場的正常運行。

3. 有利於維護國家的經濟權益

在國際交往日益頻繁的今天，所得稅所具有的可以跨國徵稅的天然屬性可以很好地維護本國的權益。

4. 課稅有彈性

所得稅來源於經濟資源的利用和剩餘產品的增加，從長遠來看，隨著資源利用效率的提高，剩餘產品將不斷增加，而政府可以根據需要靈活調整，以適應政府收支的增減。

5. 屬於直接稅，一般不易轉嫁稅負

所得稅屬於終端稅種，納稅人和負稅人是一致的，其繳納的稅一般不易轉嫁，而且是由納稅人自己負擔。因此，所得稅在調節納稅人收入、調節經濟等方面具有較明顯的作用。

二、所得稅的作用

所得稅不僅是國家籌集資金的重要手段，也是促進社會公平分配和穩定經濟的

槓桿。所得稅是一種有效的再分配手段，它通過累進課徵可以縮小社會貧富和企業之間實際收入水平的差距，通過減免稅對特殊困難的納稅人給予種種照顧，從而緩解社會矛盾，保持社會安寧。同時由於所得稅所具有的彈性特徵，使得政府可以根據社會總供給和總需求關係靈活調整稅負水平，抑制經濟波動，起到「自動穩定器」的作用，這也使其成了各個國家進行宏觀調控的重要手段。

三、所得稅的分類

現行各國常見的所得稅可以分為企業所得稅和個人所得稅，中國也是如此分類的。本章將對這兩種常見稅種進行介紹。

第二節　企業所得稅

一、企業所得稅的概念

（一）企業所得稅的概念

企業所得稅是對中國境內的企業和其他有收入的組織的生產經營所得和其他所得徵收的一種稅。它是國家參與企業利潤分配的重要手段。

（二）企業所得稅的作用

1. 企業所得稅是調控經濟發展的重要方式

國家按企業所得多寡徵稅，可有效調節企業的利潤水平。特別是國家通過制定企業所得稅優惠政策與措施，充分體現了國家的產業政策和發展方向，進而直接或間接地調整國家產業佈局，促進經濟的快速協調發展。

2. 企業所得稅是強化經濟監督的重要工具

企業所得稅按應納稅所得額徵稅，可直接反應企業對成本、費用和利潤等財務制度的執行情況，對經濟活動起到監督、審核和檢查的作用，及時發現並矯正納稅人的違法違規行為，發揮國家對經濟的調控作用。

3. 企業所得稅是籌集財政收入的重要渠道

目前在各個國家的財政收入中，企業所得稅是財政收入的重要支柱。中國經濟正處於快速發展時期，隨著市場經濟的發展和管理水平的提高，企業所得稅的徵收範圍和規模也將不斷擴大，必將成為中國財政收入的重要源泉。

4. 企業所得稅是維護國家主權的重要手段

國家間通過簽訂雙邊稅收協定的方式，達到避免所得雙重課稅及防止偷逃稅的目的。遵循國際慣例，制定符合中國國情的企業所得稅法律制度，可以更有效地行使稅收管轄權，維護國家主權和經濟利益。

第八章 所得稅

二、企業所得稅的納稅人

(一) 企業所得稅納稅人的一般規定

企業所得稅的納稅義務人，是指在中華人民共和國境內的企業和其他取得收入的組織。具體包括國有企業、集體企業、私營企業、聯營企業、股份制企業、中外合資經營企業、中外合作經營企業、外國企業、外資企業、事業單位、社會團體、民辦非企業單位和從事經營活動的其他組織，但不包括個人獨資企業和合夥企業。

(二) 居民企業和非居民企業

企業所得稅的納稅人分為居民企業和非居民企業，這是根據企業納稅義務範圍的寬窄進行的分類方法，不同的企業在向中國政府繳納所得稅時，納稅義務不同。把企業分為居民企業和非居民企業，是為了更好地保障中國稅收管轄權的有效行使。稅收管轄權是一國政府在徵稅方面的主權，是國家主權的重要組成部分。根據國際上的通行做法，中國選擇了地域管轄權和居民管轄權的雙重管轄權標準，最大限度地維護中國的稅收利益。

1. 居民企業

居民企業，是指依法在中國境內成立，或者依照外國（地區）法律成立但實際管理機構在中國境內的企業。這裡的企業包括國有企業、集體企業、私營企業、聯營企業、股份制企業、外商投資企業、外國企業以及有生產、經營所得和其他所得的其他組織。其中，有生產、經營所得和其他所得的其他組織，是指經國家有關部門批准，依法註冊、登記的事業單位、社會團體等組織。由於中國的一些社會團體組織、事業單位在完成國家事業計劃的過程中，開展多種經營和有償服務活動，取得除財政部門各項撥款、財政部和國家物價部門批准的各項規費收入以外的經營收入，具有了經營的特點，應當視同企業納入徵稅範圍。其中，實際管理機構，是指對企業的生產經營、人員、帳務、財產等實施實質性全面管理和控制的機構。

2. 非居民企業

非居民企業，是指依照外國（地區）法律成立且實際管理機構不在中國境內，但在中國境內設立機構、場所的，或者在中國境內未設立機構、場所，但有來源於中國境內所得的企業。

上述所稱機構、場所，是指在中國境內從事生產經營活動的機構、場所，包括：

(1) 管理機構、營業機構、辦事機構。
(2) 工廠、農場、開採自然資源的場所。
(3) 提供勞務的場所。
(4) 從事建築、安裝、裝配、修理、勘探等工程作業的場所。
(5) 其他從事生產經營活動的機構、場所。

非居民企業委託營業代理人在中國境內從事生產經營活動的，包括委託單位或者個人經常代其簽訂合同，或者儲存、交付貨物等，該營業代理人被視為非居民企業在中國境內設立的機構、場所。

財政與稅收

(三) 履行的納稅義務

納稅義務與稅收管轄權密切相關。稅收管轄權是一國政府在稅收管理方面的主權，是國家主權的重要組成部分。為了有效地行使稅收管轄權，最大限度地維護中國的稅收利益，企業所得稅法根據國際通行做法，採用地域管轄權和居民管轄權相結合的雙重管轄權標準，對居民企業和非居民企業分別確定了不同的納稅義務。

1. 居民企業的納稅義務

居民企業承擔全面的納稅義務，應就其來源於中國境內、境外的全部所得納稅。所得，包括銷售貨物所得、提供勞務所得、轉讓財產所得、股息紅利等權益性投資所得，以及利息所得、租金所得、特許權使用費所得、接受捐贈所得和其他所得。

2. 非居民企業的納稅義務

非居民企業承擔有限納稅義務，一般只就來源於中國境內的所得納稅。具體地，非居民企業在中國境內設立機構、場所的，應當就其所設機構、場所取得的來源於中國境內的所得，以及發生在中國境外但與其所設機構、場所有實際聯繫的所得，繳納企業所得稅；非居民企業在中國境內未設立機構、場所的，或者雖設立機構、場所但取得的所得與其所設機構、場所沒有實際聯繫的，應當就其來源於中國境內的所得繳納企業所得稅。

上述所稱實際聯繫，是指非居民企業在中國境內設立的機構、場所擁有的據以取得所得的股權、債權，以及擁有、管理、控制據以取得所得的財產。

> **課堂思考**：為什麼說個人獨資企業和合夥企業不是企業所得稅的納稅義務人？在境外按照外國法律成立的個人獨資企業和合夥企業到中國境內經營，是否應繳納企業所得稅？

三、企業所得稅的徵稅對象

企業所得稅的徵稅對象，是指企業的生產經營所得、其他所得和清算所得。

(一) 居民企業的徵稅對象

居民企業應就來源於中國境內、境外的所得作為徵稅對象。所得包括銷售貨物所得、提供勞務所得、轉讓財產所得、股息紅利等權益性投資所得、利息所得、租金所得、特許權使用費所得、接受捐贈所得和其他所得。

(二) 非居民企業的徵稅對象

非居民企業在中國境內設立機構、場所的，應當就其所設機構、場所取得的來源於中國境內的所得，以及發生在中國境外但與其所設機構、場所有實際聯繫的所得，繳納企業所得稅。非居民企業在中國境內未設立機構、場所的，或者雖設立機構、場所但取得的所得與其所設機構、場所沒有實際聯繫的，應當就其來源於中國境內的所得繳納企業所得稅。

上述所稱實際聯繫，是指非居民企業在中國境內設立的機構、場所擁有的據以取得所得的股權、債權，以及擁有、管理、控制據以取得所得的財產。

第八章　所得稅

（三）所得來源的確定

為使居民企業和非居民企業正確明確和履行納稅義務，必須確定所得來源地，即確定納稅人的各種所得是來源於中國境內還是來源於境外，具體確定如下：

（1）銷售貨物所得，按照交易活動發生地確定。

（2）提供勞務所得，按照勞務發生地確定。

（3）轉讓財產所得：①不動產轉讓所得按照不動產所在地確定。②動產轉讓所得按照轉讓動產的企業或者機構、場所所在地確定。③權益性投資資產轉讓所得按照被投資企業所在地確定。

（4）股息、紅利等權益性投資所得，按照分配所得的企業所在地確定。

（5）利息所得、租金所得、特許權使用費所得，按照負擔、支付所得的企業或者機構、場所所在地確定，或者按照負擔、支付所得的個人的住所地確定。

（6）其他所得，由國務院財政、稅務主管部門確定。

四、企業所得稅的稅率

企業所得稅稅率是體現國家與企業分配關係的核心要素。稅率設計的原則是兼顧國家、企業、職工個人三者利益，既要保證財政收入的穩定增長，又要使企業在發展生產、經營方面有一定的財力保證；既要考慮到企業的實際情況和負擔能力，又要維護稅率的統一性。

企業所得稅實行比例稅率。比例稅率簡便易行，透明度高，不會因徵稅而改變企業間收入分配比例，有利於促進效率的提高。具體規定如下：

（一）一般企業適用的法定稅率

1. 法定稅率的規定

企業所得稅的法定稅率為25%。究其主要原因，一是內企減輕稅負，外企盡可能不增加稅負；二是將財政減收控制在國家可承受的範圍內；三是考慮國際上尤其是周邊國家（地區）的稅率水平。

[資料連結]

企業所得稅稅率設定為25%，主要考慮的是企業稅負水平、財政承受能力以及周邊國家的稅率水平等因素。據有關資料介紹，目前，世界上近160個實行企業所得稅的國家（地區）平均稅率為28.6%，中國周邊18個國家（地區）的平均稅率為26.7%。中國現行企業所得稅稅率處於中等偏下水平。

2. 法定稅率的適用範圍

企業所得稅的法定稅率適用於下列企業的所得：一是居民企業來源於中國境內、境外的所得；二是非居民企業在中國境內設立機構、場所的，其所設機構、場所取得的來源於中國境內的所得；三是非居民企業在中國境內設立機構、場所的，發生在中國境外但與其所設機構、場所有實際聯繫的所得。

（二）小型微利企業的適用稅率

符合條件的小型微利企業（不包括非居民企業），按20%的稅率徵收企業所

得稅。

1. 小型微利企業的條件

工業企業為年度應納稅所得額不超過 30 萬元，從業人數不超過 100 人，資產總額不超過 3,000 萬元；其他企業為年度應納稅所得額不超過 30 萬元，從業人數不超過 80 人，資產總額不超過 1,000 萬元。

2. 適用稅率的具體規定

其主要包括：一是年應納稅所得額 30 萬元是指彌補了以前年度（5 年內）虧損後確認的應納稅所得額；二是企業從業人數按企業全年平均從業人數計算；三是資產總額按企業年初和年末的資產總額平均計算；四是用於在中國境內未設立機構、場所或雖設立機構、場所但取得的所得和其設立的機構、場所沒有實際聯繫的非居民企業。

（三）預提所得稅稅率

1. 預提所得稅稅率的規定

預提所得稅稅率為 20%，目前減按 10% 的稅率徵收。預提所得稅是指一國政府對外國企業來自本國特定項目所得的徵稅。它並不是一個獨立的稅種，而是所得稅源泉徵收的一種方式。預提所得稅以實際收益人為納稅人，以支付人為扣繳義務人，稅款由支付人在每次支付額中按照稅法規定的稅率扣繳。

2. 預提所得稅的適用範圍

預提所得稅的適用範圍包括：非居民企業在中國境內未設立機構、場所的，其機構、場所來源於中國境內的所得；非居民企業在中國境內設立機構、場所的，來源於中國境內與其所設機構、場所沒有實際聯繫的所得。

> **課堂思考**：總機構設在西部大開發稅收優惠地區的企業，僅就設在優惠地區的總機構和分支機構的所得確定的優惠稅率是多少？

五、應納稅所得額的確定

根據《中華人民共和國企業所得稅法》（以下簡稱《企業所得稅法》）的規定，企業所得稅的計稅依據是年度應納稅所得額，即為企業每一個納稅年度的收入總額，減除不徵稅收入、免稅收入、各項扣除以及允許彌補的以前年度虧損後的餘額。其基本公式為：

應納稅所得額＝收入總額－不徵稅收入－免稅收入－各項扣除－允許彌補的以前年度虧損

企業應納稅所得額的計算以權責發生制為原則，屬於當期的收入和費用，不論款項是否收付，均作為當期的收入和費用；不屬於當期的收入和費用，即使款項已經在當期收付，均不作為當期的收入和費用。應納稅所得額的正確計算直接關係到國家財政收入和企業的稅收負擔，並且同成本、費用核算關係密切。因此，企業所得稅法對應納稅所得額計算作了明確規定，主要內容包括收入總額、扣除具體項目和標準以及虧損彌補等。

第八章 所得稅

(一) 收入總額的確定

企業以貨幣形式和非貨幣形式從各種來源取得的收入為收入總額，其具體包括貨幣收入和非貨幣收入兩種形式。

企業取得的貨幣收入，包括現金、存款、應收帳款、應收票據、準備持有至到期的債券投資以及債務的豁免等。

非貨幣收入是指企業取得的貨幣形式以外的收入，包括存貨（原材料、包裝物、低值易耗品、庫存商品、委託加工物資、委託代銷商品、分期收款發出商品等）、固定資產、無形資產、股權投資、不準備持有至到期的債券投資等。對企業以非貨幣形式取得的收入，有別於貨幣性收入的固定性和確定性，通常按公允價格來確定收入額。公允價格是指獨立企業之間按公平交易原則和經營常規，自願進行資產和債務清償的金額。但有些收入總額的確認相對比較特殊，比如以分期收款方式銷售貨物的應按照合同約定的收款日期確認收入等。具體規定如下：

1. 銷售貨物收入

銷售貨物收入是指企業銷售商品、產品、原材料、包裝物、低值易耗品以及其他存貨取得的收入。

2. 勞務收入

勞務收入是指企業從事建築安裝、修理修配、交通運輸、倉儲租賃、金融保險、郵電通信、諮詢經紀、文化體育、科學研究、技術服務、教育培訓、餐飲住宿、仲介代理、衛生保健、社區服務、旅遊、娛樂、加工以及其他勞務服務活動取得的收入。

3. 轉讓財產收入

轉讓財產收入是指企業轉讓固定資產、生物資產、無形資產、股權、債權等財產取得的收入。

4. 股息、紅利等權益性投資收益

權益性投資收益是指企業因權益性投資從被投資方取得的收入。

依據《財政部國家稅務總局證監會關於滬港股票市場交易互聯互通機制試點有關稅收政策的通知》的規定，自2014年11月17日起，對內地企業投資者通過滬港通投資香港聯交所上市股票取得的股息紅利所得，計入其收入總額，依法計徵企業所得稅。其中，內地居民企業連續持有股票滿12個月取得的股息紅利所得，依法免徵企業所得稅。

5. 利息收入

利息收入是指企業將資金提供他人使用但不構成權益性投資，或者因他人占用本企業資金取得的收入，包括存款利息、貸款利息、債券利息、欠款利息等收入。利息收入按照合同約定的債務人應付利息的日期確認收入的實現。

6. 租金收入

租金收入是指企業提供固定資產、包裝物或者其他有形資產的使用權取得的收入。租金收入按照合同約定的承租人應付租金的日期確認收入的實現。

7. 特許權使用費收入

特許權使用費收入是指企業提供專利權、非專利技術、商標權、著作權以及其他特許權的使用權取得的收入。特許權使用費收入按照合同約定的特許權使用人應付特許權使用費的日期確認收入的實現。

8. 接受捐贈收入

接受捐贈收入是指企業接受的來自其他企業、組織或者個人無償給予的貨幣性資產、非貨幣性資產。接受捐贈收入按照實際收到捐贈資產的日期確認收入的實現。

9. 其他收入

其他收入是指企業取得的除以上收入外的其他收入，包括企業資產溢餘收入、逾期未退包裝物押金收入、確實無法償付的應付款項、已作壞帳損失處理後又收回的應收款項、債務重組收入、補貼收入、違約金收入、匯兌收益等。

> **課堂思考：**對銷售貨物收入確認的條件，稅法上的規定與會計準則的規定有何不同？這些不同規定對企業所得稅的計算有何影響？

(二) 不徵稅收入項目

不徵稅收入是指從性質或根源上不屬於企業營利性活動帶來的經濟利益、不負有納稅義務並不作為應納稅所得額組成部分的收入。根據《企業所得稅法》，其具體規定如下：

1. 財政撥款

財政撥款，是指各級人民政府對納入預算管理的事業單位、社會團體等組織撥付的財政資金，但國務院和國務院財政、稅務主管部門另有規定的除外。

2. 依法收取並納入財政管理的行政事業性收費、政府性基金

行政事業性收費，是指企業依照法律法規等有關規定，按照國務院規定程序批准，在實施社會公共管理，以及在向公民、法人或者其他組織提供特定公共服務過程中，向特定對象收取並納入財政管理的費用；政府性基金，是指企業依照法律、行政法規等有關規定，代政府收取的具有專項用途的財政資金。

3. 國務院規定的其他不徵稅收入

國務院規定的其他不徵稅收入，是指企業取得的，由國務院財政、稅務主管部門報國務院批准的有專門用途的財政性資金。財政性資金，是指企業取得的來源於政府及其有關部門的財政補助、補貼、貸款貼息，以及其他各類財政專項資金，包括直接減免的增值稅和即徵即退、先徵後退、先徵後返的各種稅收，但不包括企業按規定取得的出口退稅款。

(1) 企業取得的各類財政性資金，除屬於國家投資和資金使用後要求歸還本金的以外，均應計入企業當年收入總額。

(2) 對企業取得的由國務院財政、稅務主管部門規定專項用途並經國務院批准的財政性資金，準予作為不徵稅收入，在計算應納稅所得額時從收入總額中減除。

(3) 納入預算管理的事業單位、社會團體等組織按照核定的預算和經費報領關係收到的由財政部門或上級單位撥入的財政補助收入，準予作為不徵稅收入，另有

第八章 所得稅

規定的除外。

(三) 免稅收入項目

免稅收入是指屬於企業的應納稅所得但按照稅法規定免予徵收企業所得稅的收入。其主要有：

(1) 國債利息收入，也就是企業持有國務院財政部門發行的國債取得的利息收入。

(2) 符合條件的居民企業之間的股息、紅利等權益性收益，就是指居民企業直接投資於其他居民企業取得的投資收益，不包括連續持有居民企業公開發行並上市流通的股票不足 12 個月取得的投資收益。

(3) 在中國境內設立機構、場所的非居民企業從居民企業取得與該機構、場所有實際聯繫的股息、紅利等權益性投資收益，不包括連續持有居民企業公開發行並上市流通的股票不足 12 個月取得的投資收益。

(4) 符合條件的非營利組織的收入，不包括非營利組織從事營利性活動取得的收入，但國務院財政、稅務主管部門另有規定的除外。

(四) 各項扣除規定

1. 各項扣除項原則

根據《企業所得稅法》，稅前扣除一般應遵循以下原則：

(1) 權責發生制原則，是指企業費用應在發生的所屬期扣除，而不是在實際支付時確認扣除。

(2) 配比原則，是指企業發生的費用應當與收入配比扣除。除特殊規定外，企業發生的費用不得提前或滯後申報扣除。

(3) 相關性原則，是指企業可扣除的費用從性質和根源上必須與取得應稅收入直接相關。

(4) 確定性原則，是指企業可扣除的費用不論何時支付，其金額必須是確定的。

(5) 合理性原則，是指符合生產經營活動常規，應當計入當期損益或者有關資產成本的必要和正常的支出。

2. 各項扣除範圍

《企業所得稅法》規定，企業實際發生的與取得收入有關的、合理的支出，包括成本、費用、稅金、損失和其他支出，準予在計算應納稅所得額時扣除。

(1) 成本，是指企業在生產經營活動中發生的銷售成本、銷貨成本、業務支出以及其他耗費，即企業銷售商品（產品、材料、下腳料、廢料、廢舊物資）、提供勞務、轉讓固定資產和無形資產（包括技術轉讓）的成本。

(2) 費用，是指企業每一個納稅年度為生產、經營商品和提供勞務等所發生的銷售（經營）費用、管理費用和財務費用。已經計入成本的有關費用除外。

銷售費用，是指應由企業負擔的為銷售商品而發生的費用，包括廣告費、運輸費、裝卸費、包裝費、展覽費、保險費、銷售佣金（能直接認定的進口佣金調整商品進價成本）、代銷手續費、經營性租賃費及銷售部門發生的差旅費、工資、福利

費等費用。

管理費用,是指企業的行政管理部門為管理組織經營活動提供各項支援性服務而發生的費用。

財務費用,是指企業籌集經營性資金而發生的費用,包括利息淨支出、匯兌淨損失、金融機構手續費以及其他非資本化支出。

(3) 稅金,是指企業發生的除企業所得稅和允許抵扣的增值稅以外的企業繳納的各項稅金及其附加房產稅、車船稅、土地使用稅、印花稅、教育費附加等產品銷售稅金及附加。這些已納稅金準予稅前扣除。准許扣除的稅金有兩種方式:一是在發生當期扣除;二是在發生當期計入相關資產的成本,在以後各期分攤扣除。

(4) 損失,是指企業在生產經營活動中發生的固定資產和存貨的盤虧、毀損、報廢損失、轉讓財產損失、呆帳損失、壞帳損失、自然災害等不可抗力因素造成的損失以及其他損失。

(5) 扣除的其他支出,是指除成本、費用、稅金、損失外,企業在生產經營活動中發生的與生產經營活動有關的、合理的支出。

3. 法定扣除項目的標準

(1) 工資、薪金支出的扣除標準。企業發生的合理的工資、薪金支出準予扣除。合理的工資、薪金是指企業按照股東大會、董事會、薪酬委員會或相關管理機構制定的工資、薪金制度規定實際發放給員工的工資、薪金。即企業每一納稅年度支付給在本企業任職或受雇員工的所有現金或非現金形式的勞動報酬,包括基本工資、獎金、津貼、補貼、年終加薪、加班工資,以及與員工任職或受雇有關的其他支出。

工資、薪金總額是企業實際發放的工資、薪金總和,但不包括企業的職工福利費、職工教育經費、工會經費,以及養老保險費、醫療保險費、失業保險費、工傷保險費、生育保險費等社會保險費和住房公積金。屬於國有性質的企業,其工資、薪金不得超過政府有關部門給予的限定數額;超過部分,不得計入企業工資、薪金總額,也不得在計算企業應納稅所得額時扣除。

(2) 三項經費支出的扣除標準。三項經費支出是指企業發生的職工福利費、工會經費和職工教育經費支出。按照稅法的規定,企業發生的職工福利費支出、工會經費支出和職工教育經費支出,分別按不超過工資、薪金總額14%、2%和2.5%的部分,準予扣除。

需要指出的是:企業發生的職工教育經費支出,除國務院財政、稅務主管部門另有規定外,不超過工資、薪金總額2.5%的部分,準予扣除;超過部分,準予在以後納稅年度結轉扣除。軟件生產企業發生的職工教育經費中的職工培訓費用,可全額在企業所得稅前扣除。軟件生產企業應準確劃分職工教育經費中的職工培訓費支出,對於不能準確劃分的,以及準確劃分後職工教育經費中扣除職工培訓費用的餘額,一律按照規定的比例扣除。

【例題8-1】某電視機廠為居民企業,2014年實際發生的工資、薪金支出為100萬元,本期「三項經費」實際發生額為15萬元,其中福利費為10萬元,撥繳的工

第八章 所得稅

會經費為2萬元並已取得工會撥繳收據,實際發生職工教育經費3萬元。計算該企業允許扣除的三項經費支出。

解:福利費扣除限額=100×14%=14(萬元),實際發生10萬元可據實扣除。

工會經費扣除限額=100×2%=2(萬元),實際發生2萬元可據實扣除。

職工教育經費扣除限額=100×2.5%=2.5(萬元),實際發生3萬元可扣除2.5萬元,另0.5萬元調增應納稅所得額,並結轉下年繼續抵扣。

允許扣除三項經費支出合計=10+2+2.5=14.5(萬元)

(3)利息費用。企業在生產、經營活動中發生的利息費用,按下列規定扣除。

非金融企業向金融企業借款的利息支出、金融企業的各項存款利息支出和同業拆借利息支出、企業經批准發行債券的利息支出可據實扣除。

非金融企業向非金融企業借款的利息支出,不超過按照金融企業同期同類貸款利率計算的數額的部分可據實扣除,超過部分不許扣除。

【例題8-2】某服裝廠為居民企業,2014年實現利潤總額為23萬元。本年度共發生兩筆借款:一是向銀行借入流動資金200萬元,借款期限6個月,支付利息費用4.5萬元;二是經批准向其他企業借入流動資金50萬元,借款期限9個月,支付利息費用2.6萬元。假設該企業無其他納稅調整事項,計算其應納稅所得額。

解:向銀行借入流動資金年利率=(4.5÷200)×2×100%=4.5%

向其他企業借款的費用扣除標準=50×4.5%÷12×9=1.687,5(萬元)

小於實際發生利息費用2.6萬元,只能按標準扣除,應調增應納稅所得額=2.6-1.687,5=0.912,5(萬元)

應納稅所得額=23+0.912,5=23.912,5(萬元)

(4)保險費。企業參加財產保險,按照規定繳納的保險費,準予扣除。

企業依照國務院有關主管部門或者省級人民政府規定的範圍和標準為職工繳納的「五險一金」,即基本養老保險費、基本醫療保險費、失業保險費、工傷保險費、生育保險費等基本社會保險費和住房公積金,準予扣除。企業為投資者或者職工支付的補充養老保險費、補充醫療保險費,在國務院財政、稅務主管部門規定的範圍和標準內,準予扣除。

企業為投資者或者職工支付的商業保險費,不得扣除。企業依照國家有關規定為特殊工種職工支付的人身安全保險費和符合國務院財政、稅務主管部門規定可以扣除的商業保險費準予扣除。

(5)業務招待費。企業發生的與生產經營活動有關的業務招待費支出,按照發生額的60%扣除,但最高不得超過當年銷售(營業)收入的5‰。這裡需要比較當期業務招待費的60%和當年銷售收入的5‰,取其小者,且超標部分不得向以後年度結轉。

(6)廣告費和業務宣傳費。廣告費和業務宣傳費除國務院財政、稅務主管機關另有規定外,不超過當年銷售(營業)收入15%的部分,準予扣除;超過部分,準予結轉以後納稅年度扣除。企業申報扣除的廣告費支出應與贊助支出嚴格區分。企業申報扣除的廣告費支出,必須符合下列條件:廣告是通過工商部門批准的專門機

構製作的；已實際支付費用，並已取得相應發票；通過一定的媒體傳播。

【例題8-3】某公司為居民企業，2014年實現利潤總額為300萬元，按利潤總額申報繳納企業所得稅。該企業當年產品銷售收入6,000萬元，業務招待費23萬元。假設該公司無其他納稅調整項目，計算其應納稅所得額。

解：允許扣除標準=23×60%=13.8（萬元）

業務招待費最高扣除限額=6,000×5‰=30（萬元）

所以允許扣除的業務招待費是13.8萬元。

應納稅所得額=300+23-13.8=309.2（萬元）

自2008年1月1日起至2010年12月31日，對化妝品製造、醫藥製造、飲料製造（不含酒類製造）企業發生的廣告費和業務宣傳費，不超過當年銷售（營業）收入30%的部分，準予扣除；超過部分，準予結轉以後納稅年度扣除。

對採取特許權經營模式的飲料製造企業，飲料品牌使用方發生的不超過當年銷售（營業）收入30%的廣告費和業務宣傳費支出可以在本企業扣除，也可以將其中的部分或全部歸集到飲料品牌持有方或管理方，由飲料品牌持有方或管理方作為銷售費用據實在企業所得稅前扣除。

菸草企業的菸草廣告費和業務宣傳費支出一律不得在計算應納稅所得額時扣除。

(7) 匯兌損失。企業在貨幣交易中，以及納稅年度終了時將人民幣以外的貨幣性資產、負債按照期末即期人民幣匯率中間價折算為人民幣時產生的匯兌損失，除已經計入有關資產成本以及與向所有者進行利潤分配相關的部分外，準予扣除。

(8) 環境保護專項資金。企業依照法律、行政法規有關規定提取的用於環境保護、生態恢復等方面的專項資金，準予扣除。上述專項資金提取後改變用途的，不得扣除。

(9) 租賃費。企業根據生產經營活動的需要租入固定資產支付的租賃費，按照以下方法扣除：

①以經營租賃方式租入固定資產發生的租賃費支出，按照租賃期限均勻扣除。

②以融資租賃方式租入固定資產發生的租賃費支出，按照規定構成融資租入固定資產價值的部分應當提取折舊費用，分期扣除。

(10) 勞動保護支出。企業發生的合理的勞動保護支出，準予扣除。

勞動保護支出，是指企業依據勞動保護法的有關規定，確因工作需要為雇員配備的工作服、手套、安全保護用品等所發生支出。非因工作需要和國家規定以外的，帶有普遍福利性質的支出，除在福利費中支付的以外，一律視為工資薪金支出。

(11) 公益性捐贈支出。公益性捐贈，是指企業通過公益性社會團體或者縣級（含縣級）以上人民政府及其部門，用於《中華人民共和國公益事業捐贈法》（以下簡稱《公益事業捐贈法》）規定的公益事業的捐贈。

企業發生的公益性捐贈支出，不超過企業年度利潤總額12%的部分準予扣除。年度利潤總額，是指企業依照國家統一會計制度的規定計算的年度會計利潤。

《公益事業捐贈法》規定的公益事業具體範圍包括：救助災害、救濟貧困、扶助殘疾人等困難的社會群體和個人的活動；教育、科學、文化、衛生、體育事業；

第八章 所得稅

環境保護、社會公共設施建設；促進社會發展和進步的其他社會公共和福利事業等。

【例題8-4】某工業企業為居民企業，某納稅年度利潤總額為5,000萬元，全年發生的公益性捐贈為600萬元、非公益性捐贈支出為50萬元。假設無其他調整項目，計算該企業的應納稅所得額。

解：允許扣除的公益性捐贈支出=5,000×12%=600（萬元）

應納稅所得額=5,000+600+50-600=5,050（萬元）

（五）不允許扣除的項目

在計算應納稅所得額時，下列支出項目不允許扣除：

（1）向投資者支付的股息、紅利等權益性投資收益款項。股息、紅利不能混入工資薪金支出，向投資者支付的股息、紅利等權益性投資收益款項不得扣除。對於諸如分紅、借款利息支出等與受雇無關，不具有合理性的項目，不得作為工資薪金支出列支。

（2）企業所得稅稅款。企業繳納的所得稅不得在計算企業所得稅時扣減。

（3）稅收滯納金。納稅人違反稅收有關規定以及稅務部門等收取的滯納金不得扣除。

（4）罰金、罰款和被沒收財物的損失。罰金、罰款和被沒收財物的損失是指納稅人違反國家有關法律、法規規定，被有關部門處以的罰款以及被司法機關處以的罰金和被沒收財物。

（5）超過規定標準的捐贈支出。公益性捐贈支出在年度利潤總額12%以內的部分允許扣除，年度利潤總額是指按會計制度正確計算的會計利潤總額，如果企業自行計算的年度利潤不正確，則需要調整。

（6）非廣告性質的贊助支出。非廣告性質的贊助支出是指企業發生的與生產經營活動無關的各種贊助支出。不論是否自願，一律不得扣除。這裡所說的贊助並不等於公益性捐贈。

（7）超過規定標準的廣告費和業務宣傳費。企業發生的與生產經營活動有關的廣告費和業務宣傳費在當年銷售（營業）收入15%以內的部分，允許扣除，超過部分，允許在以後納稅年度結轉扣除。

（8）未經核定的準備金支出。未經核定的準備金不得在稅前扣除。未經核定的準備金支出是指不符合國務院財政、稅務主管部門規定的各項資產減值準備、風險準備等準備金支出，不包括計提的環境保護和生態恢復方面的準備金。

（9）企業之間支付的管理費用。能夠提供總機構出具的費用匯集範圍、定額、分配依據和方法等證明文件的非居民企業向總機構支付的合理費用可以扣除，而關聯企業之間支付的管理費用不得扣除。

（10）企業內營業機構之間支付的租金和特許權使用費。

（11）非銀行企業內營業機構之間支付的利息。

（12）與取得收入無關的其他支出，如為取得不徵稅收入而支付的管理費用等。

（13）企業對外投資期間的投資成本不允許稅前扣除。

（14）房屋、建築物以外未投入使用的固定資產折舊不得在稅前扣除。

(六) 企業發生的年度虧損

虧損是指企業按照《企業所得稅法》及其暫行條例的規定，將每一納稅年度的收入總額減除不徵稅收入、免稅收入和各項扣除後小於零的數額。按照稅法的規定，企業某一納稅年度發生的虧損可以用下一年的所得彌補，下一年度的所得不足以彌補的，可以逐年延續彌補，但最長不得超過 5 年。

稅法所規定允許彌補的年度虧損，一般不同於會計上提到的虧損含義，是指企業依照企業所得稅法及實施條例規定的。

六、資產的稅務處理

企業的各項資產，包括固定資產、生產性生物資產、無形資產、長期待攤費用、投資資產、存貨等，以歷史成本為計稅基礎。歷史成本，是指企業取得該項資產時實際發生的支出。企業所得稅法規定，企業持有各項資產期間的資產增值或減值，除國務院財政、稅務主管部門規定可以確認損益外，不得調整該資產的計稅基礎。

(一) 固定資產的稅務處理

固定資產，是指企業為生產產品、提供勞務、出租或者經營管理而持有的、使用時間超過 12 個月的非貨幣性資產，包括房屋、建築物、機器、機械、運輸工具以及其他與生產經營活動有關的設備、器具、工具等。

1. 固定資產計稅基礎

(1) 外購的固定資產，以購買價款和支付的相關稅費以及直接歸屬於使該資產達到預定用途發生的其他支出為計稅基礎。

(2) 自行建造的固定資產，以竣工結算前發生的支出為計稅基礎。

(3) 融資租入的固定資產，以租賃合同約定的付款總額和承租人在簽訂租賃合同過程中發生的相關費用為計稅基礎，租賃合同未約定付款總額的，以該資產的公允價值和承租人在簽訂租賃合同過程中發生的相關費用為計稅基礎。

(4) 盤盈的固定資產，以同類固定資產的重置完全價值為計稅基礎。

(5) 通過捐贈、投資、非貨幣性資產交換、債務重組等方式取得的固定資產，以該資產的公允價值和支付的相關稅費為計稅基礎。

(6) 改建的固定資產，除已足額提取折舊的固定資產和租入的固定資產以外的其他固定資產，以改建過程中發生的改建支出增加計稅基礎。

2. 固定資產折舊的範圍

在計算應納稅所得額時，企業按照規定計算的固定資產折舊準予扣除。下列固定資產不得計算折舊扣除：

(1) 房屋、建築物以外未投入使用的固定資產。

(2) 以經營租賃方式租入的固定資產。

(3) 以融資租賃方式租出的固定資產。

(4) 已足額提取折舊仍繼續使用的固定資產。

(5) 與經營活動無關的固定資產。

(6) 單獨估價作為固定資產入帳的土地。

第八章 所得稅

(7) 其他不得計算折舊扣除的固定資產。

3. 固定資產折舊的計提方法

(1) 企業應當自固定資產投入使用月份的次月起計算折舊；停止使用的固定資產，應當自停止使用月份的次月起停止計算折舊。

(2) 企業應當根據固定資產的性質和使用情況，合理確定固定資產的預計淨殘值。固定資產的預計淨殘值一經確定，不得變更。

(3) 固定資產按照直線法計算的折舊，準予扣除。

4. 固定資產折舊的計提年限

除國務院財政、稅務主管部門另有規定外，固定資產計算折舊的最低年限如下：

(1) 房屋、建築物，為 20 年。

(2) 飛機、火車、輪船、機器、機械和其他生產設備，為 10 年。

(3) 與生產經營活動有關的器具、工具、家具等，為 5 年。

(4) 飛機、火車、輪船以外的運輸工具，為 4 年。

(5) 電子設備，為 3 年。

從事開採石油、天然氣等礦產資源的企業，在開始商業性生產前發生的費用和有關固定資產的折耗、折舊方法，由國務院財政、稅務主管部門另行規定。

5. 固定資產折舊的企業所得稅處理

(1) 企業固定資產會計折舊年限如果短於稅法規定的最低折舊年限，其按會計折舊年限計提的折舊高於按稅法規定的最低折舊年限計提的折舊部分，應調增當期應納稅所得額；企業固定資產會計折舊年限已期滿且會計折舊已提足，但稅法規定的最低折舊年限尚未到期且稅收折舊尚未足額扣除，其未足額扣除的部分準予在剩餘的稅收折舊年限繼續按規定扣除。

(2) 企業固定資產會計折舊年限如果長於稅法規定的最低折舊年限，其折舊應按會計折舊年限計算扣除，稅法另有規定的除外。

(3) 企業按會計規定提取的固定資產減值準備，不得稅前扣除，其折舊仍按稅法確定的固定資產計稅基礎計算扣除。

(4) 企業按稅法規定實行加速折舊的，其按加速折舊辦法計算的折舊額可全額在稅前扣除。

(5) 石油、天然氣開採企業在計提油氣資產折耗（折舊）時，由於會計與稅法規定計算方法不同導致的折耗（折舊）差異，應按稅法規定進行納稅調整。

6. 固定資產改擴建的稅務處理

自 2011 年 7 月 1 日起，企業對房屋、建築物固定資產在未足額提取折舊前進行改擴建的，如屬於推倒重置的，該資產原值減除提取折舊後的淨值，應並入重置後的固定資產計稅成本，並在該固定資產投入使用後的次月起，按照稅法規定的折舊年限，一併計提折舊；如屬於提升功能、增加面積的，該固定資產的改擴建支出，並入該固定資產計稅基礎，並從改擴建完工投入使用後的次月起，重新按稅法規定的該固定資產折舊年限計提折舊，如該改擴建後的固定資產尚可使用的年限低於稅法規定的最低年限的，可以按尚可使用的年限計提折舊。

> **課堂思考**：《企業所得稅法》對手續費及佣金支出的扣除標準是如何規定的？而在會計上又是如何規定的呢？

（二）生物資產的稅務處理

生物資產，是指有生命的動物和植物。生物資產分為消耗性生物資產、生產性生物資產和公益性生物資產。消耗性生物資產，是指為出售而持有的、或在將來收穫為農產品的生物資產，包括生長中的農田作物、蔬菜、用材林以及存欄待售的牲畜等。生產性生物資產，是指為產出農產品、提供勞務或出租等目的而持有的生物資產，包括經濟林、薪炭林、產畜和役畜等。公益性生物資產，是指以防護、環境保護為主要目的的生物資產，包括防風固沙林、水土保持林和水源涵養林等。

1. 生物資產的計稅基礎

生產性生物資產按照以下方法確定計稅基礎：

（1）外購的生產性生物資產，以購買價款和支付的相關稅費為計稅基礎。

（2）通過捐贈、投資、非貨幣性資產交換、債務重組等方式取得的生產性生物資產，以該資產的公允價值和支付的相關稅費為計稅基礎。

2. 生物資產的折舊方法和折舊年限

生產性生物資產按照直線法計算的折舊，准予扣除。企業應當自生產性生物資產投入使用月份的次月起計算折舊；停止使用的生產性生物資產，應當自停止使用月份的次月起停止計算折舊。

企業應當根據生產性生物資產的性質和使用情況，合理確定生產性生物資產的預計淨殘值。生產性生物資產的預計淨殘值一經確定，不得變更。

生產性生物資產計算折舊的最低年限如下：

（1）林木類生產性生物資產，為 10 年。

（2）畜類生產性生物資產，為 3 年。

（三）無形資產的稅務處理

無形資產，是指企業長期使用但沒有實物形態的資產，包括專利權、商標權、著作權、土地使用權、非專利技術、商譽等。

1. 無形資產的計稅基礎

無形資產按照以下方法確定計稅基礎：

（1）外購的無形資產，以購買價款和支付的相關稅費以及直接歸屬於使該資產達到預定用途發生的其他支出為計稅基礎。

（2）自行開發的無形資產，以開發過程中該資產符合資本化條件後至達到預定用途前發生的支出為計稅基礎。

（3）通過捐贈、投資、非貨幣性資產交換、債務重組等方式取得的無形資產，以該資產的公允價值和支付的相關稅費為計稅基礎。

2. 無形資產攤銷的範圍

在計算應納稅所得額時，企業按照規定計算的無形資產攤銷費用，准予扣除。

下列無形資產不得計算攤銷費用扣除：

第八章 所得稅

(1) 自行開發的支出已在計算應納稅所得額時扣除的無形資產。
(2) 自創商譽。
(3) 與經營活動無關的無形資產。
(4) 其他不得計算攤銷費用扣除的無形資產。

3. 無形資產的攤銷方法及年限

無形資產的攤銷，採取直線法計算。無形資產的攤銷年限不得低於10年。作為投資或者受讓的無形資產，有關法律規定或者合同約定了使用年限的，可以按照規定或者約定的使用年限分期攤銷。外購商譽的支出，在企業整體轉讓或者清算時，準予扣除。

(四) 長期待攤費用的稅務處理

長期待攤費用，是指企業發生的應在1個年度以上或幾個年度進行攤銷的費用。在計算應納稅所得額時，企業發生的下列支出作為長期待攤費用，按照規定攤銷的，準予扣除。
(1) 已足額提取折舊的固定資產的改建支出。
(2) 租入固定資產的改建支出。
(3) 固定資產的大修理支出。
(4) 其他應當作為長期待攤費用的支出。

企業的固定資產修理支出可在發生當期直接扣除。企業的固定資產改良支出，如果有關固定資產尚未提足折舊，可增加固定資產價值；如有關固定資產已提足折舊，可作為長期待攤費用，在規定的期間內平均攤銷。

固定資產的改建支出，是指改變房屋或者建築物結構、延長使用年限等發生的支出。已足額提取折舊的固定資產的改建支出，按照固定資產預計尚可使用年限分期攤銷；租入固定資產的改建支出，按照合同約定的剩餘租賃期限分期攤銷；改建的固定資產延長使用年限的，除已足額提取折舊的固定資產、租入固定資產的改建支出外，其他的固定資產發生改建支出，應當適當延長折舊年限。

大修理支出，按照固定資產尚可使用年限分期攤銷。

企業所得稅法所指固定資產的大修理支出，是指同時符合下列條件的支出：
(1) 修理支出達到取得固定資產時的計稅基礎50%以上。
(2) 修理後固定資產的使用年限延長2年以上。

其他應當作為長期待攤費用的支出，自支出發生月份的次月起，分期攤銷，攤銷年限不得低於3年。

(五) 存貨的稅務處理

存貨，是指企業持有以備出售的產品或者商品、處在生產過程中的在產品、在生產或者提供勞務過程中耗用的材料和物料等。

1. 存貨的計稅基礎

存貨按照以下方法確定成本：
(1) 通過支付現金方式取得的存貨，以購買價款和支付的相關稅費為成本。
(2) 通過支付現金以外的方式取得的存貨，以該存貨的公允價值和支付的相關

稅費為成本。

（3）生產性生物資產收穫的農產品，以產出或者採收過程中發生的材料費、人工費和分攤的間接費用等必要支出為成本。

2. 存貨的成本計算方法

企業使用或者銷售的存貨的成本計算方法，可以在先進先出法、加權平均法、個別計價法中選用一種。計價方法一經選用，不得隨意變更。

企業轉讓以上資產，在計算企業應納稅所得額時，資產的淨值允許扣除。其中，資產的淨值是指有關資產、財產的計稅基礎減除已經按照規定扣除的折舊、折耗、攤銷、準備金等後的餘額。

（六）投資資產的稅務處理

投資資產，是指企業對外進行權益性投資和債權性投資而形成的資產。

1. 投資資產的成本

投資資產按以下方法確定投資成本：

（1）通過支付現金方式取得的投資資產，以購買價款為成本。

（2）通過支付現金以外的方式取得的投資資產，以該資產的公允價值和支付的相關稅費為成本。

2. 投資資產成本的扣除方法

企業對外投資期間，投資資產的成本在計算應納稅所得額時不得扣除，企業在轉讓或者處置投資資產時，投資資產的成本準予扣除。

3. 投資企業撤回或減少投資的稅務處理

自2011年7月1日起，投資企業從被投資企業撤回或減少投資，其取得的資產中，相當於初始出資的部分，應確認為投資收回；相當於被投資企業累計未分配利潤和累計盈餘公積按減少實收資本比例計算的部分，應確認為股息所得；其餘部分確認為投資資產轉讓所得。

被投資企業發生的經營虧損，由被投資企業按規定結轉彌補；投資企業不得調整減低其投資成本，也不得將其確認為投資損失。

（七）稅法規定與會計規定差異的處理

稅法規定與會計規定差異的處理，是指企業在財務會計核算中與稅法規定不一致應當依照稅法規定予以調整。即企業在平時進行會計核算時，可以按會計制度的有關規定進行帳務處理，但在申報納稅時，對稅法規定和會計制度規定有差異的，要按稅法規定進行納稅調整。

根據《企業所得稅法》的有關規定，對企業依據財務會計制度規定，並實際在財務會計處理上已確認的支出，凡沒有超過《企業所得稅法》和有關稅收法規規定的稅前扣除範圍和標準的，可按企業實際會計處理確認的支出，在企業所得稅前扣除，計算其應納稅所得額。

（1）企業不能提供完整、準確的收入及成本、費用憑證，不能正確計算其應納稅所得額的，由稅務機關核定其應納稅所得額。

（2）企業依法清算時，以其清算終了後的清算所得為應納稅所得額，並按規定

第八章 所得稅

繳納企業所得稅。所謂清算所得，是指企業的全部資產可變現價值或者交易價格減除資產淨值、清算費用以及相關稅費等後的餘額。

投資方企業從被清算企業分得的剩餘資產，其中相當於從被清算企業累計未分配利潤和累計盈餘公積中應當分得的部分，應當確認為股息所得；剩餘資產減除上述股息所得後的餘額，超過或者低於投資成本的部分，應當確認為投資資產轉讓所得或者損失。

（3）企業應納稅所得額是根據稅收法規計算出來的，它在數額上與依據財務會計制度計算的利潤總額往往不一致。因此，稅法規定，對企業按照有關財務會計規定計算的利潤總額，要按照稅法的規定進行必要調整後，才能作為應納稅所得額計算繳納所得稅。

七、應納稅額的計算

（一）居民企業應納稅額的計算

居民企業應納稅額等於應納稅所得額乘以適用稅率，基本計算公式為：

居民企業應納稅額＝應納稅所得額×適用稅率－減免稅額－抵免稅額

根據計算公式可以看出，居民企業應納稅額的多少，取決於應納稅所得額和適用稅率兩個因素。在實際過程中，應納稅所得額的計算一般有兩種方法。

1. 直接計算法

在直接計算法下，居民企業每一納稅年度的收入總額減除徵稅收入、免稅收入、各項扣除以及允許彌補的以前年度虧損後餘額為應納稅所得額。計算公式與前述相同，即為：

應納稅所得額＝收入總額－不徵稅收入－免稅收入－各項扣除金額－以前年度彌補虧損

【例題8-5】某企業為居民企業，其2014年的財務資料如下：

（1）產品銷售收入890萬元，國債利息收入5萬元，取得政府性基金收入5萬元。

（2）該企業全年發生的產品銷售成本430萬元，銷售費用80萬元，管理費用25萬元，財務費用10萬元，營業外支出3萬元（其中繳納稅收滯納金1萬元），按稅法規定繳納增值稅90萬元，消費稅及附加7.2萬元。

（3）2013年經稅務機關核定虧損30萬元。

（4）2014年已經預繳企業所得稅60萬元。

計算該企業2014年應納企業所得稅的金額。

解：該企業2014年的收入總額為890+5+5＝900（萬元）

該企業2014年可以扣除的項目總額＝430+80＋25＋10+（3-1）＋7.2＝554.2（萬元）

該企業2014年的應納稅所得額＝900-5-5-554.2-30＝305.8（萬元）

該企業2014年應納企業所得稅＝305.8×25%-60＝16.45（萬元）

2. 間接計算法

在間接計算法下，在會計利潤總額的基礎上加或減按照稅法規定調整的項目金額後，即為應納稅所得額。計算公式為：

$$應納稅所得額 = 會計利潤總額 \pm 納稅調整項目金額$$

稅收調整項目金額包括兩方面的內容：一是企業的財務會計處理和稅收規定不一致的應予以調整的金額；二是企業按稅法規定準予扣除的稅收金額。

【例題 8-6】假定某企業為居民企業，2014 年經營業務如下：

（1）取得銷售收入 2,500 萬元。

（2）銷售成本 1,100 萬元。

（3）發生銷售費用 670 萬元（其中廣告費 450 萬元）；管理費用 480 萬元（其中業務招待費 15 萬元）；財務費用 60 萬元。

（4）銷售稅金 170 萬元（含增值稅 130 萬元）。

（5）營業外收入 70 萬元，營業外支出 50 萬元（含通過公益性社會團體向貧困山區捐款 30 萬元、支付稅收滯納金 6 萬元）。

（6）計入成本、費用中的實發工資總額 150 萬元、撥繳職工工會經費 3 萬元、支出職工福利費和職工教育經費 29 萬元。

計算該企業 2014 年度實際應納的企業所得稅。

解：該企業的會計利潤總額 = 2,500+70-1,100-670-480-60-40-50 = 170（萬元）

廣告費和業務宣傳費調增所得額 = 450 - 2,500×15% = 450 - 375 = 75（萬元）

因為 2,500×5% = 12.5（萬元），15×60% = 9（萬元）

而 12.5 萬元大於 9 萬元

所以業務招待費調增所得額 = 15-9 = 6（萬元）

捐贈支出應調增所得額 = 30 - 170×12% = 9.6（萬元）

「三費」應調增所得額 = 3+29 - 150×18.5% = 4.25（萬元）

應納稅所得額 = 170+75+6+9.6+6 +4.25 = 270.85（萬元）

該企業 2014 年應納企業所得稅 = 270.85×25% = 67.71（萬元）

（二）核定徵收

為了加強企業所得稅的徵收管理，中國除了採取核算徵收外，對部分居民納稅人採取了核定徵收企業所得稅的辦法。

1. 核定徵收的適用範圍

除規定不得實行核定徵收的企業外，實行核定徵收方式徵收企業所得稅的企業需符合以下條件之一。

（1）依照法律、行政法規的規定可以不設置帳簿的。

（2）依照法律、行政法規的規定應當設置但未設置帳簿的。

（3）擅自銷毀帳簿或者拒不提供納稅資料的。

（4）雖設置帳簿，但帳目混亂或者成本資料、收入憑證、費用憑證殘缺不全，難以查帳的。

（5）發生納稅義務，未按照規定的期限辦理納稅申報，經稅務機關責令限期申

第八章　所得稅

報，逾期仍不申報的。

（6）申報的計稅依據明顯偏低，又無正當理由的。

2. 不適用於核定徵收的範圍

（1）享受《企業所得稅法》及其實施條例和國務院規定的一項或幾項企業所得稅優惠政策的企業（不包括僅享受《企業所得稅法》第二十六條規定免稅收入優惠政策的企業）。

（2）匯總納稅企業。

（3）上市公司。

（4）金融企業，包括銀行、信用社、小額貸款公司、保險公司、證券公司、期貨公司、信託投資公司、金融資產管理公司、融資租賃公司、擔保公司、財務公司、典當公司等12類金融企業。

（5）社會仲介機構，包括會計、審計、資產評估、稅務、房地產估價、土地估價、工程造價、律師、價格鑒證、公證機構、基層法律服務機構、專利代理、商標代理以及其他經濟鑒證類的社會仲介機構。

（6）以投資為主要經營業務的企業。

（7）從事房地產開發的企業。

3. 所得稅定率徵收企業的計算方法

企業根據稅務機關鑒定的行業應稅所得率，在納稅年度內根據收入總額或成本費用支出的實際發生額，按以下方法計算各期企業所得稅預繳額和年度應納所得稅額，並按規定向稅務機關進行申報納稅。

（1）預繳所得稅額的計算：

應納所得稅額＝應納稅所得額×適用稅率

應納稅所得額＝應稅收入額×應稅所得率

或　應納稅所得額＝成本（費用）支出額／（1－應稅所得率）×應稅所得率

應稅收入額＝收入總額－不徵稅收入－免稅收入

（2）年度應納所得稅額的計算：

應納所得稅額＝應納稅所得額×適用稅率

應納稅所得額＝應稅收入額×應稅所得率

或　應納稅所得額＝成本（費用）支出額／（1－應稅所得率）×應稅所得率

應稅收入額＝收入總額－不徵稅收入－免稅收入

（3）收入總額。收入總額是指《企業所得稅法》《中華人民共和國企業所得稅法實施條例》（以下簡稱《企業所得稅法實施條例》）規定的收入總額，包括以貨幣形式和非貨幣形式從各種來源取得的收入。

4. 所得稅定率徵收的應稅所得率的確定

（1）企業適用的應稅所得率由稅務機關根據企業的主營業務、上年度實際應稅收入，生產經營規模和盈利水平，以及區域經濟發展情況，在規定的行業應稅所得率幅度範圍內進行確定，應稅所得率幅度標準見表8.1。

表8.1　　　　　　　　　　　應稅所得率幅度標準

行業	應稅所得率（%）
農、林、牧、漁業	3~10
製造業	5~15
批發和零售貿易業	4~15
交通運輸業	7~15
建築業	8~20
飲食業	8~25
娛樂業	15~30
其他行業	10~30

（2）企業經營多業的，無論其經營項目是否單獨核算，均根據其主營項目確定適用的應稅所得率。如兼營項目所屬行業應稅所得率高於主營項目所屬行業應稅所得率的應在應稅所得率的幅度標準範圍內上調處理；如兼營項目所屬行業應稅所得率低於主營項目所屬行業應稅所得率的，則以主營項目所屬行業應稅所得率確定。主營項目應為企業所有經營項目中，收入總額、成本（費用）支出額或者耗用原材料、燃料、動力數量所占比重最大的項目。

5. 所得稅定率徵收企業的納稅申報

實行定率徵收企業須按月或按季預繳企業所得稅，年終進行企業所得稅匯算清繳。具體申報方法如下：

（1）預繳申報。企業應在月份或季度終了後15天內，依照核定的應稅所得率計算納稅期間實際應繳納的稅額，進行預繳申報。按實際數額預繳有困難的，經主管稅務機關同意，可按上一年度應納稅額的1/12或1/4預繳，或者按經主管稅務機關認可的其他方法預繳。

預繳申報可採取網上申報、電話申報和攜帶紙質申報表到主管稅務機關辦稅大廳申報等方式。

（2）年度申報及匯算清繳。企業應在年度終了後5個月內，根據企業的實際應稅收入，依照核定的應稅所得率如實填報企業所得稅納稅申報表，到主管稅務機關辦稅大廳辦理企業所得稅的年度納稅申報及匯算清繳。

企業辦理年度納稅申報時，應附送以下資料：企業所得稅納稅申報表、年度收支情況報告表、減免稅有關備案資料（享受所得稅減免企業報送）、主管稅務機關要求報送的其他資料。

6. 所得稅定率徵收企業的注意事項

定率徵收企業出現下列情形的，應在年度終了後15日內，及時向主管稅務機關書面報告相關的具體情況。

（1）經營範圍、主營業務發生變化的。

（2）本年度應納稅收入達到或超過的。

第八章 所得稅

(3) 本年度企業的利潤率與核定應稅所得率比較,增加達到或超過 20% 的。主管稅務機關對企業依規定報告的經營變化情況,將進行認真核查,並根據核查情況,在年度終了後 3 個月內做出調整或保留企業已鑒定的徵收方式及應稅所得率的處理。

(三) 境外所得抵扣稅額的計算

在稅法上對同一納稅人的同一筆所得在同一時間內徵相同或類似的稅稱為重複徵稅,如果在重複徵稅的過程中涉及了兩個或兩個以上國家,則稱為國際重複徵稅。由於世界各國所採用的稅收管轄權的不一致性,客觀上造成了國際重複徵稅的存在,而國際重複徵稅必然會影響到資本的國際流動,因此世界各國都採取了相應的措施減除國際重複徵稅,常見的辦法有免稅法、低稅法、抵免法等,其中抵免法是一種比較有效的方法,中國也採取了抵免法來避免國際重複徵稅問題。按照《企業所得稅法》的規定,居民企業來源於中國境外的應稅所得和非居民企業在中國境內設立機構、場所取得的發生在中國境外但與該機構、場所有實際聯繫的應稅所得,已在境外繳納的所得稅稅款,可以從其當期應納稅額中抵免,抵免限額為該項所得依照中國稅法規定計算的應納稅款;超過抵免限額的部分,可以在以後 5 個年度內用每年度抵免限額抵免當年應納稅額後的餘額進行抵補。

1. 抵免限額

境外所得已納稅款的抵免限額是指納稅人的境外所得按照中國稅法規定計算的應納稅額,也就是納稅人的境外所得按照中國稅法的有關規定扣除為取得該項所得所攤計的成本、費用、損失後得到的應納稅所得額計算的應納稅額。其計算公式為:

境外所得稅稅款抵免限額=境內、境外所得按照稅法計算的應納稅總額×來源於境外的所得/境內、境外所得總額

2. 抵免的方法

企業境外業務之間的盈虧可以相互彌補,但企業境內、外之間的盈虧不得相互彌補。按照有關規定,納稅人在境外繳納的所得稅,在匯總納稅時,可在分國不分項抵免和定率抵免兩種方法中選擇其一進行抵免。

(1) 分國不分項抵免。企業能夠全面提供境外完稅憑證的,可採取分國不分項抵免法,即納稅人在境外已繳納的所得稅應按國別(地區)進行抵免,並按分國(地區)計算抵免限額。納稅人在境外各國(地區)已繳納的所得稅稅款低於計算出的該國(地區)境外所得稅稅額的抵免限額,可以從應納稅額中按實際扣除;超過抵免限額的,應按計算出的抵免限額進行扣除,其超過部分不得在本年度的應納稅額中扣除,也不得作為費用列支,但可以在不超過 5 年的期限內繼續抵免。其計算公式為:

境外所得稅稅款抵免限額=境內、境外所得按照稅法計算的應納稅總額×來源於某國(地區)的所得/境內、境外所得總額

(2) 定率抵免。為了方便計算和管理,經企業申請稅務機關批准,企業也可以不區分免稅或不免稅項目統一按境外應納稅所得額 16.5% 的比率抵免。

在存在境外所得的情況下,企業全年應納稅額的計算公式為:

全年應納稅額=境外、境內應納稅所得額×適用稅率-境外所得稅抵免額

【例題 8-7】 某企業 2014 年度境內應納稅所得額為 100 萬元，適用 25% 的企業所得稅稅率。另外，該企業分別在甲、乙兩國設有分支機構（中國與甲、乙兩國已經締結避免雙重徵稅協定），在甲國分支機構的應納稅所得額為 50 萬元，甲國企業所得稅稅率為 20%；在乙國的分支機構的應納稅所得額為 30 萬元，乙國企業所得稅稅率為 30%。假設該企業在 A、B 兩國所得按中國稅法計算的應納稅所得額和按甲、乙兩國稅法計算的應納稅所得額一致，兩個分支機構在甲、乙兩國分別繳納了 10 萬元和 9 萬元的企業所得稅。計算該企業匯總時在中國應繳納的企業所得稅稅額。

解：
(1) 該企業按中國稅法計算的境內、境外所得的應納稅額。

應納稅額 =（100+50+30）×25% = 45（萬元）

(2) 甲、乙兩國的扣除限額。

甲國扣除限額 = 45×[50(100+50+30)] = 12.5（萬元）

乙國扣除限額 = 45×[30÷(100+50+30)] = 7.5（萬元）

在甲國繳納的所得稅為 10 萬元，低於扣除限額 12.5 萬元，可全額扣除。

在乙國繳納的所得稅為 9 萬元，高於扣除限額 7.5 萬元，其超過扣除限額的部分 1.5 萬元當年不能扣除。

(3) 匯總時在中國應繳納的所得稅 = 45−10−7.5 = 27.5（萬元）

(四) 非居民企業應納稅額的計算

對於在中國境內未設立機構、場所的，或者雖設立機構、場所但取得的所得與其所設機構、場所沒有實際聯繫的非居民企業的所得，按照下列方法計算應納稅所得額：

(1) 股息、紅利等權益性投資收益和利息、租金、特許權使用費所得，以收入全額為應納稅所得額。

(2) 轉讓財產所得，以收入全額減除財產淨值後的餘額為應納稅所得額。財產淨值是指財產的計稅基礎減除已經按照規定扣除的折舊、折耗、攤銷、準備金等後的餘額。

(3) 其他所得，參照前兩項規定的方法計算應納稅所得額。

八、企業所得稅的稅收優惠

稅收優惠，是指國家對某一部分特定企業和課稅對象給予減輕或免除稅收負擔的一種措施。稅法規定的企業所得稅的稅收優惠方式包括免稅、減稅、加計扣除、加速折舊、減計收入、稅額抵免等。

(一) 免徵企業所得稅的項目

(1) 蔬菜、穀物、薯類、油料、豆類、棉花、麻類、糖料、水果、堅果的種植。

(2) 農作物新品種的選育。

(3) 中藥材的種植。

(4) 林木的培育和種植。

第八章 所得稅

（5）牲畜、家禽的飼養。
（6）林產品的採集。
（7）灌溉、農產品初加工、獸醫、農技推廣、農機作業和維修等農、林、牧、漁服務業項目。
（8）遠洋捕撈。
（二）企業從事下列項目的所得，減半徵收企業所得稅：
（1）花卉、茶以及其他飲料作物和香料作物的種植。
（2）海水養殖、內陸養殖。
（三）從事國家重點扶持的公共基礎設施項目投資經營的所得

企業所得稅法所稱國家重點扶持的公共基礎設施項目，是指《公共基礎設施項目企業所得稅優惠目錄》規定的港口碼頭、機場、鐵路、公路、電力、水利等項目。

（1）企業從事國家重點扶持的公共基礎設施項目的投資經營的所得，自項目取得第一筆生產經營收入所屬納稅年度起，第1年至第3年免徵企業所得稅，第4年至第6年減半徵收企業所得稅。
（2）企業承包經營、承包建設和內部自建自用本條規定的項目，不得享受本條規定的企業所得稅優惠。
（3）企業投資經營符合《公共基礎設施項目企業所得稅優惠目錄》規定條件和標準的公共基礎設施項目，採用一次核准、分批次（如碼頭、泊位、航站樓、跑道、路段、發電機組等）建設的，凡同時符合以下條件的，可按每一批次為單位計算所得，並享受企業所得稅「三免三減半」優惠。
（四）從事符合條件的環境保護、節能節水項目的所得

環境保護、節能節水項目的所得，自項目取得第一筆生產經營收入所屬納稅年度起，第1年至第3年免徵企業所得稅，第4年至第6年減半徵收企業所得稅。

符合條件的環境保護、節能節水項目，包括公共污水處理、公共垃圾處理、沼氣綜合開發利用、節能減排技術改造、海水淡化等。項目的具體條件和範圍由國務院財政、稅務主管部門會同國務院有關部門制定，報國務院批准後公布施行。

但是以上規定享受減免稅優惠的項目，在減免稅期限內轉讓的，受讓方自受讓之日起，可以在剩餘期限內享受規定的減免稅優惠；減免稅期限屆滿後轉讓的，受讓方不得就該項目重複享受減免稅優惠。
（五）符合條件的技術轉讓所得

（1）企業所得稅法所稱符合條件的技術轉讓所得免徵、減徵企業所得稅，是指一個納稅年度內，居民企業轉讓技術所有權所得不超過500萬元的部分，免徵企業所得稅；超過500萬元的部分，減半徵收企業所得稅。
（2）技術轉讓的範圍，包括居民企業轉讓專利技術、計算機軟件著作權、集成電路布圖設計權、植物新品種、生物醫藥新品種，以及財政部和國家稅務總局確定的其他技術。
（3）符合條件的技術轉讓所得的計算方法：

技術轉讓所得＝技術轉讓收入－技術轉讓成本－相關稅費

（六）高新技術企業優惠

國家需要重點扶持的高新技術企業減按 15% 的稅率徵收企業所得稅。國家需要重點扶持的高新技術企業，是指擁有核心自主知識產權，並同時符合下列六方面條件的企業。

（1）擁有核心自主知識產權。這是指在中國境內（不含港、澳、臺地區）註冊的企業，近 3 年內通過自主研發、受讓、受贈、併購等方式，或通過 5 年以上的獨占許可方式，對其主要產品（服務）的核心技術擁有自主知識產權。

（2）產品（服務）屬於《國家重點支持的高新技術領域》規定的範圍。

（3）研究開發費用占銷售收入的比例不低於規定比例。這是指企業為獲得科學技術（不包括人文、社會科學）新知識，創造性運用科學技術新知識，或實質性改進技術、產品（服務）而持續進行了研究開發活動，且近三個會計年度的研究開發費用總額占銷售收入總額的。

（4）高新技術產品（服務）收入占企業總收入的比例不低於規定比例。這是指高新技術產品（服務）收入占企業當年總收入的 60% 以上。

（5）科技人員占企業職工總數的比例不低於規定比例。這是指具有大學專科以上學歷的科技人員占企業當年職工總數的 30% 以上，其中研發人員占企業當年職工總數的 10% 以上。

（6）高新技術企業認定管理辦法規定的其他條件。《國家重點支持的高新技術領域》和《高新技術企業認定管理辦法》由國務院科技、財政、稅務主管部門會同國務院有關部門制訂，報國務院批准後公布施行。

（七）小型微利企業優惠

《企業所得稅法實施條例》規定，對小型微利企業減按 20% 的稅率徵收企業所得稅。

1. 小型微利企業的條件

（1）工業企業，年度應納稅所得額不超過 30 萬元，從業人數不超過 100 人，資產總額不超過 3,000 萬元。

（2）其他企業，年度應納稅所得額不超過 30 萬元，從業人數不超過 80 人，資產總額不超過 1,000 萬元。

2. 小型微利企業的優惠政策

2014 年 1 月 1 日至 2016 年 12 月 31 日，對年應納稅所得額低於 10 萬元（含 10 萬元）的小型微利企業，其所得減按 50% 計入應納稅所得額，按 20% 的稅率繳納企業所得稅。

（1）符合規定條件的小型微利企業（包括採取查帳徵收和核定徵收方式的企業），均可按照規定享受小型微利企業所得稅優惠政策。

小型微利企業所得稅優惠政策，包括企業所得稅減按 20% 徵收（以下簡稱減低稅率政策），以及《財政部　國家稅務總局關於小型微利企業所得稅優惠政策的通知》文件規定的優惠政策（以下簡稱減半徵稅政策）。

第八章 所得稅

(2) 符合規定條件的小型微利企業,在預繳和年度匯算清繳企業所得稅時,可以按照規定自行享受小型微利企業所得稅優惠政策,無須稅務機關審核批准,但在報送年度企業所得稅納稅申報表時,應同時將企業從業人員、資產總額情況報稅務機關備案。

(八) 創業企業優惠

創業投資企業從事國家需要重點扶持和鼓勵的創業投資,可以按投資額的一定比例抵扣應納稅所得額。創投企業優惠,是指創業投資企業採取股權投資方式投資未上市的中小高新技術企業 2 年以上的,可以按照其投資額的 70% 在股權持有滿 2 年的當年抵扣該創業投資企業的應納稅所得額;當年不足抵扣的,可以在以後納稅年度結轉抵扣。

(九) 加計扣除優惠

1. 研究開發費

研究開發費,是指企業為開發新技術、新產品、新工藝發生的研究開發費用,未形成無形資產計入當期損益的,在按照規定據實扣除的基礎上,按照研究開發費用的 50% 加計扣除;形成無形資產的,按照無形資產成本的 150% 攤銷。

從 2008 年 1 月 1 日起,可以加計扣除的研究開發費按下列相關規定執行:

(1) 研究開發費是指從事規定範圍內的研究開發活動發生的相關費用。研究開發活動是指企業為獲得科學與技術(不包括人文、社會科學)新知識,創造性運用科學技術新知識或實質性改進技術、工藝、產品(服務)而持續進行的具有明確目標的研究開發活動。

創造性運用科學技術新知識或實質性改進技術、工藝、產品(服務),是指企業通過研究開發活動在技術、工藝、產品(服務)方面的創新取得了有價值的成果,對本地區(省、自治區、直轄市或計劃單列市)相關行業的技術、工藝領先具有推動作用,不包括企業產品(服務)的常規性升級或對公開的科研成果直接應用等活動(如直接採用公開的新工藝、材料、裝置、產品、服務或知識等)。

(2) 企業從事《國家重點支持的高新技術領域》和國家發展改革委員會等部門公布的《當前優先發展的高新技術產業化重點領域指南(2007 年度)》規定項目的研究開發活動,其在一個納稅年度中實際發生的下列費用支出,允許在計算應納稅所得額時按照規定實行加計扣除。

(3) 對企業共同合作開發的項目,凡符合上述條件的,由合作各方就自身承擔的研發費用分別按照規定計算加計扣除。

(4) 對企業委託給外單位進行開發的研發費用,凡符合上述條件的,由委託方按照規定計算加計扣除,受託方不得再進行加計扣除。

對委託開發的項目,受託方應向委託方提供該研發項目的費用支出明細情況,否則,該委託開發項目的費用支出不得實行加計扣除。

(5) 企業根據財務會計核算和研發項目的實際情況,對發生的研發費用進行收益化或資本化處理的,可按稅法具體規定計算加計扣除。

(6) 法律、行政法規和國家稅務總局規定不允許企業所得稅前扣除的費用和支

出項目，均不允許計入研究開發費用。

(7) 企業未設立專門的研發機構或企業研發機構同時承擔生產經營任務的，應對研發費用和生產經營費用分開進行核算，準確、合理地計算各項研究開發費用支出，對劃分不清的，不得實行加計扣除。

(8) 企業必須對研究開發費用實行專帳管理，同時必須按照《企業研究開發費用稅前扣除管理辦法（試行）》附表的規定項目，準確歸集填寫年度可加計扣除的各項研究開發費用實際發生金額。企業應於年度匯算清繳所得稅申報時向主管稅務機關報送本辦法規定的相應資料。申報的研究開發費用不真實或者資料不齊全的，不得享受研究開發費用加計扣除。

2. 企業安置殘疾人員所支付的工資

企業安置殘疾人員所支付工資費用的加計扣除，是指企業安置殘疾人員的，在按照支付給殘疾職工工資據實扣除的基礎上，按照支付給殘疾職工工資的100%加計扣除。殘疾人員的範圍適用《中華人民共和國殘疾人保障法》的有關規定。企業安置國家鼓勵安置的其他就業人員所支付的工資的加計扣除辦法，由國務院另行規定。

九、納稅地點

(1) 除稅收法律、行政法規另有規定外，居民企業以企業登記註冊地為納稅地點，但登記註冊地在境外的，以實際管理機構所在地為納稅地點。企業註冊登記地是指企業按照國家有關規定登記註冊的住所地。

(2) 居民企業在中國境內設立不具有法人資格的營業機構，應當匯總計算並繳納企業所得稅。企業匯總計算並繳納企業所得稅時應當統一核算應納稅所得額，具體方法由國務院財政、稅務主管部門另行規定。

(3) 非居民企業在中國境內設立機構、場所的，應當就其所設機構、場所取得的來源於中國境內的所得，以及發生在中國境外但與其所設機構、場所有實際聯繫的所得，以機構、場所所在地為納稅地點。非居民企業在中國境內設立兩個或兩個以上機構、場所的，經主管稅務機關審核批准，可以選擇由其主要機構、場所匯總繳納企業所得稅。非居民企業經批准匯總繳納企業所得稅後，需要增設、合併、遷移、關閉機構、場所或者停止機構、場所業務的，應當事先由負責匯總申報繳納企業所得稅的主要機構、場所向其所在地稅務機關報告；需要變更匯總繳納企業所得稅的主要機構、場所的，依照前款規定辦理。

(4) 非居民企業在中國境內未設立機構、場所的，或者設立機構、場所但取得的所得與設立的機構、場所沒有實際聯繫的，以扣繳義務人所在地為納稅地點。

上述(3)、(4)中提到的實際聯繫是指非居民企業在中國境內設立的機構、場所擁有據以取得所得的股權、債權以及擁有、管理、控制據以取得所得的財產。

除國務院另有規定外，企業之間不得合併繳納企業所得稅。

第八章 所得稅

十、納稅期限

企業所得稅按年計徵，分月或分季預繳，年終匯繳，多退少補。

企業所得稅的納稅年度自公曆1月1日起至12月31日止。企業在一個納稅年度的中間開業，或者由於合併、關閉等原因終止經營活動，使該納稅年度的實際經營期限不足12個月的，應當以其實際經營期為1個納稅年度。企業清算時，應當以清算期間為1個納稅年度。

企業應自年度終了之日起5個月內，向稅務機關報送年度企業所得稅納稅申報表，並匯算清繳，結清應繳應退稅款。

企業在年度中間終止經營活動的，應當自實際經營終止之日起60日內，向稅務機關辦理當期企業所得稅匯算清繳。

十一、納稅申報

按月或按季預繳的，應當自月份或者季度終了之日起15日內，向稅務機關報送預繳企業所得稅納稅申報表，預繳稅款。

企業在報送企業所得稅納稅申報表時，應當按照規定附送財務會計報告和其他有關資料。

企業應當在辦理註銷登記前，就其清算所得向稅務機關申報並依法繳納企業所得稅。依照企業所得稅法繳納的企業所得稅，以人民幣計，所得以人民幣以外的貨幣計算的，應當折合成人民幣計算並繳納稅款。

企業在納稅年度內無論盈利或者虧損，都應當按照《企業所得稅法》第五十四條規定的期限，向稅務機關報送預繳企業所得稅納稅申報表、年度企業所得稅申報表、財務會計報告和稅務機關規定的應當報送的其他有關資料。

● 第三節 個人所得稅

一、個人所得稅的概念及演變

（一）個人所得稅的概念

個人所得稅是以個人（自然人）（含個人獨資企業和合夥企業）取得的各項所得為徵稅對象所徵收的一種稅。

（二）個人所得稅的演變

個人所得稅最早產生於18世紀末英法戰爭時期，英國為了籌集高額的軍費而於1799年開徵了個人所得稅，以納稅個人的綜合所得為計稅依據，稅率為10%。中國對個人所得稅的開徵起步較晚，在1950年全國公布的14種稅中包括對個人徵收的薪金報酬所得稅和存款利息所得稅兩個稅種，但未能開徵。

改革開放以後，來華並取得收入的外籍人員日益增多，為維護外籍人員的合法

權益和國家的稅收利益，中國於 1980 年制定了《中華人民共和國個人所得稅法》，統一適用於中國公民和在中國取得收入的外籍人員。根據經濟發展的形勢，為適應對個體工商戶和個人收入調節的需要，1986 年和 1987 年國家又先後頒布了《中華人民共和國城鄉個體工商業戶所得稅暫行條例》和《中華人民共和國個人收入調節稅暫行條例》，形成了對個人所得徵稅「三稅」並存的格局。

隨著社會主義市場經濟體制的確立，中國在原三個對個人所得課稅制度的基礎上，進行合併、修訂與完善，1993 年 10 月修訂《中華人民共和國個人所得稅法》（第一次修訂），並於 1994 年 1 月起施行。此後，全國人大常務委員會分別於 1999 年、2005 年、2007 年（6 月和 12 月）和 2011 年對《中華人民共和國個人所得稅法》進行了 5 次修訂，使中國的個人所得稅法建設走向了科學化、規範化和法制化的軌道。

中國現行個人所得稅的基本法規，是 2011 年 6 月 30 日第十一屆全國人民代表大會常務委員會第二十一次會議第六次修正的《中華人民共和國個人所得稅法》（以下簡稱《個人所得稅法》），修正後的《個人所得稅法》及其實施條例自 2011 年 9 月 1 日起實施。目前個人所得稅已成為世界各國普遍開徵的一個稅種。

二、個人所得稅的徵收模式

國際上通常把個人所得稅的徵收模式分為下列三種：

（一）分類徵收模式

分類徵收就是將納稅人不同來源、性質的所得項目，分別按照不同的稅率徵收。

（二）綜合徵收模式

綜合徵收是指對納稅人全年的各項所得加以匯總，就其總額進行徵收。

（三）混合徵收模式

混合徵收是指對納稅人不同來源、性質的所得先分別按照不同的稅率徵稅，然後將全年的各項所得進行匯總徵稅。

三、個人所得稅的特點

（一）實行分類徵收

中國實行分類徵收制度不僅方便徵納雙方，加強稅源管理，而且便於對不同所得體現國家的政策。在分項計徵的同時還要求同項合併，納稅人在中國境內兩處或兩處以上取得的工資、薪金所得或個體工商業戶的生產、經營所得，應將同項所得合併計算納稅。

（二）採用定額和定率並用的費用扣除標準

中國個人所得稅對納稅人的各項應稅所得，視其情況不同在費用扣除上分別實行定額扣除和定率扣除兩種方法。在計稅方法上中國個人所得稅採用總額扣除法，從而避免了個人實際生活費用支出逐項計算的繁瑣。

（三）採用累進稅率和比例稅率並用的稅率形式

現行個人所得稅根據不同的應稅所得分別採用累進稅率和比例稅率兩種形式。

第八章 所得稅

對工資、薪金所得等採用累進稅率,實行量能負擔。

(四)採取課源制和申報制兩種徵納方法

個人所得稅的徵收方法有支付單位源泉扣繳和納稅人自行申報兩種方法。根據稅法規定,向個人支付應稅所得的單位和個人,為個人所得稅的扣繳義務人,應履行個人所得稅的代扣代繳義務。對於沒有扣繳義務人以及個人在兩處以上取得工資、薪金所得的,由納稅人自行申報納稅。此外,對其他不便於扣繳稅款的,亦規定由納稅人自行申報納稅。

(五)計算簡便

各種所得項目實行分類計算,各有各的費用扣除規定,費用扣除項目及方法易於掌握,計算比較簡單,符合稅制簡便原則。

四、個人所得稅的納稅人

(一)個人所得稅納稅人的一般規定

個人所得稅的納稅人包括中國公民、個體工商業戶、個人獨資企業、合夥企業投資者、在中國境內有所得的外籍人員(包括無國籍人員)和港澳臺同胞,但不包括法人或其他組織。所稱中國境內是指中國大陸地區,目前尚不包括香港、澳門和臺灣地區。

(二)居民納稅人和非居民納稅人

中國的個人所得稅的納稅人按住所和居住時間標準可以分為居民納稅人和非居民納稅人。

1. 區分標準

(1)住所標準。住所分為永久性住所和習慣性住所。《中華人民共和國民法通則》上規定的住所,通常指的是永久性住所,具有法律意義。經常性居住地則屬於習慣性住所,它與永久性住所有時一致,有時不一致。根據這種情況,中國的個人所得稅法將在中國境內有住所的個人界定為:「因戶籍、家庭、經濟利益關係而在中國境內習慣性居住的個人。」中國採用的這種標準實際上是習慣性住所標準。所謂習慣性居住或住所,是在稅收上判定居民和非居民的一個法律意義上的標準,不是指實際居住或在某一特定時期內的居住地。例如,個人因學習、工作、探親、旅遊等而在中國境外居住的,當其在境外居住的原因消除之後,就必須回到中國境內居住。那麼,該人並未居住在中國境內,仍應將其判定為在中國習慣性居住。中國個人所得稅法規定,在中國境內有住所的個人是個人所得稅的居民納稅人。

(2)居住時間標準。居住時間是指個人在一國境內實際居住的日數。中國規定的居住時間是在一個納稅年度內在中國境內住滿365天,即所謂「居住滿一年」。在居住期內臨時離境的不扣減居住天數。臨時離境,是指在一個納稅年度內一次離境不超過30日或多次離境累計不超過90日。在中國境內居住滿一年的個人是中國個人所得稅的居民納稅人。

住所標準和居住時間標準是兩個並列標準,個人只要符合或達到其中任何一個標準即為個人所得稅的居民納稅人。兩個標準都不符合的即為非居民納稅人。

2. 履行的納稅義務

居民納稅人應履行無限納稅義務，就其來源於中國境內外的所得向中國申報納稅。非居民納稅人應履行有限納稅義務，就其來源於中國境內的所得向中國申報納稅。

中國個人所得稅實行代扣代繳和自行申報相結合的徵收管理制度。稅法規定，凡支付應納稅所得的單位或個人，都是個人所得稅的扣繳義務人。扣繳義務人在向納稅人支付各項應納稅所得（個體工商戶的生產、經營所得除外）時，必須履行代扣代繳稅款的義務。

> 課堂思考：個人所得稅的納稅人依據住所標準和居住時間標準可分為居民納稅人和非居民納稅人，這種分類是否科學？你有何建議？

五、個人所得稅的徵稅對象

（一）個人所得稅稅目

1. 工資、薪金所得

工資、薪金所得，是指個人因任職或受雇而取得的工資、薪金、獎金、年終加薪、勞動分紅、津貼、補貼以及與任職或受雇有關的其他所得。這就是說，個人取得的所得，只要是與任職、受雇有關，不管其單位的資金開支形式是現金、實物、還是有價證券，都是工資、薪金所得項目的課稅對象。

一般來說，工資、薪金所得屬於非獨立個人勞動所得，這裡所說的非獨立個人勞動所得是指個人所從事的是由他人指定、安排並接受監督、管理的所得。通常地說，把直接從事生產、經營或服務的勞動者的收入稱為工資，即中國所說的「藍領階層」所得；將從事社會公職或管理活動的勞動者的收入稱為薪金，即「白領階層」所得。

在中國的個人所得稅法中規定了工資、薪金的具體範圍，但並不是所有的工資、薪金都要繳納個人所得稅，下列項目不予徵稅：

（1）獨生子女補貼。
（2）執行公務員工資體系但未納入工資總額的補貼、津貼等。
（3）托兒補助費。
（4）差旅費補貼、誤餐補助。

2. 個體工商業戶的生產、經營所得

個體工商業戶的生產、經營所得包括以下幾方面：

（1）個體工商業戶從事工業、手工業、建築業、飲食業、服務業以及其他行業的所得。

（2）個人經政府有關部門批准，取得執照從事辦學、醫療、諮詢以及其他有償服務取得的所得。

（3）上述個體工商業戶取得的與生產、經營有關的各項應稅所得。

第八章　所得稅

(4) 個人因從事彩票代銷業務取得的所得。
(5) 其他個人從事個體工商業生產、經營取得的所得。

> **課堂思考**：在商品行銷活動中，企業和單位對行銷業績突出的雇員以培訓班、研討會、工作考察等名義組織旅遊活動，通過免收差旅費、旅遊費對個人實行的行銷業績獎勵（包括實物、有價證券等），應根據所發生費用的全額並入行銷人員當期的工資、薪金所得，按照工資、薪金所得項目徵收個人所得稅。如果上述行銷業績獎勵的對象是非雇員，則按什麼所得項目徵收個人所得稅？

3. 企事業單位的承租、承包所得

對企事業單位的承包、承租經營所得，是指個人承包經營、承租經營以及轉包、轉租取得的所得，還包括個人按月或者按次取得的工資、薪金性質的所得。

4. 勞務報酬所得

勞務報酬所得，是指個人從事設計、裝潢、安裝、制圖、化驗、測試、醫療、法律、會計、諮詢、講學、新聞、廣播、翻譯、審稿、書畫、雕刻、影視、錄音、錄像、演出、表演、廣告、展覽、技術服務、介紹服務、經紀服務、代辦服務以及其他勞務取得的所得。

勞務報酬所得是一種獨立性質的所得，這是和工資、薪金所得截然不同的，兩者的區別主要體現在：工資、薪金所得是屬於非獨立個人勞務活動，即在機關、團體、學校、部隊、企業、事業單位以及其他組織中任職、受雇取得的所得；而勞務報酬所得則是個人獨立從事各種技藝、提供各種勞務取得的所得。

> **課堂思考**：勞務報酬所得與工資、薪金所得的主要區別是什麼？

5. 稿酬所得

稿酬所得，是指個人因其作品以圖書、報紙形式出版、發表而取得的所得。這裡所說的「作品」，是指包括中外文字、圖片、樂譜等能以圖書、報刊方式出版、發表的作品；「個人作品」，包括本人的著作、翻譯的作品等。個人取得遺作稿酬，應按稿酬所得項目計稅。

> **課堂思考**：稿酬所得為什麼沒有作為勞務報酬所得項目徵收個人所得稅？

6. 特許權使用費所得

特許權使用費所得，是指個人提供專利權、著作權、商標權、非專利技術以及其他特許權的使用權取得的所得。提供著作權的使用權取得的所得，不包括稿酬所得。作者將自己文字作品手稿原件或複印件公開拍賣（競價）取得的所得，應按特許權使用費所得項目計稅。

7. 財產租賃所得

財產租賃所得，是指個人出租建築物、土地使用權、機器設備、車船以及其他財產取得的所得。財產包括動產和不動產。

8. 利息、股息、紅利所得

利息、股息、紅利所得，是指個人擁有債權、股權而取得的利息、股息、紅利所得。利息是指個人的存款利息、貸款利息和購買各種債券的利息。股息，也稱股利，是指股票持有人根據股份制公司章程規定，憑股票定期從股份公司取得的投資收益。紅利，也稱公司（企業）分紅，是指股份公司或企業根據應分配的利潤按股份分配超過股息部分的利潤。股份制企業以股票形式向股東個人支付股息、紅利即派發紅股，應以派發的股票面額為收入額計稅。

[資料連結] 　　儲蓄存款利息所得是否免徵個人所得稅？

根據《財政部、國家稅務總局關於儲蓄存款利息所得有關個人所得稅政策的通知》和《國家稅務總局關於做好對儲蓄存款利息所得暫免徵收個人所得稅工作的通知》規定，自 2008 年 10 月 9 日起暫免徵收儲蓄存款利息所得個人所得稅，即利息稅自 2008 年 10 月 9 日起暫免徵收。利息稅實行分段計算徵免，居民儲蓄存款在 1999 年 10 月 31 日前滋生的利息，不徵收個人所得稅；1999 年 11 月 1 日至 2007 年 8 月 14 日滋生的利息，按照 20% 的稅率徵稅；2007 年 8 月 15 日至 2008 年 10 月 8 日滋生的利息，按照 5% 的稅率徵稅；2008 年 10 月 9 日起滋生的利息，暫免徵收個人所得稅。

9. 財產轉讓所得

財產轉讓所得是指個人轉讓有價證券、股權、建築物、土地使用權、機器設備、車船以及其他財產取得的所得。

10. 偶然所得

偶然所得，是指個人取得的所得是非經常性的，屬於各種機遇性所得，包括得獎、中獎、中彩以及其他偶然性質的所得（含獎金、實物和有價證券）。個人購買社會福利有獎募捐獎券、中國體育彩票，一次中獎收入不超過 10,000 元的，免徵個人所得稅，超過 10,000 元的，應以全額按偶然所得項目計稅。

11. 其他所得

除上述 10 項應稅項目以外，其他所得應確定徵稅的，由國務院財政部門確定。財政部和國家稅務總局確定徵稅的其他所得項目如下：

（1）個人因任職單位繳納有關保險費用而取得的無賠款優待收入。

（2）對保險公司按投保金額，以銀行同期儲蓄存款利率支付給在保期內未出險的人壽保險戶的利息（或以其他名義支付的類似收入）。

（3）股民個人因證券公司招攬大戶股民在本公司開戶交易，從取得的交易手續費中支付部分金額給大戶股民而取得的回扣收入或交易手續費返還收入。

（二）所得來源地的確定

居民納稅人履行無限納稅義務，就其來源於中國境內、境外的所得向中國申報納稅；非居民納稅人履行有限納稅義務，就其來源於中國境內的所得向中國申報納稅。確定個人應稅收入的來源地，是納稅人履行何種納稅義務的前提。下列所得不

第八章 所得稅

論支付地點是否在中國境內,均為來源於中國境內的所得:
(1) 在中國境內任職、受雇而取得的工資、薪金所得。
(2) 在中國境內從事生產、經營活動而取得的生產經營所得。
(3) 因任職、受雇、履約等在中國境內提供各種勞務取得的勞務報酬所得。
(4) 將財產出租給承租人在中國境內使用而取得的所得。
(5) 轉讓中國境內的建築物、土地使用權等財產,及在中國境內轉讓其他財產取得的所得。
(6) 提供專利技術、商標權、著作權,及其他特許權在中國境內使用的所得。
(7) 因持有中國境內的各種債券、股票、股權而從中國境內的公司、企業或其他經濟組織及個人取得的利息、股息、紅利所得。

六、個人所得稅稅率

(一) 個人所得稅稅率的一般規定

中國個人所得稅區別個人的不同所得項目採用比例稅率和超額累進稅率兩種形式,其中工資、薪金所得,個體工商戶的生產、經營所得,個人獨資企業和合夥企業生產、經營所得,以及企事業單位承包經營、承租經營所得適用超額累進稅率;勞務報酬所得等其他所得適用比例稅率。具體規定如下:

1. 超額累進稅率

(1) 適用7級超額累進稅率。工資、薪金所得適用3%~45%的7級超額累進稅率,見表8.2。

表8.2　　　　　個人所得稅稅率表（工資、薪金所得適用）

級數	全月應納稅所得額（含稅級距）	全月應納稅所得額（不含稅級距）	稅率	速算扣除數
1	不超過1,500元	不超過1,455元的	3%	0
2	超過1,500元至4,500元的部分	超過1,455元至4,155元的部分	10%	105
3	超過4,500元至9,000元的部分	超過4,155元至7,755元的部分	20%	555
4	超過9,000元至35,000元的部分	超過7,755元至27,255元的部分	25%	1,005
5	超過35,000元至55,000元的部分	超過27,255元至41,255元的部分	30%	2,755
6	超過55,000元至80,000元的部分	超過41,255元至57,505元的部分	35%	5,505
7	超過80,000元的部分	超過57,505元的部分	45%	13,505

註:表中全年全月應納稅所得額是指依照稅法規定,以每月收入額減除費用35元後的餘額或減除附加減除費用後的餘額。

(2) 適用5級超額累進稅率。個體工商戶的生產、經營所得,企事業單位承包經營、承租經營所得,個人獨資企業和合夥企業生產、經營所得,適用5%~35%的5級超額累進稅率,見表8.3。

表 8.3　個人所得稅稅率表（個體工商戶的生產、經營所得，承包經營、承租經營所得，個人獨資企業和合夥企業生產、經營所得適用）

級數	全年含稅級距	全年不含稅級距	稅率（%）	速算扣除數
1	不超過 15,000 元部分	不超過 14,250 元	5%	0
2	超過 15,000 元至 30,000 元部分	超過 14,250 元至 27,750 元部分	10%	750
3	超過 30,000 元至 60,000 元部分	超過 27,750 元至 51,750 元部分	20%	3,750
4	超過 60,000 元至 100,000 元部分	超過 51,750 元至 79,750 元部分	30%	9,750
5	超過 100,000 元部分	超過 79,750 元部分	35%	14,750

註：表中全年應納稅所得額是指依照稅法規定，以每一納稅年度的收入總額，減除成本、費用以及損失後的餘額。

2. 比例稅率

除採用累進稅率的所得外，勞務報酬所得，稿酬所得，特許權使用費所得，財產租賃所得，財產轉讓所得，利息、股息、紅利所得，偶然所得和其他所得，均適用 20% 的比例稅率。

（二）減徵和加成徵收

（1）稿酬所得的減徵率。對稿酬所得按應納稅額減徵 30%，即按應納稅額的 70% 計稅，因此實際適用稅率為 14%。

（2）財產租賃所得的減徵率。對個人按市場價格出租的居民住房取得的所得，暫減按 10% 的稅率徵稅。

（3）勞務報酬所得的加成徵收。對勞務報酬所得一次收入畸高的實行加成徵收。一次收入畸高是指一次取得勞務報酬在按稅法規定作了費用扣除以後的應納稅所得額超過了 20,000 元。所謂加成徵收，是指對勞務報酬所得在按 20% 稅率計算稅額的基礎上，再加徵一部分稅額。

具體規定為：應納稅所得額超過 20,000 元至 50,000 元部分，按其應納稅額加徵五成（50%）；超過 50,000 元的部分，加徵十成（100%）。綜合來看，實行加成徵收後，勞務報酬所得的稅率已經演化為三級超額累進稅率，見表 8.4。

表 8.4　個人所得稅稅率表（勞務報酬所得適用）

級數	每次應納稅所得額	稅率	速算扣除數
1	不超過 20,000 元部分	20%	0
2	超過 20,000 元至 50,000 元部分	30%	2,000
3	超過 50,000 元部分	40%	7,000

七、應納稅所得額的確定

在個人所得稅的計算中，應納稅所得額是計算應納個人所得稅的依據，稅法中

第八章　所得稅

明確規定某項所得的應納稅所得額時應稅項目的收入總額減除稅法規定的該項費用、減除標準後的餘額，需要特別指出的是這裡所說的應納稅所得額並不是我們平常的收入總額，因此如何確定每筆收入的應納稅所得額就成為個人所得稅計算正確與否的關鍵，由於稅目的不同，應納稅所得額的確定方式也有所差異。

（一）每次收入的確定

《個人所得稅法》對納稅義務人的徵稅方法有三種：一是按年計徵，如個體工商戶和承包、承租經營所得；二是按月計徵，如工資、薪金所得；三是按次計徵，如勞務報酬所得，稿酬所得，特許權使用費所得，利息、股息、紅利所得，財產租賃所得，偶然所得和其他所得等7項所得。在按次徵收情況下，扣除費用依據每次應納稅所得額的大小，分別規定了定額和定率兩種標準。因此，如何準確劃分「次」，是十分重要的。《中華人民共和國個人所得稅法實施條例》（以下簡稱《個人所得稅法實施條例》）中做出了明確規定，具體如下：

1. 勞務報酬所得

（1）只有一次性收入的，以取得該項收入為一次。

（2）屬於同一事項連續取得的收入，以一個月內取得的收入為一次。

（3）考慮屬地管轄和時間劃定有交叉的特殊情況，統一規定為以縣（含縣級市、區）為一地，其管轄內的一個月內同一事項為一次，當月跨縣地域的，則應分別計算。

2. 稿酬所得

（1）同一作品再版所得應視為另一次稿酬所得計徵個人所得稅。

（2）同一作品先在報刊上連載然後再出版，或者先出版後在報刊上連載，應視為兩次稿酬所得計徵個人所得稅。

（3）同一作品在報刊上連載取得的收入，以連載完成後取得的所有收入合併為一次計徵個人所得稅。

（4）同一作品在出版和發表時以預付稿酬或分次支付稿酬等形式取得的稿酬收入應合併計徵個人所得稅。

（5）同一作品在出版、發表後，因添加印數而追加稿酬的，應與以前出版、發表時取得的稿酬合併計算個人所得稅。

3. 特許權使用費所得

以某項使用權的一次轉讓所取得的收入為一次計徵個人所得稅。

4. 財產租賃所得

以一個月內取得的收入為一次計徵個人所得稅。

5. 利息、股息、紅利所得

以支付利息、股息、紅利時取得的收入為一次計徵個人所得稅。

6. 偶然所得

以每次收入為一次計徵個人所得稅。

7. 其他所得

以每次收入為一次計徵個人所得稅。

(二) 費用扣除標準

1. 工資、薪金所得

於 2011 年 9 月 1 日起，工資、薪金所得以每月收入減除費用 3,500 元後的餘額為應納稅所得額。

2. 個體工商業戶的生產、經營所得

個體工商業戶的生產、經營所得以每一個納稅年度的收入總額減除成本、費用、損失後的餘額為應納稅所得額。

從事生產、經營的納稅人未提供完整、準確的納稅資料，不能正確計算應納稅所得額的，由主管稅務機關核定其應納稅所得額。

個人獨資企業以全部生產經營所得為應納稅所得額；合夥企業的投資者按照合夥企業的全部生產經營所得和合夥協議約定的分配比例，確定應納稅所得額，合夥協議沒有約定分配比例的，以全部生產經營所得和合夥人數量平均計算應納稅所得額。上述生產經營所得含企業分配給投資者個人的所得和企業當年留存的所得。

3. 企事業單位的承租、承包所得

企事業單位的承租、承包所得以每一納稅年度的收入總額減除必要費用後的餘額為應納稅所得額，這裡所說的必要費用是指每月減除 3,500 元。

4. 勞務報酬所得、稿酬所得、特許權使用費所得、財產租賃所得

勞務報酬所得、稿酬所得、特許權使用費所得、財產租賃所得，每次收入不超過 4,000 元的，減除費用 800 元；超過 4,000 元的，減除 20%，其餘額為應納稅所得額。

5. 財產轉讓所得

財產轉讓所得，以轉讓財產的收入總額減除財產原值和合理費用後的餘額為應納稅所得額。

這裡所說的財產原值是指：

(1) 有價證券，為買入價或買入時按照規定交納的有關費用。

(2) 建築物，為建造費和購進價格以及其他相關費用。

(3) 土地使用權，為取得土地使用權所支付的金額，開發土地的費用以及其他相關費用。

(4) 機器設備、車船，為購進價格、運輸費、安裝費以及其他相關費用。

(5) 其他財產，參照以上方法確定。

6. 利息、股息、紅利所得，偶然所得和其他所得

利息、股息、紅利所得，偶然所得和其他所得，以每次收入額為應納稅所得額。自 2005 年 6 月 13 日起，個人從上市公司取得的股息、紅利按以下規定處理：

(1) 對個人投資者從上市公司取得的股息、紅利所得暫減按 50% 計入個人應納稅所得，依照現行稅法規定計徵個人所得稅。

(2) 對證券投資基金從上市公司分配的股息、紅利所得，由扣繳義務人在代扣代繳時減按 50% 計算應納稅所得額。

第八章　所得稅

（三）附加減除費用標準及範圍

按照稅法的規定，對在中國境內無住所而在中國境內取得工資、薪金所得的納稅義務人和在中國境內有住所而在中國境外取得工資、薪金所得的納稅義務人，可以根據其平均收入水平、生活水平以及匯率變化情況確定附加減除費用，附加減除費用適用的範圍和標準由國務院規定。

國務院在發布的《個人所得稅法實施條例》中，對附加減除費用適用的範圍和標準作了具體規定：

1. 附加減除費用標準

從2011年9月1日起，在每月減除3,500元費用的基礎上，再附加減除1,300元。

2. 附加減除費用適用的範圍

（1）在中國境內的外商投資企業和外國企業中工作取得工資、薪金所得的外籍人員。

（2）應聘在中國境內的企事業單位、社會團體、國家機關中工作取得工資、薪金所得的外籍專家。

（3）在中國境內有住所而在中國境外任職或者受雇取得工資、薪金所得的個人。

（4）財政部確定的取得工資、薪金所得的其他人員。

3. 華僑和香港、澳門、臺灣地區同胞參照上述附加減除費用標準執行（略）

八、其他應納稅所得額的確定

（1）個人將其所得通過中國境內的社會團體、國家機關向教育和其他社會公益事業以及遭受嚴重自然災害地區、貧困地區進行捐贈，捐贈額未超過納稅義務人申報的應納稅所得額30%的部分可以在應納稅所得額中扣除。

（2）個人將其所得通過中國境內的社會團體、國家機關向紅十字會事業、公益性青少年活動場所、農村義務教育進行捐贈，可以在應納稅所得額中全額扣除。

（3）個人的所得（除偶然所得和其他所得外）用於對非關聯的科研機構和高等學校研究開發新產品、新技術、新工藝所發生的研究開發費用的資助，可以全額在下月（工資、薪金所得）或下次（按次計徵的所得）或當年（按年計徵的所得）計徵個人所得稅時，從其應納稅所得額中扣除，不足扣除的不得結轉抵扣。

（4）個人取得的應納稅所得，包括現金、實物和有價證券。所得為實物的應按照取得的憑證上所註明的價格計算應納稅所得額；無憑證的或憑證上所註明的價格明顯偏低的，由主管稅務機關參照當地的市場價格核定其應納稅所得額。所得為有價證券的，由主管稅務機關根據票面價格和市場價格核定其應納稅所得額。

（5）個人將承租的房屋轉租的收入屬於個人所得稅的稅目，應按「財產租賃所得」徵收個人所得稅。取得轉租收入的個人向房屋出租方支付的租金，憑房屋租賃合同和合法支付憑證允許在計算個人所得稅時從該項所得中扣除。有關財產租賃所得個人所得稅前扣除稅費的扣除次序調整為：財產租賃過程中繳納的稅費；向出租

方支付的租金；由納稅人負擔的租賃財產實際開支的修繕費用；稅法規定的費用扣除標準。

(6) 個人擔任董事、監事且不在公司任職、受雇的，取得的董事費按勞務報酬所得計徵個人所得稅；個人在公司（含關聯企業）任職、受雇同時兼任董事、監事的，應將董事費和個人工資、薪金所得合併統一按照工資、薪金所得計徵個人所得稅。

九、應納稅額的計算

(一) 稅額計算的基本公式

個人所得稅應納稅額計算的基本公式為：

$$應納稅額 = 應納稅所得額 \times 適用稅率$$

為方便計算，對實行累進稅率的應稅所得的應納稅額，可以採用以最高適用稅率和速算扣除數為依據的速算方法。其計算公式為：

$$應納稅額 = 應納稅所得額 \times 適用稅率 - 速算扣除數$$

(二) 各種應稅所得的稅額計算

由於個人所得稅實行分類徵收制，應納稅額的計算必須按應稅所得的類別分別進行。

1. 工資薪金所得應納稅額的計算

(1) 一般情況下工資、薪金所得應納稅額的計算公式為：

應納稅額 = 應納稅所得額 × 適用稅率 - 速算扣除數 = （每月收入數量 - 3,500 元或 4,800 元）× 適用稅率 - 速算扣除數

【例題 8-8】設計師李某為中國公民，2014 年 8 月取得工資收入 6,000 元，計算李某當月應納的個人所得稅。

解：當月應納稅額 = (6,000 - 3,500) × 10% - 105 = 145（元）

如果李某為在中國境內中法合資企業工作的法國公民，則其應納個人所得稅為 (6,000 - 4,800) × 3% = 36（元）

(2) 其他特殊情形下工資、薪金所得應納稅額的計算

①企業年金單獨徵收個稅

企業年金是指企業及其職工在依法參加基本養老保險的基礎上自願建立的補充養老保險，主要由個人繳費、企業繳費和年金投資收益三部分組成，即企業年金是補充養老保險的主要形式之一。企業繳費每年不超過本企業上年度職工工資總額的 1/12，企業和職工個人繳費合計一般不超過本企業上年度職工工資總額的 1/6。具體規定為：

a. 企業年金的個人繳費部分，不得在個人當月工資、薪金計算個人所得稅時扣除。

b. 企業年金的企業繳費計入個人帳戶的部分是個人因任職或受雇而取得的所得，屬於個人所得稅應稅收入，在計入個人帳戶時，應視為個人一個月的工資、薪金（不與正常工資、薪金合併），不扣除任何費用，按照工資、薪金所得項目計算

第八章 所得稅

當期應納個人所得稅款，並由企業在繳費時代扣代繳。

【例題8-9】王某當月工資為4,800元，扣除個人實際繳納的基本養老保險、基本醫療保險費和失業保險費、公積金后剩餘3,880元，企業建立了年金制度，個人實際繳納160元，王某當月領取工資3,720元。計算王某當月應繳納的個人所得稅。

解：應繳納的個人所得稅＝（3,880－3,500）×3%＝11.4（元）

②超標福利費納入工資繳稅

a. 實行貨幣化改革的企業，應將原納入職工福利費管理的交通補貼或車改補貼、住房補貼、通信補貼調整納入工資總額進行財務核算，並按規定扣繳個人所得稅。

b. 尚未實行貨幣化改革的，企業發生的相關支出作為職工福利費管理；不得再為職工購建住房；企業給職工發放的節日補助（即過節費）、未統一供餐而按月發放的午餐費補貼，應當納入工資總額管理計稅；企業以本企業產品和服務作為職工福利的行為，應按商業化原則進行公平交易。

③股權激勵個人所得稅的規定

個人因任職、受雇從上市公司取得的股票增值權所得和限制性股票所得，由上市公司或其境內機構按照工資、薪金所得項目和股票期權所得個人所得稅計稅方法，依法扣繳其個人所得稅。同時，激勵對象在授權日或授予日取得的只是與本公司股票有關的權利，而且這種權利在取得時並不能給其帶來任何經濟利益，因此，通常不在授權日或授予日對其徵稅，而是在行權日或限制性股票的解禁日徵稅。

④取消「雙薪制」計稅辦法。「雙薪制」是指國家機關、事業單位、企業和其他單位，按照國家有關規定，為其雇員多發放一個月工資的形式。由於年終雙薪本質上屬於全年一次性獎金，因此「雙薪制」計稅方法停止執行，但可按個人取得全年一次性獎金計算徵收個人所得稅。

⑤個人取得全年一次性獎金。全年一次性獎金是指行政機關、企事業單位等扣繳義務人根據其全年經濟效益和對雇員全年工作業績的綜合考核情況，向雇員發放的一次性獎金，包括年終加薪、實行年薪制和績效工資辦法的單位根據考核情況兌現的年薪和績效工資。納稅人取得全年一次性獎金，單獨作為一個月工資、薪金所得計算納稅，由扣繳義務人發放時代扣代繳。

a. 先將雇員當月內取得的全年一次性獎金除以12個月，按其商數確定適用稅率和速算扣除數。如果在發放年終一次性獎金的當月，雇員當月工資、薪金所得低於稅法規定的費用扣除額，應將全年一次性獎金減除「雇員當月工資、薪金所得與費用扣除額的差額」後的餘額，按上述辦法確定全年一次性獎金的適用稅率和速算扣除數。

b. 將雇員個人當月內取得的全年一次性獎金，按a項確定的適用稅率和速算扣除數計算徵稅，其計算公式如下：

如果雇員當月工資、薪金所得高於（或等於）稅法規定的費用扣除額：

應納稅額＝雇員當月取得全年一次性獎金×適用稅率－速算扣除數

如果雇員當月工資、薪金所得低於稅法規定的費用扣除額：

$$應納稅額 = \left(\frac{雇員當月取得}{全年一次性獎金} - \frac{雇員當月工資、薪金所得}{與費用扣除額的差額}\right) \times \frac{適用}{稅率} - \frac{速算}{扣除數}$$

⑥董事費的個人所得稅的計算。個人在公司（包括關聯公司）任職、受雇，同時兼任董事、監事的，應將董事費、監事費與個人工資收入合併，統一按工資、薪金所得項目繳納個人所得稅。董事費按勞務報酬所得項目徵稅僅適用於個人擔任公司董事、監事，且不在公司任職、受雇的情形。

(3) 雇主為其雇員負擔個人所得稅額的計算

雇主（單位或個人）為納稅人負擔稅款，即支付給納稅人的報酬（包括工資、薪金、勞務報酬等所得）是不含稅的淨所得或稱為稅後所得。

雇主全額為雇員負擔稅款，應將雇員取得的不含稅收入換算成應納稅所得額（含稅收入）後，然後計算應納稅額。其計算公式為：

$$應納稅所得額 = \frac{不含稅收入額 - 費用扣除標準 - 速算扣除數}{1 - 不含稅級距對應的稅率}$$

應納稅額 = 應納稅所得額 × 含稅級距對應的稅率 - 速算扣除數

【例題 8-10】境內公司代其雇員陳某繳納個人所得稅。10 月支付給陳某的不含稅工資為 7,000 元。計算該公司為陳某代扣代繳的個人所得稅。

解：應納稅所得額 = (7,000 - 3,500 - 105) ÷ (1 - 10%) = 3,772.22（元）

應代扣代繳的個人所得稅 = 3,772.22 × 10% - 105 = 272.22（元）

2. 個體工商戶的生產、經營所得應納稅額的計算

個體工商戶的生產、經營所得適用五級超額累進稅率，以其應納稅所得額按適用稅率計算應納稅額。其計算公式為：

應納稅額 = [全年收入總額 - (成本 + 費用 + 損失 + 準予扣除的稅金)] × 適用稅率 - 速算扣除數

【例題 8-11】某個體工商戶，2014 年取得主營業務收入及其他業務收入 30 萬元，營業稅金及附加 1.5 萬元，產品銷售成本為 12 萬元，其他費用和稅務機關認可的損失合計 2 萬元。計算該個體工商戶全年所得應納個人所得稅。

解：應納個人所得稅 = (30 - 1.5 - 12 - 2 - 0.35 × 12) × 35% - 1.475 = 2.13（萬元）

3. 對企事業單位承包經營、承租經營所得應納稅額的計算

對企事業單位的承包經營、承租經營所得，以每一納稅年度的收入總額，減除必要費用後的餘額，為應納稅所得額。其中，每一納稅年度的收入總額，是指納稅義務人按照承包經營、承租經營合同規定分得的經營利潤和工資、薪金性質的所得；減除必要費用，是指按月減除 3,500 元。

其計算公式為：

應納稅額 = (個人全年承包、承租經營收入總額 - 每月 3,500 元 × 12) × 適用稅率 - 速算扣除數

【例題 8-12】楊某自 2014 年 4 月 1 日起承包了一個招待所，每月取得工資 2,500 元，每季度取得獎金 1,500 元，年終從企業稅後利潤中上繳承包費 50,000 元，其餘經營成果歸張某所有。2014 年該招待所稅後利潤為 95,000 元。計算當年

第八章 所得稅

張某應繳納的個人所得稅。

解：納稅年度收入總額=2,500×9+1,500×3+（95,000-50,000）=72,000（元）
年應納稅所得額=72,000-3,500×9-40,500（元）
應納個人所得稅=40,500×20%-3,750=4,350（元）

4. 勞務報酬所得應納稅額的計算

勞務報酬所得以個人每次取得的收入定額或定率減除規定費用後的餘額為應納稅所得額。每次收入不超過4,000元的，定額減除費用800元；每次收入在4,000元以上的，定率減除20%的費用。關於「次」的規定是：只有一次性收入的，以取得該項收入為一次；屬於同一事項連續取得收入的，以一個月內取得的收入為一次。對勞務報酬所得，其個人所得稅應納稅額的計算公式為：

（1）每次收入額不足4,000元的：

應納稅額=（每次收入額-800）×20%

（2）每次收入額為4,000~20,000元的：

應納稅額=每次收入額×（1-20%）×20%

（3）每次收入的應納稅所得額超過20,000元的：

應納稅額=每次收入額×（1-20%）×適用稅率-速算扣除數

【例題8-13】歌星張某在吉林進行商業演出，一次性取得表演收入50,000元，計算其應納的個人所得稅額。

解：應納稅所得額=50,000×（1-20%）=40,000（元），已經超過了20,000元，故應該適用於加成徵收的情況，所以應納稅額=40,000×30%-2,000=10,000（元）。

5. 稿酬所得應納稅額的計算

稿酬所得以個人每次取得的收入定額或定率減除規定費用後的餘額為應納稅所得額。其計算公式為：

（1）每次收入額不足4,000元的：

應納稅額=（每次收入額-800）×適用稅率20%×（1-30%）

（2）每次收入額在4,000元以上的：

應納稅額=每次收入額×（1-扣除率20%）×適用稅率20%×（1-30%）

【例題8-14】作家馬某2月初在雜志上發表一篇小說，取得稿酬3,800元，自2月15日起又將該小說在晚報上連載10天，每天稿酬450元。計算馬某當月需繳納的個人所得稅。

解：出版再連載視為兩次稿酬。

應納個人所得稅=（3,800-800）×20%×70%+450×10×（1-20%）×20%×70%
　　　　　　　=924（元）

6. 特許權使用費所得

特許權使用費所得應納稅額的計算公式如下：

（1）每次收入不足4,000元的：

應納稅額=應納稅所得額×適用稅率=（每次收入額-800）×20%

221

（2）每次收入在 4,000 元以上的：

應納稅額＝應納稅所得額×適用稅率＝每次收入額×（1－20%）×20%

7. 利息、股息、紅利所得

利息、股息、紅利所得應納稅額的計算公式如下：

應納稅額＝應納稅所得額×適用稅率＝每次收入額×20%

8. 財產租賃所得

財產租賃所得的個人所得稅計算公式如下：

（1）每次收入不足 4,000 元的：

應納稅額＝應納稅所得額×適用稅率＝（每次收入額－800）×20%

（2）每次收入在 4,000 元以上的：

應納稅額＝應納稅所得額×適用稅率＝每次收入額×（1－20%）×20%

但在實際工作過程中，在確定財產租賃所得額時，納稅人在出租財產時繳納的稅金和教育費附加，可持完稅（繳款）憑證，從其財產租賃所得中扣除。在財產租賃過程中準予扣除的項目除了規定費用和有關稅、費外，還準予扣除能夠提供有效、準確憑證，證明由納稅人負擔的該出租財產實際開支的修繕費用。允許扣除的修繕費用，以每次 800 元為限額，扣完為止。

個人出租財產取得的財產租賃所得在計算個人所得稅時應依次扣除相關費用：財產租賃過程中繳納的稅費；向出租方支付的租金（轉租）；由納稅人負擔的該出租財產實際開支的修繕費用；稅法規定的費用扣除標準。

【例題 8-15】吉林市民李某於 2014 年 1 月將其自有住房以 2,000 元/月的價格租賃給王某，當年 2 月份發生下水道堵塞，李某找人修理發生相關費用 1,000 元，當月取得維修部門的正式收據。計算 2014 年前六個月李某僅房屋租賃一項需要繳納的個人所得稅額（相關稅費不計）。

解：2 月份應納稅額＝（2,000-800-800）×20%＝80（元）

3 月份應納稅額＝（2,000-200-800）×20%＝200（元）

1 月、4 月、5 月、6 月份應納稅額＝（2,000-800）×20%＝240（元）

故李某共應繳納個人所得稅 80+200+240×4＝1,240（元）

9. 財產轉讓所得

財產轉讓所得的個人所得稅的計算公式如下：

應納稅額＝應納稅所得額×適用稅率

＝（收入總額-財產原值-合理稅費）×20%

【例題 8-16】王某於 2008 年 7 月 5 日購入企業債券 2,000 份，每份購買價格為 12.20 元，購買時支付有關稅費 400 元。2008 年 8 月 19 日將該債券轉讓 550 份，每份賣出價為 15.30 元，轉讓時支付有關稅費 150 元，計算王某在債券轉讓過程中應納的個人所得稅。

解：應納個人所得稅＝（15.30×550-12.20×550-400×550/2,000-150）×20%＝289（元）

10. 偶然所得應納稅額的計算

第八章 所得稅

偶然所得以個人每次取得的收入額為應納稅所得額，不得扣除任何費用。除有特殊規定外，這裡的「每次收入額」是以每次取得該項收入為「一次」。

偶然所得應納稅額的計算公式為：

$$偶然所得應納稅額 = 每次收入額 \times 20\%$$

【例題8-17】鄭某於2011年3月在某公司舉行的有獎銷售活動中獲得獎金12,000元，領獎時發生交通費600元、食宿費400元（均由鄭某承擔）。在頒獎現場鄭某直接向某大學圖書館捐款3,000元。已知偶然所得適用的個人所得稅稅率為20%。計算鄭某中獎收入應繳納的個人所得稅。

解：偶然所得按收入全額計徵個人所得稅，不扣除任何費用。

偶然所得應納稅額 = 12,000×20% = 2,400（元）

11. 其他所得

其他所得的個人所得稅計算公式如下：

$$應納稅額 = 應納稅所得額 \times 適用稅率 = 每次收入額 \times 20\%$$

12. 個人所得稅應納稅額計算的其他規定

（1）公益性捐贈的扣除

個人將其所得通過中國境內的社會團體、國家機關向教育和其他公益事業以及遭受嚴重自然災害地區、貧困地區捐贈，捐贈額未超過納稅人申報的應納稅所得額30%的部分，可從其應納稅所得額中扣除。個人通過非營利社會團體、國家機關對農村義務教育、汶川地震的捐贈可全額扣除。

個人取得的應納稅所得，包括現金、實物和有價證券。計算捐贈限額和按比例計算扣除時，需要按所對應捐贈的單項所得項目計算。

【例題8-18】某年10月，李某出版一本小說取得稿酬80,000元，從中拿出20,000元通過國家機關捐贈給受災地區。計算李某10月應繳納的個人所得稅。

解：個人公益性捐贈的捐贈額未超過納稅人申報的應納稅所得額30%的部分，可從其應納稅所得額中扣除。

捐贈扣除限額 = 80,000×(1-20%)×30% = 19,200（元）

實際發生20,000元，應扣除19,200元。

應納個人所得稅 = [80,000×(1-20%)-19,200]×20%×(1-30%)
= 6,272（元）

（2）個人取得的實物和有價證券的應納稅所得額

所得為實物的，應當按照取得的憑證上所註明的價格計算應納稅所得額；無憑證的實物或者憑證上所註明的價格明顯偏低的，由主管稅務機關參照當地的市場價格核定應納稅所得額。所得為有價證券的，由主管稅務機關根據票面價格和市場價格核定應納稅所得額。

（3）兩個人以上共同取得一項收入的應納稅額的計算

兩個人或兩人以上共同取得一項收入的，在稅前應當對每個人取得的收入分別按照稅法規定減除費用後計算納稅，簡單地說就是「先分收入後扣費用、再計算納

稅」的方法。

【例題 8-19】 文學愛好者張某、李某和王某共同編寫出版一本小說，共取得稿酬 18,000 元。按工作量分配稿酬，張某擔任主編分得 10,000 元，李某參編分得 5,000 元，王某參編分得 3,000 元。計算他們應納的個人所得稅。

解：張某應納稅額 = 10,000×(1−20%)×20%×(1−30%) = 1,120（元）
李某應納稅額 = 5,000×(1−20%)×20%×(1−30%) = 560（元）
王某應納稅額 = (3,000−800)×20%×(1−30%) = 308（元）

(4) 境外所得已納稅款抵免的計算

納稅人從中國境外取得的所得，準予其在應納稅額中扣除已在境外實繳的個人所得稅稅款，但扣除額不得超過該納稅人境外所得依照中國稅法規定計算的應納稅額。

中國個人所得稅的抵免限額採用分國分項限額抵免法，即分別來自不同國家或地區和不同應稅項目，依照稅法規定的費用減除標準和適用稅率計算抵免限額。對於同一國家或地區的不同應稅項目，以其各項的抵免限額之和作為來自該國或該地區所得的抵免限額。如果納稅人在境外的所得實際繳納的所得稅低於或等於按中國稅法所計算的應納稅額，則按境外實際繳納的所得稅額予以抵免；如果納稅人某一納稅年度發生實繳境外稅款超過抵免限額，其超過限額部分不允許在應納稅額中抵扣，但可以在以後納稅年度仍來自該國家或地區的不足限額，即實繳境外稅款低於抵免限額的部分中補扣。下一年度結轉後仍有超限額的，可繼續結轉，但每年發生的超限額結轉期最長不得超過 5 年。

【例題 8-20】 中國公民楊某 10 月取得甲國一家公司支付的勞務所得 10,000 元（折合成人民幣，下同），已被扣繳所得稅 1,000 元；在甲國出版一部小說，獲得稿酬收入 20,000 元，扣繳所得稅 2,000 元。同月從乙國取得提供諮詢勞務報酬 20,000 元，扣繳所得稅 1,500 元。經核查，境外完稅憑證無誤。計算其境外所得在中國境內應補繳的個人所得稅。

解：
甲國所得的計算：
(1) 計算限額分國又分項：
①來自甲國的勞務按中國稅法計算應納稅額 = 10,000×(1−20%)×20%
= 1,600（元）
②來自甲國的稿酬按中國稅法計算應納稅額 = 20,000×(1−20%)×20%×(1−30%)
= 2,240（元）
(2) 比較限額分國不分項：
(分國加總) 1,000+2,000<1,600+2,240
應補繳個人所得稅 = 3,840−3,000 = 840（元）
乙國所得的計算：
(1) 計算限額分國又分項：
來自乙國的勞務按中國稅法計算應納稅額 = 20,000×（1−20%）×20%

第八章 所得稅

$$= 3,200（元）$$

(2) 比較限額分國不分項：

(分國加總) 1,500<3,200

應補繳個人所得稅 = 3,200 - 1,500 = 1,700（元）

十、納稅申報

個人所得稅的納稅方法有自行申報和代扣代繳兩種。

1. 自行申報

自行申報是指納稅人自行在稅法規定的納稅期限內向稅務機關申報取得的應稅所得項目和數量，如實填寫個人所得稅納稅申報表，並按照稅法規定計算應納稅額，據此繳納個人所得稅的一種方法。

(1) 自行申報的納稅人。

①自2006年1月1日起，年所得12萬元以上的。

②從中國境內兩處或兩處以上取得工資、薪金的。

③從中國境外取得所得的。

④取得應稅所得沒有扣繳義務人的。

⑤國務院規定的其他情況。

(2) 自行申報的內容。

年所得12萬元以上的納稅人，在納稅年度終了後，應當填寫《個人所得稅納稅申報表（適用於年所得12萬元以上的納稅人申報）》，並在辦理納稅申報時報送主管稅務機關，同時報送個人有效身分證件複印件以及主管稅務機關要求報送的其他資料。

(3) 自行申報的申報期限。

①年所得12萬元以上的納稅人在納稅年度終了後3個月內向主管稅務機關辦理納稅申報。

②個體工商業戶和個人獨資、合夥企業投資者取得的生產、經營所得應納的稅款，分月預繳的，納稅人在每月終了後7日內辦理納稅申報；分季預繳的，納稅人在每個季度終了後7日內辦理納稅申報；納稅年度終了後納稅人在3個月內進行匯算清繳。

③納稅人年終一次性取得對企事業單位的承包、承租經營所得的，自取得所得之日起30日內辦理納稅申報；在一個納稅年度內分次取得承包、承租經營所得的，在每次取得所得後的次月7日內申報預繳；納稅年度終了後3個月內匯算清繳。

④從中國境外取得所得的納稅人，在納稅年度終了後30日內向中國境內主管稅務機關辦理納稅申報。

⑤除以上規定的情形外，納稅人取得其他各項所得申報納稅的，在取得所得的次月7日內向主管稅務機關辦理申報納稅。

(4) 自行申報納稅的申報方式。

納稅人採取數據電文、郵寄等方式申報，也可以直接到主管稅務機關申報，或

者採取符合主管稅務機關規定的其他方式申報。納稅人採取郵寄方式申報的，以郵政部門掛號信函收據作為申報憑證，以寄出的郵戳日期為實際申報日期。

(5) 自行申報的申報地點。

①在中國境內有任職、受雇單位的，向任職、受雇的單位所在地主管稅務機關申報。

②在中國境內有兩處或兩處以上任職、受雇單位的，選擇並固定向其中一個單位所在地主管稅務機關申報。

③在中國境內無任職、受雇單位，年所得項目中有個體工商業戶的生產、經營所得或企事業單位的承包、承租所得的，向其中一處實際經營所在地主管稅務機關申報。

④在中國境內無任職、受雇單位，年所得項目中無生產、經營所得的，向戶籍所在地主管稅務機關申報。在中國境內有戶籍，但戶籍所在地與中國境內經營活動居住地不一致的，選擇並固定向其中一地主管稅務機關申報，中國境內無戶籍的向中國境內經常居住地主管稅務機關申報。

⑤個人獨資、合夥企業投資者興辦兩個或兩個以上企業的，區分不同情況確定納稅申報地點：興辦的企業全部是個人獨資企業的，分別向各企業的實際經營管理所在地主管稅務機關申報；興辦的企業中含有合夥性質的，向經常居住地主管稅務機關申報；興辦的企業中含有合夥性質，個人投資者經常居住地與其興辦的經營管理所在地不一致的，選擇並固定向其參與興辦的某一合夥企業的經營管理所在地主管稅務機關申報；除以上情況外，納稅人應當向取得所得所在地主管稅務機關申報。

納稅人不能隨意改變納稅申報地點，因特殊情況變更申報地點的，須報主管稅務機關備案。

2. 代扣代繳納稅

代扣代繳是指按照稅法規定負有扣繳稅款義務的單位、個人，在向個人支付應納稅所得時，應計算其應納稅款，並從其所得中扣除後繳入國庫，同時向稅務機關報送扣繳個人所得稅報告表的一種納稅方法。

(1) 扣繳義務人。凡支付個人應稅所得的單位（企業）、事業單位、機關、社會團體、軍隊、駐華機構、個體戶等單位或個人，均為個人所得稅的扣繳義務人。這裡所說的駐華機構不包含外國駐華使館和聯合國及其他依法享有外交特權和豁免的國際組織駐華機構。

(2) 代扣代繳的範圍。扣繳義務人在向個人支付下列所得時應當進行代扣代繳：工資、薪金所得；對企事業單位的承包、承租所得；勞務報酬所得；稿酬所得；特許權使用費所得；利息、股息、紅利所得；財產租賃所得；財產轉讓所得；偶然所得；其他所得。

扣繳義務人向個人支付應納稅所得時（包含現金、實物和有價證券），無論納稅人是否是本單位人員，均應代扣代繳其應繳納的個人所得稅。

這裡所說的支付，包括現金支付、匯撥支付、轉帳支付和以有價證券、實物以及其他形式的支付。

第八章 所得稅

(3) 扣繳義務人的責任。如果扣繳義務人沒有盡到扣繳義務，其應納稅款還是由納稅人繳納但扣繳義務人應承擔應扣未扣稅款50%以上至3倍的罰款。

(4) 代扣代繳的期限。扣繳義務人每月所扣的稅款，應當在次月7日內繳入國庫，並向主管稅務機關報送《扣繳義務人所得稅報告表》、代扣代收稅款憑證和包括每一個納稅人姓名、單位、職務、收入、稅款等內容的支付個人收入明細表以及稅務機關要求報送的其他有關資料。

十一、個人所得稅的稅收優惠

(一) 下列各項個人所得，免納個人所得稅

(1) 省級人民政府、國務院部委和中國人民解放軍以上單位，以及外國組織、國際組織頒發的科學、教育、技術、文化、衛生、體育、環境保護等方面的獎金。

(2) 國債和國家發行的金融債券利息。

(3) 按照國家統一規定發給的補貼、津貼。

(4) 福利費、撫恤金、救濟金。

(5) 保險賠款。

(6) 軍人的轉業費、復員費。

(7) 按照國家統一規定發給幹部、職工的安家費、退職費、退休工資、離休工資、離休生活補助費。

(8) 依照中國有關法律規定應予免稅的各國駐華使館、領事館的外交代表、領事官員和其他人員的所得。

(9) 中國政府參加的國際公約、簽訂的協議中規定免稅的所得。

(10) 經國務院財政部門批准免稅的所得。

(11) 單位和個人按照國家或者地方政府規定的比例提取並向指定的金融機構繳付的住房公積金、醫療保險費、基本養老保險費和失業保險費，免徵個人所得稅；超過規定比例繳付的部分，應當並入個人當期的工資、薪金所得計稅。

(二) 下列各項個人所得經批准可以減徵個人所得稅

(1) 殘疾、孤老人員和烈屬的所得。

(2) 因嚴重自然災害造成重大損失的。

(3) 其他經國務院財政部門批准減稅的。

(三) 下列各項個人所得暫免徵收個人所得稅

(1) 外籍個人以非現金形式或實報實銷形式取得的住房補貼、伙食補貼、搬遷費、洗衣費。

(2) 外籍個人按合理標準取得的境內、外出差補貼。

(3) 外籍個人取得的探親費、語言訓練費、子女教育費等，經當地稅務機關審核批准為合理的部分。

(4) 個人舉報、協查各種違法、犯罪行為而獲得的獎金。

(5) 個人辦理代扣代繳稅款手續，按規定取得的扣繳手續費。

(6) 個人轉讓自用達五年以上並且是唯一的家庭生活用房取得的所得。

(7) 按《國務院關於高級專家離休退休若干問題的暫行規定》和《國務院辦公廳關於傑出高級專家暫緩離退休審批問題的通知》精神,達到離休、退休年齡,但確因工作需要,適當延長離休退休年齡的高級專家(指享受國家發放的政府特殊津貼的專家、學者),其在延長離休退休期間的工資、薪金所得,視同退休工資、離休工資免徵個人所得稅。

(8) 外籍個人從外商投資企業取得的股息、紅利所得。

(9) 凡符合下列條件之一的外籍專家取得的工資、薪金所得可免徵個人所得稅:根據世界銀行專項貸款協議由世界銀行直接派往中國工作的外國專家;聯合國組織直接派往中國工作的專家;為聯合國援助項目來華工作的專家;援助國派往中國專為該國無償援助項目工作的專家;根據兩國政府簽訂文化交流項目來華工作兩年以內的文教專家,其工資、薪金所得由該國負擔的;根據中國大專院校國際交流項目來華工作兩年以內的文教專家,其工資、薪金所得由該國負擔的;通過民間科研協定來華工作的專家,其工資、薪金所得由該國政機構負擔的。

(10) 對個人購買社會福利彩票、體育彩票、社會福利賑災彩票一次中獎收入不超過1萬元的,暫免徵收個人所得稅。

(11) 對教育部頒布的特聘教授獎金,免徵個人所得稅。

(12) 對鄉鎮(含鄉鎮)以上人民政府或經縣(含縣)以上人民政府主管部門批准成立的有機構、有章程的見義勇為基金會或者類似組織,獎勵見義勇為者的獎金或獎品,經主管稅務機關核准,免予徵收個人所得稅。

(13) 個人轉讓股票所得暫免徵收個人所得稅。

(14) 股份制企業用資本公積金轉增股本不屬於股息、紅利性質的分配,對個人取得的轉增股本數額,不作為個人所得,不徵收個人所得稅。

(15) 對個人取得的教育儲蓄存款利息的所得以及國務院財政部門確定的其他專項儲蓄存款或者儲蓄性專項基金存款的利息所得,免徵個人所得稅。

(16) 按照國家或省級地方政府規定的比例繳付的住房公積金、醫療保險金、基本養老保險金、失業保險基金存入銀行個人帳戶所取得的利息收入免徵個人所得稅。

本章小结

1. 企業所得稅是指國家對企業在一定時期內的生產經營所得和其他所得徵收的一種稅。企業所得稅法是指國家制定的用以調整國家與企業所得稅納稅人之間徵納活動的權利與義務關係的法律規範。

2. 中國企業所得稅具有實行法人稅制、符合稅收中性、稅基約束力強和稅負不易轉嫁的特點。

3. 企業所得稅的納稅人是在中國境內的企業和其他取得收入的組織,包括企業、事業單位、社會團體和其他取得收入的組織,以及有來源於中國境內所得的依

第八章 所得稅

照外國法律法規在境外成立的個人獨資企業和合夥企業,但不包括依照中國法律法規成立的個人獨資和合夥企業。納稅人分為居民企業和非居民企業,前者負有無限納稅義務,後者負有有限納稅義務。

4. 企業所得稅的徵稅對象是企業的應稅所得,主要包括銷售貨物所得、提供勞務所得、轉讓財產所得、股息紅利所得、利息所得、租金所得、特許權使用費所得、接受捐贈所得和其他所得。

5. 企業所得稅的法定稅率為25%;符合條件的小型微利企業(不包括非居民企業)稅率為20%;預提所得稅的稅率為20%,目前減按10%的稅率徵收。

6. 企業所得稅的計算方法有直接計算法、間接計算法、核定徵收。

7. 企業所得稅以企業應納稅所得額為計稅依據。應納稅所得額是企業每一納稅年度的收入總額,減除不徵稅收入、免稅收入、各項扣除和允許彌補的以前年度虧損後的餘額。

8. 企業所得稅按年計徵,分月或分季預繳,年終匯繳,多退少補。

9. 個人所得稅是以自然人(含個人獨資企業和合夥企業)取得的各類應稅所得為徵稅對象徵收的一種稅。

10. 世界各國的個人所得稅徵收制度可分為分類所得稅制、綜合所得稅制和混合所得稅制3種類型。中國個人所得稅實行分類所得稅制,具有稅源廣泛、調節收入和穩定經濟的特點,其原則是內外一致、適當調節、合理負擔。

11. 個人所得稅的納稅人包括中國公民、個體工商業戶、個人獨資企業、合夥企業投資者、在中國境內有所得的外籍人員(包括無國籍人員)和港澳臺同胞,但不包括法人或其他組織。個人所得稅的徵稅範圍是納稅人從中國境內和境外取得應納個人所得稅的所得。其主要包括工資、薪金所得,個體工商戶的生產、經營所得,企事業單位承包經營、承租經營所得,勞務報酬所得,稿酬所得,特許權使用費所得,利息、股息和紅利所得,財產租賃所得,財產轉讓所得,偶然所得和經國務院財政部門確定徵稅的其他所得等稅目。

12. 個人所得稅採用比例稅率和超額累進稅率兩種形式,按應稅項目的不同分別適用。工資、薪金所得適用3%~45%的7級超額累進稅率;個體工商戶的生產、經營所得,企事業單位承包經營、承租經營所得,個人獨資企業和合夥企業生產、經營所得,適用5%~35%的5級超額累進稅率;上述所得以外的其他所得,適用20%的比例稅率;對勞務報酬等所得,另有加成徵收等特殊規定。

13. 工資、薪金所得,個體工商戶的生產、經營所得和企事業單位承包經營、承租經營所得為按期納稅,其他所得為按次納稅。適用超額累進稅率計算應納稅額的計算公式為:應納稅額=應納稅所得額×適用稅率-速算扣除數;適用比例稅率計算應納稅額的計算公式為:應納稅額=應納稅所得額×適用稅率。

14. 個人所得稅的優惠政策包括免稅獎金、免稅利息、免稅補貼、免稅基金、免稅股權、外籍個人收入免稅項目和暫免徵稅所得、無住所個人工資、薪金免稅項目,其他所得免稅項目和減稅項目等規定。個人所得稅的納稅辦法,有自行申報納稅和代扣代繳兩種。

同步訓練

一、名詞解釋

企業所得稅　居民企業　非居民企業　公益性捐贈　彌補虧損　預提所得稅　個人所得稅　居民納稅人　非居民納稅人

二、判斷題

1. 非居民企業在中國境內未設立機構、場所的，或雖設立機構、場所但取得的所得與其所設機構、場所沒有實際聯繫的，可不徵企業所得稅。（　　）
2. 國家需要重點扶持的高新技術企業，減按20%的稅率徵收企業所得稅。（　　）
3. 企業發生的公益性捐贈支出，在年度利潤總額3%以內的部分準予在計算應納稅所得額時扣除。（　　）
4. 同一作品在報刊上連載取得收入的，以連載一個月內取得的收入為一次，計徵個人所得稅。（　　）
5. 工資、薪金所得是非獨立個人勞務取得的報酬，勞務報酬所得是獨立個人從事自由職業取得的所得。（　　）
6. 根據《個人所得稅法》規定，納稅人從中國境外取得的所得，準予其在應納稅額中據實扣除已在境外繳納的個人所得稅。（　　）
7. 同一作品先在報刊上連載，然後再出版，兩次稿酬所得可視為一次合併申報繳納個人所得稅。（　　）
8. 中國的居民納稅人按《個人所得稅法》規定，其來源於中國境內和境外的所得應當合併計算應納稅額。（　　）
9. 個人向社會公益事業以及遭受自然災害地區、貧困地區捐贈，捐贈額未超過納稅人申報的應納稅所得額3%的部分，可以從其應納稅所得額中扣除。（　　）
10. 應聘在中國境內的企業、事業單位、社會團體、國家機關的外籍專家取得的工資、薪金所得適用附加費用扣除標準。（　　）

三、問答題

1. 企業所得稅的徵稅項目包括哪些？
2. 企業所得稅不可以扣除的項目包括哪些？
3. 個人所得稅納稅人的區分標準是什麼？
4. 個人所得稅的徵稅項目包括哪些？
5. 個人所得稅的附加減除標準及適用範圍是什麼？
6. 個人所得稅的納稅方式如何規定？

四、計算題

1. 某企業為居民納稅人，2013年度相關生產經營業務如下：①當年主營業務收入900萬元，國債利息收入10萬元，取得對境內非上市公司的權益投資收益46.8萬元；②全年營業成本為320萬元；③全年發生財務費用50萬元，其中6萬元為在

建工程的資本化利息支出；④共發生管理費用 100 萬元，其中業務招待費 28 萬元；⑤營業稅金 23.1 萬元；⑥銷售費用共計 50 萬元，其中廣告費 30 萬元；⑦營業外支出中公益性捐贈支出 30 萬元。要求：計算該企業 2013 年應繳納的企業所得稅。

2. 華夏貿易公司為居民企業，2014 年 1~12 月份共預繳了企業所得稅 153 萬元。年終該企業的會計報表提供的資料如下：①全年的銷售收入 1,200 萬元；②銷售成本及費用 750 萬元；③城建稅、營業稅 18 萬元，增值稅 180 萬元；④其他業務利潤 70 萬元；⑤營業外收入 60 萬元，營業外支出 30 萬元。請根據上述資料計算該公司當年匯算清繳時應納的企業所得稅。

3. 中國公民孫某是自由職業者，2014 年收入如下：①出版中篇小說一部，取得稿酬 50,000 元，後因小說加印和報刊連載，分別取得出版社稿酬 10,000 元和報社稿酬 3,800 元；②受託對一部電影劇本進行審核，取得審稿收入 15,000 元；③轉讓自有居住的房屋一套，取得轉讓收入 300,000 元，房屋購買原值 200,000 元，轉讓發生有關稅費 4,000 元。要求：計算孫某 2014 年應納的個人所得稅？

4. 有一中國公民，2014 年 1 月至 12 月從中國境內取得工資、薪金收入 60,000 元（人民幣，下同），取得稿酬收入 2,000 元；當年還從 A 國取得特許權使用費收入 8,000 元，從 B 國取得利息收入 3,000 元。該納稅人已按 A 國、B 國稅法規定分別繳納了個人所得稅 1,400 元和 500 元。請計算該納稅人 2014 年應納個人所得稅稅額。

5. 高級工程師王某（中國公民）2014 年每月工資收入 6,000 元，1~11 月份已按規定繳納了個人所得稅，12 月份另有四筆收入：①領取了 12 個月的獎金 9,600 元；②一次性取得建築工程設計費 40,000 元，同時從中拿出 10,000 元通過民政局向災區捐贈；③取得利息收入 5,000 元，其中工商銀行存款利息 2,000 元，單位集資利息 3,000 元；④取得省人民政府所頒發科技獎 20,000 元。請計算王某 12 月份需繳納的個人所得稅稅額。

綜合案例分析

1. 某機床廠為居民企業，2014 年有關生產經營資料如下：①主營業務收入 9,800 萬元，主營業務成本 6,900 萬元，營業稅金及附加 62 萬元；②銷售費用 379 萬元，其中，廣告費和宣傳費 280 萬元；③管理費用 350 萬元，其中，業務招待費 50 萬元；新技術研究開發費 120 萬元；④財務費用帳戶借方餘額 16 萬元。該帳戶貸方記載：存款利息收入 5 萬元。借方記載：手續費支出 1 萬元，借款利息支出 20 萬元。企業借款情況是：本年初向銀行借款 100 萬元，年利率 6%；年初又向其他企業拆借資金 140 萬元，年利率 10%；兩項借款均用於生產經營，年底尚未歸還；⑤營業外支出 15 萬元，其中，稅收滯納金、罰款 5.4 萬元，財產淨損失（經稅務機關核實）9.6 萬元；⑥投資收益 2 萬元，系國庫券利息收入；⑦其他資料：該廠全年發放並列入成本費用的工資支出 200 萬元，發生職工福利費 31 萬元，撥繳工會經費 4 萬元，發生職工教育經費 4.5 萬元。

要求：計算該廠2014年度應納的企業所得稅稅額。

2. 張某是某設計院的高級職員，2014年全年收入如下：①每月領取工資9,000元，②利用休假時間為國內某單位進行工程設計取得收入60,000元；③出版專著一本，獲得稿酬50,000元；④為A國一企業提供一項專利技術的使用權，一次取得收入150,000元，已按收入來源國稅法在該國交納了個人所得稅20,000元；⑤購買國債，獲得利息收入10,000元；⑥支出1,000元購買體育彩票，獲得獎金100,000元，將獎金中的20,000元通過教育部門捐給某農村小學；⑦到B國講學，獲得收入80,000元，已按收入來源國稅法在該國交納了個人所得稅20,000元。

要求：確定張某2014年在中國應繳納多少個人所得稅。

第九章 財產稅

学习目标

瞭解本章財產稅類各稅種的概念、特點和作用；掌握本章財產稅類各稅種稅制要素的基本內容；熟練掌握財產稅類各稅種應納稅額的計算；掌握本章財產稅類各稅種徵收管理方面的規定。

重点和难点

[本章重點]

財產稅的類型、特點以及財產稅的納稅人、徵稅範圍、稅率、計稅依據；應納稅額計算

[本章難點]

房產稅、城鎮土地使用稅、耕地占用稅、契稅和車船稅應納稅額的計算

导入案例

某大型企業計劃在某地興建廠房，當地政府為鼓勵企業投資，給予該企業減免土地出讓金的優惠政策，以零地價方式將部分國有土地使用權出讓給該企業。此種以零地價方式取得國有土地使用權的行為是否需繳納契稅？

第一節　財產稅概述

一、財產稅的概念

　　財產稅是對法人或自然人在某一時點佔有或可支配財產課徵的一類稅收的統稱。所謂財產，是指法人或自然人在某一時點所佔有及可支配的經濟資源，如房屋、土地、物資、有價證券等。財產稅曾經是奴隸社會和封建社會時期主要國家財政來源，但是進入資本主義社會後，該稅種的地位逐漸降低，而流轉稅和所得稅地位逐漸上升了。

　　財產稅類是指以各種財產為徵稅對象的稅收體系。財產稅類稅種的課稅對象是財產的收益或財產所有人的收入，主要包括房產稅、財產稅、遺產稅和贈與稅等稅種。對財產課稅，對於促進納稅人加強財產管理、提高財產使用效果具有特殊的作用。目前，中國的財產稅有房產稅、城市房地產稅等。

二、財產稅的特點

　　財產稅是對社會財富的存量課稅，可彌補所得稅和流轉稅的不足。財產稅的課稅對象一般不是納稅人當年新創造的價值，而是其以往年度所創造價值的累計總和。因此，財產稅可以發揮流轉稅和所得稅無法發揮的作用。

　　財產稅屬於直接稅，稅負難以轉嫁。由於財產稅類是在消費領域中對財產的佔有或支配課稅，一般不與他人發生經濟關係，納稅人很難有機會轉嫁其稅負，故財產稅對調節社會財富的不合理分佈狀況，實現公平合理的分配目標，有著無法替代的重要作用。

　　財產稅的計稅依據難以確定，徵管難度大。由於財產稅是以納稅人在以往若干年度積蓄的財產存量為課稅對象來進行徵稅，因此往往缺乏正常的交易價格作為計稅依據，加之隨著時間的推移，許多存量財產的歷史成本已不復存在或難以反應目前的市場價值，這一切無疑都會增大其徵管工作的難度。

三、財產稅的分類

　　財產課稅是對納稅人的財產課徵的稅。這種稅收可以是對納稅人擁有的財產課稅，也可以是對納稅人轉移的財產課稅。財產課稅的計稅依據為納稅人擁有的財產價值或納稅人轉移的財產價值。

　　對納稅人擁有的財產課徵的稅收有兩種形式：一是個別財產稅，即對納稅人擁有的某些財產分別課稅，這類財產稅的課稅對象一般為納稅人擁有的土地、房屋、機器設備等；二是一般財產稅，又稱財富稅，它是對納稅人的全部財產（少數生活必需品可以免稅）減去負債後的價值餘額按照統一的稅率表進行課徵的一種財產稅。

　　對納稅人轉移的財產課徵的稅收也可以分為兩大類：一是贈與稅，這是對納稅

第九章 財產稅

人生前轉移的財產進行的課稅。例如，美國聯邦稅法規定，個人在一年之中如果向他人轉移財產的價值超過了 1.3 萬美元，則要就超出的部分繳納贈與稅。二是死亡稅，這是對納稅人死後轉移的財產（即遺產）進行的課稅。根據課徵方式不同，死亡稅又可以分為遺產稅和繼承稅。遺產稅是在立遺囑人死後、遺產分配前對其遺產課徵的稅收；繼承稅則是在立遺囑人死後對其遺產繼承人分得的遺產課徵的稅收。另外，有的國家將贈與稅和死亡稅合併徵收，稱為財產轉移稅，無論納稅人生前還是死後轉移財產，只要超過一定的免徵額，都要按一個統一的稅率表對其轉移的財產課稅。如美國聯邦稅法規定，個人在去世前三年內轉移的財產價值也要計入其總遺產額中，如果總遺產減去負債、遺囑扣除、給慈善機構的捐贈和喪葬費後的餘額超過了 350 萬美元，則超過的部分就要繳納遺產稅。中國現行稅制結構中，屬於財產稅類的稅種有房產稅、契稅、車船稅等。

● 第二節　房產稅

一、房產稅的概念

房產稅，是以房產為徵稅對象，按照房產的計稅價值或房產租金收入向房產所有人或經營管理人等徵收的一種稅。其中，房產是指以房屋形態表現的財產。房屋是指有屋面和圍護結構（有牆或兩邊有柱），能夠遮風避雨，可供人們在其中生產、工作、學習、娛樂、居住或儲藏物資的場所。獨立於房屋之外的建築物，如圍牆、菸囪、水塔等不屬於房產稅的徵收對象。房地產企業建造的商品房，在出售前不徵收房產稅，但對出售前房地產開發企業已使用或出租、出借的商品房應按規定徵收房產稅。

現行的房產稅是第二步利改稅以後開徵的，1986 年 9 月 15 日，國務院正式發布了《中華人民共和國房產稅暫行條例》（以下簡稱《房產稅暫行條例》），從 1986 年 10 月 1 日開始實施。2010 年 7 月 22 日，在財政部舉行的地方稅改革研討會上，相關人士表示，房產稅試點將於 2012 年開始推行。但鑒於全國推行難度較大，試點將從個別城市開始。2011 年 1 月，重慶首筆個人住房房產稅在當地申報入庫，其稅款為 6,154.83 元。2012 年 8 月 12 日，30 餘省市地稅部門為開徵存量房房產稅做準備。

二、房產稅發展歷程

房產稅是中外各國政府廣為開徵的古老的稅種。歐洲中世紀時，房產稅就成為封建君主斂財的一項重要手段，且名目繁多，如「窗戶稅」「竈稅」「菸囪稅」等，這類房產稅大多以房屋的某種外部標誌作為確定負擔的標準。中國古籍《周禮》上所稱「廛布」即為最初的房產稅。至唐代的間架稅、清代和民國時期的「房捐」，均屬房產稅性質。

對房屋徵稅，中國自古有之。周朝的「廛布」，唐朝的間架稅，清朝初期的「市廛輸鈔」「計檁輸鈔」，清末和民國時期的「房捐」等，都是對房屋徵稅。中華人民共和國成立後，1950年1月政務院公布的《全國稅政實施要則》，規定全國統一徵收房產稅。同年6月，將房產稅和地產稅合併為房地產稅。

1951年8月8日，政務院公布《城市房地產稅暫行條例》。

1973年簡化稅制，將試行工商稅的企業繳納的城市房地產稅並入工商稅，只對有房產的個人、外國僑民和房地產管理部門繼續徵收城市房地產稅。1984年10月，國營企業實行第二步利改稅和全國改革工商稅制時，確定對企業恢復徵收城市房地產稅。

同時，鑒於中國城市的土地屬於國有，使用者沒有土地產權的實際情況，城市房地產稅被分為房產稅和土地使用稅。

《房產稅暫行條例》決定對在中國有房產的外商投資企業、外國企業和外籍人員仍徵收城市房地產稅。

三、房產稅稅收特點

（1）房產稅屬於財產稅中的個別財產稅，其徵稅對象只是房屋。
（2）其徵收範圍限於城鎮的經營性房屋。
（3）區別房屋的經營使用方式規定徵稅辦法，對於自用的按房產計稅餘值徵收，對於出租房屋則按租金收入徵稅。

注意房屋出典不同於出租，出典人收取的典價也不同於租金。因此，不應將其確定為出租行為從租計徵，而應按房產餘值計算繳納。為此，《財政部、國家稅務總局關於房產稅城鎮土地使用稅有關問題的通知》明確規定，產權出典的房產，由承典人依照房產餘值繳納房產稅，稅率為1.2%。

四、房產稅的徵稅範圍、納稅人和稅率

（一）徵收對象

房產稅的徵稅對象是房產。所謂房產，是指有屋面和圍護結構，能夠遮風避雨，可供人們在其中生產、學習、工作、娛樂、居住或儲藏物資的場所。但獨立於房屋的建築物如圍牆、暖房、水塔、菸囱、室外遊泳池等不屬於房產。但室內遊泳池屬於房產。

負有繳納房產稅義務的單位與個人。房產稅由產權所有人繳納。產權屬於全民所有的，由經營管理單位繳納。產權出典的，由承典人繳納。產權所有人、承典人不在房產所在地的，或者產權未確定及租典糾紛未解決的，由房產代管人或使用人繳納。因此，上述產權所有人、經營管理單位、承典人、房產代管人或者使用人，統稱房產稅的納稅人。

（二）徵收範圍

徵收範圍稱房產稅「課稅範圍」，具體指開徵房產稅的地區。《房產稅暫行條

第九章　財產稅

例》規定，房產稅在城市、縣城、建制鎮和工礦區徵收。城市、縣城、建制鎮、工礦區的具體徵稅範圍，由各省、自治區、直轄市人民政府確定。

（三）納稅人

房產稅的納稅義務人是指房屋的產權所有人，具體包括產權所有人、經營管理單位、房產承典人、房產代管人或使用人。

（1）產權屬國家所有的，由經營管理單位納稅；產權屬集體和個人所有的，由集體單位和個人納稅。

（2）產權出典的，由承典人納稅。

（3）產權所有人、承典人不在房屋所在地的，由房產代管人或者使用人納稅。

（4）產權未確定及租典糾紛未解決的，亦由房產代管人或者使用人納稅。

（5）無租使用其他房產的問題。納稅單位和個人無租使用房產管理部門、免稅單位及納稅單位的房產，應由使用人代為繳納房產稅。

（6）產權屬於集體所有制的，由實際使用人納稅。

外商投資企業和外國企業、外籍個人、海外華僑、港澳臺地區同胞所擁有的房產不徵收房產稅。

（四）稅率

房產稅稅率採用比例稅率。按照房產餘值計徵的，年稅率為 1.2%；按房產租金收入計徵的，年稅率為 12%。從 2001 年 1 月 1 日起，對個人按市場價格出租的居民住房，用於居住的，可暫減按 4% 的稅率徵收房產稅。

五、應納稅額的計算

（一）計稅依據

1. 從價計徵

按照房產餘值徵稅的，稱為從價計徵。房產稅依照房產原值一次減除 10%～30% 後的餘值計算繳納。

扣除比例由省、自治區、直轄市人民政府在稅法規定的減除幅度內自行確定。這樣規定，既有利於各地區根據本地情況，因地制宜地確定計稅餘值，又有利於平衡各地稅收負擔，簡化計算手續，提高徵管效率。

房產原值應包括與房屋不可分割的各種附屬設備或一般不單獨計算價值的配套設施。其主要有：暖氣、衛生、通風等，納稅人對原有房屋進行改建、擴建的，要相應增加房屋的原值。

2. 從租計徵

按照房產租金收入計徵的，稱為從租計徵。其注意事項有：

（1）房產出租的，以房產租金收入為房產稅的計稅依據。對投資聯營的房產，在計徵房產稅時應予以區別對待。共擔風險的，按房產餘值作為計稅依據，計徵房產稅；對收取固定收入的，應由出租方按租金收入計繳房產稅。

（2）對融資租賃房屋的情況在計徵房產稅時應以房產餘值計算徵收，租賃期內房產稅的納稅人，由當地稅務機關根據實際情況確定。

(3) 新建房屋交付使用時，如中央空調設備已計算在房產原值之中，則房產原值應包括中央空調設備；舊房安裝空調設備，一般都作單項固定資產入帳，不應計入房產原值。

(二) 應納稅額的計算

房產稅應納稅額的計算分為以下兩種情況：

1. 以房產原值為計稅依據的，其計算公式為：

應納稅額＝房產原值×（1-10%或30%）×稅率（1.2%）

【例題9-1】某企業的經營用房原值為6,500萬元，按照當地規定，允許按減除30%後的餘值計稅，適用稅率1.2%。計算該企業應納房產稅稅額。

解：應納房產稅稅額＝6,500×（1-30%）×1.2%＝54.6（萬元）

2. 以房產租金收入為計稅依據的，其計算公式為：

應納稅額＝房產租金收入×稅率（12%或4%）

【例題9-2】某公司出租房屋4間，年租金收入為20,400元，適用稅率12%。計算該企業應納房產稅稅額。

解：應納房產稅稅額＝20,400×12%＝2,448（元）

六、徵收期限

房產稅徵收期限可結合房屋情況諮詢當地房管部門或稅務部門。

房產稅徵收時間的多少要依據《房產稅暫行條例》第七條規定，即房產稅按年徵收、分期繳納。納稅期限由省、自治區、直轄市人民政府規定。所以，各城市的徵稅時間並不一致。

七、稅收優惠

(1) 國家機關、人民團體、軍隊自用的房產免徵房產稅。但上述免稅單位的出租房產不屬於免稅範圍。

(2) 由國家財政部門撥付事業經費的單位自用的房產免徵房產稅。但如學校的工廠、商店、招待所等應依法納稅。

(3) 宗教寺廟、公園、名勝古跡自用的房產免徵房產稅。但經營用的房產不免。

(4) 個人所有非營業用的房產免徵房產稅。但個人擁有的營業用房或出租的房產，應照章納稅。

(5) 對行使國家行政管理職能的中國人民銀行總行所屬分支機構自用的房地產，免徵房產稅。

(6) 從2001年1月1日起，對個人按市場價格出租的居民住房，用於居住的，可暫減按4%的稅率徵收房產稅。

(7) 經財政部批准免稅的其他房產。

(8) 老年服務機構自用的房產免稅。

第九章 財產稅

(9) 損壞不堪使用的房屋和危險房屋，經有關部門鑒定，在停止使用後，可免徵房產稅。

(10) 納稅人因房屋大修導致連續停用半年以上的，在房屋大修期間免徵房產稅。免徵稅額由納稅人在申報繳納房產稅時自行計算扣除，並在申報表附表或備註欄中作相應說明。

(11) 在基建工地為基建工地服務的各種工棚、材料棚、休息棚和辦公室、食堂、茶爐房、汽車房等臨時性房屋，在施工期間，一律免徵房產稅。但工程結束後，施工企業將這種臨時性房屋交還或估價轉讓給基建單位的，應從基建單位減收的次月起，照章納稅。

(12) 為鼓勵地下人防設施，暫不徵收房產稅。

(13) 從1988年1月1日起，對房管部門經租的居民住房，在房租調整改革之前收取租金偏低的，可暫緩徵收房產稅。對房管部門經租的其他非營業用房，是否給予照顧，由各省、自治區、直轄市根據當地具體情況按稅收管理體制的規定辦理。

(14) 對高校後勤實體免徵房產稅。

(15) 對非營利性的醫療機構、疾病控制機構和婦幼保健機構等衛生機構自用的房產，免徵房產稅。

(16) 從2001年1月1日起，對按照政府規定價格出租的公有住房和廉租住房，包括企業和自收自支的事業單位向職工出租的單位自有住房，房管部門向居民出租的私有住房等，暫免徵收房產稅。

(17) 對郵政部門坐落在城市、縣城、建制鎮、工礦區範圍內的房產，應當依法徵收房產稅；對坐落在城市、縣城、建制鎮、工礦區範圍以外的尚在縣郵政局內核算的房產，在單位財務帳中劃分清楚的，從2001年1月1日起不再徵收房產稅。

(18) 向居民供熱並向居民收取採暖費的供熱企業的生產用房，暫免徵收房產稅。這裡的「供熱企業」不包括從事熱力生產但不直接向居民供熱的企業。

(19) 自2006年1月1日起至2008年12月31日，對為高校學生提供住宿服務並按高教系統收費標準收取租金的學生公寓，免徵房產稅。對從原高校後勤管理部門剝離出來而成立的進行獨立核算並有法人資格的高校後勤經濟實體自用的房產，免徵房產稅。

> **課堂思考：** 結合中國的實際徵稅情況，在中國房產稅收體系設置了哪些稅種？

第三節　城鎮土地使用稅

一、城鎮土地使用稅的概念

城鎮土地使用稅是國家對擁有土地使用權的單位和個人，就其使用土地的面積按規定稅額徵收的一種稅。土地使用稅由擁有土地使用權的單位和個人繳納，若擁

有土地使用權的納稅人不在土地所在地，則由代管人或實際使用人繳納；土地使用權未確定或權屬糾紛未解決的，由實際使用人納稅；土地使用權為共有的，則由共有各方分別納稅。

土地使用稅採用分類定額幅度稅率，按大城市、中等城市、建制鎮、工礦區規定不同檔次的稅額，實行從量定額計徵。土地使用稅以納稅人實際占用的土地面積為依據，按照規定的單位稅額計算應納稅額。

企業繳納的土地使用稅應在管理費用中列支。為反應土地使用稅的計算及繳納，企業可在「應交稅金」帳戶下設「應交土地使用稅」明細帳，借記「管理費用」帳戶，貸記「應交稅金——應交土地使用稅」帳戶；若按季預交分月攤銷則將季度預交的土地使用稅項計入「待攤費用」帳戶，然後分月攤銷。

城鎮土地使用稅是以土地為徵稅對象，以實際占用的土地面積為計稅依據，按規定稅額對使用土地的單位和個人徵收的一種稅。現行《中華人民共和國城鎮土地使用稅暫行條例》經修訂後於 2007 年 1 月 1 日起施行。

二、城鎮土地使用稅的徵稅範圍、納稅人和稅率

(一) 徵稅範圍

城鎮土地使用稅的徵稅範圍為城市、縣城、建制鎮、工礦區。凡在上述範圍內的土地，不論是屬於國家所有還是集體所有，都是城鎮土地使用稅的徵稅對象。對農、林、牧、漁業用地和農民居住用土地，不徵收土地使用稅。需要注意的是：

(1) 城市是指經國務院批准設立的市，其徵稅範圍包括市區和郊區。

(2) 縣城是指縣人民政府所在地，其徵稅範圍為縣人民政府所在地的城鎮。

(3) 建制鎮是指經省、自治區、直轄市人民政府批准設立的，符合國務院規定的鎮建制標準的鎮，其徵稅範圍為鎮人民政府所在地。

(4) 工礦區是指工商業比較發達，人口比較集中的大中型工礦企業所在地，工礦區的設立必須經省、自治區、直轄市人民政府批准。

城市、縣城、建制鎮、工礦區的具體徵稅範圍，由各省、自治區、直轄市人民政府劃定。

> **課堂思考**：目前，中國農村土地是否納入了城鎮土地使用稅的徵稅範圍？結合實際說明理由。

(二) 納稅人

在城市、縣城、建制鎮、工礦區範圍內使用土地的單位和個人，為城鎮土地使用稅的納稅人。這裡的單位，包括國有企業、集體企業、私營企業、股份制企業、外商投資企業、外國企業以及其他企業和事業單位、社會團體、國家機關、軍隊以及其他單位；個人，包括個體工商戶以及其他個人。在現實生活中，使用土地的情況比較複雜，稅法根據用地者的不同情況，對納稅人作了如下具體規定：

(1) 城鎮土地使用稅由擁有土地使用權的單位或個人繳納。

(2) 擁有土地使用權的單位或個人，不在土地所在地的，由代管人或實際使用

第九章 財產稅

人繳納。

(3) 土地使用權屬尚未確定，或權屬糾紛未解決的，由實際使用人繳納。

(4) 土地使用權共有的，由共有各方分別繳納。

(5) 在徵稅範圍內實際使用應稅集體所有建設用地但未辦理土地使用權流轉手續的，由實際使用人繳納。

(6) 對納稅單位無償使用免稅單位的土地，納稅單位應照章繳納土地使用稅。

(7) 土地使用者不論以何種方式取得土地使用權，是否繳納土地使用金，只要在城鎮土地使用稅的開徵範圍內，都應依照規定繳納城鎮土地使用稅。

> **課堂思考**：某外貿公司，擁有一棟建築面積為700平方米的辦公樓。該樓占地面積6,500平方米，共計21層，每層建築面積1,288平方米。土地面積是共用的，並標明該公司占多少地。在這種情況下，應怎樣繳納城鎮土地使用稅呢？

(三) 稅率

城鎮土地使用稅採取定額稅率，即採用有幅度的差別稅額，按大、中、小城市和縣城、建制鎮、工礦區分別規定每平方米土地使用稅年應納稅額。具體標準如下：

(1) 大城市1.5元至30元。

(2) 中等城市1.2元至24元。

(3) 小城市0.9元至18元。

(4) 縣城、建制鎮、工礦區0.6元至12元。

三、應納稅額的計算

(一) 計稅依據

城鎮土地使用稅以納稅人實際占用的土地面積為計稅依據，按照規定稅額計算徵收。

(1) 納稅人實際占用的土地面積，是指由省、自治區、直轄市人民政府確定的單位組織測定的土地面積。尚未經組織測量，但納稅人持有政府部門核發的土地使用證書的，以證書確認的土地面積為準；尚未核發土地使用證書的，應由納稅人據實申報土地面積，待土地面積正式測定後，再按測定的面積進行調整。

(2) 土地使用權共有的各方，應按其實際使用的土地面積占總面積的比例，分別計算繳納城鎮土地使用稅。

(3) 納稅單位和免稅單位共同使用共有使有權土地上的多層建築，對納稅單位可按其占用的建築面積占建築總面積的比例計算徵收城鎮土地使用稅。

(4) 對在城鎮土地使用稅徵稅範圍內單獨建造的地下建築用地，按規定徵收城鎮土地使用稅。其中，已取得地下土地使用權證的，按土地使用權證確認的土地面積計算應徵稅款；未取得地下土地使用權證或地下土地使用權證上未標明土地面積的，按地下建築垂直投影面積計算應徵稅款。對上述地下建築用地暫按應徵稅款的50%徵收城鎮土地使用稅。

241

（二）應納稅額的計算

城鎮土地使用稅的應納稅額依據納稅人實際占用的土地面積和適用單位稅額計算。計算公式如下：

$$應納稅額 = 計稅土地面積（平方米） \times 適用稅額$$

【例題9-3】某公司與政府機關共同使用一棟共有土地使用權的建築物，該建築物占用土地面積4,000平方米，建築面積20,000平方米（公司與機關占用比例為4:1），城鎮土地使用稅稅額5元/年。計算該公司當年應納城鎮土地使用稅額。

解：應納城鎮土地使用稅稅額 = 4,000/5×4×5 = 16,000（元）

四、稅收優惠

城鎮土地使用稅的免稅項目有：

（1）國家機關、人民團體、軍隊自用的土地。
（2）由國家財政部門撥付事業經費的單位自用的土地。
（3）宗教寺廟、公園、名勝古跡自用的土地。
（4）市政街道、廣場、綠化地帶等公用土地。
（5）直接用於農、林、牧、漁業的生產用地。
（6）經批准開山填海整治的土地和改造的廢棄土地，從使用的月份起免繳土地使用稅5~10年。
（7）對非營利性醫療機構、疾病控制機構和婦幼保健機構等衛生機構自用的土地，免徵城鎮土地使用稅。對營利性醫療機構自用的土地自2000年起免徵城鎮土地使用稅。
（8）企業辦的學校、醫院、托兒所、幼兒園，其用地能與企業其他用地明確區分的，免徵城鎮土地使用稅。
（9）免稅單位無償使用納稅單位的土地（如公安、海關等單位使用鐵路、民航等單位的土地），免徵城鎮土地使用稅。納稅單位無償使用免稅單位的土地，納稅單位應照章繳納城鎮土地使用稅。納稅單位與免稅單位共同使用、共有使用權土地上的多層建築，對納稅單位可按其占用的建築面積占建築總面積的比例計徵城鎮土地使用稅。
（10）對行使國家行政管理職能的中國人民銀行總行（含國家外匯管理局）所屬分支機構自用的土地，免徵城鎮土地使用稅。
（11）由財政部另行規定的能源、交通、水利用地和其他使用地。

五、徵收管理

（一）納稅義務發生時間

（1）新徵用的耕地，自批准徵用之日起滿1年時開始繳納土地使用稅。
（2）新徵用的非耕地，自批准徵用次月起繳納土地使用稅。
（3）以出讓或轉讓方式有償取得土地使用權的，應由受讓方從合同約定交付土

第九章　財產稅

地時間的次月起繳納城鎮土地使用稅；合同未約定交付土地時間的，由受讓方從合同簽訂的次月起繳納城鎮土地使用稅。

（4）購置新建商品房的，自房屋交付使用之次月起計徵城鎮土地使用稅。

（5）購置存量房的，自辦理房屋權屬轉移、變更登記手續，房地產權屬登記機關簽發房屋權屬證書之次月起計徵城鎮土地使用稅；

（6）出租、出借房產的，自交付出租、出借房產之次月起計徵城鎮土地使用稅。

（二）納稅義務終止時間

納稅人因土地的權利狀態發生變化而依法終止城鎮土地使用稅納稅義務的，其應納稅款的計算應截止到土地權利狀態發生變化的當月末。

（三）納稅期限

城鎮土地使用稅按年計算、分期繳納。繳納期限由省、自治區、直轄市人民政府確定。

（四）納稅地點

城鎮土地使用稅的納稅地點為土地所在地，由土地所在地地稅機關負責徵收。納稅人使用的土地不屬於同一省（自治區、直轄市）管轄範圍的，應由納稅人分別向土地所在地的地稅機關繳納土地使用稅。在同一省（自治區、直轄市）管轄範圍內，納稅人跨地區使用的土地，如何確定納稅地點，由各省、自治區、直轄市地方稅務局確定。

第四節　耕地占用稅

一、耕地占用稅概念

耕地占用稅是國家對占用耕地建房或者從事其他非農業建設的單位和個人，依據實際占用耕地面積、按照規定稅額一次性徵收的一種稅。耕地占用稅屬行為稅範疇。耕地占用稅是中國對占用耕地建房或從事非農業建設的單位或個人所徵收的一種稅收。

1987年4月1日國務院發布《中華人民共和國耕地占用稅暫行條例》，即日起施行。徵稅目的在於限制非農業建設占用耕地，建立發展農業專項資金，促進農業生產的全面協調發展。

徵稅範圍包括種植農作物耕地（曾用於種植農作物的耕地）、魚塘、園地、菜地和其他農業用地，如人工種植草場和已開發種植農作物或從事水產養殖的灘涂等。耕地占用稅以占用耕地建房和從事非農業建設的單位和個人為納稅人，採取地區差別稅率。全國按人均佔有耕地多少劃分為4類地區，並按占用耕地的不同用途確定不同稅額。對經濟特區、經濟技術開發區和經濟發達、人均佔有耕地特別少的地區，可按規定的稅額適當提高，但最高不得超過50%。具體適用稅額，由各地在規定的

稅額幅度內自行確定。對獲準占用的耕地，超過兩年不使用的單位和個人，加徵兩倍以下的稅金。耕地占用稅由地方稅務機關或財政徵收機關負責徵收管理。

耕地占用稅是國家稅收的重要組成部分，具有特定性、一次性、限制性和開發性等不同於其他稅收的特點。開徵耕地占用稅是為了合理利用土地資源，加強土地管理，保護農用耕地。其作用主要表現在：利用經濟手段限制亂占濫用耕地，促進農業生產的穩定發展；補償占用耕地所造成的農業生產力的損失；為大規模的農業綜合開發提供必要的資金來源。

二、耕地占用稅特點

耕地占用稅具有以下特點：
（1）兼具資源稅與特定行為稅的性質。
（2）採用地區差別稅率。
（3）在占用耕地環節一次性課徵。
（4）稅收收入專用於耕地開發與改良。

三、耕地占用稅的徵稅範圍、納稅人和稅率

（一）徵稅範圍

徵稅範圍包括用於建房或從事其他非農業建設徵（占）用的國家和集體所有的耕地。

所謂「耕地」是指種植農業作物的土地，包括菜地、園地。其中園地包括花圃、苗圃、茶園、桑園和其他種植經濟林木的土地。占用魚塘及其他農用土地建房或從事其他非農業建設，也視同占用耕地，必須依法徵收耕地占用稅。

占用已開發從事種植、養殖的灘塗、草地、水面和林地等從事非農業建設，由省、自治區、直轄市結合具體情況確定是否徵收耕地占用稅。在占用之前三年內屬於上述範圍的耕地或農用土地，也視為耕地。

（二）納稅人

耕地占用稅的納稅人，是占用耕地建房或從事非農業建設的單位和個人。

> **課堂思考**：在草地上建設山羊飼養場，是否應繳納耕地占用稅呢？

（三）稅率

耕地占用稅實行地區差別幅度定額稅率。人均耕地面積越少，單位稅額越高。其稅率規定如下：

（1）人均耕地不超過1畝（1畝＝666.67平方米）的地區（以縣級行政區域為單位，下同），每平方米為10元至50元。
（2）人均耕地超過1畝但不超過2畝的地區，每平方米為8元至40元。
（3）人均耕地超過2畝但不超過3畝的地區，每平方米為6元至30元。
（4）人均耕地超過3畝以上的地區，每平方米為5元至25元。

四、應納稅額的計算

（一）計稅依據

耕地占用稅以納稅人實際占用的耕地面積為計稅依據，以平方米為計量單位。

（二）應納稅額的計算

耕地占用稅以納稅人實際占用的耕地面積為計稅依據，按照規定的適用稅額標準計算應納稅額，實行一次性徵收。應納稅額計算公式為：

應納稅額＝實際占用的耕地面積（平方米）×適用定額稅率

【例題9-4】某公司新占用15,000平方米耕地用於工業建設，所占用耕地適用的定額稅率為30元/平方米。計算該公司應納耕地占用稅稅額。

解：應納耕地占用稅稅額＝15,000×30＝450,000（元）

五、稅收優惠

（一）下列情形免徵耕地占用稅

（1）軍事設施占用耕地。

（2）學校、幼兒園、養老院、醫院占用耕地。

（二）下列情形減徵耕地占用稅

（1）鐵路線路、公路線路、飛機場跑道、停機坪、港口、航道占用耕地，減按每平方米2元的稅額徵收耕地占用稅。

根據實際需要，國務院財政、稅務主管部門會同國務院有關部門並報國務院批准後，可以對以上情形免徵或者減徵耕地占用稅。

（2）農村居民占用耕地新建住宅，按照當地適用稅額減半徵收耕地占用稅。

免徵或減徵耕地占用稅後，納稅人改變原占地用途，不再屬於免稅或者減徵耕地占用稅情形的，應當按照當地適用稅額補繳耕地占用稅。

六、徵收管理

耕地占用稅由地方稅務機關負責徵收。土地管理部門在通知單位或個人辦理占用耕地手續時，應當同時通知所在地同級稅務機關，獲準占用耕地的單位或個人應當在收到土地管理部門的通知之日起30日內繳納耕地占用稅。土地管理部門憑耕地占用稅完稅憑證或免稅憑證和其他有關文件發放建設用地批准書。

第五節　契稅

一、契稅的概念

契稅是土地、房屋權屬轉移時向其承受者徵收的一種稅收。現行的《中華人民

共和國契稅暫行條例》於1997年10月1日起施行。在中國境內取得土地、房屋權屬的企業和個人，應當依法繳納契稅。上述取得土地、房屋權屬包括下列方式：國有土地使用權出讓，土地使用權轉讓（包括出售、贈與和交換），房屋買賣、贈與和交換。以下列方式轉移土地房屋權屬的，視同土地使用權轉讓、房屋買賣或者房屋贈與徵收契稅：以土地、房屋權屬作價投資、入股，以土地、房屋權屬抵償債務，以獲獎的方式承受土地、房屋權屬，以預購方式或者預付集資建房款的方式承受土地、房屋權屬。契稅實行3%～5%的幅度比例稅率。

　　契稅，是指對契約徵收的稅，屬於財產轉移稅，由財產承受人繳納。契稅中所涉及的契約，包括土地使用權轉移，如國有土地使用權出讓或轉讓，房屋所有權轉移，應該稱為土地、房屋權屬轉移，如房屋買賣、贈送、交換等。除了買賣、贈送、交換外，房屋所有權轉移的方式還有很多種。其中，有兩種常見的房屋權屬轉移，按規定要繳納契稅：因特殊貢獻獲獎，獎品為土地或房屋權屬；預購期房、預付款項集資建房，只要擁有房屋所有權，就等同於房屋買賣。契稅是一種重要的地方稅種，在土地、房屋交易的發生地，不管何人，只要所有權屬轉移，都要依法納稅。目前，契稅已成為地方財政收入的固定來源，在全國，地方契稅收入呈迅速上升態勢。

二、契稅的特點

（一）契稅屬於財產轉移稅

契稅以發生轉移的不動產，即土地和房屋為徵稅對象，具有財產轉移課稅性質。土地、房屋產權未發生轉移的，不徵契稅。

（二）契稅由財產承受人繳納

一般稅種都確定銷售者為納稅人，即賣方納稅。契稅則屬於土地、房屋產權發生交易過程中的財產稅，由承受人納稅，即買方納稅。對買方徵稅的主要目的，在於承認不動產轉移生效，承受人納稅以後，便可擁有轉移過來的不動產產權或使用權，法律也將保護納稅人的合法權益。

三、契稅分類

各類土地、房屋權屬轉移，方式各不相同，契稅定價方法，也各有差異。契稅的計稅依據，歸結起來有四種：

（一）按成交價格計算

成交價格經雙方敲定，形成合同，稅務機關以此為據，直接計稅。這種定價方式，主要適用於國有土地使用權出讓、土地使用權出售、房屋買賣。

（二）根據市場價格計算

土地、房屋價格絕不是一成不變的，比如，北京成為2008年奧運會主辦城市後，奧運村地價立即飆升。該地段土地使用權贈送、房屋贈送時，定價依據只能是市場價格，而不是土地或房屋原值。

第九章　財產稅

(三) 依據土地、房屋交換差價定稅

隨著二手房市場興起，房屋交換走入百姓生活。倘若 A 房價格為 30 萬元，B 房價格為 40 萬元，A、B 兩房交換，契稅的計算，自然是兩房差額，即 10 萬元，同理，土地使用權交換，也要依據差額。等額交換時，差額為零，意味著，交換雙方均免繳契稅。

(四) 按照土地收益定價

這種情形不常遇到。假設 2000 年，國家以劃撥方式，把甲單位土地使用權給了乙單位，3 年後，經許可，乙單位把該土地轉讓，那麼，乙就要補交契稅，納稅依據就是土地收益，即乙單位出讓土地使用權的所得。

四、契稅的徵收對象、納稅人和稅率

(一) 徵稅對象

契稅的徵稅對象是境內轉移的土地、房屋權屬。具體包括以下五項內容：

(1) 國有土地使用權出讓，即土地使用者向國家交付土地使用權出讓費用，國家將國有土地使用權在一定期限內讓與土地使用者的行為。對承受國有土地使用權應支付的土地出讓金要計徵契稅，不得因減免土地出讓金而減免契稅。

(2) 土地使用權的轉讓，即土地使用者以出售、贈與、交換或者其他方式將土地使用權轉移給其他單位和個人的行為。土地使用權的轉讓不包括農村集體土地承包經營權的轉移。

(3) 房屋買賣，即以貨幣為媒介，出賣者向購買者過渡房產所有權的交易行為。土地、房屋權屬以下列方式轉移的，視同土地使用權轉讓、房屋買賣或者房屋贈與徵稅。具體包括：①以土地、房屋權屬作價投資、入股或作股權轉讓。②以土地、房屋權屬抵債或實物交換房屋。③以獲獎方式承受土地、房屋權屬。④以預購方式或者預付集資建房款方式承受土地、房屋權屬。⑤買房拆料或翻修舊房。

(4) 房屋贈與，即房屋產權所有人將其房屋無償轉讓給他人所有。

(5) 房屋交換，即房屋所有者之間互相交換房屋的行為。

(二) 納稅人

契稅的納稅義務人是指在中華人民共和國境內轉移土地、房屋權屬，承受的單位和個人。境內是指中華人民共和國實際稅收行政管轄範圍內。土地、房屋權屬是指土地使用權和房屋所有權。所說的承受，是指以受讓、購買、受贈、交換等方式取得土地。單位是指企業單位、事業單位、國家機關、軍事單位和社會團體以及其他組織。個人是指個體經營者及其他個人，包括中國公民和外籍人員。

土地使用權交換、房屋所有權交換、土地使用權與房屋所有權相互交換，其納稅人為補償差額部分的一方；以劃撥方式取得土地使用權，經批准轉讓房地產時，其房地產轉讓者應該補繳契稅。

課堂思考：如何確定土地、房屋權屬交換的納稅人？

(三) 稅率

契稅實行3%~5%的幅度稅率，各省（市）、自治區、直轄市人民政府可以在3%~5%的幅度規定範圍內，按照本地區的實際情況決定。這主要是考慮到全國各地經濟和房地產市場發展的不平衡狀況，使各地執行時有較大的靈活性，可以更好地照顧到各方面的情況，增強地方政府對房地產市場的調控能力，充分發揮和調動地方管理稅收的積極性。

五、應納稅額的計算

(一) 計稅依據

契稅的計稅依據為不動產的價格。按土地、房屋權屬轉移方式不同，分為以下幾種情況：

(1) 國有土地使用權出讓、土地使用權出售、房屋買賣，這三類權屬轉讓的計稅依據為交易的成交價格。成交價格是指土地、房屋權屬轉移合同確定的價格，包括承受者應交付的貨幣、實物、無形資產或者其他經濟利益。

(2) 土地使用權贈與、房屋贈與，由徵收機關參照土地使用權出售、房屋買賣的市場價格核定。

(3) 土地使用權交換、房屋交換，為所交換的土地使用權、房屋的價格差額。①價格相等時，免徵契稅；②交換價格不等時，由多交付貨幣、實物、無形資產或者其他經濟利益的一方繳納契稅。

(4) 以劃撥方式取得土地使用權，經批准轉讓房地產時，由房地產轉讓者補交契稅。計稅依據為補交的土地使用權出讓費用或者土地收益。

此外，對於成交價格明顯低於市場價格且無正當理由的，或者所交換的土地使用權、房屋的價格差額明顯不合理且無正當理由的，由徵稅機關參照市場價格核定稅額，其目的是防止納稅人隱瞞、虛報成交價格。

(5) 房屋附屬設施徵收契稅的依據：①取分期付款方式購買房屋附屬設施土地使用權、房屋所有權的，應按合同規定的總價款計徵契稅；②承受的房屋附屬設施權屬如為單獨計價的，按照當地確定的適用稅率徵收契稅；如與房屋統一計價的，適用與房屋相同的契稅稅率。

(6) 個人無償贈與不動產行為（法定繼承人除外），應對受贈人全額徵收契稅。

(7) 出讓國有土地使用權的契稅計稅價格為承受人為取得該土地使用權而支付的全部經濟利益。對通過「招、拍、掛」程序承受國有土地使用權的，應按照土地成交總價款計徵契稅，其中的土地前期開發成本不得扣除。

> **課堂思考：**採用分期付款方式購買房屋應如何計徵契稅？

第九章　財產稅

（二）契稅應納稅額的計算

應納稅額的計算採用比例稅率，其計算公式為：

$$應納稅額 = 計稅依據 \times 稅率$$

【例題9-5】居民張某有兩套住房，將一套出售給居民李某，成交價格為250,000元；將另一套兩室住房與居民王某交換成兩處一室住房，並支付給王某換房差價款70,000元。假定稅率為3%，試計算張某、李某、王某相關行為應繳納的契稅稅額。

解：張某應繳納的契稅稅額 = 70,000×3% = 2,100（元）

李某應繳納的契稅稅額 = 250,000×3% = 7,500（元）

王某不繳納契稅。

六、稅收優惠

（一）一般規定

（1）國家機關、事業單位、社會團體、軍事單位承受土地、房屋用於辦公、教學、醫療、科研和軍事設施的，免徵契稅。

（2）城鎮職工按規定第一次購買公有住房，免徵契稅。

此外，財政部、國家稅務總局規定，自2000年11月29日起，對各類公有製單位為解決職工住房而採取集資建房方式建成的普通住房，或由單位購買的普通商品住房，經當地縣以上人民政府房改部門批准，按照國家房改政策出售給本單位職工的，如屬職工首次購買住房，均可免徵契稅。

（3）因不可抗力滅失住房而重新購買住房的，酌情準予減徵或者免徵契稅。（4）土地、房屋被縣級以上人民政府徵用、占用後，重新承受土地、房屋權屬由省級的，人民政府確定是否減免。

（5）承受荒山、荒溝、荒丘、荒灘土地使用權，並用於農、林、牧、漁業生產的，免徵契稅。

（6）經外交部確認，依照中國有關法律規定以及中國締結或參加的雙邊和多邊條約或協定，應當予以免稅的外國駐華使館、領事館、聯合國駐華機構及其外交代表、領事官員和其他外交人員承受土地、房屋權屬的，免徵契稅。

（7）已購公有住房經補繳土地出讓金和其他出讓費用成為完全產權住房的，免徵土地權屬轉移的契稅。

（8）對國有控股公司以部分資產投資組建新公司，且該國有控股公司占新公司股份85%以上的，對新公司承受該國有控股公司的土地、房屋權屬免徵契稅。

（二）特殊規定

（1）對拆遷居民因拆遷重新購置住房的，對購房成交價格中相當於拆遷補償款的部分免徵契稅，成交價格超過拆遷補償款的，對超過部分徵收契稅。

（2）對國家石油儲備基地第一期項目建設過程中涉及的契稅予以免徵。

(3）對廉租住房經營管理單位購買住房作為廉租住房、經濟適用住房經營管理單位回購經濟適用住房繼續作為經濟適用住房房源的，免徵契稅。

(4）自 2011 年 8 月 31 日起，婚姻關係存續期間，房屋、土地權屬原歸夫妻一方所有，變更為夫妻雙方共有的，免徵契稅。

(5）對已繳納契稅的購房單位和個人，在未辦理房屋權屬變更登記前退房的，退還已納契稅；在辦理房屋權屬變更登記後退房的，不予退還已納契稅。

(6）對公租房經營管理單位購買住房作為公租房的，免徵契稅。

七、徵收管理

(一）納稅義務發生時間

契稅的納稅義務發生時間是納稅人簽訂土地、房屋權屬轉移合同的當天，或者納稅人取得其他具有土地、房屋權屬轉移合同性質憑證的當天。

(二）納稅期限

納稅人應當自納稅義務發生之日起 10 日內，向土地、房屋所在地的契稅徵收機關辦理納稅申報，並在契稅徵收機關核定的期限內繳納稅款。

(三）納稅地點

契稅在土地、房屋所在地的徵收機關繳納。

納稅人辦理納稅事宜後，徵收機關應向納稅人開具契稅完稅憑證。納稅人持契稅完稅憑證和其他規定的文件材料，依法向土地管理部門、房產管理部門辦理有關土地、房屋的權屬變更登記手續。土地管理部門和房產管理部門應向契稅徵收機關提供有關資料，並協助契稅徵收機關依法徵收契稅。

[資料連結]

《關於調整房地產交易環節契稅個人所得稅優惠政策的通知》規定，自 2010 年 10 月 1 日起，對個人購買普通住房，且該住房屬於家庭（成員範圍包括購房人、配偶及其未成年子女，下同）唯一住房的，減半徵收契稅。對個人購買 90 平方米及以下普通住房，且該住房屬於家庭唯一住房的，減按 1% 稅率徵收契稅。

第六節　車船稅

一、車船稅的概念

車船稅是以車船為課徵對象，向車輛、船舶（以下簡稱車船）的所有人或者管理人徵收的一種稅。此處所稱車船是指依法應當在車船管理部門登記的車船。在中國其適用稅額，依照《車船稅稅目稅額表》執行。中國國務院財政部門、稅務主管

第九章 財產稅

部門可以根據實際情況，在規定的稅目範圍和稅額幅度內，劃分子稅目，並明確車輛的子稅目稅額幅度和船舶的具體適用稅額。車輛的具體適用稅額由省、自治區、直轄市人民政府在規定的子稅目稅額幅度內確定。

早在公元前129年（漢武帝元光六年），中國就開徵了「算商車」。明清時，曾對內河商船徵收船鈔。1945年6月，國民黨政府公布了《使用牌照稅法》，在全國統一開徵車船使用牌照稅。1949年新中國成立以後，在清理舊中國稅制的基礎上建立了新的車船稅收制度。1951年中央人民政府公布《車船使用牌照稅暫行條例》，在全國範圍徵收車船使用牌照稅。在1973年全面試行工商稅時，將對國營、集體企業徵收的車船使用牌照稅並入了工商稅，不再徵收車船使用牌照稅。僅對外國企業和外商投資企業繼續徵收此稅。在1984年兩步「利改稅」和工商稅制改革時，確定恢復徵收這個稅種，但考慮到車船使用牌照稅的稅名不太準確，在工作中往往誤認為是對牌照徵稅，應刪除「牌照」兩字，故1986年國務院發布了《中華人民共和國車船使用稅暫行條例》，於當年10月1日起施行，開徵車船使用稅。2011年2月25日國家又將《中華人民共和國車船稅暫行條例》升格為《中華人民共和國車船稅法》（以下簡稱《車船稅法》）並於2012年1月1日起實施，足以看出國家對車船稅的重視程度和車船稅多年來發揮的重要作用。

二、車船稅的徵收範圍、納稅人和稅率

（一）徵稅範圍

車船稅的徵收範圍，是指依法應當在中國車船管理部門登記的車船（除規定減免的車船外）。

車輛，包括機動車輛和非機動車輛。機動車輛，指依靠燃油、電力等能源作為動力運行的車輛，如汽車、拖拉機、無軌電車等；非機動車輛，指依靠人力、畜力運行的車輛，如三輪車、自行車、畜力駕駛車等。

船舶，包括機動船舶和非機動船舶。機動船舶，指依靠燃料等能源作為動力運行的船舶，如客輪、貨船、氣墊船等；非機動船舶，指依靠人力或者其他力量運行的船舶，如木船、帆船、舢板等。

（二）納稅人

車船稅的納稅義務人，是指在中華人民共和國境內，車輛、船舶（以下簡稱車輛）的所有人或管理人。其中，所有人是指在中國境內擁有車船的單位和個人；管理人是指對車船具有管理使用權，但不具有所有權的單位。如果車船的所有人或者管理人未繳納車船稅，使用人應當代為繳納車船稅。

（三）稅率

車船稅實行定額稅率，即對徵稅的車船規定固定稅額。車船稅採用從量計徵的計稅方法，具體規定如表9.1所示。

表9.1　　　　　　　　　　車船稅稅目稅額表

稅目			計稅單位	年基準稅額	備註
乘用車[按發動機汽缸容量(排氣量)分檔]	1.0升(含)以下		每輛	180元	核定載客人數9人(含)以下
	1.0升以上至1.6升(含)			360元	
	1.6升以上至2.0升(含)			420元	
	2.0升以上至2.5升(含)			720元	
	2.5升以上至3.0升(含)			1,800元	
	3.0升以上至4.0升(含)			3,000元	
	4.0升以上			4,500元	
商用車	大型客車	核定載客人數20人(含)以上	每輛	600元	核定載客人數9人以上,包括電車
	中型客車	核定載客10~19人	每輛	480元	
	貨車	整備質量每噸	96元		包括半掛牽引車、三輪汽車和低速載貨汽車等
掛車			整備質量每噸	48元	
其他車輛	專用作業車		整備質量每噸	96元	不包括拖拉機
	輪式專用機械車			96元	
摩托車			每輛	36元	
船舶	機動船舶	淨噸位不超過200噸的	每噸	3元	拖船、非機動駁船分別按照機動船舶稅額的50%計算
		淨噸位超過200噸但不超過2,000噸的	每噸	4元	
		淨噸位超過2,000噸但不超過10,000噸的	每噸	5元	
		淨噸位超過10,000噸的	每噸	6元	
	遊艇	艇身長度不超過10米的	每米	600元	長度指遊艇總長
		艇身長度超過10米但不超過18米的	每米	900元	
		艇身長度超過18米但不超過30米的	每米	1,300元	
		艇身長度超過30米的	每米	2,000元	
		輔助動力帆艇	每米	600元	

三、應納稅額的計算

(一) 計稅依據

對各類車船計稅依據的具體規定是：

(1) 乘用車、客車、摩托車，按輛計徵。

(2) 載貨汽車、其他車輛，按整備質量噸位計徵。

第九章　財產稅

(3) 機動船舶，按淨噸位計徵。
(4) 遊艇，按艇身長度米數計徵。

《車船稅法》和《車船稅法實施條例》所涉及的排氣量、整備質量、核定載客人數、淨噸位、千瓦、艇身長度，以車船登記管理部門核發的車船登記證書或者行駛證所載數據為準。

依法不需要辦理登記的車船和依法應當登記而未辦理登記或者不能提供車船登記證書、行駛證的車船，以車船出廠合格證明或者進口憑證標註的技術參數、數據為準；不能提供車船出廠合格證明或者進口憑證的，由主管稅務機關參照國家相關標準核定，沒有國家相關標準的參照同類車船核定。

[資料連結]

對乘用車按排氣量徵稅，主要基於以下考慮：從理論上講，車船稅作為財產稅，其計稅依據應當是車船的評估價值。但從實際情況看，車船價值難以評估。據統計分析，乘用車的排氣量與其價值總體上存在著顯著的正相關關係，排氣量越大，銷售價格越高。以 2008 年國內乘用車的數據為例，排氣量與價格之間相關係數高達 0.971,75。從徵管角度看，按排氣量徵稅簡便易行，在計稅依據方面，排氣量是替代價值或評估值的最佳選擇。據瞭解，英國、德國、日本、韓國等都選擇以排氣量作為機動車保有環節徵稅的計稅依據。如日本對乘用車按 10 檔排氣量徵稅，韓國對乘用車按 6 檔排氣量徵稅。

(二) 應納稅額的計算
(1) 乘用車、客車、摩托車應納稅額的計算公式為：
$$應納稅額＝車輛數\times 適用單位稅額$$
(2) 貨車、專用作業車、輪式專用機械車應納稅額的計算公式為：
$$應納稅額＝整備質量噸數\times 適用單位稅額$$
(3) 掛車應納稅額的計算公式為：
$$應納稅額＝整備質量噸數\times 適用單位稅額\times 50\%$$
(4) 船舶應納稅額的計算公式為：
$$應納稅額＝淨噸位\times 適用單位稅額$$
(5) 拖船、非機動駁船應納稅額的計算公式為：
$$應納稅額＝淨噸位\times 適用單位稅額\times 50\%$$
(6) 遊艇應納稅額的計算公式為：
$$應納稅額＝艇身長度米數\times 適用單位稅額$$

【例題 9-6】某運輸企業擁有載貨汽車 10 輛（每輛整備質量 5 噸）；大型客車 2 輛。擁有機動船 20 艘，其中淨噸位為 200 噸的 10 艘，1,000 噸的 5 艘，2,000 噸的 3 艘，10,000 噸的 2 艘；擁有非機動駁船 5 艘，其中淨噸位為 50 噸的 3 艘，100 噸的 2 艘。該企業所在地規定載貨汽車年納稅額整備質量每噸 60 元，大型客車年納稅額每輛 660 元。計算該企業全年應繳納的車船稅額。

解：
(1) 載貨汽車應納稅額＝5×10×60＝3,000（元）
(2) 大客車應納稅額＝2×660＝1,320（元）
(3) 機動船應納稅額＝200×3×10+1,000×4×5+2,000×4×3+10,000×5×2＝150,000(元)
(4) 非機動駁船應納稅額＝（50×3+100×2）×3×50%＝525（元）
(5) 全年應納車船稅額＝3,000+1,320+150,000+525＝154,845（元）

四、車船的稅收優惠

(一) 法定減免優惠

《車船稅法》規定，下列車船免徵車船稅：

(1) 捕撈、養殖漁船，是指在漁業船舶登記管理部門登記為捕撈船或者養殖船的船舶。

(2) 軍隊、武裝警察部隊專用的車船，是指按照規定在軍隊、武裝警察部隊車船登記管理部門登記，並領取軍隊、武警牌照的車船。

(3) 警用車船，是指公安機關、國家安全機關、監獄、勞動教養管理機關和人民法院、人民檢察院領取警用牌照的車輛和執行警務的專用船舶。

(4) 依照法律規定應當予以免稅的外國駐華使領館、國際組織駐華代表機構及其有關人員的車船。

(5) 對節約能源、使用新能源的車船可以減徵或者免徵車船稅。減半徵收或者免徵車船稅的車船的範圍，由國務院財政、稅務主管部門會同國務院有關部門制訂，報國務院批准。

(6) 對受嚴重自然災害影響而納稅困難以及有其他特殊原因確需減稅、免稅的，可以減徵或者免徵車船稅。具體減免期限和數額由省、自治區、直轄市人民政府確定，報國務院備案。

(7) 省、自治區、直轄市人民政府根據當地實際情況，可以對公共交通車船，農村居民擁有並主要在農村地區使用的摩托車、三輪汽車和低速載貨汽車定期減徵或者免徵車船稅。

(二) 特定優惠

(1) 經批准臨時入境的外國車船和香港特別行政區、澳門特別行政區、臺灣地區的車船，不徵收車船稅。

(2) 按照規定繳納船舶噸稅的機動船舶，自《車船稅法》實施之日起5年內免徵車船稅。

(3) 依法不需要在車船登記管理部門登記的機場、港口、鐵路站場內部行駛或者作業的車船，自《車船稅法》實施之日起5年內免徵車船稅。

五、車船稅的徵收管理

(一) 納稅義務發生時間

車船稅納稅義務發生時間為取得車船所有權或者管理權的當月。以購買車船的

第九章　財產稅

發票或其他證明文件所載日期的當月為準。

（二）納稅地點

車船稅由地方稅務機關負責徵收。車船稅的納稅地點為車船的登記地或者車船稅扣繳義務人所在地。

扣繳義務人代收代繳車船稅的，納稅地點為扣繳義務人所在地。

納稅人自行申報繳納車船稅的，納稅地點為車船登記地的主管稅務機關所在地。

依法不需要辦理登記的車船，其車船稅的納稅地點為車船的所有人或者管理人所在地。

（三）納稅申報

車船稅按年申報，分月計算，按年申報，一次性繳納。納稅年度為公歷1月1日至12月31日。

> 課堂思考：已經完稅的車船被盜搶、報廢、滅失的，車船稅還能退稅嗎？

本章小结

1. 房產稅，是以房產為徵稅對象，按照房產的計稅價值或房產租金收入向房產所有人或經營管理人等徵收的一種稅。其中，房產是指以房屋形態表現的財產，房產稅在城市、縣城、建制鎮和工礦區徵收。城市、縣城、建制鎮、工礦區的具體徵稅範圍，由各省、自治區、直轄市人民政府確定。

2. 城鎮土地使用稅是國家對擁有土地使用權的單位和個人，就其使用土地的面積按規定稅額徵收的一種稅。土地使用稅由擁有土地使用權的單位和個人繳納，若擁有土地使用權的納稅人不在土地所在地，則由代管人或實際使用人繳納；土地使用權未確定或權屬糾紛未解決的，由實際使用人納稅；土地使用權為共有的，則由共有各方分別納稅。在城市、縣城、建制鎮、工礦區範圍內使用土地的單位和個人，為城鎮土地使用稅的納稅人。

3. 城鎮土地使用稅的徵收範圍為城市、縣城、建制鎮、工礦區。凡在上述範圍內的土地，不論是屬於國家所有還是集體所有，都是城鎮土地使用稅的徵稅對象。耕地占用稅是國家對占用耕地建房或者從事其他非農業建設的單位和個人，依據實際占用耕地面積、按照規定稅額一次性徵收的一種稅。耕地占用稅屬行為稅範疇。耕地占用稅是中國對占用耕地建房或從事非農業建設的單位或個人所徵收的一種稅收。

4. 耕地占用稅徵稅範圍包括種植農作物耕地（曾用於種植農作物的耕地）、魚塘、園地、菜地和其他農業用地，如人工種植草場和已開發種植農作物或從事水產養殖的灘塗等。耕地占用稅以占用耕地建房和從事非農業建設的單位和個人為納稅人，採取地區差別稅率。

5. 契稅是土地、房屋權屬轉移時向其承受者徵收的一種稅收。在中國境內取得

255

土地、房屋權屬的企業和個人，應當依法繳納契稅。上述取得土地、房屋權屬的方式包括：國有土地使用權出讓，土地使用權轉讓（包括出售、贈與和交換），房屋買賣、贈與和交換。

6. 契稅的納稅人是中華人民共和國境內的轉移土地、房屋權屬等不動產，承受的單位和個人。與大多數稅種不同，契稅是一種買方稅。

7. 車船稅是以車船為課徵對象，向車輛、船舶（以下簡稱車船）的所有人或者管理人徵收的一種稅。車船稅的徵收範圍，是指依法應當在中國車船管理部門登記的車船（除規定減免的車船外）。

同步訓練

一、名詞解釋

房產稅　車船稅　契稅　城鎮土地使用稅　耕地占用稅

二、判斷題

1. 納稅人沒有取得土地使用證書，也沒有有關部門測定土地面積的，暫按自行申報的面積作為計稅依據。　　　　　　　　　　　　　　　　　　（　　）

2. 納稅人使用的土地不屬於同一省、自治區、直轄市管轄的，由納稅人向機構所在地稅務機關繳納土地使用稅。　　　　　　　　　　　　　　　（　　）

3. 土地使用權未確定或權屬糾紛未解決的土地，暫不繳納城鎮土地使用稅。
　　　　　　　　　　　　　　　　　　　　　　　　　　　　　　　（　　）

4. 城鎮土地使用稅的徵稅範圍是市區、縣政府所在城鎮的土地，不包括市郊、農村土地。　　　　　　　　　　　　　　　　　　　　　　　　　　（　　）

5. 企業的綠化用地暫免徵收土地使用稅。　　　　　　　　　　　　（　　）

6. 凡是使用國有土地的企業或單位，都應繳納城鎮土地使用稅。　（　　）

7. 開徵土地使用稅的工礦區應由省級人民政府批准。　　　　　　（　　）

8. 企業租用的廠房用地一律按規定徵收城鎮土地使用稅。　　　　（　　）

9. 某政府機關將城區空餘土地租成某集體企業，則該集體企業應繳納土地使用稅。　　　　　　　　　　　　　　　　　　　　　　　　　　　　　　（　　）

10. 房地產企業開發的商品房在出售前，暫不徵房產稅。　　　　　（　　）

11. 納稅單位與免稅單位共用的房屋，應由納稅單位統一納稅。　（　　）

12. 將原有房產用於經營的，從生產經營之月起，計徵房產稅。　（　　）

13. 宗教、公園、名勝古跡自用的房產免稅，但其出租或用於經營的房產應徵稅。
　　　　　　　　　　　　　　　　　　　　　　　　　　　　　　　（　　）

14. 融資租賃租入的房產應按房產餘值計算繳納房產稅。　　　　　（　　）

15. 水塔屬於房產稅徵稅對象。　　　　　　　　　　　　　　　　（　　）

16. 大中型企業所在地亦是房產稅的開徵範圍。　　　　　　　　　（　　）

17. 在城市、縣城、建制鎮和工礦區範圍內使用房產的單位都應按規定交納房產稅。　　　　　　　　　　　　　　　　　　　　　　　　　　　　　　（　　）

256

18. 我省規定房產稅依照房產原值一次性減除30%後的餘值計算繳納。（ ）

三、問答題

1. 哪些情況下免徵房產稅？
2. 簡述契稅的特點。
3. 簡述車船稅的徵稅範圍。
4. 簡述可以徵收土地使用稅的土地。
5. 按照契稅依據可以將契稅分為哪幾類？

綜合案例分析

某商業企業2013年發生有關稅收的經濟業務包括：自有房產原值1,000萬元，4月1日將其中500平方米的房產出租給某個體戶，年租金700元/平方米，該出租房產原值30萬元；當年有載貨汽車6輛，每輛整備質量5噸；另有4輛商用客車；年末又購進一套商品房用於辦公，買價20萬元。當地政府規定房產原值扣除比例為20%；載貨汽車年稅額80元/噸，商用客車600元/輛；契稅稅率3％。

問題：請根據上述資料，計算該企業當年應納的房產稅、車船稅和契稅。

第十章　資源稅與行為稅類

学习目标

通過本章的學習，掌握資源稅、土地增值稅、印花稅、車輛購置稅、城市維護建設稅的徵稅範圍、納稅人和稅率及各稅種的應納稅額的計算方法。熟悉各稅種的稅收優惠，瞭解各稅種的徵收管理。

重点和难点

[本章重點]

資源稅、土地增值稅、印花稅、車輛購置稅的徵稅範圍、納稅人和稅率

[本章難點]

資源稅、土地增值稅、印花稅的應納稅額的計算

导入案例

2012年8月，安陽市稅務人員到新躍建築公司查帳。通過檢查各類帳簿，發現該公司「工程往來」帳戶長期與外地一建築隊有經濟往來。那麼該公司與外地的建築工程隊是何關係，有無簽訂建築工程承包合同呢？在與該公司會計人員座談中，該公司會計否認有轉包、分包工程建築事項。帶著疑點，檢查人員有針對性地核查了該外地建築隊。經查實，該外地建築隊長期掛靠在該公司名下，僅2012年上半年就從該公司接受轉包、分包工程348萬元，分包、轉包合同書4份，均未申報繳納印花稅。稅務人員將稽查結果通知該公司，並對該公司工程承包合同進行了詳細核

第十章 資源稅與行為稅類

查，查實該公司只就其總包合同申報繳納了印花稅，對外地建築隊的分包、轉包合同金額均未申報繳納稅款，有意隱瞞分包、轉包合同，偷漏印花稅1,044元。

問題：合同文書也需要交稅嗎？上述資料中新躍建築公司欠繳的印花稅究竟是一種什麼稅？

● 第一節　資源稅

一、納稅義務人

資源稅的納稅義務人是指在中華人民共和國領域及管轄海域開採應稅的礦產品以及生產鹽的單位和個人。

獨立礦山、聯合企業及其他收購未稅礦產品的單位為資源稅扣繳義務人。

二、稅目、稅率

（一）稅目

資源稅稅目包括7大類，在7個稅目下面又設有若干個子目。現行資源稅的稅目及子目主要是根據資源稅應稅產品和納稅人開採資源的行業特點設置的。

（1）原油，是指開採的天然原油，不包括人造石油。

（2）天然氣，是指專門開採或者與原油同時開採的天然氣。

（3）煤炭，包括原煤和以未稅原煤加工的洗選煤。

（4）其他非金屬礦原礦，是指上列產品和井礦鹽以外的非金屬礦原礦。包括寶石、金剛石、玉石、膨潤土、石墨、石英砂、螢石、重晶石、毒重石、蛭石、長石、氟石、滑石、白雲石、硅灰石、凹凸棒石黏土、高嶺石土、耐火黏土、雲母、大理石、花崗石、石灰石、菱鎂礦、天然鹼、石膏、硅線石、工業用金剛石、石棉、硫鐵礦、自然硫、磷鐵礦等。

（5）黑色金屬礦原礦，是指納稅人開採後自用、銷售的，用於直接入爐冶煉或作為主產品先入選精礦、製造人工礦，再最終入爐冶煉的黑色金屬礦石原礦，包括鐵礦石、錳礦石和鉻礦石。

（6）有色金屬礦原礦，包括銅礦石、鉛鋅礦石、鋁土礦石、鎢礦石、錫礦石、銻礦石、鋁礦石、鎳礦石、黃金礦石、釩礦石（含石煤釩）等。

（7）鹽，一是固體鹽，包括海鹽原鹽、湖鹽原鹽和井礦鹽；二是液體鹽（鹵水），是指氯化鈉含量達到一定濃度的溶液，是用於生產鹼和其他產品的原料。

納稅人在開採主礦產品的過程中伴採的其他應稅礦產品，凡未單獨規定適用稅額的，一律按主礦產品或視同主礦產品稅目徵收資源稅。

> 課堂思考：國家徵收資源稅的意義是什麼？

259

(二) 稅率

資源稅採取的是從價定率和幅度定額稅率。資源稅稅目稅率表如表 10.1 所示：

表 10.1　　　　　　　　　　資源稅稅目稅率表

稅　　目		稅　　率
一、原油		銷售額的 6%～10%
二、天然氣		銷售額的 6%～10%
三、煤炭		銷售額的 2%～10%
四、其他非金屬礦原礦	普通非金屬礦原礦	每噸或者每立方米 0.5～20 元
	貴重非金屬礦原礦	每千克或者每克拉 0.5～20 元
五、黑色金屬礦原礦		每噸 2～30 元
六、有色金屬礦原礦	稀土礦	每噸 0.4～60 元
	其他有色金屬礦原礦	每噸 0.4～30 元
七、鹽	固體鹽	每噸 10～60 元
	液體鹽	每噸 2～10 元

三、應納稅額的計算

資源稅的應納稅額，按照從價定率或者從量定額的辦法，分別以應稅產品的銷售額乘以比例稅率或者以應稅產品的銷售數量乘以定額稅率計算。

(一) 銷售額的確定

銷售額是指為納稅人銷售應稅產品向購買方收取的全部價款和價外費用，但不包括收取的增值稅銷項稅額。

價外費用，包括價外向購買方收取的手續費、補貼、基金、集資費、返還利潤、獎勵費、違約金、滯納金、延期付款利息、賠償金、代收款項、代墊款項、包裝費、包裝物租金、儲備費、優質費、運輸裝卸費以及其他各種性質的價外收費。但下列項目不包括在內：

(1) 同時符合以下條件的代墊運輸費用：
①承運部門的運輸費用發票開具給購買方的。
②納稅人將該項發票轉交給購買方的。
(2) 同時符合以下條件代為收取的政府性基金或者行政事業性收費：
①由國務院或者財政部批准設立的政府性基金，由國務院或者省級人民政府及其財政、價格主管部門批准設立的行政事業性收費。
②收取時開具省級以上財政部門印製的財政票據。
③所收款項全額上繳財政。

(二) 銷售數量的確定

(1) 銷售數量，包括納稅人開採或者生產應稅產品的實際銷售數量和視同銷售的自用數量。

第十章 資源稅與行為稅類

（2）納稅人不能準確提供應稅產品銷售數量的，以應稅產品的產量或者主管稅務機關確定的折算比換算成的數量為計徵資源稅的銷售數量。

（3）納稅人在資源稅納稅申報時，除財政部、國家稅務總局另有規定外，應當將其應稅和減免稅項目分別計算和報送。

（4）對於連續加工前無法正確計算原煤移送使用量的煤炭，可按加工產品的綜合回收率，將加工產品實際銷量和自用量折算成原煤數量，以此作為課稅數量。

（5）金屬和非金屬礦產品原礦，因無法準確掌握納稅人移送使用原礦數量的，可將其精礦按選礦比折算成原礦數量，以此作為課稅數量，其計算公式為：

$$選礦比 = 精礦數量 \div 耗用原礦數量$$

（6）納稅人以自產的液體鹽加工固體鹽，按固體鹽稅額徵稅，以加工的固體鹽數量為課稅數量。納稅人以外購的液體鹽加工成固體鹽，其加工固體鹽所耗用液體鹽的已納稅額准予抵扣。

（三）應納稅額的計算

（1）實行從價定率徵收的，根據應稅產品的銷售額和規定的適用稅率計算應納稅額，具體計算公式為：

$$應納稅額 = 銷售額 \times 適用稅率$$

【例 10-1】某油田 2015 年 3 月銷售原油 20,000 噸，開具增值稅專用發票取得銷售額 10,000 萬元、增值稅額 1,700 萬元，按《資源稅稅目稅率表》的規定，其適用的稅率為 8%。計算該油田 3 月應繳納的資源稅。

解：應納稅額 = 10,000×8% = 800（萬元）

（2）實行從量定額徵收的，根據應稅產品的課稅數量和規定的單位稅額計算應納稅額，具體計算公式為：

$$應納稅額 = 課稅數量 \times 單位稅額$$

$$代扣代繳應納稅額 = 收購未稅礦產品的數量 \times 適用的單位稅額$$

【例 10-2】某銅礦山 2015 年 3 月銷售銅礦石原礦 30,000 噸，移送入選精礦 4,000 噸，選礦比為 20%，該礦山銅礦屬於五等，按規定適用 12 元/噸單位稅額；計算該礦山 3 月應納資源稅稅額。

解：

（1）外銷銅礦石原礦的應納稅額：

應納稅額 = 課稅數量×單位稅額 = 30,000×12 = 360,000（元）

（2）因無法準確掌握入選精礦石的原礦數量，按選礦比計算的應納稅額：

應納稅額 = 入選精礦÷選礦比×單位稅額 = 4,000÷20%×12 = 240,000（元）

（3）合計應納稅額：

應納稅額 = 原礦應納稅額+精礦應納稅額 = 360,000+240,000 = 600,000（元）

四、減稅、免稅項目

資源稅貫徹普遍徵收、級差調節的原則思想，因此規定的減免稅項目比較少：

（1）開採原油過程中用於加熱、修井的原油，免稅。

（2）納稅人開採或者生產應稅產品過程中，因意外事故或者自然災害等原因遭受重大損失的，由省、自治區、直轄市人民政府酌情決定減稅或者免稅。

（3）鐵礦石資源稅減按80%徵收資源稅。

（4）尾礦再利用的，不再徵收資源稅。

（5）從2007年1月1日起，對地面抽採煤層氣暫不徵收資源稅。煤層氣是指賦存於煤層及其圍岩中與煤炭資源伴生的非常規天然氣，也稱煤礦瓦斯。

（6）自2010年6月1日起，納稅人在新疆開採的原油、天然氣，自用於連續生產原油、天然氣的，不繳納資源稅；自用於其他方面的，視同銷售，依照本規定計算繳納資源稅。

五、徵收管理

（一）納稅義務發生時間

（1）納稅人銷售應稅產品，其納稅義務發生時間為：

①納稅人採取分期收款結算方式的，其納稅義務發生時間，為銷售合同規定的收款日期的當天。

②納稅人採取預收貨款結算方式的，其納稅義務發生時間，為發出應稅產品的當天。

③納稅人採取其他結算方式的，其納稅義務發生時間，為收訖銷售款或者取得索取銷售款憑據的當天。

（2）納稅人自產自用應稅產品的納稅義務發生時間，為移送使用應稅產品的當天。

（3）扣繳義務人代扣代繳稅款的納稅義務發生時間，為支付首筆貨款或首次開具支付貨款憑據的當天。

（二）納稅期限

（1）納稅期限是納稅人發生納稅義務後繳納稅款的期限。資源稅的納稅期限為、1日、3日、5日、10日、15日或者1個月，納稅人的納稅期限由主管稅務機關根據實際情況具體核定。不能按固定期限計算納稅的，可以按次計算納稅。

（2）納稅人以1個月為一期納稅的，自期滿之日起10日內申報納稅；以1日、3日、5日、10日或者15日為一期納稅的，自期滿之日起5日內預繳稅款，於次月1日起10日內申報納稅並結清上月稅款。

（三）納稅地點

（1）凡是繳納資源稅的納稅人，都應當向應稅產品的開採或者生產所在地主管稅務機關繳納稅款。

（2）如果納稅人在本省、自治區、直轄市範圍內開採或者生產應稅產品，其納稅地點需要調整的，由所在地省、自治區、直轄市稅務機關決定。

（3）如果納稅人應納的資源稅屬於跨省開採，其下屬生產單位與核算單位不在同一省、自治區、直轄市的，對其開採或者生產的應稅產品，一律在開採地或者生產地納稅。實行從量計徵的應稅產品，其應納稅款一律由獨立核算的單位按照每個

第十章 資源稅與行為稅類

開採地或者生產地的銷售量及適用稅率計算劃撥；實行從價計徵的應稅產品，其應納稅款一律由獨立核算的單位按照每個開採地或者生產地的銷售量、單位銷售價格及適用稅率計算劃撥。

（4）扣繳義務人代扣代繳的資源稅、也應當向收購地主管稅務機關繳納。

第二節　土地增值稅

土地增值稅是對有償轉讓國有土地使用權及地上建築物和其他附著物產權並取得增值收入的單位和個人徵收的一種稅。土地增值稅的作用主要表現在以下三個方面：一是增強了政府對房地產開發和交易市場的調控力度；二是有利於抑制炒買炒賣土地獲取暴利的行為；三是規範國家參與土地增值收益的分配方式，增加了國家財政收入。

一、納稅義務人

土地增值稅的納稅義務人為轉讓國有土地使用權、地上的建築及其附著物（以下簡稱「轉讓房地產」）並取得收入的單位和個人。單位包括各類企業、事業單位、國家機關和社會團體及其他組織。個人包括個體經營者。

二、徵稅範圍

1. 一般規定

（1）土地增值稅只對「轉讓」國有土地使用權的行為徵稅，對「出讓」國有土地使用權的行為不徵稅。

（2）土地增值稅既對轉讓國有土地使用權的行為徵稅，也對轉讓地上建築物及其他附著物產權的行為徵稅。

（3）土地增值稅只對「有償轉讓」的房地產徵稅，對以「繼承、贈與」等方式無償轉讓的房地產，不予徵稅。不予徵收土地增值稅的行為主要包括兩種：

①房產所有人、土地使用人將房產、土地使用權贈與「直系親屬或者承擔直接贍養義務人」。

②房產所有人、土地使用人通過中國境內非營利的社會團體、國家機關將房屋產權、土地使用權贈與教育、民政和其他社會福利、公益事業。

2. 特殊規定

（1）以房地產進行投資聯營

以房地產進行投資聯營一方以土地作價入股進行投資或者作為聯營條件，免徵收土地增值稅。其中如果投資聯營的企業從事房地產開發，或者房地產開發企業以其建造的商品房進行投資聯營的就不能暫免徵稅。

（2）房地產開發企業將開發的房產轉為自用或者用於出租等商業用途，如果產

263

權沒有發生轉移，不徵收土地增值稅。

（3）房地產的互換，由於發生了房產轉移，因此屬於土地增值稅的徵稅範圍。但是對於個人之間互換自有居住用房的行為，經過當地稅務機關審核，可以免徵土地增值稅。

（4）合作建房，對於一方出地，另一方出資金，雙方合作建房，建成後按比例分房自用的，暫免徵收土地增值稅；但建成後轉讓的，應徵收土地增值稅。

（5）房地產的出租，指房產所有者或土地使用者，將房產或土地使用權租賃給承租人使用由承租人向出租人支付租金的行為。房地產企業雖然取得了收入，但沒有發生房產產權、土地使用權的轉讓，因此，不屬於土地增值稅的徵稅範圍。

（6）房地產的抵押，指房產所有者或土地使用者作為債務人或第三人向債權人提供不動產作為清償債務的擔保而不轉移權屬的法律行為。這種情況下房產的產權、土地使用權在抵押期間並沒有發生權屬的變更，因此對房地產的抵押，在抵押期間不徵收土地增值稅。

（7）企業兼併轉讓房地產，在企業兼併中，對被兼併企業將房地產轉讓到兼併企業中的，免徵收土地增值稅。

（8）房地產的代建行為，是指房地產開發公司代客戶進行房地產的開發，開發完成後向客戶收取代建收入的行為。對於房地產開發公司而言，雖然取得了收入，但沒有發生房地產權屬的轉移，其收入屬於勞務收入性質，故不在土地增值稅徵稅範圍。

（9）房地產的重新評估，按照財政部門的規定，國有企業在清產核資時對房地產進行重新評估而產生的評估增值，因其既沒有發生房地產權屬的轉移，房產產權、土地使用權人也未取得收入，所以不屬於土地增值稅徵稅範圍。

> **課堂思考**：土地增值稅徵稅範圍的界定標準是什麼？

三、稅率

土地增值稅採取的是四級超率累進稅率，具體稅率如表 10.2 所示。

表 10.2　　　　　　　　　　土地增值稅稅率表

級數	增值額與扣除項目金額的比率（％）	稅率（％）	速算扣除數
1	不超過 50	30	0
2	超過 50 不超過 100	40	5
3	超過 100 不超過 200	50	15
4	超過 200	60	35

四、徵稅對象

土地增值稅的徵稅對象是轉讓國有土地使用權、地上的建築物及其附著物所取

第十章 資源稅與行為稅類

得的增值額。增值額為納稅人轉讓房地產的收入減除規定的扣除項目金額後的餘額。

（一）應稅收入的確定

轉讓房地產的收入包括貨幣收入、實物收入和其他收入，即與轉讓房地產有關的經濟收益。

（二）扣除項目的確定

（1）取得土地使用權所支付的金額，包括納稅人為取得土地使用權所支付的地價款和按國家統一規定交納的有關費用。其具體為：以出讓方式取得土地使用權的，為支付的土地出讓金；以行政劃撥方式取得土地使用權的，為轉讓土地使用權時按規定補交的出讓金；以轉讓方式得到土地使用權的，為支付的地價款。

（2）開發土地和新建房及配套設施的成本（以下簡稱房地產開發成本）。其包括土地徵用及拆遷補償費、前期工程費、建築安裝工程費、基礎設施費、公共設施配套費、開發間接費用。這些成本允許按實際發生額扣除。

（3）開發土地和新建房及配套設施的費用（以下簡稱房地產開發費用）是指銷售費用、管理費用、財務費用。根據新會計制度規定，與房地產開發有關的費用直接計入當年損益，不按房地產項目進行歸集或分攤。為了便於計算操作，財務費用中的利息支出，凡能夠按轉讓房地產項目計算分攤，並提供金融機構證明的，允許據實扣除，但最高不能超過按商業銀行同類同期貸款利率計算的金額。房地產開發費用按取得土地使用權所支付的金額及房地產開發成本之和的5%以內予以扣除。凡不能提供金融機構證明的，利息不單獨扣除，三項費用的扣除按取得土地使用權所支付的金額及房地產開發成本的10%以內計算扣除。

（4）與轉讓房地產有關的稅金。這是指在轉讓房地產時繳納的營業稅、城市維護建設稅、印花稅。因轉讓房地產交納的教育費附加，也可視同稅金予以扣除。

需要明確的是，房地產開發企業在轉讓時繳納的印花稅因列入管理費用中，故在此不允許單獨扣除。其他納稅人繳納的印花稅（按產權轉移書據所載金額的0.5‰貼花）允許在此扣除。

（5）舊房及建築物的評估價格。這是指在轉讓已使用的房屋及建築物時，由政府批准設立的房地產評估機構評定的重置成本價乘以成新度折扣率後的價值，並由當地稅務機關參考評估機構的評估而確認的價格。

（6）加計扣除。對從事房地產開發的納稅人，可按取得土地使用權所支付的金額與房地產開發成本之和加計20%的扣除。

五、應納稅額的計算

土地增值稅按照納稅人轉讓房地產所取得的增值額和規定的稅率計算徵收，其計算公式為：

$$應納稅額 = \Sigma（每級距的土地增值額 \times 適用稅率）$$

增值額不超過扣除項目50%的：

$$土地增值稅 = 增值額 \times 30\%$$

增值額超過扣除項目50%不超過扣除項目100%的：

$$土地增值稅 = 增值額 \times 40\%$$

增值額超過扣除項目100%不超過扣除項目200%的：

$$土地增值稅 = 增值額 \times 50\%$$

增值額超過扣除項目200%的：

$$土地增值稅 = 增值額 \times 60\%$$

除此之外，也可根據速算扣除系數的方法來計算應納的土地增值稅，即按照總的增值額乘以適用稅率，減去扣除項目金額乘以速算扣除系數的簡單方法，直接計算土地增值稅的應納稅額。

$$應納稅額 = 增值額 \times 適用稅率 - 扣除項目金額 \times 速算扣除系數$$

【例10-3】某房地產公司開發100棟花園別墅，其中80棟出售，10棟出租，10棟待售。每棟地價14.8萬元、登記、過戶手續費為0.2萬元，開發成本包括土地徵用及拆遷補償費、前期工程費、建築安裝工程費等合計50萬元，貸款支付利息0.5萬元（能提供銀行證明）。每棟售價180萬元，營業稅稅率5%，城建稅稅率5%，教育費附加徵收率3%。計算該公司應繳納的土地增值稅。

解：（1）轉讓收入 = 180×80 = 14,400（萬元）

（2）取得土地使用權所支付的金額與房地產開發成本合計 =（14.8+0.2+50）×80 = 5,200（萬元）

（3）房地產開發費用扣除 = 0.5×80+5,200×5% = 300（萬元）

（4）轉讓稅金支出 = 14,400×5%×（1+5%+3%）= 777.6（萬元）

（5）加計扣除金額 = 5,200×20% = 1,040（萬元）

（6）扣除項目合計 = 5,200+300+777.6+1,040 = 7,317.6（萬元）

（7）增值額 = 14,400-7,317.6 = 7,082.4（萬元）

（8）增值額與扣除項目金額比率 = 7,082.4/7,317.6×100% = 96.79%

（9）應納土地增值稅稅額 = 7,082.4×40%-7,317.6×5% = 2,467.08（萬元）

六、稅收優惠

（1）建造普通標準住宅出售，其增值率未超過20%的，予以免稅。增值率超過20%的，應就其全部增值額按規定計稅。

普通標準住宅應同時滿足：住宅小區建築容積率在1.0以上；單套建築面積在120平方米以下；實際成交價格低於同級別土地上住房平均交易價格1.2倍以下。各省、自治區、直轄市對普通住房的具體標準可以適當上浮，但不超過上述標準的20%。

對於納稅人既建普通標準住宅又搞其他房地產開發的，應分別核算增值額。不分別核算增值額或不能準確核算增值額的，其建造的普通標準住宅不能適用這一免稅規定。

（2）因國家建設需要而被政府徵用、收回的房地產，免稅。

（3）個人銷售住房：2008年11月1日起，對居民個人銷售住房一律免徵土地增值稅。

第十章　資源稅與行為稅類

（4）企事業單位、社會團體以及其他組織轉讓舊房作為廉租住房、經濟適用房房源且增值額未超過扣除項目金額20%的，免徵土地增值稅。

七、徵收管理

（一）納稅地點

土地增值稅的納稅人應向房地產所在地主管稅務機關辦理納稅申報，並在稅務機關核定的期限內繳納土地增值稅。這裡所說的「房地產所在地」，是指房地產的坐落地。納稅人轉讓的房地產坐落在兩個或兩個以上的地區的，應按房地產所在地分別申報納稅。

在實際工作中，納稅地點的確定又可分為以下兩種情況：

（1）納稅人是法人的，當轉讓的房地產坐落地與機構所在地或經營所在地一致時，則向辦理稅務登記的原管轄稅務機關申報納稅即可；如果轉讓的房地產坐落地與其機構所在地或經營所在地不一致時，則應向房地產坐落地所管轄的稅務機關申報納稅。

（2）納稅人是自然人的，當轉讓的房地產坐落地與其居住地一致時，則向其居住地稅務機關申報納稅；當轉讓的房地產坐落地與其居住地不一致時，向辦理過戶手續所在地稅務機關申報納稅。

（二）納稅義務發生時間

土地增值稅納稅義務發生時間為房地產轉讓合同簽訂之日。

第三節　印花稅

印花稅是對經濟活動和經濟交往中書立、領受具有法律效力的憑證的行為所徵收的一種稅。因採用在應稅憑證上粘貼印花稅票作為完稅的標誌而得名。具有覆蓋面廣、稅率低、稅負輕、處罰重、納稅人自行完稅等特點。徵收印花稅有利於增加財政收入、有利於配合和加強經濟合同的監督管理、有利於培養納稅意識，也有利於配合對其他應納稅種的監督管理。

一、納稅義務人

印花稅的納稅人是在中國境內書立、領受、使用稅法所列舉憑證的單位和個人。其主要包括立合同人、立帳簿人、立據人、領受人、使用人、各類電子應稅憑證的簽訂人。

（一）立合同人

立合同人是指合同的當事人。所謂當事人，是指對憑證有直接權利義務關係的單位和個人，但不包括合同的擔保人、證人、鑑定人。如果一份合同由兩方或兩方以上的當事人共同簽訂，那麼簽訂合同的各方都是納稅人。

(二) 立帳簿人

營業帳簿的納稅人是立帳簿人，即設立並使用營業帳簿的單位和個人。

(三) 立據人

產權轉移書據的納稅人是立據人。是指土地、房屋權屬轉移過程中雙方的當事人。

(四) 領受人

這是指領取並持有權利、許可證照的單位和個人。

(五) 使用人

在國外書立、領受，但在國內使用的應稅憑證，其納稅人是使用人。

(六) 以電子形式簽訂的各類應稅憑證的當事人

這是指以電子形式簽訂的各類應稅憑證的當事人。

二、徵稅範圍

1. 經濟合同

經濟合同包括購銷合同、加工承攬合同、建設工程勘察設計合同、建築安裝工程承包合同、財產租賃合同、貨物運輸合同、倉儲保管合同、借款合同、財產保險合同、技術合同以及具有合同性質的憑證。

2. 產權轉移書據

產權轉移書據包括財產所有權和版權、商標專用權、專利權、專有技術使用權等轉移書據。

4. 營業帳簿

營業帳簿即單位和個人記載生產經營活動的財務會計核算帳冊。

5. 權利、許可證照

權利、許可證照包括政府部門發給的房屋產權證、工商營業執照、商標註冊證、專利證、土地使用證。

三、稅率

印花稅的稅率分為比例稅率和定額稅率兩種。

(一) 比例稅率

印花稅的比例稅率分為四檔，分別是 0.05‰、0.3‰、0.5‰、1‰。適用於各類合同以及具有合同性質的憑證、產權轉移書據、營業帳簿中記載資金的帳簿。

(1) 適用 0.05‰ 稅率的為「借款合同」。

(2) 適用 0.3‰ 稅率的為「購銷合同」「建築安裝工程承包合同」「技術合同」。

(3) 適用 0.5‰ 稅率的為「加工承攬合同」「建設工程勘察設計合同」「貨物運輸合同」「產權轉移書據」「營業帳簿」中記載資金的帳簿。

(4) 適用 1‰ 稅率的為「財產租賃合同」「倉儲保管合同」「財產保險合同」。

(二) 定額稅率

「權利、許可證照」和「營業帳簿」稅目中的其他帳簿，適用定額稅率，均為

第十章 資源稅與行為稅類

按件貼花，稅額為 5 元。印花稅稅目稅率表如表 10.3 所示。

表 10.3　　　　　　　　　　印花稅稅目稅率表

稅目	範圍	稅率	納稅人	說明
1. 購銷合同	包括供應、預購、採購、購銷結合及協作、調劑、補償、易貨等合同	按購銷金額的 0.3‰貼花	立合同人	
2. 加工承攬合同	包括加工、定做、修繕、修理、印刷、廣告、測繪、測試等合同	按加工或承攬收入的 0.5‰貼花	立合同人	
3. 建設工程勘察設計合同	包括勘察、設計合同	按收取費用的 0.5‰貼花	立合同人	
4. 建築安裝工程承包合同	包括建築、安裝工程承包合同	按承包金額的 0.3‰貼花	立合同人	
5. 財產租賃合同	包括租賃房屋、船舶、飛機、機動車輛、機械、器具、設備等合同	按租賃金額的 1‰貼花。稅額不足 1 元的按 1 元貼花	立合同人	
6. 貨物運輸合同	包括民用航空、鐵路運輸、海上運輸、內河運輸、公路運輸和聯運合同	按運輸費用的 0.5‰貼花	立合同人	單據作為合同使用的按合同貼花
7. 倉儲保管合同	包括倉儲、保管合同	按倉儲收取的保管費用的 1‰貼花	立合同人	倉單或棧單作為合同使用的，按合同貼花
8. 借款合同	銀行及其他金融組織和借款人(不包括銀行同業拆借)所簽訂的借款合同	按借款金額的 0.05‰貼花	立合同人	單據作為合同使用的,按合同貼花
9. 財產保險合同	包括財產、責任、保證、信用等保險合同	按保險費收入的 1‰貼花	立合同人	單據作為合同使用的,按合同貼花
10. 技術合同	包括技術開發、轉讓、諮詢、服務等合同	按所載金額的 0.3‰貼花	立合同人	
11. 產權轉移書據	包括財產所有權和版權、商標專用權、專利權、專有技術使用權等轉移書據	按所載金額的 0.5‰貼花	立據人	
12. 營業帳簿	生產、經營用帳冊	記載資金的帳簿,按實收資本和資本公積合計金額的 5‰貼花。其他帳簿按件貼花 5 元	立帳簿人	
13. 權利、許可證照	包括政府部門發給的房屋產權證、工商營業執照、商標註冊證、專利證、土地使用證	按件貼花 5 元	領受人	

269

四、應納稅額的計算

印花稅根據不同徵稅項目，計稅依據的確定方法也有所差異，大體分為兩種情況：

1. 從價計徵情況下計稅依據的確定

(1) 各類經濟合同，以合同上所記載的金額、收入或費用為計稅依據。

(2) 產權轉移書據以書據中所載的金額為計稅依據。

(3) 記載資金的營業帳簿以實收資本和資本公積的兩項合計金額為計稅依據。

(4) 有些合同（如在技術轉讓合同中的轉讓收入）在簽訂時無法確定計稅金可額，在簽訂時先按定額 5 元貼花 以後結算時再按實際金額計稅 補貼印花。

2. 從量計稅情況下計稅依據的確定

(1) 實行從量計稅的其他營業帳簿和權利、許可證照，以計稅數量為計稅依據，單位稅額每件 5 元。

(2) 計算公式

印花稅的納稅人根據應納稅憑證的性質，分別按比例稅率或定額稅率計算應納印花稅的金額，具體計算公式為：

應納稅額＝應稅憑證計稅金額（件數）×適用稅率

【例 10-4】某建築企業於 2013 年成立，領取了工商營業執照、稅務登記證、衛生許可證、商標註冊證、房屋產權證、土地使用證各一件，資金帳簿記載實收資本 850 萬元、資本公積 350 萬元，新啟用其他營業帳簿 6 本。該企業當年發生經濟業務如下：

(1) 2 月某運輸企業簽訂運輸保管合同一份，合同中註明貨物價值 800 萬元，運費 50 萬元，裝卸費 10 萬元，倉儲保管費 20 萬元；

(2) 4 月將閒置倉庫出租給某商業企業，雙方簽訂的合同中註明租期兩年，年租金 12 萬元，當年收取租金 9 萬元；當月還將機器設備出租給某生產企業並簽訂財產租賃合同，月租金 0.5 萬元，租期未定；

(3) 7 月與某房地產開發企業簽訂一份建築安裝工程承包合同，合同中註明承包金額 2,000 萬元；施工期間，該企業將其中 600 萬元的安裝工程分包給甲公司，並簽訂了分包合同。計算該企業當年應繳納的印花稅稅額。

解：

(1) 工商營業執照、商標註冊證、房屋產權證、土地使用證應當按件貼花，每件 5 元。稅務登記證、衛生許可證不用繳納印花稅。該企業當年權利、許可證照與營業帳簿應繳納印花稅＝4×5＋（850+350）×10,000×0.5‰+6×5＝6,050（元）

(2) 同一憑證因載有兩個或兩個以上經濟事項而適用不同稅率，分別載有金額的，應分別計算應納稅額，相加後按合計稅額貼花；未分別記載金額的，按稅率高的計稅貼花。該企業當年簽訂的運輸保管合同應繳納印花稅＝50×10,000×0.5‰＋20×10,000×1‰＝450（元）

(3) 有些合同在簽訂時無法確定印花稅計稅金額，對這類合同，可在簽訂時先

第十章 資源稅與行為稅類

按定額 5 元貼花,以後結算時再按實際金額計稅,補貼印花。該企業當年簽訂的財產租賃合同共應繳納印花稅 = 12×2×10,000×1‰+5 = 245(元)

(4)該企業當年簽訂的建築安裝工程承包合同應繳納印花稅 =（2,000+600）×10,000×0.3‰ = 7,800（元）

(5)該企業當年應繳納的印花稅稅額 = 6,050+450+245+7,800 = 14,545（元）

五、稅收優惠

(1)應稅合同憑證的正本貼花之後,副本、抄本不再貼花（副本、抄本視為正本使用的除外）。

(2)將財產贈給政府、社會福利單位、學校所立的書據免稅。

(3)國家指定的收購部門與村民委員會、農民個人書立的農副產品收購合同免稅。

(4)無息、貼息貸款合同免稅。

(5)外國政府或國際金融組織向中國政府及國家金融機構提供優惠貸款所書立的合同免稅。

(6)房地產管理部門與個人簽訂的用於生活居住的租賃合同免稅。

(7)農牧業保險合同免稅。

六、徵收管理

(一)納稅義務發生時間

印花稅應當在書立或領受時貼花。具體是指在合同簽訂時、帳簿啟用時和證照領受時貼花。如果合同是在國外簽訂並且不便在國外貼花的,應在將合同帶入境時辦理貼花納稅手續。

(二)納稅地點

印花稅一般實行就地納稅。對於全國性商品物資訂貨會（包括展銷會、交易會等）上所簽訂合同應納的印花稅,由納稅人回其所在地後及時辦理貼花完稅手續；對地方主辦、不涉及省際關係的訂貨會、展銷會上所簽合同的印花稅,其納稅地點由各省、自治區、直轄市人民政府自行確定。

(三)納稅期限

書立、領受時即行貼花完稅,不得延至憑證生效日期貼花。

(四)繳納方法

1. 自行貼花

納稅人在書立、領受應稅憑證時,自行計算應納印花稅額,向當地納稅機關或印花稅票代售點購買印花稅票,自行在應稅憑證上一次貼足印花並自行註銷。這是繳納印花稅的基本方法。已貼用的印花稅票不得重用；已貼花的憑證,修改後所載金額有增加的,其增加部分應當補貼足印花。

2. 匯貼匯繳

一份憑證應納稅額超過 500 元的,納稅人應當向當地稅務機關申請填寫繳款書

或完稅證，將其中一聯粘貼在憑證上或者稅務機關在憑證上加註完稅標記代替貼花；同一類應納稅憑證，需頻繁貼花的，納稅人應向當地稅務機關申請按期匯總繳納印花稅，但最長期限不得超過1個月。

3. 委託代徵

這一辦法主要是通過稅務機關的委託，經由發放或者辦理應納稅憑證的單位代為徵收印花稅稅款。

第四節 車輛購置稅

車輛購置稅是對在中國境內購置應稅車輛的單位和個人，按其購置車輛的價格的一定比例所徵收的一種稅。中國現行的車輛購置稅於2000年10月22日發布，從2001年1月1日起施行。

一、納稅義務人與徵稅範圍

（一）納稅義務人

在中華人民共和國境內購置規定的車輛（以下簡稱應稅車輛）的單位和個人。所稱購置，包括購買、進口、自產、受贈、獲獎或者以其他方式取得並自用應稅車輛的行為。所稱單位，包括國有企業、集體企業、私營企業、股份制企業、外商投資企業、外國企業以及其他企業和事業單位、社會團體、國家機關、部隊以及其他單位；所稱個人，包括個體工商戶以及其他個人。

（二）徵稅範圍

車輛購置稅的徵稅範圍包括汽車、摩托車、電車、掛車、農用運輸車。其中汽車包括各類汽車；摩托車包括輕便摩托車、二輪摩托車和三輪摩托車；電車包括無軌電車和有軌電車；掛車包括全掛車和半掛車；農用車包括三輪農用運輸車和四輪農用運輸車。

二、應納稅額的計算

（一）稅率

車輛購置稅的稅率為10%。輛購置稅稅率的調整，由國務院決定並公布。

（二）計稅依據

車輛購置稅的計稅價格根據不同情況，按照下列規定確定：

（1）納稅人購買自用的應稅車輛的計稅價格，為納稅人購買應稅車輛而支付給銷售者的全部價款和價外費用，不包括增值稅稅款。

（2）納稅人進口自用的應稅車輛的計稅價格的計算公式為：

$$計稅價格 = 關稅完稅價格 + 關稅 + 消費稅$$

（3）納稅人自產、受贈、獲獎或者以其他方式取得並自用的應稅車輛的計稅價

第十章 資源稅與行為稅類

格,由主管稅務機關核定計稅價格。

(4) 納稅人購買自用或者進口自用應稅車輛,申報的計稅價格低於同類型應稅車輛的最低計稅價格,又無正當理由的,按照最低計稅價格徵收車輛購置稅。

(三) 應納稅額的計算

車輛購置稅實行從價定率的辦法計算應納稅額。應納稅額的計算公式為:

$$應納稅額 = 計稅價格 \times 稅率$$

【例10-5】某汽車貿易公司2014年6月進口2輛小轎車,海關審定的關稅完稅價格為25萬元/輛,計算該公司應納車輛購置稅(小轎車關稅稅率28%,消費稅稅率為9%)。

解:應納關稅=關稅完稅價格×關稅稅率=25×28%=7(萬元)

計稅價格=關稅完稅價格+關稅+消費稅

=(關稅完稅價格+關稅)/(1-消費稅稅率)

該公司應納車輛購置稅=2×(25+7)/(1-9%)×10%=7.03(萬元)

三、稅收優惠

(1) 外國駐華使館、領事館和國際組織駐華機構及其外交人員自用車輛免稅。

(2) 中國人民解放軍和中國人民武裝警察部隊列入軍隊武器裝備訂貨計劃的車輛免稅。

(3) 設有固定裝置的非運輸車輛免稅。

(4) 防汛部門和森林消防等部門購置的由指定廠家生產的指定型號的用於指揮、檢查、調度、報汛(警)、聯絡的專用車輛。

(5) 回國服務的留學人員用現匯購買1輛個人自用國產小汽車。

(6) 長期來華定居專家進口1輛自用小汽車。

(7) 自2004年10月1日起,三輪農用運輸車免徵車輛購置稅。

四、徵收管理

根據自2015年2月1日起開始試行的《車輛購置稅徵收管理辦法》,車輛購置稅的徵收規定如下:

(一) 納稅申報

納稅人辦理納稅申報時應如實填寫車輛購置稅納稅申報表(以下簡稱納稅申報表),主管稅務機關在為納稅人辦理納稅申報手續時,對設有固定裝置的非運輸車輛應當實地驗車。

(1) 納稅人應到下列地點辦理車輛購置稅納稅申報:

①需要辦理車輛登記註冊手續的納稅人,向車輛登記註冊地的主管稅務機關辦理納稅申報。

②不需要辦理車輛登記註冊手續的納稅人,向納稅人所在地的主管稅務機關辦理納稅申報。

(2) 車輛購置稅實行一車一申報制度。

(3) 納稅人購買自用應稅車輛的，應自購買之日起 60 日內申報納稅；進口自用應稅車輛的，應自進口之日起 60 日內申報納稅；自產、受贈、獲獎或者以其他方式取得並自用應稅車輛的，應自取得之日起 60 日內申報納稅。

(4) 免稅車輛因轉讓、改變用途等原因，其免稅條件消失的，納稅人應在免稅條件消失之日起 60 日內到主管稅務機關重新申報納稅。

免稅車輛發生轉讓，但仍屬於免稅範圍的，受讓方應當自購買或取得車輛之日起 60 日內到主管稅務機關重新申報免稅。

(5) 納稅人辦理納稅申報時應如實填寫納稅申報表，同時提供以下資料：

①納稅人身分證明。

②車輛價格證明。

③車輛合格證明。

④稅務機關要求提供的其他資料。

(二) 納稅環節

車輛購置稅的徵稅環節為使用環節即最終消費環節。具體而言，納稅人應當在向公安機關等車輛管理機構辦理車輛登記註冊手續前，繳納車輛購置稅。

(三) 納稅地點

納稅人購置應稅車輛應當向車輛登記註冊地的主管稅務機關申報納稅，購置不需辦理車輛登記註冊手續的應稅車輛應當向納稅人所在地的主管稅務機關申報納稅。車輛登記註冊地是指車輛的上牌落籍地或落戶地。

> 課堂思考：開徵車輛購置稅的作用是什麼？

第五節　城市維護建設稅與教育費附加

一、城市維護建設稅

(一) 納稅義務人

城市維護建設稅是對從事工商經營、繳納增值稅、消費稅、營業稅的單位和個人徵收的一種稅。

城市維護建設稅的納稅義務人，是指負有繳納增值稅、消費稅和營業稅（以下簡稱「三稅」）義務的單位和個人，包括國有企業、集體企業、私營企業、股份制企業、其他企業和行政單位、事業單位、軍事單位、社會團體、其他單位，以及個體工商戶及其他個人。

(二) 稅率

城市維護建設稅的稅率實行地區差別比例稅率，按照納稅人所在地的不同，稅率分別為 7%、5%、1% 三個檔次。具體規定如下：

第十章 資源稅與行為稅類

(1) 納稅人所在地為市區的，稅率為7%。
(2) 納稅人所在地為縣城、鎮的，稅率為5%。
(3) 納稅人所在地不在市區、縣城或者鎮的，稅率為1%。

城市維護建設稅的適用稅率，應當按納稅人所在地的規定稅率執行。但是，對下列兩種情況，可按繳納「三稅」所在地的規定稅率就地繳納城市維護建設稅：

(1) 由受託方代扣代繳、代收代繳「三稅」的單位和個人，其代扣代繳、代收代繳的城市維護建設稅按受託方所在地適用稅率執行。

(2) 流動經營等無固定納稅地點的單位和個人，在經營地繳納「三稅」的，其城市維護建設稅的繳納按經營地適用稅率執行。

(三) 應納稅額的計算

1. 計稅依據

城市維護建設稅的計稅依據是指納稅人實際繳納的「三稅」稅額之和。

(1) 城市維護建設稅以「三稅」稅額為依據，指的是「三稅」實繳稅額，不包括加收的滯納金和罰款。

(2) 城市維護建設稅是以增值稅、消費稅、營業稅稅額為計稅依據並與「三稅」同時徵收的，如果要免徵或者減徵「三稅」，也就要同時免徵或者減徵城市維護建設稅。但對出口產品退還增值稅、消費稅的，不退還已繳納的城市維護建設稅。海關對進口產品代徵增值稅、消費稅的，不再徵收城市維護建設稅。

2. 應納稅額的計算

城市維護建設稅納稅人的應納稅額大小是由納稅人實際繳納的「三稅」稅額決定的，其計算公式為：

應納稅額＝納稅人實際繳納的增值稅、消費稅、營業稅稅額×適用稅率

【例10-6】某市區一家企業2015年3月實際繳納增值稅300,000元，繳納消費稅400,000元，繳納營業稅200,000元。計算該企業應納的城市維護建設稅稅額。

應納城市維護建設稅稅額＝(實際繳納的增值稅+實際繳納的消費稅+實際繳納的營業稅)×適用稅率＝(300,000+400,000+200,000)×7%＝900,000×7%＝63,000(元)

(四) 稅收優惠

城市維護建設稅原則上不單獨減免，但因城市維護建設稅又具附加稅性質，當主稅發生減免時，城市維護建設稅相應發生稅收減免。城市維護建設稅的稅收減免具體有以下幾種情況：

(1) 城市維護建設稅按減免後實際繳納的「三稅」稅額計徵，即隨「三稅」的減免而減免。

(2) 對於因減免稅而需進行「三稅」退庫的，城市維護建設稅也可同時退庫。

(3) 海關對進口產品代徵的增值稅、消費稅，不徵收城市維護建設稅。

(4) 對「三稅」實行先徵後返、先徵後退、即徵即退辦法的，除另有規定外，對隨「三稅」附徵的城市維護建設稅和教育費附加，一律不退(返)還。

(5) 為支持國家重大水利工程建設，對國家重大水利工程建設基金免徵城市維

護建設稅。

> **課堂思考**：城市維護建設稅的特點及立法原則是什麼？

二、教育費附加和地方教育附加

教育費附加和地方教育附加是對繳納增值稅、消費稅、營業稅的單位和個人，就其實際繳納的稅額為計算依據徵收的一種附加費。

（一）徵收範圍及計徵依據

教育費附加和地方教育附加對繳納增值稅、消費稅、營業稅的單位和個人徵收，以其實際繳納的增值稅、消費稅和營業稅為計徵依據，分別與增值稅、消費稅和營業稅同時繳納。

（二）附加計徵比率

現行教育費附加徵收比率為3%，地方教育附加徵收率統一為2%。

（三）教育費附加和地方教育附加的計算

教育費附加和地方教育附加的計算公式為：

應納教育費附加或地方教育附加＝實際繳納的增值稅、消費稅、營業稅×徵收比率（3%或2%）

【例10-7】北京市區一家企業2015年3月實際繳納增值稅200,000元，繳納消費稅300,000元，繳納營業稅100,000元。計算該企業應繳納的教育費附加和地方教育附加。

應納教育費附加＝（實際繳納的增值稅＋實際繳納的消費稅＋實際繳納的營業稅）×徵收比率＝（200,000＋300,000＋100,000）×3%＝600,000×3%＝18,000（元）

應納地方教育附加＝（實際繳納的增值稅＋實際繳納的消費稅＋實際繳納的營業稅）×徵收比率＝（200,000＋300,000＋100,000）×2%＝600,000×2%＝12,000（元）

（四）減免規定

（1）對海關進口的產品徵收的增值稅、消費稅，不徵收教育費附加。

（2）對因減免增值稅、消費稅和營業稅而發生退稅的，可同時退還已徵收的教育費附加。但對出口產品退還增值稅、消費稅的，不退還已徵的教育費附加。

（3）對國家重大水利工程建設基金免徵教育費附加。

本章小結

1. 資源稅的納稅義務人是指在中華人民共和國領域及管轄海域開採應稅的礦產品以及生產鹽的單位和個人。

2. 資源稅稅目包括原油、天然氣、煤炭、其他非金屬礦原礦、黑色金屬礦原礦、有色金屬礦原礦、鹽。

3. 資源稅的應納稅額＝銷售額×適用稅率或課稅數量×單位稅額

第十章　資源稅與行為稅類

4. 土地增值稅是對有償轉讓國有土地使用權及地上建築物和其他附著物產權並取得增值收入的單位和個人徵收的一種稅。

5. 土地增值稅徵稅範圍的界定標準：轉讓的國有土地使用權的土地是否為國有土地；土地使用權、地上建築物及其附著物是否發生產權轉讓；是否取得轉讓收入。

6. 土地增值稅的扣除項目：取得土地使用權所支付的金額；房地產開發成本；房地產開發費用；與轉讓房地產有關的稅金；舊房及建築物的評估價格。

7. 土地增值稅應納稅額=增值額×適用稅率-扣除項目金額×速算扣除系數

8. 印花稅是對經濟活動和經濟交往中書立、領受具有法律效力的憑證的行為所徵收的一種稅。

9. 印花稅的納稅義務人：立合同人、立帳簿人、立據人、領受人、使用人、各類電子應稅憑證的簽訂人。

10. 車輛購置稅：是對在中國境內購置應稅車輛的單位和個人，按其購置車輛的價格的一定比例所徵收的一種稅。

11. 城市維護建設稅：是對從事工商經營、繳納增值稅、消費稅、營業稅的單位和個人徵收的一種稅。

同步訓練

一、名詞解釋
資源稅　車輛購置稅　土地增值稅　印花稅　城市建設稅

二、判斷題

1. 對在中國境內開採煤炭的單位和個人，應按稅法規定徵收資源稅，但對進口煤炭的單位和個人，則不用徵收資源稅。（　　）

2. 根據《資源稅暫行條例》規定，資源稅的徵收範圍包括森林資源、海洋資源和水資源。（　　）

3. 納稅人以外購的液體鹽加工固體鹽，其加工固體鹽所耗用的液體的已納稅額準予抵扣。（　　）

4. 目前，中國僅對列舉的資源徵收資源稅。（　　）

5. 現行資源稅徵收範圍的煤炭是指原煤和加工煤。（　　）

6. 土地增值稅納稅人轉讓房地產的，只有取得了貨幣收入，才需要繳納土地增值稅。（　　）

7. 中外合作開採石油、天然氣的企業屬於資源稅的納稅義務人。（　　）

8. 個人之間互換自有居住用房地產的，經當地稅務機關核實，可以免徵土地增值稅。（　　）

9. 印花稅同一應稅憑證，載有兩個或兩個以上經濟事項而適用不同稅目稅率，如分別記載金額的，應分別計算應納印花稅額，按相加後的合計稅額貼花；如未分別記載金額，按稅率高的計稅貼花。（　　）

10. 印花稅同一應稅憑證，載有兩個或兩個以上經濟事項而適用不同稅目稅率，

財政與稅收

如分別記載金額的，應分別計算應納印花稅額，按相加後的合計稅額貼花；如未分別記載金額，按稅率高的計稅貼花。（   ）

11. 某鋅鐵礦山 2010 年 12 月份銷售自產鋅礦石原礦 6 萬噸，移送原礦入選精礦 3 萬噸，選礦比為 40%，適用稅額為 20 元/噸。該鋅礦山當月應繳納的資源稅為 180 萬元。（   ）

12. 房地產開發企業在轉讓房地產時繳納的印花稅不作為「與轉讓房地產有關的稅金」在計算土地增值稅的增值額時予以扣除。（   ）

13. 土地增值稅適用的超額累進稅率。（   ）

14. 車輛購置稅的稅率為比例稅率。（   ）

15. 車輛購置稅的徵稅範圍中不包含有軌電車。（   ）

16. 如果納稅人處於農村其不用繳納城市維護建設稅。（   ）

17. 納稅人因為偷逃稅款被處以的罰款不構成城市維護建設稅的計稅依據。（   ）

三、問答題

1. 列舉資源稅的稅目。
2. 土地增值稅的扣除項目金額有哪些？
3. 土地增值稅徵稅範圍的界定標準是什麼？
4. 列舉印花稅的納稅人。
5. 列舉印花稅的徵稅範圍。
6. 車輛購置稅的納稅人及徵稅範圍是怎樣規定的？
7. 城市維護建設稅的納稅人包括哪些？
8. 如何計算城市維護建設稅的稅額？
9. 教育費附加的徵收範圍如何確定？有哪些納稅人？

綜合案例分析

我公司開發的一個房地產開發項目已經竣工結算，此項目已繳納土地出讓金 300 萬元，獲得土地使用權後，立即開始開發此項目，建成 10,000 平方米的普通標準住宅，以 4,000 元/m 價格全部出售，開發土地、新建房及配套設施的成本為每平方米 1,500 元，不能按轉讓房地產項目計算分攤利息支出，帳面房地產開發費用為 200 萬元。已經繳納營業稅、城建稅、教育費附加、地方教育費、印花稅 170 萬元。

問題：如何繳納土地增值稅？

第十一章　稅收徵收管理制度

学习目标

通過本章的學習，瞭解稅收徵管的概念、稅收徵管的目的及內容；明確納稅人、扣繳義務人的權利和義務；理解和明確稅務登記、稅務檢查及復議的相關內容。

重点和难点

[本章重點]

稅務登記的主要內容以及開業稅務登記的辦理程序；納稅申報、稅款徵收和稅務檢查

[本章難點]

企業單位的稅務登記、納稅申報、稅款繳納的業務流程

导入案例

某市地稅局接到群眾舉報，稱該市某酒家有偷稅行為。為獲取證據，該地稅局派稅務人員王某等四人扮作食客，到該酒家就餐。餐後索要發票，服務人員給開具了一張商業零售發票，且將飯菜寫成了蒸酒，當稅務人員問是否可以打折時，對方稱如果要白條，就可以打折。第二天，王某等四人又來到該酒家，稱自己是市地稅局的，說有人舉報酒家有偷稅行為，並出示稅務檢查證，依法對酒家進行稅務檢查。檢查中，該酒家老板不予配合。檢查人員出示了前一天的就餐發票，同時當著老板的面打開吧臺抽屜，從中搜出大量該酒家的自製收據和數本商業零售發票。經核實，

財政與稅收

該酒家擅自印製收據並非法使用商業零售發票，偷逃營業稅等地方稅收 58,856.74 元，根據《中華人民共和國稅收徵收管理法》（以下簡稱《稅收徵管法》）及其有關規定，依法做出如下處理：補稅 58,856.74 元，並處所偷稅款 1 倍的罰款，對違反發票管理行為處以 9,000 元的罰款。翌日，該市地稅局向該酒家下達了「稅務違章處罰通知書」。該酒家不服，遂向當地人民法院提起行政訴訟。

問題：稅務機關的檢查行為是否合法？行政處罰是否符合法律規定？

第一節 稅收徵收管理概述

一、稅收徵管

（一）稅收徵管概念

稅收徵收管理是指稅務部門代表國家行使執法權，指導納稅人依法履行納稅義務，並對稅收活動進行計劃、組織、協調、控制與監督的過程。稅收徵管制度則是把稅收徵管活動法制化和制度化。徵管制度是稅收管理體制的內容之一，同時也是整個稅收管理體制的核心，稱為狹義的稅收管理體制。

（二）稅收徵管基本內容

稅收徵管內容，即稅務部門依法行使稅收執行權的過程，包括：

1. 稅務登記

稅務登記也稱納稅登記，是稅務部門依法對納稅人的開業、變更、歇業以及生產經營等活動進行的登記活動。稅務登記是稅收徵管的第一環節，是對稅源控制和管理的基礎環節。稅務登記主要包括開業登記、變更登記、註銷登記。

2. 帳簿及憑證管理

帳簿及憑證管理是指依法對納稅人在生產經營活動中所使用的發票、帳簿、會計憑證的領取、填製、保管、核銷、檢查等方面的管理。發票、帳簿、憑證是會計核算的基礎，也是稅務部門徵稅的主要依據，因此各國對納稅人所使用的發票、帳簿和憑證都進行了非常嚴格的規定。

3. 納稅申報

納稅申報就是納稅人按照稅法規定的期限和內容向稅務機關提交有關納稅事項書面報告的法律行為，是稅務機關稅收管理信息的主要來源和稅務管理的一項重要制度。納稅申報有多種分類方式。按申報時間，可以將納稅申報分為正常申報與延期申報；按申報方式，可以分為窗口申報、郵寄申報、電子申報和其他申報。

4. 稅款徵收

稅款徵收是指對稅務部門在組織稅款入庫過程中所採用的徵收方法的規定。其主要包括自主申報、代扣代繳、委託徵收、核定徵收和強制徵收 5 種方法。

5. 稅務檢查

稅務檢查是指稅務部門依法對納稅人的納稅情況進行審核、評估與檢查的活動。

第十一章 稅收徵收管理制度

稅務檢查是確保整個稅收徵管活動成功與否的重要環節，沒有稅務檢查，稅收大量流失將不可避免，因此各國都非常重視稅務檢查。稅務檢查的實施主體是稅務部門，檢查的對象是納稅人與稅務部門的稅務活動。檢查的形式有靜態檢查與動態檢查。靜態檢查是指對納稅人的帳簿、申報表等表單的檢查，動態檢查是指對納稅人涉稅收入、財產、成本、費用等按時間進行的全面檢查。目前，隨著計算機技術的普及，各國普遍採用稅收軟件，利用網路資源，對納稅人的申報材料進行邏輯關係審查，然後由稅務專家進行審計，最後進行約談、實地檢查或立案檢查，從而提高稅務檢查效率，減少稅收流失。

6. 復議與訴訟

復議與訴訟是指在稅收管理活動中，處理納稅人與徵稅人發生的爭議，並界定其違反稅收法律時當事人責任的方式。

（三）稅收服務

為普及稅法，提高納稅人自主納稅意識，很多國家把稅收宣傳與納稅服務納入稅務部門的工作之中。稅收服務是指稅務部門使用各種工具與途徑，宣傳稅收本質、稅收意義和納稅方法，並為納稅人完成納稅活動提供各種便利服務的過程。

納稅人通過稅務部門提供的稅收服務可以增加對稅法的瞭解，減少稅收信息的不對稱，降低納稅費用，增加對稅法的遵從。稅務部門通過稅收服務可以降低徵稅費用。稅收服務也是納稅人主權理論在稅收徵管實踐中的應用。各國稅收服務的主要內容如下：

1. 稅收宣傳

稅務部門通過出版物、傳媒和網路進行稅收宣傳服務。稅收宣傳的內容主要是稅法和納稅信息，包括最新稅收政策、減免稅及稅收優惠等。

2. 稅收諮詢服務

納稅人可以通過電話、信件和電子郵件，向稅務部門諮詢稅法。所有稅收諮詢都是免費的。很多國家還提供稅收資料查詢服務，例如美國允許納稅人查閱各個時期和各種類別的稅收法律、文件、報告、案例和信息資料。納稅人查詢稅收資料之前，一般需要向稅務部門提出申請，在得到稅務部門答覆後方可查詢。稅務部門可根據查閱的內容和數量，免費提供稅收服務或收取少量費用。

3. 納稅申報服務

為幫助納稅人順利完成納稅申報，稅務部門不僅把申報表格設計得非常簡單，而且還提供各種援助服務。例如，一些填表有困難的納稅人可以在稅務人員的幫助下完成申報表填製。

二、稅收徵管模式

（一）稅收徵管模式概念

稅收徵管模式是指為了實現稅收徵管目的，稅務部門在稅收徵管活動中所採用的具體的徵管形式、方法和措施。稅收徵管模式是稅收徵管制度的具體形式，服務於稅收徵管制度設計目標。中國從20世紀50年代開始，長期實施稅收專管員、徵

管查一體化徵管模式。改革開放後，中國開始實施徵、管、查三分離的徵管模式。

（二）稅收徵管模式類型

按稅款徵收形式不同，可以將稅收徵管模式分為源泉扣繳方式、委託代徵方式和自主申報方式；按對電子計算機的依賴程度，可以將稅收徵管模式分為人工徵稅、人機結合、電子稅務方式。

1. 源泉扣繳模式

這是指稅法規定，應稅收入的支付人為扣繳義務人，國家稅收收入主要依賴於各種源泉扣繳。這種徵管模式的優點是便於控制稅源，徵稅效率較高，徵管費用較低；缺點是不便於進行綜合課稅，不能根據納稅人的實際情況進行必要的調整，難以實施稅收優惠政策，容易出現不公平課稅現象。

2. 委託代徵模式

委託代徵與源泉扣繳一樣，需要將徵稅權委託給非專業稅務的單位或個人，二者的差異在於：受託代徵的單位或個人對應稅項目具有完全的徵稅權，而不限於源泉扣繳。委託代徵模式是將徵稅權再次委託代理，並引進大量的非專業的徵稅單位或個人。其優點是可以增加徵稅服務的競爭，提高徵稅效率；缺點是可能導致進一步的道德風險，出現更大範圍的稅收流失與社會不公平。

3. 自主申報模式

這是指稅收的徵收以納稅人自行申報為起點，經稅務部門審核而完成稅收徵收任務。自主申報的優點是國家便於實施綜合課稅和稅收優惠；缺點是不便於控制稅源，並將大大增加稅務部門的工作量，增加徵稅成本。如果稅務稽查不力，自主申報模式可能造成大規模的避逃稅現象。

4. 人工徵稅與電子稅務模式

人工徵稅模式是指稅收徵管以人工為主，電子稅務模式是指稅收徵管以電子計算機為主，而人機結合模式則介於兩者之間。在電子稅務模式下，稅收信息的處理變得非常容易，從而大大減輕了徵管人員的工作量，提高了徵稅效率，因此，電子稅務是當前世界各國努力實現的一種徵管模式。電子稅務的缺點是對稅收信息的依賴性很強，如果缺乏納稅信息，那麼電子稅務就沒有了效力。

（三）制約稅收徵管模式選擇的因素

稅收徵管模式是在一定時期內的稅收管理方式，用於實現基於時代特點的稅收管理目標。稅收管理模式的選擇要受徵稅技術、管理水平、職能目標的約束。

徵稅技術水平越高、管理水平越高，越可以採取自主申報、電子稅務徵稅模式，反之，則多採用源泉扣繳與人工徵稅模式。職能目標也會對徵管模式產生影響。例如，如果政府徵稅僅限於取得財政收入，就可以多採用源泉扣繳、委託代徵；如果政府在徵稅的同時，還需要實施政策目標，則採取自主申報更為方便。

現實中，政府可能綜合採用各種徵管模式，以達到取長補短的作用。例如，以自主申報為主的國家，也會部分實行源泉扣繳、委託代徵，並最後要求納稅人綜合申報；實行電子稅務的國家，也會大力培養稅務審計專家，以彌補電子稅務的不足。

第十一章　稅收徵收管理制度

● 第二節　稅務登記

一、稅務登記的意義

稅務登記又稱「納稅登記」，是指稅務機關對納稅人的生產經營活動進行登記並據此對納稅實施稅務管理的一種法定制度。它是稅務管理工作的首要環節和基礎工作，是徵納雙方稅收法律關係成立的依據和證明。稅務登記包括開業稅務登記，更稅務登記，停業、復業登記和註銷稅務登記。

建立稅務登記制度便於稅務機關掌握和控制經濟稅源，對納稅人履行納稅義務的情況進行監督和管理，也有利於增強納稅人依法納稅的觀念，保護納稅人的合法權益。

二、稅務登記的對象和期限

稅務登記是稅務機關對納稅人的基本情況及生產經營項目進行登記並據此對納稅人實施稅務管理的一項法律制度。它是整個稅收徵收管理的首要環節，是徵納關係產生、變更和消滅的依據和證明，是稅務機關對納稅人實施管理、瞭解掌握稅源情況的基礎，也是納稅人納入稅務機關監督管理的一項證明。

（1）凡在中國境內從事生產、經營，並經工商行政管理部門批准開業的納稅人包括企業，企業在外地設立的分支機構和從事生產、經營的場所，個體工商戶從事生產、經營的事業單位（以下簡稱從事生產、經營的納稅人），均應自領取營業執照之日起30日內向當地稅務機關申報辦理稅務登記。

（2）凡在中國境內不從事生產、經營活動，但依照法律、行政法規規定負有納稅義務的單位和個人，除依照稅務機關規定不需辦理稅務登記者外，應當自有關部門批准之日起30日內或自依照法律、行政法規的規定成為法定納稅人起30日內向所在地主管稅務機關辦理登記。

[資料連結]　　　　　　　　中國稅務登記證的種類

根據《稅收徵管法》等規定，中國稅務登記證的種類主要包括：

（1）對從事生產經營並領取營業執照的納稅人，核發稅務登記證及其副本。

（2）對未取得營業執照或臨時營業執照，從事生產經營的納稅人，暫核發加蓋「臨時」章的稅務登記證及其副本。

（3）對納稅人非獨立核算的分支機構及非從事生產經營的納稅人（除臨時取得應稅收入或發生應稅行為，以及只繳納個人所得稅、車船稅以外），核發註冊稅務登記證及其副本。

（4）對外商投資企業、外國企業和外商投資企業分支機構，分別核發外商投資企業稅務登記證及其副本、外國企業稅務登記證及其副本和外商投資企業分支機構稅務註冊證及其副本。

（5）對既沒有稅收納稅義務又不需領用收費（經營）票據的社會團體等，可以只登記不發證。

三、稅務登記證件、使用及主管機關

（一）稅務登記證件、使用

納稅人辦理下列事項時，必須提供稅務登記證件：①開立銀行帳戶；②領購發票。

納稅人辦理其他稅務事項時，應當出示稅務登記證件：①申請減稅、免稅、退稅；②申請辦理延期申報、延期繳納稅款；③申請開具外出經營活動稅收管理證明；④辦理停業、歇業；⑤其他有關稅務事項。

這裡需要注意：從事生產、經營的納稅人開立基本存款帳戶或者其他存款帳戶之日起15日內，將其全部帳號向主管稅務機關報告；發生變化的，應當自變化之日起15日內，向主管稅務機關書面報告。銀行和其他金融機構應當在從事生產、經營的納稅人的帳戶中登錄稅務登記證件號碼，並在稅務登記證件中登錄從事生產、經營的納稅人的帳戶帳號。

（二）稅務登記主管機關

縣以上（含本級，下同）國家稅務局（分局）、地方稅務局（分局）是稅務登記的主管機關。國家稅務局（分局）、地方稅務局（分局）執行統一的稅務登記代碼。

四、稅務登記的主要內容

稅務登記從發展過程和狀態上看，主要設立了（開業）稅務登記、變更稅務登記、註銷稅務登記、外出經營報驗登記以及停業、復業登記等。

（一）設立稅務登記

1. 開業稅務登記的對象

根據有關規定，開業登記的納稅人分為以下兩類：

（1）領取營業執照從事生產、經營的納稅人。其包括企業、企業在外地設立的分支機構和從事生產經營的場所、個體工商戶、從事生產經營的事業單位。

（2）其他納稅人。不從事生產經營，但負有納稅義務的單位和個人，除臨時取得應稅收入、臨時發生應稅行為、只交個人所得稅和車船稅的以外，都應按規定向稅務機關辦理稅務登記。

2. 開業稅務登記的時間和地點

（1）從事生產經營的納稅人，應當自領取營業執照之日起30日內，向生產經營地或者納稅義務發生地的主管稅務機關申報辦理稅務登記，如實填寫稅務登記表並按照稅務機關的要求提供有關證件、資料。

（2）其他納稅人，除國家機關和個人外，應當自納稅義務發生之日起30日內，持有關證件向所在地主管稅務機關申報辦理稅務登記。

3. 開業稅務登記的內容

（1）單位名稱、法定代表人或業主姓名及其居民身分證；

第十一章 稅收徵收管理制度

（2）住所、經營地點；
（3）登記註冊類型及所屬主管單位；
（4）核算方式；
（5）行業、經營範圍、經營方式；
（6）註冊資金（資本）、投資總額、開戶銀行及帳號；
（7）經營期限、從業人數、營業執照號碼；
（8）財務負責人、辦稅人員；
（9）其他有關事項。

（二）變更稅務登記

變更稅務登記是指當納稅人稅務登記內容發生重要變化時，向稅務機關申報辦理的稅務登記手續。

1. 變更稅務登記的適用範圍

納稅人辦理稅務登記後，如果發生如下變化，應當辦理變更稅務登記：
（1）企業（單位）名稱改變；
（2）法人代表改變；
（3）經濟性質或經濟類型改變；
（4）增設或撤銷分支機構；
（5）住所或經營地點改變（不涉及主管稅務機關變動的）；
（6）生產經營範圍或經營方式改變；
（7）增減註冊資本；
（8）隸屬關係改變；
（9）生產經營期限改變；
（10）開戶銀行和帳號改變；
（11）生產經營權屬改變；
（12）其他稅務登記內容改變。

2. 變更稅務登記的時間

按照《稅收徵管法》的規定，納稅人稅務登記內容發生變化的，應當自工商行政管理機關或者其他機關辦理變更登記之日起30日內，持有關證件向原稅務登記機關申報辦理變更稅務登記。

納稅人稅務登記內容發生變化，不需要到工商行政管理機關或者其他機關辦理變更登記的，應當自發生變化之日起30日內，持有關證件向原稅務登記機關申報辦理變更稅務登記。

課堂思考：某縣地稅局直屬分局個體所在稅務檢查中發現，某餐飲飯店新增了營業項目，但未辦理稅務登記變更手續，當即下發「限期改正通知書」，責令其限期改正。該店經營者認為，雖然增加了經營項目，但店名沒有改變，也未到工商行政管理機關辦理變更稅務登記，因此不應辦理變更稅務登記。你認為該飯店需要辦理變更稅務登記嗎？

(三) 註銷登記

註銷稅務登記，是指納稅人稅務登記內容發生根本性變化，需終止履行納稅義務時，向稅務機關申報辦理的稅務登記手續。

1. 註銷稅務登記的適用範圍

（1）納稅人因經營期限屆滿而自動解散；
（2）企業由於改組、分立、合併等原因而被撤銷；
（3）企業因資不抵債而破產或終止經營；
（4）納稅人住所、經營地點改變（主管稅務機關改變）；
（5）納稅人被工商行政機關吊銷營業執照而終止經營；
（6）納稅人依法終止納稅義務的其他情形。

2. 註銷稅務登記的時間

（1）納稅人發生解散、破產、撤銷以及其他情形，依法終止納稅義務的，應當在向工商行政管理機關或者其他機關辦理註銷登記前，持有關證件向原稅務登記機關申報辦理註銷稅務登記；按照規定不需要在工商行政管理機關或者其他機關辦理註銷登記的，應當自有關機關批准或者宣告終止之日起 15 日內，持有關證件向原稅務登記機關申報辦理註銷稅務登記。

（2）納稅人因住所、經營地點變動，涉及改變主管稅務機關的，應當在向工商行政管理機關或者其他機關申請辦理變更、註銷登記前，或者住所、經營地點變動前，向原稅務登記機關申報辦理註銷稅務登記，並在 30 日內向遷達地稅務機關申報辦理稅務登記。

（3）納稅人被工商行政管理機關吊銷營業執照或者被其他機關予以撤銷登記的，應當自營業執照被吊銷或者被撤銷登記之日起 15 日內，向原稅務登記機關申報辦理註銷稅務登記。

納稅人在辦理註銷稅務登記前，應當向稅務機關結清應納稅款、滯納金、罰款、繳銷發票、稅務登記證件和其他稅務證件。

> **課堂思考**：某私營企業從事服裝經營，因經營管理不善，於 2013 年 3 月停業，並將廠房轉讓給他人。4 月份，稅務機關在檢查時發現事情真相後，找到該私營企業原經理李某，令其 5 天之內到稅務機關辦理註銷稅務登記。李某認為自己反正不營業了，註銷登記與否沒有多大關係，對稅務機關的要求沒有放在心上。5 天後，李某接到稅務機關下達的「處罰通知書」，對該私營企業不按期辦理註銷稅務登記處以 1,800 元的罰款。問：該私營企業是否要辦理註銷稅務登記？

（四）外出經營報驗登記

納稅人到外縣（市）臨時從事生產經營活動的，應當在外出生產經營以前，持稅務登記證向主管稅務機關申請開具「外出經營活動稅收管理證明」（以下簡稱「外管證」）。

稅務機關按照一地一證的原則，核發「外管證」，「外管證」的有效期限一般為 30 日，最長不得超過 180 天。在同一地累計超過 180 天的，應當在營業地辦理稅務

第十一章 稅收徵收管理制度

登記手續。

納稅人應當在「外管證」有效期屆滿後 10 日內，持「外管證」回原稅務登記地稅務機關辦理「外管證」繳銷手續。

(五) 停業與復業登記

實行定期定額徵收方式的個體工商戶在營業執照核准的經營期限內需要停業的，應當向稅務機關申報辦理停業登記，說明停業理由、停業期限、停業前的納稅情況和發票領、用、存情況，並如實填寫停業申請登記表，辦理停業登記手續。

1. 停業登記

實行定期定額徵收方式的個體工商戶需要停業的，應當在停業前向稅務機關申報辦理停業登記。納稅人的停業期限不得超過一年。

停業時，稅務機關應收存其稅務登記證件及副本、發票領購簿、未使用完的發票和其他稅務證件。納稅人在停業期間發生納稅義務的，應當按規定申報繳納稅款。

2. 復業登記

納稅人應當於恢復生產、經營之前，向稅務機關申報辦理復業登記。納稅人停業期滿不能及時恢復生產經營的，應當在停業期滿前向稅務機關提出延長停業登記申請。

納稅人的停業期限不得超過 1 年。在停業期間發生納稅義務的，應當及時向主管稅務機關申報納稅。

納稅人應當於恢復生產、經營之前，向稅務機關提出復業登記申請，經確認後，辦理復業登記，納入正常管理。

五、開業稅務登記的辦理程序

(一) 開業登記的申請

納稅人必須嚴格按照規定的期限，向當地主管稅務機關及時申報辦理稅務登記手續，實事求是地填報登記項目，並如實回答稅務機關提出的問題。在申報辦理稅務登記時，納稅人應認真填寫「稅務登記表」。

(二) 提供有關證件、資料

辦理開業稅務登記應提供以下有關證件、資料：

(1) 營業執照或其他核准執業證件；
(2) 有關機關、部門批准設立的文件；
(3) 有關合同、章程、協議書；
(4) 組織機構統一代碼證書；
(5) 法定代表人和董事會成員名單；
(6) 法定代表人或業主居民身分證、其他合法證件；
(7) 驗資報告或評估報告；
(8) 經營場所或住所證明；
(9) 稅務機關要求提供的其他證件、資料。

（三）受理、審核

（1）受理。稅務機關對申請辦理稅務登記的納稅人所報送的各種證件、資料進行查驗，對手續完備、符合要求的，方可受理登記，並根據其經濟類型發給相應的「稅務登記表」。

（2）審核。稅務機關對納稅人填報的「稅務登記表」以及附送的證件和資料，應當自收到之日起 30 日內審核完畢，符合規定的，予以登記；不符合規定的，不予登記。

（四）核發稅務登記證

《稅收徵管法》第十五條規定：「稅務機關應當於收到申報的當日辦理登記並發給稅務登記證件。」因此，稅務機關對納稅人填報的「稅務登記表」及附送的證件和資料審核無誤的，應在當日發給稅務登記證件。具體規定如下：

（1）對領取營業執照從事生產、經營的納稅人，核發稅務登記證及其副本。

（2）對未取得營業執照或取得臨時營業執照從事生產經營的納稅人，核發臨時稅務登記證及其副本。

（3）對企業外地分支機構及非從事生產經營的納稅人，核發註冊稅務登記證及其副本。

六、稅務登記管理

1. 稅務登記證的使用

除按規定不需要發給稅務登記證外，納稅人辦理下列事項時必須持稅務登記證：開立銀行帳戶；申請減免稅和退稅；申請辦理延期申報、延期繳納稅款；領購發票；申請開具外出經營活動稅收管理證明；辦理停業、歇業；申請增值稅一般納稅人；其他有關稅務事項。

2. 稅務登記證的管理

稅務登記證包括正本和副本，具有同樣的法律效力。正本由納稅人保存，副本供納稅人辦理有關稅務事宜時使用。其管理要求主要包括：

（1）稅務登記證的領用要求。納稅人領購稅務登記證時，應按規定向稅務機關支付工本管理費；稅務登記證只限於納稅人自己使用，且不得塗改、轉借或轉讓；損毀、買賣或偽造；稅務登記證應懸掛在營業場所亮證經營，並接受稅務機關查驗等。

（2）稅務登記證遺失的處理。納稅人遺失稅務登記證後，應及時向稅務機關寫出書面報告，說明原因並提供有關證據，申請換發登記證。

（3）稅務登記證的查驗管理。為保證稅務登記證合法、有效使用，稅務登記證實行定期驗證和換證制度。驗證時間一般為 1 年 1 次，稅務機關驗證後須在稅務登記證（副本）及稅務登記表中註明驗證時間，加蓋驗訖印章；定期更換稅務登記證，一般 3~5 年進行 1 次，具體時間由國家稅務總局統一規定。

3. 外出經營登記管理

主要規定包括：

第十一章 稅收徵收管理制度

（1）申請外出經營活動稅收管理證明。納稅人到外縣（市）臨時從事生產經營活動的，應在外出生產經營以前，持稅務登記證向主管稅務機關申請開具外出經營活動稅收管理證明（簡稱外管證）。

（2）頒發外管證。稅務機關應按照「一地一證」的管理原則，頒發外管證。外管證的有效期限一般為 30 日，最長不得超過 180 天。

（3）進行報驗登記。納稅人應在外管證註明地進行生產經營前，向當地稅務機關進行報驗登記，提交稅務登記證副本和外管證等資料，如實填寫外出經營貨物報驗單並申報查驗貨物。

（4）填報申報表。納稅人外出經營活動結束後，應向經營地稅務機關填報外出經營活動情況申報表，並結清稅款和繳銷發票。

（5）外管證繳銷。納稅人應在外管證有效期屆滿後 10 日內，持外管證回原稅務登記地稅務機關辦理外管證繳銷手續。

> 課堂思考：稅務登記管理的主要目的是什麼？

第三節　納稅申報、稅款徵收和稅務稽查

一、納稅申報

納稅申報是指納稅人按照稅法規定的期限和內容向稅務機關提交有關納稅事項書面報告的法律行為，是納稅人履行納稅義務、承擔法律責任的主要依據，是稅務機關稅收管理信息的主要來源和稅務管理的一項重要制度。納稅人違反規定，沒有按時、準確進行納稅申報，就要承擔法定的不利後果。

[資料連結]　　　　　　　　　零申報和負申報

在稅務機關辦理了稅務登記的納稅人、扣繳義務人當期未發生應稅行為，沒有發生應稅收入（銷售額），同時也沒有應納稅額的情況，按照國家稅收法律、行政法規和規章的規定，應向稅務機關辦理零申報手續，並註明當期無應稅事項。

若本期銷項稅額小於本期進項稅額，則計算出來的應交增值稅為負。如果本期抵扣，本期申報增值稅時，應交增值稅就是零了，餘下的負數金額留至下期待抵。

按規定連續三個月零申報或負申報就屬於異常申報，應列入重點對象。

（一）申報的對象

1. 依法已向國家稅務機關辦理稅務登記的納稅人

（1）各項收入均應當納稅的納稅人；

（2）全部或部分產品、項目或者稅種享受減稅、免稅照顧的納稅人；

（3）當期營業額未達起徵點或沒有營業收入的納稅人；

（4）實行定期定額納稅的納稅人；

(5) 應當向國家稅務機關繳納企業所得稅以及其他稅種的納稅人。

2. 按規定不需向國家稅務機關辦理稅務登記，以及應當辦理而未辦理稅務登記的納稅人（略）

3. 扣繳義務人和國家稅務機關確定的委託代徵人（略）

> **課堂思考**：享有減稅、免稅待遇的納稅人，在減免稅期間為什麼也要辦理納稅申報？

（二）申報的內容

納稅人、扣繳義務人的納稅申報或者代扣代繳、代收代繳稅款報告表的主要內容包括：稅種、稅目、應納稅項目或者應代扣代繳、代收代繳稅款項目，計稅依據，扣除項目及標準，適用稅率或者單位稅額，應退稅項目及稅額、應減免稅項目及稅額，應納稅額或者應代扣代繳、代收代繳稅額，稅款所屬期限、延期繳納稅款、欠稅、滯納金等。

（三）申報的方式

1. 直接申報（上門申報）

在實際的工作當中大多選擇上門申報的方式來進行稅款的申報，納稅人或是扣繳人可以在納稅申報期間到主管部門的辦理大廳辦理納稅申報工作。

2. 郵寄申報

郵寄申報就是經稅務機關批准，納稅人可使用統一規定的納稅申報特快專遞專用信封，通過郵政部門辦理交寄手續，並向郵政部門索取收據作為申報憑據。

郵寄申報以寄出的郵戳日期為實際申報日期。

3. 數據電文

數據電文申報是指稅務機關確定的電話語音、電子數據交換和網路傳輸等電子方式。納稅人採取電子方式辦理納稅申報的，應當按照稅務機關規定的期限和要求保存有關資料，並定期書面報送主管稅務機關。

4. 委託代理申報

納稅人自行申報有困難或者出於其他考慮不採取上述方式的，可委託稅務代理人辦理納稅申報，由稅務代理人代為履行申報義務。

（四）申報的期限

納稅申報期限是指稅收法律、法規規定的或者稅務機關依照稅收法律、法規的規定確定的納稅人、扣繳義務人向稅務機關辦理申報和納稅的期限。

納稅申報期限是根據各個稅種的特點確定的，各個稅種的納稅期限因其徵收對象、計稅環節的不同而不盡相同。同一稅種因納稅人的經營情況不同、財務會計核算不同、應納稅額大小不等，申報期限也不一樣，並可以分為按期申報納稅和按次申報納稅。

申報期最後一天是法定節假日的，申報期可以順延，延期的具體期限一般是一個申報期限內，最長不超過 3 個月。

經核准延期辦理納稅申報的，應當在納稅期限內預繳稅款；並在核准的延期內

第十一章 稅收徵收管理制度

辦理納稅結算。

（五）延期申報

納稅人、扣繳義務人因不可抗力或財務尚未處理完畢等原因，不能按期申報的，經縣以上稅務機關核准，可以延期申報。

延期申報不等於延期納稅，納稅人、扣繳義務人必須在納稅期內按上期稅款或稅務機關核定的稅額預繳稅款，並在核准的延期內辦理正式申報，並結清預繳的稅款。

> 課堂思考：某年5月1~3日放假，16~17日為雙休日，以5月份增值稅申報為例，申報期限應如何順延？

（六）申報的法律責任

納稅人未按照規定的期限辦理納稅申報和報送納稅資料的，或者扣繳義務人未按照規定的期限向稅務機關報送代扣代繳、代收代繳稅款報告和有關資料的，由稅務機關責令限期改正，可以處2,000元以下的罰款，情節嚴重的，可以處2,000~10,000元罰款。

二、稅款徵收

稅款徵收是整個稅收徵管過程的核心環節，它不僅關係到稅收收入能否滿足政府的財政需要，而且直接影響稅收政策在國民經濟宏觀調控中的作用力度。稅款徵收是指國家稅務機關依照稅收法律、法規，將納稅人應稅款項組織入庫的執法過程的總稱。

（一）稅款徵收原則

1. 唯一徵收主體原則

根據《稅收徵管法》的規定，除稅務機關、稅務人員以及經稅務機關依照法律、行政法規委託的單位或個人外，任何單位和個人不得進行稅款徵收活動。

2. 徵收法定原則

稅務機關的一切徵稅及其有關的活動都必須有法律明確規定，沒有法律明確規定的，人們不負有納稅義務，任何單位和個人都無權向人們收稅。徵收法定原則包含以下內容：

（1）稅權法定。稅權法定是指稅收的立法權和執法權都是法定的。稅務機關不得自行處分稅權。

（2）稅種法定。稅種法定是指經法律設定或法律授權行政法規設定並開徵的稅種。稅務機關不得擅自增減改變稅目、調高或降低稅率，未經法定批准程序加徵、減徵或免稅，並由此造成多徵、少徵、提前徵收或者延緩徵收稅款和攤派稅款。否則，除撤銷其擅自做出的決定外，還應補徵應徵未徵的稅款，退還不應徵而徵收的稅款，並由上級稅務機關追究直接責任人員的行政責任。

（3）徵稅法定。徵稅法定是指稅收的徵收程序必須由法律明確規定，徵納雙方必須遵照執行。稅務機關徵收稅款或扣押、查封商品、貨物或其他財產時必須向納

財政與稅收

稅人開具完稅憑證或開付扣押、查封的收據或清單。稅款、滯納金、罰款統一由稅務機關上繳國庫。

（4）禁止對稅法作擴大解釋。除立法解釋外，不能作擴大或類推解釋。

3. 稅款優先原則

稅款優先原則是指根據稅法規定，在納稅人支付各種款項和償還債務時稅款處於優先地位。稅款優先原則包含以下三層含義：

（1）稅收優先於無擔保債權。

（2）納稅人發生欠稅在前的，稅款優先於抵押權、質權或被留置權。

（3）稅收優先於罰款、沒收非法所得。

（二）稅款徵收的方式

稅款徵收方式是指稅務機關根據各稅種的不同特點、徵納雙方的具體條件而確定的計算徵收稅款的方法和形式。稅款徵收的方式主要有：

1. 查帳徵收

查帳徵收是指稅務機關按照納稅人提供的帳表所反應的經營情況，依照適用稅率計算繳納稅款的方式。這種方式一般適用於財務會計制度較為健全，能夠認真履行納稅義務的納稅單位。

2. 查定徵收

查定徵收是指稅務機關根據納稅人的從業人員、生產設備、採用的原材料等因素，對其產製的應稅產品查實核定產量、銷售額並據以徵收稅款的方式。這種方式一般適用於帳冊不夠健全，但是能夠控制原材料或進銷貨的納稅單位。

3. 查驗徵收

查驗徵收是指稅務機關對納稅人應稅商品，通過查驗數量，按市場一般銷售單價計算其銷售收入並據以徵稅的方式。這種方式一般適用於經營品種比較單一，經營地點、時間和商品來源不固定的納稅單位。

4. 定期定額徵收

定期定額徵收是指稅務機關通過典型調查，逐戶確定營業額和所得額並據以徵稅的方式。這種方式一般適用於無完整考核依據的小型納稅單位。

5. 委託代徵稅款

委託代徵稅款是指稅務機關委託代徵人以稅務機關的名義徵收稅款，並將稅款繳入國庫的方式。這種方式一般適用於小額、零散稅源的徵收。

6. 郵寄納稅

郵寄納稅是一種新的納稅方式。這種方式主要適用於那些有能力按期納稅，但採用其他方式納稅又不方便的納稅人。

7. 其他方式

如利用網路申報、用IC卡納稅等方式。

> **課堂思考**：納稅人經營品種比較單一，經營地點、時間和商品來源不固定的，稅務機關應當對其採用哪種稅款徵收方式？

第十一章 稅收徵收管理制度

三、稅務稽查

(一) 稅務稽查的概念

稅務稽查是指稅務機關依法對納稅人、扣繳義務人履行納稅義務、扣繳稅款義務及其他稅法義務的情況進行檢查和處理的全部活動。其內涵包括以下幾點：

(1) 稅務稽查的主體是稅務機關。稅務稽查是一種行政執法行為，執法的主體是國家稅務局系統和地方稅務局系統的各級稅務機關，具體是各級稅務機關所設立的稅務稽查機構。

(2) 稅務稽查的客體是納稅人、扣繳義務人履行納稅義務、扣繳義務的情況。

(3) 稅務稽查主要包括稅務檢查和處理工作兩個方面，具體包括選案、檢查、審理、執行等環節。

(二) 稅務稽查的類型

按照稅務稽查對象來源性質的不同，稅務稽查可以分為日常稽查、專項稽查和專案稽查三類。

1. 日常稽查

日常稽查是稅務稽查局有計劃地對稅收管轄範圍內納稅人及扣繳義務人履行納稅義務和扣繳義務情況進行檢查和處理的執法行為。

日常稽查行為與徵管部門負責的日常檢查主要存在以下區別：一是目的不同。日常稽查的目的在於查處稅收違法行為；而日常檢查是檢查對象的管理行為，目的在於掌握檢查對象履行法定義務的情況，提高稅收管理水平。二是內容不同。日常稽查是全面核查，具有系統審計的功能；而日常檢查是稅務機關清理漏管戶、核查發票、催報催繳、評估詢問、瞭解納稅人生產經營和財務狀況等不涉及立案稽查與系統審計的日常管理行為。三是程序不同。日常稽查程序通常包括選案、實施、審理、執行四個環節，而日常檢查則不必履行上述程序。

2. 專項稽查

專項稽查是稽查局按照上級稅務機關的統一部署或其下達的任務對管轄範圍內的特定行業、特定的納稅人或特定的稅務事宜所進行的專門稽查。專項稽查與稅收專項檢查的不同點在於專項稽查由稽查局組織和實施，而稅收專項檢查則由稅務局統一安排，稽查局牽頭組織，有關部門共同參與實施。

3. 專案稽查

專案稽查是指稽查局依照稅收法律法規及有關規定，以立案形式對納稅人、扣繳義務人履行納稅義務、扣繳義務的情況進行調查和處理的執法行為。專案稽查適用於舉報、上級交辦、其他部門移交、轉辦以及其他所有涉嫌稅收違法案件的查處。

> **課堂思考**：如果碰到了稅務稽查，需要提供哪些資料，應該怎麼處理？

(三) 稅務稽查的主要內容

(1) 稽查納稅人、扣繳義務人遵守稅收實體法的情況。稽查其有無偷稅、欠稅、應扣未扣、應收未收稅款、挪用截留稅款、騙取退稅等違反稅法的行為。

（2）稽查納稅人、扣繳義務人遵守稅收程序法的情況。稽查其有無不按規定程序辦事，違反稅收徵管法律制度的行為。通過稅務稽查，能夠瞭解稅法執行情況，發現有無違反財經紀律和財務會計制度，以及隱瞞收入、偷稅、騙取出口退稅等問題；通過稅務稽查，還有利於嚴肅稅收法紀，糾正錯漏，保證稅收收入。

（四）稅務稽查的範圍

（1）稽查納稅人的帳簿、記帳憑證、報表和有關資料，代扣代繳、代收代繳稅款帳簿、記帳憑證和有關資料。

（2）到納稅人的生產、經營場所和貨物存放地稽查納稅人應納稅的商品、貨物或者其他財產，稽查扣繳義務人與代扣代繳、代收代繳稅款有關的經營情況。

（3）責成納稅人、扣繳義務人提供與納稅或代扣代繳、代收代繳稅款有關的文件、證明材料和有關資料。

（4）詢問納稅人、扣繳義務人與納稅或者代扣代繳、代收代繳稅款有關的問題和情況。

（5）到車站、碼頭、機場、郵政企業及其分支機構檢查納稅人托運、郵寄的應納稅商品、貨物或者其他財產的有關單據、憑證和資料。

（6）經縣以上稅務局（分局）局長批准，憑全國統一格式的稽查存款帳戶許可證明，查詢從事生產、經營的納稅人、扣繳義務人在銀行或者其他金融機構的存款帳戶。稅務機關在調查稅收違法案件時，經設區的市、自治州以上稅務局（分局）局長批准，可以查詢案件涉嫌人員的儲蓄存款。稅務機關查詢所獲得的資料，不得用於稅收以外的用途。

（五）稅務稽查的流程

稽查工作分選案、檢查、審理、執行四個環節進行：

1. 選案

國稅機關根據公民舉報、部門轉辦、互相交辦、情報交換或通過微機網路分析篩選有嫌疑的，以及徵管分局移交的嫌疑對象，進行計算機或人工排列後列出稽查重點戶。

2. 檢查

稅務稽查的檢查工作，是根據選案所確定的稽查對象，組織稽查人員實施檢查，採取必要的方法、措施和手段，收集案件的證人、證言或原始書證材料，整理製作「稅務稽查報告」直接將案件移送審理的活動過程。

3. 審理

稅務稽查審理，是稅務稽查機構立案查處的各類稅務違法案件在檢查完畢基礎上，由專門組織或人員核准事實、審查鑑別證據、分析認定案件性質，製作「審理報告」和「稅務處理決定書」或者「稅務稽查結論」的活動過程。

4. 執行

執行人員將「稅務處理決定書」送達被查對象，並監督其執行。被查對象拒不履行納稅義務的，執行人員可填製「稅收保全措施審批表」，報經縣以上局局長批准後，依法對被查對象採取稅收強制措施，必要時移送公安機關處理。

第十一章　稅收徵收管理制度

本章小結

1. 稅務登記是整個稅收徵收管理的首要環節，稅務登記的主要內容包括：設立（開業）稅務登記、變更稅務登記、註銷稅務登記、停業、復業登記以及外出經營報驗登記。

2. 納稅申報是納稅人履行義務的法定程序，納稅申報的方式有直接申報、郵寄申報以及電文申報。

3. 稅款徵收是整個稅收徵收管理的中心環節。稅款徵收的方式包括：查帳徵收、查驗徵收、查定徵收、定期定額徵收以及其他繳納方式。

同步訓練

一、名詞解釋

稅收徵管　稅收徵管模式　稅務登記　變更登記　納稅申報　稅款徵收
稅務稽查

二、判斷題

1. 在稅收徵收管理法律關係中，稅務機關是行政主管部門，只享有徵收稅款的權力，沒有義務；納稅人則負有納稅義務，不享受權利。（　　）
2. 企業在外地設立從事生產、經營的場所不需要辦理稅務登記。（　　）
3. 納稅人在減免稅期間不需辦理納稅申報。（　　）
4. 享受減免稅的納稅人，在減免稅期間可不報送「納稅申報表」。（　　）
5. 企業所得稅的納稅人享受企業所得稅免稅待遇的，在免稅期間無須辦理納稅申報。（　　）

三、問答題

1. 根據《稅收徵收管理辦法實施細則》規定，納稅申報的主要內容有哪些？
2. 納稅人在進行稅務登記時需要提供哪些證件和相關資料？
3. 稅務登記的種類和內容有哪些？
4. 稅務稽查的主要內容包括哪些？
5. 納稅申報的方式有哪些？

綜合案例分析

2011年8月15日，某基層稅務所在實施稅務檢查中發現，轄區內某私營企業自2011年5月10日辦理工商營業執照以來，一直沒有辦理稅務登記證，也沒有申報納稅。根據檢查情況，該飯店應納未納稅款1,800元，稅務所於8月18日做出如下處理決定：責令納稅人8月20日前申報辦理稅務登記，並處以500元罰款，補繳稅款、加收滯納金，並處補繳稅款1倍罰款。

問題：本處理決定是否正確？為什麼？

第十二章 國際稅收

学习目标

通過本章的學習，瞭解國際稅收的稅收管轄權及有關協定的產生，掌握減除國際重複徵稅的主要方法、國際避稅與反避稅的措施和國際重複徵稅的影響，明確國際稅收協定的內容。

重点和难点

[本章重點]

稅收管轄權問題；國際雙重徵稅及國際避稅問題

[本章難點]

國際雙重徵稅的解決方法和抵免法的原理

导入案例

某一納稅年度，某外資企業在中國境內從事生產高檔運動鞋，其股權的一半被日本母公司擁有。該外資企業生產運動鞋的實際成本為每雙31.5元，現以成本價格銷售給日本母公司，共銷售36,000雙，日本母公司最後以每雙60元的價格在市場售出這批運動鞋。中國政府認為，這種交易作價分配不符合獨立核算原則，損害了中國政府的稅收利益。根據中國稅務當局掌握的市場資料，該外資企業的這批運動鞋生產加工的生產費用率一般為70%，日本公司所得稅稅率為37.5%，中國為33%。另外，中日稅收協定規定，中國對匯給日本的股息徵收10%的預提稅。

問題：中國政府為什麼認為這種交易作價分配不合理？

第十二章　國際稅收

第一節　國際稅收概述

一、國際稅收概念

國際稅收的理論研究是一個不斷深化的過程，當前已成為一個較為完整的體系，從單純地對稅收管轄及國際重複徵稅問題的研究發展到對一系列有關國家間稅收分配矛盾的探討，從對一國涉外稅收制度的研究發展到對跨國納稅人徵稅行為的統一協調，從而建立起了一門獨立於國家稅收的新興稅收學科。

國際稅收是各國課徵稅收的國際影響和各國間的稅收協調。各國課徵稅收的國際影響包括各國稅收對個人、企業、國家及其各級政府乃至全球的影響，各國間的稅收協調是指各國就各國課徵稅收的國際影響進行的協調。國際稅收的性質是國與國之間的稅收協調關係，歸根到底是國與國之間的稅收分配關係。國際稅收隨著國際經濟交往的經常化而產生，隨著國際經濟和政治的發展而發展。

國際稅收，是指兩個或兩個以上的主權國家或地區，各自基於其課稅主權，在對跨國納稅人進行分別課稅而形成的徵納關係中，所發生的國家與國家之間的稅收分配關係。

廣義的國際稅收可以從以下幾個方面來理解：

首先，稅收必須有徵稅者和繳納者，而國際稅收並沒有也不可能有自己的獨立於國家稅收的特定的徵收者和繳納者，國家稅收只能依附於國家稅收的徵收者和繳納者。沒有各個國家政府對它政權管轄下的繳納者進行的課徵，也就無從產生國家之間的稅收分配關係。

其次，作為分屬一個主體的跨國納稅人通常只承擔某一國的納稅義務，因此這個國家也就不可能與其他國家發生稅收關係。只有同一主體的跨國納稅人，在同時承擔幾個國家的納稅義務的條件下，才有可能引起這幾個國家之間的稅收分配關係，即國際稅收所依附的國家稅收中的繳納者必須是跨國納稅人。

再次，國際稅收涉及的課稅對象是跨國納稅人取得的跨國所得和擁有的跨國財產，換言之，就是所得來源地或財產所在地與所得或財產所有者的居住國或國籍國不一致。這就導致了重複徵稅問題的產生，並最終促使國際稅收形成。

最後，只有當一個國家對其管轄範圍內的跨國納稅人的課稅對象進行課稅並涉及另一相關國家的財權利益，從而需要協調國家間的稅收利益分配關係時才屬於國際稅收。這種分配關係主要是由有關國家政府通過簽訂稅收協定來處理的，因此國際稅收不是一般的國家稅收分配關係，而是有關國家之間的稅收分配關係。

國際稅收與國家稅收既有聯繫又有區別。第一，國際稅收不能脫離國家稅收而單獨存在。國際稅收並沒有也不可能獨立於國家稅收的特定徵收者和繳納者，它只能依附於國家稅收的特定徵收者和繳納者。第二，國際稅收與國家稅收反應的經濟關係不同，利益協調方式也不同。國家稅收的分配是發生在同一國家的課稅主體與納稅主體之間的財富分割和轉移，它反應的是一國範圍內的稅收徵納關係，其處理

財政與稅收

依據是國家法律。國際稅收的分配發生在不同國家的課稅主體之間，它反應的是國家之間的稅收分配關係，當產生國家間稅收權益矛盾的時候，為了按照國際規範重新調整這一矛盾而導致一部分財富在各有關國家課稅權主體之間重新分割和轉移，其處理依據主要是國家間的協議和各種規範。

二、稅收管轄權與國際稅收協定的產生

(一) 稅收管轄權的含義及分類

國際稅收分配關係中的一系列矛盾的產生都與稅收管轄權有關。稅收管轄權是一國政府在自主管理稅收方面的主權，它是國家主權的重要組成部分，是國際稅收的基本範疇。它表現在一國政府有權決定對哪些人徵稅、徵哪些稅以及徵多少稅等方面，具有獨立性和排他性。稅收管轄權還是對國際所得徵稅的依據，同時也是國家行使主權的一種表現。國際稅收理論中所指的稅收管轄權，是指各國政府在處理對跨國所得徵稅方面所擁有的權限。

(二) 稅收管轄權的確定原則

稅收管轄權是國家主權的重要組成部分，一國政府在本國區域內的領土和空間行使政治權力一般要遵以下兩個原則：

1. 從屬地原則

所謂屬地原則是指一國政府可以在本國區域內的領土和空間行使政治權。具體到所得稅的徵收，根據屬地原則，一國有權對來源於本國境內的一切所得徵稅，而不論取得這筆所得的是本國人還是外國人。

2. 屬人原則

所謂屬人原則是指一國可以對本國的全部公民和居民行使政治權力，因此，一國的稅收管轄權在徵稅範圍問題上也必須遵從屬地原則或屬人原則。根據屬人原則，一國有權對本國居民或公民的一切所得徵稅，而不論他們的所得來源於本國還是外國。

由於在國際稅收領域，各國行使徵稅權力所採取的原則不盡相同，因此各自所確立的稅收管轄權範圍和內容也有所不同。目前世界上的稅收管轄權大致可以分為三類：地域管轄權、居民管轄權、公民管轄權，其中居民管轄權和公民管轄權遵循的是屬人原則，而地域管轄權遵循的是屬地原則。

地域管轄權又稱收入來源地管轄權，是指一個國家對發生於其領土範圍內的一切應稅活動和來源於或被認為是來源於其境內的全部所得行使的徵稅權力。這種管轄權是按照屬地原則確立的。在地域管轄權下，通過確認所得的地域標誌來確定該筆所得的來源地，一筆所得被地域化，從而納入所在地域的國家稅收管轄範圍。這種按地域範圍確定的管轄權體現了有關國家維護本國經濟利益的合理性，又符合國際經濟交往的要求和國際慣例，被各國公認為是一種較為合適的稅收管轄權，並為絕大多數國家所接受。

居民管轄權，是指一個國家對凡是屬於本國的居民取得的來自世界範圍的全部所得行使的徵稅權力。這種管轄權是按屬人原則確立的。各國稅法對居民身分確

第十二章　國際稅收

認方法不盡相同，有的是按居住期限確定，也有的是依據是否有永久性住所確定等。

公民管轄權，是指一個國家依據納稅人的國籍行使稅收管轄權，對凡是屬於本國公民取得的來自世界範圍內的全部所得行使的徵稅權力。這種管轄權也是按照屬人原則確立的。

公民是指取得一國法律資格，具有一國國籍的人。需要指出的是，國際稅收中所使用的公民概念不僅包括個人，也包括團體、企業或公司，是一個廣義的公民概念。公民有時也稱國民，世界上多數國家使用的是公民概念，但是日本等少數國家也使用國民的概念。

各國稅收管轄權的現狀：①同時實行地域管轄權和居民管轄權，如中國；②實行單一的地域管轄權，如拉美地區的一些國家；③同時實行地域管轄權、居民管轄權和公民管轄權，如美國、利比里亞。

（三）國際稅收協定的產生

屬地原則和屬人原則之間的矛盾必然導致稅收管轄權之間的矛盾，三種稅收管轄權之間必然會發生不同程度的重疊和交叉。一國或多國的稅收管轄權的行使與適用引申出了一系列的國際稅收活動，其核心內容為國際重複徵稅及其減除、國際避稅與反避稅。國際重複徵稅及其減除指的是多個國家稅收管轄權在同一徵稅對象上的重疊，以及為了避免這種管轄權重疊而採取的措施。國際避稅與反避稅則指納稅人為規避稅收管轄權而進行的國際活動，以及各國政府為了應對這種規避稅收管轄權的行為而採取的措施。為了減除國際重複徵稅，加強國家間的稅收徵管合作以及解決國際稅收領域的其他問題，國際稅收協調活動日益普遍和深入，其客觀形式和成果集中體現為制定一系列國際稅收協定，並通過這些協定來協調和解決上述問題。

關於居民和地域的判斷標準，國際稅收協定有明確的要求。判定自然人居民身分的標準主要有：①住所標準。住所（Domicile）是一個民法上的概念，一般是指一個人固定的或永久性的居住地。②居所標準。居所（Residence）在實踐中一般是指一個人連續居住了較長時期但又不準備永久居住的居住地。③停留時間標準。許多國家規定，一個人儘管在本國沒有住所或居所，但在一個所得年度中他在本國實際停留（Physical Presence）的時間較長，超過了規定的天數，則也要被視為本國的居民。

法人居民身分的判定標準包括註冊地標準（又稱法律標準）、管理和控制地標準、總機構所在地標準、選舉權控制標準。各國規定的法人居民身分的判定標準：四種標準中，目前在各國最常用的是註冊地標準（法律標準）以及管理和控制地標準。①只採用註冊地標準的國家有丹麥、埃及、法國、尼日爾、瑞典、泰國、美國等。②只採用管理和控制地標準的國家有馬來西亞、墨西哥、新加坡等。③同時採用註冊地標準及管理和控制地標準的，只要一家公司滿足其中一個標準就是本國的居民公司，代表國家有加拿大、德國、希臘、印度、愛爾蘭、肯尼亞、盧森堡、馬耳他、毛里求斯、荷蘭、斯里蘭卡、瑞士、英國等。④實行註冊地標準或管理和控制地標準的同時，也採用總機構所在地標準。例如，比利時、巴西、韓國、日本同時實行註冊地標準和總機構所在地標準，新西蘭和西班牙同時採用註冊地標準、管

理和控制地標準以及總機構所在地標準。⑤只有澳大利亞在實行註冊地標準、管理和控制地標準的同時，還實行選舉權控制標準。

20世紀70年代在英國就有一個關於「住所標準」的判例。有一位先生於1910年在加拿大出生，1932年他參加了英國空軍，並於1959年退役，隨後一直在英國一家私人研究機構工作，直到1961年正式退休，而且退休後他與英國妻子繼續在英國生活。在此期間這位先生一直保留了他的加拿大國籍和護照，並經常與加拿大有一些金融方面的往來。而且，他也希望與妻子一同回加拿大安度晚年，並表示如果妻子先他去世，自己也要回加拿大度過餘生。法院判定這位先生儘管在英國居住了44年，但他在英國僅有居所而沒有住所。

所得來源地的判定標準。所得分為經營所得、勞務所得、投資所得、財產所得。判定經營所得來源地的主要標準：①常設機構標準。大陸法系的國家多採用常設機構標準來判定納稅人的經營所得是否來自本國。②交易地點標準。英美法系的國家一般比較側重用交易或經營地點來判定經營所得的來源地。中國判定經營所得來源地時實際上採用了常設機構標準。

判定勞務所得的來源地的主要標準：①勞務提供地標準。這是指跨國納稅人在哪個國家提供勞務、在哪個國家工作，其獲得的勞務報酬即為來源於哪個國家的所得。②勞務所得支付地標準。這是指以支付勞務所得的居民或固定基地、常設機構的所在國為勞務所得的來源國。③勞務合同簽訂地標準。這是指以勞務合同簽訂的地點來判定受雇勞務所得（工資、薪金）的來源地。

各種投資所得來源地的判定標準：①股息。一般是依據股息支付公司的居住地，也就是以股息支付公司的居住國為股息所得的來源國。②利息。其一般規則有：一是以借款人的居住地或信貸資金的使用地為標準，二是以用於支付債務利息的所得之來源地為標準。③特許權使用費。其主要判定標準有：一是以特許權的使用地為特許權使用費的來源地，二是以特許權所有者的居住地為特許權使用費的來源地，三是以特許權使用費支付者的居住地為特許權使用費的來源地。④租金所得。租金所得來源地的判定標準與特許權使用費基本相同。

財產所得的判斷標準：對於不動產所得，各國一般均以不動產的實際所在地為不動產所得的來源地。但對於動產的所得，各國判定其來源地的標準並不完全一致。

> **課堂思考**：舉例說明何為跨國納稅人，何為跨國徵稅對象。

三、國際稅收協定概念、分類及其與國內稅法的關係

（一）國際稅收協定的概念

所謂國際稅收協定，是指兩個或兩個以上的主權國家為了協調相互間在處理跨國納稅人徵稅事務和其他有關方面的稅收關係時，本著對等原則，經由政府談判所簽訂的一種書面協定或條約，也稱為國際稅收條約。

（二）國際稅收協定的分類

國際稅收協定屬於國際經濟法的一種，它調整的是國際經濟關係中的國際稅收

第十二章 國際稅收

關係,是國際經濟關係發展的產物。國際稅收協定就處理的稅種不同來劃分,可分為所得稅的國際稅收協定、遺產稅和贈予稅的國際稅收協定;就所涉及的締約國數量來劃分,可分為雙邊國際稅收協定、多邊國際稅收協定;就處理問題的廣度為標準,可分為綜合性的國際稅收協定和單項的國際稅收協定。

(三) 國際稅收協定與中國稅法的關係

國際稅收協定是以國內稅法為基礎的。在國際稅收協定與其他國內稅法的地位關係上,第一種模式是國際稅收協定優於國內稅法,第二種模式是國際稅收協定與國內稅法具有同等的法律效力,當出現衝突時按照「新法優於舊法」和「特別法優於普通法」等處理法律衝突的一般性原則來協調。

四、國際稅收與國家稅收的區別

國際稅收與國家稅收同屬於稅收範疇。它們在稅收的基本特徵上存在著密切聯繫,但國際稅收作為一種國際關係,同一國的國家稅收又存在著明顯的區別:

第一,國際稅收作為稅收,同樣應以政治權力為後盾,但它與國家稅收不同,它是由兩個或兩個以上國家憑藉各自權力進行分配的。鑒於目前世界上尚未出現一種超國家的政治權力為後盾所進行的分配,這就意味著國際稅收只能是國家與國家之間的稅收關係,而不是以超國家的政治權力為後盾的特殊的國際分配關係。國家稅收則是以國家為主體,以具體國家的政治權力為後盾。

第二,國家稅收反應的徵納關係只局限在本國政治權力管轄範圍,即本國的國民和本國國土,是一國政府同其管轄下的納稅人之間的徵納關係。而國際稅收反應的徵納關係是在多個國家發生的徵納關係。不過就徵收者一方來說,由於客觀上並不存在某種多國家政府,也就不存在由這個多國家政府同它的納稅人之間所發生的國際範圍的徵納關係。就繳納者一方來說,由於納稅人只能是某個國家管轄範圍內的納稅人,這就意味著國際稅收仍然表現為各國政府同它管轄下的納稅人之間的徵納關係,只不過這種徵納關係影響了國家與國家之間財權利益的分配,引起了國家之間的稅收關係。

第二節 國際重複徵稅的產生及影響

一、國際重複徵稅的概念

國際重複徵稅,是指兩個或兩個以上的國家,在同一時期內,對同一納稅人或不同納稅人的同一課稅對象徵收相同或類似的稅收。

國際重複徵稅有狹義和廣義之分。狹義的國際重複徵稅是指兩個或兩個以上國家對同一跨國納稅人的同一徵稅對象所進行的重複徵稅,它強調納稅主體與徵稅對象都具有同一性。廣義的國際重複徵稅,是指兩個或兩個以上國家對同一或不同跨國納稅人的同一課稅對象或稅源所進行的交叉重疊徵稅,它強調國際重複徵稅不僅

要包括狹義的國際重複徵稅，而且還包括納稅主體具有非同一性時針對同一徵稅對象所發生的國際重複徵稅，以及因對同一筆所得或收入的確定標準和計算方法的不同所引起的國際重複徵稅。例如，甲國母公司從其設在乙國的子公司處取得股息收入，這部分股息收入是乙國子公司就其利潤向乙國政府繳納公司所得稅後的利潤中的一部分，依據甲國稅法規定，母公司獲得的這筆股息收入要向甲國政府繳納公司所得稅，因為徵稅對象均為同一筆所得便產生了甲乙兩國政府對不同納稅人（母公司和子公司）的實質性雙重徵稅。這筆所得同時負擔了甲國和乙國的公司所得稅，且二者稅源具有同一性，均為子公司所創造的利潤。

國際重複徵稅一般包括法律性國際重複徵稅、經濟性國際重複徵稅和稅制性國際重複徵稅三種類型。法律性國際重複徵稅是指不同的徵稅主體（即不同國家）對同一納稅人的同一稅源進行的重複徵稅，由於不同國家在法律上對同一納稅人採取不同徵稅原則，因而產生了稅收管轄權的重疊，從而造成了重複徵稅。經濟性國際重複徵稅是指不同的徵稅主體（即不同國家）對不同納稅人的同一稅源進行的重複徵稅。經濟性國際重複徵稅一般是由於股份公司經濟組織形式所引起的。股份公司的公司利潤和股息紅利所得屬於同源所得，在對二者同時徵稅的情況下，必然會帶來重複徵稅的問題。當這種情況中的徵稅主體是兩個或兩個以上的國家時，重複徵稅即成為經濟性國際重複徵稅。稅制性國際重複徵稅是由於各國在稅收制度上普遍實行複合稅制度所導致的。在複合稅制度下，一國對同一徵稅對象可能徵收幾種稅。在國際重複徵稅中，複合稅制度導致了不同國家對同一稅源課徵多次相同或類似的稅種，從而造成了稅制性重複徵稅。國際稅收中所指的國際重複徵稅一般屬於法律性國際重複徵稅。

二、國際重複徵稅的產生

(一) 國際重複徵稅產生的條件和原因

納稅人所得或收益的國際化和各國所得稅制的普遍化是產生國際重複徵稅的前提條件。

各國行使的稅收管轄權的重疊是國際重複徵稅的根本原因。

隨著經濟社會的發展和國際分工的深化，跨國從事生產經營活動的現象十分普遍，一個國家的居民或公民從其他國家取得收入的現象日益增多。納稅人所得或收益的國際化使國際重複徵稅問題的產生成為可能。在此基礎上，各國所得稅制度的建立為國際重複徵稅的產生提供了現實條件。所得稅制的普遍建立使得越來越多的納稅人因其所得或收益的國際化而在兩個或兩個以上的國家履行重複的納稅義務。

有關國家對跨國納稅人的跨國所得進行雙重或多重徵稅，形成了國際重複徵稅，其根本的原因在於徵稅權力的交叉。各國政府為維護其主權利益，都在不同程度上以收入來源地原則、居民原則或公民原則為基礎來行使稅收管轄權，這種情況下，稅收管轄權的重疊現象就不可避免。有關國家對同一或不同跨國納稅人的同一徵稅對象或稅源行使稅收管轄權的交叉和衝突，是國際重複徵稅產生的根本原因。

第十二章 國際稅收

(二) 國際重複徵稅產生的形式

依據稅收管轄權相互重疊的形式，國際重複徵稅的產生主要有下述幾種情形。

1. 居民（公民）管轄權同地域管轄權重疊下的國際重複徵稅

世界各國行使稅收管轄權的過程中，在稅收管轄權原則的選擇上，既可以對跨國納稅人發生在本國境內的所得按照屬地主義原則行使收入來源地管轄權，也可以對本國居民或公民中的跨國納稅人來源於國內和國外的全部所得按照屬人主義原則行使居民管轄權或公民管轄權，這就不可避免地造成有關國家對同一跨國納稅人的同一筆跨國所得在稅收管轄權上的交叉重疊或衝突，從而產生國際重複徵稅。

一般來講，相關各國對跨國所得一致實行從源課稅，即統一實行地域管轄權，依據收入來源地進行徵稅，而且跨國所得的收入來源地能夠明確的話，便不會出現徵稅權力的重疊和衝突。另外，只要納稅人的居民身分歸屬或公民身分歸屬能夠明確，那麼各國對跨國納稅人的跨國所得統一行使居民或公民管轄權，也不會產生重複徵稅的問題。但是由於對本國稅收利益及其他原因的考慮，當今世界各國普遍同時實行收入來源地管轄權和居民管轄權。這樣一來，同一筆跨國收入就可能在收入來源國和納稅人的居住國或國籍國被多次徵稅，從而導致了國際重複徵稅的產生。

2. 居民（公民）管轄權與居民（公民）管轄權重疊下的國際重複徵稅

在國際稅收中，如果相關各國對跨國納稅人的跨國所得統一行使居民管轄權，則由於各國判定居民身分的標準各不相同，也就往往會導致各國在某一跨國納稅人的居民身分歸屬問題上各執己見。當納稅人居民身分歸屬於哪一國的問題不能夠徹底解決時，對同一納稅人的同一筆跨國所得進行國際重複徵稅就具備了可能性。因為各國法律規定及其確定納稅人居民身分的標準不同，因而就會出現同一個跨國納稅人被有關國家同時確認為其居民的情況。這種居民管轄權與居民管轄權的衝突必然導致國際重複徵稅問題。

當然，上述分析也適用於相關各國對跨國納稅人的跨國所得統一行使公民管轄權的情況。公民管轄權與公民管轄權的衝突也會導致國際重複徵稅問題，這通常是由納稅人國籍的雙重化或法人資格的雙重化造成的。由於國際上實行公民管轄權的國家極少，而且能夠具有雙重國籍或同時成為兩國法人的納稅人很少，因此這種由公民管轄權的重疊造成國際重複徵稅的情況也很少見。

需要指出的是，如果相關各國依據屬人原則在稅收管轄權的選擇上分別實施公民管轄權和居民管轄權，由於一個納稅人可能在成為一國公民的同時也被認定為另一國居民，那麼這一納稅人的同一項所得可能被相關各國進行國際重複徵稅。公民管轄權與居民管轄權的重疊也是國際重複徵稅產生的一個原因。

3. 地域管轄權與地域管轄權重疊下的國際重複徵稅

國際重複徵稅問題的產生有時也同收入來源地的確認有關。各國對於跨國所得徵稅都行使地域管轄權，即在收入來源地管轄權的情況下，如果有關各國採取了不同的標準來確定收入來源地，就會出現不同國家對同一筆收入同時行使地域管轄權的衝突，造成國際重複徵稅。例如，某人為甲國公民或居民，受本國雇主的委託，在乙國從事信息採集業務，而此人的勞務報酬由甲國雇主支付。如果甲國政府以報

酬支付者所在地為依據而認定甲的該項勞務報酬所得來源地為甲國，同時乙國以甲的勞務活動提供地為依據而認定甲的該項勞務報酬所得來源地為乙國，那麼甲、乙兩國都可以主張地域管轄權，這時候就產生了因相關各國對收入來源地的認定標準不同而導致的稅收管轄權重疊。不同國家所行使的收入來源地管轄權的衝突或重疊，也是國際重複徵稅產生的一個主要原因。

從現實情況來看，作為國際重複徵稅的根本原因，在各國行使的稅收管轄權的重疊的各種情況中，最主要的是有關國家對同一跨國納稅人的同一項所得同時行使收入來源地管轄權和居民管轄權而造成的稅收管轄權的重疊。由於跨國取得所得的情況不可避免，當今世界各國普遍同時實行收入來源地管轄權和居民管轄權，所以國際重複徵稅的問題將長期地普遍存在於國際稅收活動中。

> **課堂思考**：對公司分配給股東的股息徵稅是否算雙重徵稅？

三、國際重複徵稅的經濟影響

國際重複徵稅的存在，對投資者的利益、稅負公平原則、國際經濟交往以及國家間稅收權益無疑會產生各種消極的影響，主要表現在以下幾個方面：

（一）加重了跨國納稅人的稅收負擔

國際重複徵稅使得跨國納稅人要向兩個甚至兩個以上國家納稅，不合理地加重了跨國納稅人的稅收負擔。對直接投資者加大了所投資企業的生產成本，影響了產品的價格和銷售，進而影響到投資者投資的積極性；對證券投資者會直接減少其投資所得，加大投資風險。總之，國際重複徵稅削弱了跨國納稅人在國際競爭中的地位，影響投資者對外投資的積極性。

（二）違背了稅收公平原則

眾所周知，等量資本要求獲得等量利潤，這是經濟規律的客觀要求。稅收公平原則包括橫向公平與縱向公平。橫向公平是指相同的經濟能力，應負擔相同的稅；縱向公平是指不同的經濟能力，應負擔不同的稅。公平稅收原則要求同等收入承擔相等稅負，而不論它來自國內還是國外。尤其對於跨國投資者，境外投資會面臨更多風險，因此就更應強調稅負公平。而國際重複徵稅使一筆來自境外的收入負招重於等額國內收入的稅收，同樣的經濟能力負擔了更多的稅收，這是不公平的。由於跨國投資的經營者要負擔重於國內投資者的稅收，這就使得他們為達到最終「公平」的稅負而避稅甚至逃稅，或者在生產經營過程中採取不平等的競爭方式等，這些都將導致更大的不公平。因此，減除國際重複徵稅可以貫徹稅收公平原則。

（三）國際重複徵稅妨礙資源的最優配置

資本、技術、勞動力在國家間自由流動，使生產要素在全球範圍得到最有效率、最合理的利用，這是經濟規律的必然要求。而國際重複徵稅的產生，為生產要素在國內和國外的選擇製造了障礙，使原本在國外可以獲得更高回報的要素被迫在國內低效率使用。只要一個國家存在這樣的情況，全球的生產要素就不是最佳配置。跨國投資、經營、技術合作的積極性將因此受到影響，生產要素的流動受到制約，從

第十二章 國際稅收

而阻礙國際經濟的發展。

(四) 阻礙了國際經濟的合作與發展

經濟全球化是整個世界的大趨勢，是生產力發展的必然選擇。國際經濟的合作與交流，能使各種資源要素在全世界範圍內得到更合理的利用，促進國際性專業化分工，加速各國經濟的發展。但國際重複徵稅提高了要素國際流動的交易成本和跨國納稅人的稅收負擔，阻礙了國際資金、技術、商品、人才等的自由流動。從國際經濟角度來看，這種阻礙造成了全球性的資源浪費，受到損失的不只是某個國家或某類國家，而是將長遠地影響全球經濟均衡，從而阻礙國際經濟的發展。

(五) 影響有關國家之間的財權利益關係

國際重複徵稅會引起國與國之間的稅收權力和利益的衝突。當兩個或兩個以上國家同時對同一筆跨國所得徵稅時，必然產生稅收權力和利益的衝突。一國認為自己有權對某納稅人的所得徵稅，而另一國則認為對方國家的徵稅是對自己權力和利益的侵犯。當各國互不相讓無法協調時，利益衝突便不可避免。不僅如此，由於重複徵稅會給納稅人帶來沉重負擔，他們會因此千方百計地去規避納稅義務，利用各國稅收管轄權的摩擦和稅制的差異，減輕或消除在有關國家的納稅義務。這種直接侵犯國家利益的行為，同樣也會導致國家之間的稅收矛盾。

由此可見，國際重複徵稅給世界經濟帶來了極為不利的影響。國際重複徵稅的弊端已引起各國政府和國際經濟組織的高度重視。避免或減輕國際重複徵稅，是國際稅收權益分配關係的核心問題，世界各國都在積極尋求減輕國際重複徵稅的途徑和方法。

第三節　減除國際重複徵稅的方式及原則

造成國際重複徵稅的根本原因在於各國稅收管轄權的重疊和衝突。由於各國經濟發展水平不一致，各自在國際經濟中的地位也不相同，各種稅收管轄權的並存將是難以消除的長期趨勢，因此，處理國際重複徵稅問題只能在各種類型稅收管轄權並存的條件下，由各國政府通過一定的方式與方法限制各自行使的稅收管轄權的實施範圍來達到。

一、減除國際重複徵稅的方式

目前，各國減除國際重複徵稅的方式分為單邊、雙邊和多邊三種方式。

(一) 單邊方式

單邊方式是指一國政府為了鼓勵國內資本向外投資，增強人員、資本在國家間的流動，單方面地在國內稅法中規定對本國居民（自然人或法人）來自國外的所得免除或減少在國內的納稅義務，而不要求對方政府給予同等的讓步。單邊方式實際上承認了地域稅收管轄權優先的原則，以犧牲國內的財政收入來減輕本國居民的稅

財政與稅收

收負擔。由於雙邊談判的協議成本太高，所以這種單邊方式比較常用，通常出現在一些資本比較富足的發達國家。單邊方式主要採用扣除法、免稅法和抵免法。

（二）雙邊方式

雙邊方式是指兩國政府在平等互利的基礎上通過雙邊談判、簽訂協議的方式來協調兩國之間的稅收分配關係，以此來避免對與兩國發生經濟關係的跨國納稅人的重複徵稅問題。

簽訂雙邊稅收協定比由一國單方面做出讓步更公平有效，也比由多國共同簽訂稅收公約的協商成本更小，所以這被視為當今解決國際重複徵稅最有效的方式。

隨著各國對外締結稅收協定的步伐不斷加快，國際稅收協定對解決國際重複徵稅問題已經發揮了較大的作用。既然隨著國際經濟關係的發展而出現的跨國納稅人和跨國徵稅對象日趨普遍化是一種不可逆轉的潮流，而各國政府又都強調不可能削弱或放棄各自的稅收管轄權，那麼，國家間在避免或減輕國際重複徵稅問題上的稅收協調就顯得尤為必要，必然要在更大的範圍內和更深的層次上進一步發展。這就意味著，在平等互利原則的基礎上，通過國與國之間協商談判締結的國際稅收協定將發揮越來越大的作用。

（三）多邊方式

多邊方式是指兩個以上的國家政府在平等互利的基礎上通過談判協商、簽訂協議的方式對稅收權力分配所達成的一種諒解，以達到減輕對與締約國發生經濟關係的跨國納稅人重複徵稅的目的。多邊減除國際重複徵稅的方式出現得更晚，而且至今只簽訂了幾個小區域性的多邊稅收協定。

與雙邊稅收協定相比，多邊稅收協定雖存在難以協調、條文冗長的缺陷，但至少在關於「常設機構」和「居所」的問題解決上是雙邊稅收形式無法比擬的。

由於締結公約關乎各國的根本稅收利益，因而涉及的國家越多，利益衝突就越難協調，最終達成協議的可能性也越小。因此，各國在合意基礎上締結多邊稅收協定並不常見，這也正是現今稅收協定多採用雙邊模式的原因。

國際上把避免國際重複徵稅分為事前避免和事後避免兩種。事前避免是有關國家就因稅收管轄權矛盾而產生的重複徵稅問題進行磋商和協調，並在事前把重複徵稅發生的可能性降到最低。事後避免是在國際重複徵稅發生之後，相關國家採取措施減輕跨國納稅人的稅負，把國際重複徵稅的程度降到最低，通常這是一種事後補救行為。我們可以把單邊方式視為事後避免，把雙邊和多邊方式視為事前避免。

二、減除國際重複徵稅的原則

作為一種國際稅收分配活動，減除國際重複徵稅有著重要的內在導向。要促成這項分配活動的規範化、科學化，就必須從其內在導向出發，結合稅收國際化的實際，制定出一系列合理原則加以約束和規範。

（一）財政性原則

國際重複徵稅實質上是一種稅收分配關係，因而與財政關係密切。總的來講，減除國際重複徵稅，不僅要促成各國財政收入的順利實現，而且應有利於處理國家

第十二章 國際稅收

政府間的財政利益關係。換言之，國際重複徵稅的減除是否合理規範，不應只看它是否促成了各國稅收收入的及時足額入庫或有效增長（這表現為各國政府同跨國納稅人的徵納關係），更應看它是否解決好了國家間的財政利益關係問題（這表現為各國政府間的稅收分配關係）。這個原則是維護國家尊嚴和經濟權益的內在要求，各國在制定涉外稅收政策時，在不影響國內國民經濟發展和符合國際慣例的前提下，都盡量考慮多徵稅款，這更體現了重要的財政意義。因此，在減除國際重複徵稅的問題上，必須將財政性原則考慮進去。

（二）分享原則

分享原則是財政性原則的一個派生因素。國際重複徵稅的減除，從根本上說，是合理處理國際稅收分配關係的一種形式，因而必須體現出跨國收益、所得或一般財產價值在國家政府間的分享關係。因此，促成分享的合理，是減除國際重複徵稅應該考慮的原則。

（三）徵收簡便原則

在設計減除國際重複徵稅的辦法時，要考慮可操作性，以便於各國政府的徵收和管理，並盡量為跨國納稅人和各課稅當局提供方便，這就是所謂的徵收簡便原則。

（四）促進國際經濟交往原則

當前，經濟全球化已是不可逆轉的必然趨勢，國際重複徵稅的減除也應順應這種要求。因此，減除國際重複徵稅應有利於國家間的資金、技術和勞務的合理流動，繼而促成國際經濟交往的順利發展。就中國而言，妥善解決國際重複徵稅就是要促進對外開放，吸引外商投資和鼓勵對外投資，以實現國際國內經濟資源的優化配置，促進中國市場經濟體制的建立和發展。

（五）公平稅負原則

減除國際重複徵稅應以減輕跨國納稅人的負擔為出發點，以實現稅收負擔的公平合理。這不僅是稅收的內在要求，更是為納稅人創造平等競爭環境的現實選擇。

這裡的公平包括個人稅收的公平和國家之間稅收的公平。就前者而言，跨國納稅人的稅收負擔應該與其所在國納稅人的稅收負擔一致。例如，有甲、乙兩人，甲的收入全部來自境內，而乙的收入有的來自境內，有的來自境外，兩人的總收入是一樣的，那麼他們的稅收負擔也應該是一樣的，否則就有失公平。就後者來說，目前人們一般都同意所得來源國應該徵收該項所得的稅收，但問題在於稅率如何確定。如果所得來源國的稅收負擔高於資本輸出國的稅收負擔，那麼就有可能對資本輸出國的稅收權益造成損害，這樣不符合公平的原則。一般認為，所得來源國的稅率不能高出資本輸出國的稅率。

第四節　國際重複徵稅減除的主要方法

面對國際重複徵稅的不同形式，國際社會以及有關國家採取了不同的辦法。比如為避免同種稅收管轄權重疊所造成的國際重複徵稅的方法，其中約束對自然人行

財政與稅收

使居民管轄權的國際規範採取的標準包括長期性住所、重要利益中心、習慣性住所、國籍。約束對法人行使居民管轄權的國際規範是：如果兩個國家判定法人居民身分的標準發生衝突，應根據法人的「實際管理機構所在地」來決定由哪個國家對其行使居民管轄權。約束地域管轄權的國際規範規定：經營所得（營業利潤）以常設機構為標準，投資所得則實行支付人所在國與受益人所在國共享辦法等。

針對不同稅收管轄權重疊所造成的國際重複徵稅，其減除方法有扣除法、低稅法、免稅法和抵免法等。各國的涉外稅法和國際稅收協定中，處理國際重複徵稅問題所採用的具體方法主要有免稅法和抵免法兩種，其中抵免法是普遍採用的。在運用抵免法的過程中，為了鼓勵國際投資，有時也會增加一些稅收饒讓的內容，作為抵免法的內容附加。這種情況常見於發達國家與發展中國家簽訂的稅收協定之中。此外，有些國家還選擇了扣除法和低稅法來解決國際重複徵稅問題，這在一定程度上緩和了國際重複徵稅的矛盾。扣除法是指一國政府在對本國居民的國外所得徵稅時，允許其將該所得負擔的外國稅款作為費用從應稅國外所得中扣除，只對扣除後的餘額徵稅。低稅法也稱減免法，是指一國政府對本國居民的國外所得在標準稅率的基礎上減免一定比例，按較低的稅率徵稅；對其國內所得則按正常的標準稅率徵稅。

關於減除國際重複徵稅的方法，這裡主要介紹免稅法和抵免法兩種。

一、免稅法

免稅法也稱為豁免法，是指居住國政府對其居民來源於非居住國的所得額，在一定條件下放棄行使居民管轄權，免於徵稅。這種方法是以承認來源地管轄權的獨占地位為前提的。承認收入來源地管轄權的獨占地位，意味著居住國政府完全或部分放棄對其居民來自國外的所得的徵稅權力，而將這種權力無條件地留給這筆所得的來源國政府。由於免稅法使納稅人只需或主要負擔所得來源國的稅收，因此它可以有效地減除國際重複徵稅。鑒於此，《經濟合作與發展組織關於避免所得和財產雙重徵稅的協定範本》（以下簡稱《經合組織範本》）和《聯合國關於發達國家與發展中國家避免雙重徵稅的協定範本》（以下簡稱《聯合國範本》）都將免稅法列為避免國際重複徵稅的推薦方法之一。

免稅法主要有以下兩種具體做法：一是全額免稅法，即居住國政府對其居民來自國外的所得全部免予徵稅，只對其居民的國內所得徵稅，而且在決定其居民的國內所得所適用的稅率時，不考慮其居民已被免予徵稅的國外所得。二是累進免稅法，即居住國政府對其居民來自國外的所得不徵稅，只對其居民的國內所得徵稅，但在決定對其居民的國內所得徵稅所適用的稅率時，有權將這筆免於徵稅的國外所得與國內所得匯總一併加以考慮。累進免稅法的計算公式為：

居住國應徵所得稅額＝居民的總所得×適用稅率×國內所得/總所得

【例題 12-1】甲國 A 公司在某一納稅年度內，國內、國外總所得 100 萬元，其中來自國內的所得 70 萬元，來自國外分公司的所得 30 萬元。居住國甲國實行超額累進稅率。年所得 60 萬元以下，稅率為 30%；61 萬~80 萬元，稅率為 35%；81 萬~

第十二章 國際稅收

100萬元,稅率為40%。國外分公司所在國實行30%比例稅率。如果甲國實行全額免稅法,計算甲國A公司應納所得稅額。

解:

(1) 甲國採用全額免稅法時,對A公司在國外分公司的所得放棄行使居民稅收管轄權,僅按國內所得額確定適用稅率徵稅,應徵所得稅額=60×30% +10×35% = 21.5(萬元)

(2) 國外分公司已納稅額=30×30% = 9(萬元)

(3) 甲國A公司納稅總額=21.5+9= 30.5(萬元)

【例題12-2】承上例,如果甲國實行累進免稅法,計算甲國A公司應納所得稅額。

解:

(1) 甲國採用累進免稅法時,對A公司在國外分公司的所得放棄行使居民稅收管轄權,只對其國內所得徵稅,但要將免於徵稅的國外所得與國內所得匯總考慮,以確定其國內所得適用的稅率。應徵所得稅額=[60×30%+(80 − 60)×35%+(100 − 80)×40%]×70%100= 23.1(萬元)

(2) 國外分公司已納稅額=30×30% = 9(萬元)

(3) 甲國A公司納稅總額=23.1+9= 32.1(萬元)

一些國家之所以實行免稅法,是與其國情和經濟政策密切聯繫的。採用免稅法的國家大多是發達國家,這些國家有著大量的相對過剩資本,為給這些資本尋找出路,因而採取了一系列措施包括稅收方面的政策,以鼓勵本國資本的輸出。這些稅收鼓勵措施的一個重要內容,就是對這些輸出資本所帶來的跨國所得或收益不予徵稅。不過,實行免稅法的國家,通常都在規定本國居民來自國外所得可以免稅的同時,附加一些限制性條款。例如,法國規定,凡在法國居住的跨國納稅人,必須把其繳納外國政府所得稅後的剩餘所得全部匯回法國,並在股東之間進行股息分配,否則不予實行免稅方法。

一些國家在與其他國家簽訂的稅收協定中,採用免稅法作為處理國際重複徵稅問題的一般方式,但同時也設置一些特殊規定。例如,日本分別與法國、德國簽訂的稅收協定中規定:對股息、利息、特許權使用費等所得徵收的稅收不採用免稅的方法,而採用抵免的方法。這些規定,一方面是與各類所得的不同計算方法有聯繫,另一方面在於貫徹對不同種類的所得實行不同稅收負擔的原則。同時,也與《經合組織範本》和《聯合國範本》第二十三條中的有關規定相吻合。

> 課堂思考:比較全額免稅法和累進免稅法,哪一種方法更合理些?

二、抵免法

抵免法,是指行使居民稅收管轄權的國家,對其國內、國外的全部所得徵稅時,允許納稅人將其在國外已繳納的所得稅額從應向本國繳納的稅額中抵扣。抵免法的

計算公式為：

居住國應徵所得稅額＝居民國內、國外全部所得×居住國稅率－允許抵免的已繳來源國稅額

抵免法是以承認收入來源地管轄權優先地位為前提條件的，但來源地管轄權不具有獨占性。也就是說，對跨國納稅人的同一筆所得，來源國政府可以對其徵稅，居住國政府也可以對其徵稅。但是，來源國政府可以先於居住國政府行使稅收管轄權，即在形成這筆所得的時候，就予以課稅。而後，在這筆所得匯回其國內時，居住國政府方可對之課稅，並採取抵免的方法來解決雙重徵稅問題。

抵免法可以有效地免除國際重複徵稅。由於抵免法既承認所得來源國的優先徵稅地位，又不要求居住國完全放棄對本國居民國外所得的徵稅權，有利於維護各國的稅收權益，因而受到了世界各國的普遍歡迎。許多國家的國內稅法中都有允許本國納稅人進行外國稅收抵免的規定（即單邊抵免）。例如，《中華人民共和國企業所得稅法》第二十三條和第七十七條規定，居民企業來源於中國境外的應稅所得已在境外繳納的所得稅稅額，可以從其當期應納稅額中抵免。實踐中，許多國家在締結避免雙重徵稅協定時都選擇了抵免法作為解決國際重複徵稅的方法。即使是一些採用免稅法解決雙重徵稅的歐洲大陸國家，其對大多數不適用於免稅法的所得也辦理稅收抵免，以減除這些所得的跨國重複徵稅。所以，就世界範圍來看，抵免法的使用是相當普遍的。

在實際應用中，直接抵免和間接抵免是抵免法的兩種具體運作形式。

（一）直接抵免

直接抵免，是指居住國的納稅人用其直接繳納的外國稅款沖抵在本國應繳納的稅款。一國居民直接繳納外國稅款，可以是自然人居民到國外從事經濟活動取得收入而向當地政府納稅，可以是居住國的總公司設在國外的分公司（總公司與分公司在法律上屬於同一法人實體）向所在國繳納稅款，也可以是居住國母公司從國外子公司取得股息、利息等投資所得而向子公司所在國繳納預提稅。所以，直接抵免一般適用於自然人的個人所得稅抵免、總公司與分公司之間的公司所得稅抵免以及母公司與子公司之間的預提所得稅抵免。

前述抵免法的計算公式同樣也適用於直接抵免法，其計算公式為：

居住國應徵所得稅額＝居民國內、國外全部所得×居住國稅率－允許抵免的已繳來源國稅額

在上述直接抵免法的計算公式中，由於「允許抵免的已繳來源國稅額」的計算方法不同，可以把直接抵免法分為全額抵免和限額抵免兩種。

1. 全額抵免

全額抵免，是指居住國政府對跨國納稅人徵稅時，允許納稅人將其在收入來源國繳納的所得稅，在應向本國繳納的稅款中，全部給予抵免。其計算公式為：

居住國應徵所得稅額＝居民國內、國外全部所得×居住國稅率－已繳來源國全部所得稅額

第十二章 國際稅收

【例題 12-3】甲國一居民總公司在 B 國設有一個分公司，某一納稅年度，總公司在本國取得所得 20 萬元，設在 B 國的分公司獲得 10 萬元。分公司按 40% 的稅率向 B 國繳納所得稅 4 萬元。甲國所得稅稅率為 30%。計算甲國應對總公司徵收的所得稅額。

解：A 國應徵所得稅額＝（20+10）×30%-4＝5（萬元）

2. 限額抵免

限額抵免又稱為普通抵免，是指居住國政府對跨國納稅人在國外直接繳納的所得稅款給予抵免時，不能超過最高抵免限額，這個最高的抵免限額是國外所得額按本國稅率計算的應納稅額。其計算公式為：

居住國應徵所得稅額＝居民國內、國外全部所得×居住國稅率－允許抵免的已繳來源國稅額

「允許抵免的已繳來源國稅額」（簡稱「允許抵免額」）由「抵免限額」和「納稅人已繳收入來源國所得稅額」兩個指標的比較來確定。「抵免限額」的計算公式為：

抵免限額＝收入來源國的所得×居住國稅率

在抵免限額小於納稅人已繳收入來源國所得稅稅額時，以抵免限額為「允許抵免額」；在抵免限額大於納稅人已繳收入來源國所得稅稅額時，以納稅人已繳收入來源國所得稅稅額為「允許抵免額」；在抵免限額等於納稅人已繳收入來源國所得稅稅額時，將納稅人已繳收入來源國所得稅稅額作為「允許抵免額」。根據以上三種情況，可以認為「允許抵免額」就是「納稅人已繳收入來源國所得稅稅額」與「抵免限額」相比較中，數額較小的一方。

實踐中，如果收入來源國的稅率與居住國的稅率相同時，抵免限額就與納稅人已繳收入來源國的稅額相等，那麼本國居民在來源國的已納稅額，可以全部抵免；如果收入來源國的稅率低於居住國的稅率，抵免限額就大於納稅人已向收入來源國繳納的稅額，這樣，該居民在計算應繳居住國稅額時，抵免完來源國已納稅額後，還要向居住國補齊稅款差額；如果收入來源國的稅率高於居住國稅率，抵免限額就小於納稅人已向收入來源國繳納的稅額，該居民的允許抵免稅額不能超過其境外所得按居住國稅率計算的應納稅額，即不能超過抵免限額。

抵免限額根據限額的範圍和計算方法的不同，可分為分國限額法與綜合限額法、分項限額法與不分項限額法。

（二）間接抵免

間接抵免是對跨國納稅人在非居住國非直接繳納的稅款，允許部分沖抵其居住國納稅義務。間接抵免適用於跨國母子公司之間的稅收抵免。對於居住國母公司的外國子公司所繳納的外國政府所得稅，由於子公司與母公司是兩個不同的經濟實體，所以這部分外國所得稅不能視同母公司直接繳納，不可以從母公司應繳居住國政府所得稅中直接抵免，而只能給予間接抵免。因此，在實踐中，間接抵免一般可分為一層間接抵免和多層間接抵免兩種方法。

1. 一層間接抵免

一層間接抵免適用於母公司與子公司之間的外國稅收抵免。用此方法可以處理

母公司與子公司因股息分配所形成的重複徵稅問題。在一層間接抵免中，母公司只能按其從子公司取得的股息所含稅款還原數，間接推算相應的利潤與稅收抵免額。具體來講，母公司從國外子公司取得的股息收入的相應利潤（即還原出來的那部分國外子公司所得），就是母公司來自國外子公詞的所得，因而也就可以並入母公司總所得進行徵稅。間接抵免法計算應納居住國稅額步驟如下：

第一步：計算母公司間接繳納的子公司所在國的稅款。

母公司承擔的外國子公司所得稅＝外國子公司所得稅×母公司分得的毛股息÷外國子公司繳納公司所得稅後的所得

母公司承擔的外國子公司所得稅如果沒有超過本國的抵免限額，即是母公司可以享受的間接抵免額。

第二步：計算母公司來自國外子公司的所得額。

母公司來自子公司的全部應稅所得＝母公司分得的毛股息＋母公司承擔的外國子公司所得稅＝母公司所獲毛股息＋外國子公司所得稅×母公司分得的毛股息÷外國子公司繳納公司所得稅後的所得

也可採用比較簡便的公式計算，即

母公司來自子公司的全部應稅所得＝母公司所獲毛股息／（1－子公司所在國適用稅率）

【例題12-4】甲國母公司在乙國設立一子公司，子公司所得為2,000萬元，B國公司所得稅率為30%，甲國為35%，子公司繳納乙國所得稅600萬元（2,000×30%），並從其稅後利潤1,400萬元中分給甲國母公司股息200萬元。計算甲國母公司應納所得稅額。

解：

（1）母公司來自子公司的所得＝200＋600×[200÷(2,000－600)]＝285.714,3（萬元）

（2）母公司應承擔的子公司所得稅＝600×[200÷(2,000－600)]＝85.714,2（萬元）

（3）間接抵免限額＝285.714,3×35%＝100（萬元）

（4）由於母公司已承擔國外稅額85.714,2萬元，不足抵免限額，故可按國外已納稅額全部抵免，即可抵免稅額為85.714,2萬元。

（5）母公司應繳A國所得稅＝100－85.714,2＝14.285,8（萬元）

2. 多層間接抵免法

以上一層間接抵免方法適用於居住母公司來自其外國子公司的股息所應承擔的外國所得稅的抵免。如果母公司有通過子公司來自其外國孫公司，以及外國孫公司下屬的外國重孫公司、曾孫公司等多層外國附屬公司的股息所應承擔的外國政府所得稅，為解決子公司以下各層「母子公司」的重複徵稅問題，就需要多層間接抵免方法。多層間接抵免方法的計算原理與一層間接抵免方法基本相同，可以類推，但具體計算步驟要複雜些。

此外，還存在稅收饒讓抵免。稅收饒讓抵免簡稱稅收饒讓，它是指一國政府對本國居民在國外得到減免的那部分所得稅，視同已經繳納，並允許其用這部分被減

免的外國稅款抵免在本國應繳納的稅款。稅收饒讓的具體做法有兩種：一是對所得來源國給予本國納稅人的減免稅或退稅等稅收優惠，按假如沒有這些優惠措施時來源國應徵的稅款給予稅收抵免；二是按稅收協定規定的稅率實行定率抵免。

稅收饒讓不是一種減除國際重複徵稅的方法，而是居住國對從事國際經濟活動的本國居民採取的一種稅收優惠措施。

稅收饒讓一般在發達國家和發展中國家之間進行。

第五節　國際避稅與反避稅

國際重複徵稅加重了跨國納稅人承擔的稅負，損害了跨國納稅人的切身經濟利益，從而不利於國際經濟活動的發展。而國際避稅則使跨國納稅人減輕了其應該承擔的稅負，減少了有關國家的預期稅收收入。國際避稅不僅僅是簡單地完善稅法和稅收協定、保證有關國家稅收收入等財政及稅收問題，還涉及國際和國家經濟效率和社會公平問題，影響相關國家的稅收利益和國與國之間的稅收分配關係。所以，各國政府以及國際社會不僅要採取措施避免所得的國際重複徵稅，而且也要採取措施防範跨國納稅人的國際避稅。

一、國際避稅

避稅，是指納稅人通過個人或企業事務的人為安排，利用稅法的漏洞、特例和缺陷，規避、減輕或延遲其納稅義務的行為。其中，稅法漏洞指因各種原因造成的稅法上的遺漏或不完善之處；稅法特例指規範的稅法裡因政策等需要針對某種特殊情況做出的某種特殊規定；稅法缺陷指稅法規定的錯誤之處。在國外，避稅與稅務籌劃或合法節稅基本上是一個概念，它們都是指納稅人利用稅法的漏洞或不明之處，規避或減少納稅義務的一種不違法的行為。

國際避稅，是指納稅人利用兩個或兩個以上國家的稅法和國家間的稅收協定的漏洞、特例和缺陷，規避或減輕其全球總納稅義務的行為。這裡的稅法漏洞指大多數國家稅法或大多數雙邊稅收協定應有或一般都有而某國稅法或某個雙邊稅收協定裡遺漏或不完善的規定；這裡的稅法特例指某國規範的稅法或某個規範的雙邊稅收協定裡針對某種極為特殊的情況才做出的不規範規定；這裡的稅法缺陷指某國稅法或某個雙邊稅收協定裡規定的錯誤之處。

國際避稅同國際偷稅有本質的區別。國際偷稅，是指跨國納稅人採取虛報、謊報、隱瞞、偽造等各種非法的跨國稅收詐欺手段，逃脫或減少其總納稅義務的違法行為。國際避稅與國際偷稅都是某國納稅人減少其全球總納稅義務的稅收行為，都減少了有關國家預期的財政收入，使有關國家稅收權益受到損害，在這些方面它們並沒有什麼區別，但是兩者的性質卻是不一樣的。國際避稅採用不違法手段；而國際偷稅則採用非法手段，屬於違法行為。既然國際避稅與國際偷稅的性質不同，那

麼，對它們的處理方法也不一樣。對於國際避稅，有關國家一般只是要求納稅人必須對其行為的合理性進行解釋和舉證，對其不合理的收入和費用分配進行強制性調整，並要求補繳其規避的稅款。為防止國際避稅的再次發生，有關國家主要是通過加強國際合作，修改和完善有關的國內稅法和稅收協定，制定反避稅法律、法規或條款，杜絕稅法漏洞。但對於國際偷稅，則一般要根據國內稅法追究法律責任：對不構成刑事犯罪的依照稅法追繳稅款、加處罰款，直至凍結銀行存款、查封或扣押財產；對構成刑事犯罪的則還要根據刑法追究其刑事責任，按刑事處罰規定對逃稅者進行處罰，包括判刑入獄。

二、國際避稅的成因

(一) 追求利潤最大化是其內在的、主觀的原因

從主觀上說，利潤最大化是所有從事生產、經營、投資活動的納稅人追求的共同目標，跨國納稅人更是如此。通常情況下，在所得一定時，納稅越少，獲利越多。所以，在經濟利益的驅動下，處於競爭激烈的國際市場中的跨國納稅人就會具有強烈的願望，企圖通過減輕納稅義務來盡可能地增加其稅後利潤。減輕納稅義務的方式有很多，包括逃稅和避稅等。然而，由於逃稅在各國都是非法行為，受到各國政府的嚴厲打擊，且隨著各國稅收法制建設的不斷完善，逃稅的風險越來越大，越來越多的跨國納稅人意識到逃稅行為一旦敗露，對自身信譽造成的損害會遠大於逃稅帶來的經濟利益。因此，許多跨國納稅人都不願以這種風險太大的方式來減輕稅負，而樂於以避稅的方式來實現目標，因為避稅既不會違反稅法規定，不會遭到法律的嚴厲打擊，又可獲得額外的經濟收益。可見，減輕稅負最有效且風險不大的方式莫過於避稅了。跨國納稅人要取得盡可能多的稅後利潤，就得運用精心策劃的各種方法和手段進行國際避稅。所以說，國際避稅產生的內在的、主觀的原因，就在於從事生產、經營、投資活動的跨國納稅人對利潤最大化的追求。

(二) 各國稅收制度的差別和缺陷是其外部的、客觀的原因

1. 各國稅收管轄權的差別

目前，世界各國行使的稅收管轄權主要有三種，即地域稅收管轄權、居民稅收管轄權和公民稅收管轄權。但是，各個國家在稅收管轄權的選擇上存在著很大差別。有的國家實施地域稅收管轄權，有的國家實施居民稅收管轄權或是公民稅收管轄權，而大多數國家則同時實行居民稅收管轄權和地域稅收管轄權，其形式一般是以一種管轄權為主，以另一種管轄權為補充。除了在稅收管轄權的選擇上各國各有不同外，各國採用的判定居民和收入來源地的標準也不盡相同。這就使得跨國納稅人能夠做出有利於減輕稅負的選擇，利用這種國與國之間的差異產生的漏洞來規避納稅義務。

2. 各國稅種選擇和徵收範圍的差別

各國稅法中規定的稅種和各種稅的徵收範圍存在著明顯的差別，這種差別不僅表現在稅種名稱及形式上，而且表現在徵稅範圍的確定上。各國在稅制結構上存在較大差別，例如，有的國家徵收法人所得稅、個人所得稅、資本利得稅、財產稅等，有的國家不徵收資本利得稅，有的國家則不徵收所得稅或財產稅，或是雖徵收所得

第十二章　國際稅收

稅、財產稅，但規定來源於某些地方或位於某些地方的所得、財產價值不屬於徵稅範圍，或是某類所得、財產項目價值不屬於徵稅範圍。

3. 各國稅率和稅基的差異

稅率和稅基共同決定了稅負的大小。稅率是稅法的核心，它反應了稅收負擔的基本狀況。稅率上的差異具體表現在稅率高低的差異和稅率結構的差異兩方面。各國稅率高低差異很大，比如，所得稅率高的可達70%，低的則不超過35%。此外，在各國的所得稅制度中，稅率結構也不盡相同，大致可劃分為比例稅率和超額累進稅率兩種，其中稅率高低的幅度、應稅所得級距的大小，各國的規定又相差很大。這種稅率高低和結構上的差異客觀上也為納稅人對納稅避重就輕的選擇創造了前提條件。

稅基是指某一稅種的課稅依據。在所得稅中，稅基即為應稅所得。計算應稅所得要對各項成本費用進行扣除，各國稅法對應稅所得計算的規定差異很大，一般來說，稅收優惠越多，稅基就越小、越窄。許多發展中國家為了吸引外商前來投資，在涉外稅法中作了一些優惠規定。反之，稅收優惠越少，則稅基越大、越寬。在稅率確定的條件下，稅基的大小寬窄決定著稅負的輕重。因此，各國稅法對稅基的不同規定就意味著某一納稅人的某次所得在一國不能扣除，而在另一國卻可能獲得扣除的待遇，於是為納稅人避稅創造了機會。

4. 各國避免重複徵稅方法的差異

因各國稅收管轄權的重疊和衝突而引起的國際重複徵稅會阻礙人和資本的跨國流動，妨礙國際經濟和文化交流，破壞稅收的公平，所以，各國政府都會積極採取一些措施來避免國際重複徵稅，但是，各國的具體方法卻不盡相同。從單邊避免國際重複徵稅的方法來看，目前各國採用較多的是抵免法，但也有一部分國家採用免稅法和扣除法。當採用免稅法特別是全額免稅法時，就很容易為國際避稅創造機會。在採用抵免法時，如採用綜合抵免額的方法，也可能導致跨國納稅人的國際避稅。而各國間避免國際重複徵稅的單邊和多邊措施是通過有關國家簽訂國際稅收協定，對各自的稅收管轄權的實施範圍加以規範來實現的。這些協定之間的差別就更大了。因為目前的國際稅收協定絕大多數都是在兩個國家之間協商簽訂的，而每個協定所涉及的國家，在政治、經濟發展水平和法律制度等方面都不相同，因此，稅收協定中的有關規定很容易被跨國納稅人用以進行國際避稅。

5. 各國稅收優惠措施的差異

在當今的國際經濟領域中，許多國家，特別是發展中國家，出於各種經濟目的，或是為了吸引外國投資，或是為了鼓勵技術進步，往往會在稅收上實行某些優惠措施，如允許加速折舊、虧損結轉、投資抵免、再投資退稅、規定減免稅期限和優惠稅率等。隨著稅收饒讓方法的廣泛採用，各國為了爭奪資本和技術，在稅收方面的優惠也日趨增加，新的優惠方式層出不窮。這些稅收優惠措施的存在，使得有關國家的實際稅率大大低於名義稅率，甚至在高稅率國家出現了避稅機會。

稅收優惠相當於對從事國際經濟活動的企業和個人提供了「稅收庇護」，納稅人利用有關國家的稅收優惠，可以有效地減輕稅負。

財政與稅收
Caizheng Yu Shuishou

第十二章　國際稅收

6. 各國稅收徵收管理水平的差別

有些發達國家雖然在稅法上規定的納稅義務較重，但在實際操作過程中卻有差別。有些國家稅收徵收管理比較科學嚴密，徵管人員素質也較高，國際避稅比較困難，但還有一大部分國家（發展中國家更是如此）徵收管理水平低下，工作中漏洞百出，稅負名高實低。對國際避稅的過程來說，這些差異是十分重要的。例如，就執行稅收條約或協定中的情報交換條款時各稅務當局在管理效率上的差別而言，如果某一締約國的稅收管理水平不佳，將會導致該項條款成為一紙空文，並在該國創造出更好的國際避稅條件。

7. 涉外稅收法規中存在的漏洞

一國涉外稅收法規中存在漏洞，也可以為納稅人進行國際避稅創造有利條件。這方面的突出例子是一些發達國家實行的推遲課稅規定。推遲課稅又稱延期納稅，是指一國政府對本國居民從國外分得的股息在匯回本國以前不徵稅，這筆股息匯回時再對其徵稅。本來發達國家制定推遲課稅的規定是為了鼓勵本國居民公司在海外子公司的發展，強化其與當地公司的競爭能力，但這一規定後來被許多跨國公司利用來從事國際避稅。它們在低稅國或國際避稅地建立自己的子公司，通過種種手段把利潤轉移到這些子公司，並將分得的利潤長期滯留在海外子公司。由於其可以享受推遲課稅待遇，這些跨國公司便憑藉這種手段成功避開了居住國較高的稅負。

三、國際避稅的危害

在國際經濟交往中，各種稅收的、非稅收的國際避稅的客觀條件使得跨國納稅人謀求利益最大化的慾望成為可能。國際避稅活動的愈演愈烈也給世界經濟合作和發展帶來了嚴重的危害。

（一）嚴重損害有關國家的財權利益

國際避稅的一個直接後果就是嚴重損害有關國家的稅收利益。由於跨國納稅人的避稅行為具有隱蔽性和複雜性，其對各國財政收入造成的實際損失額無法得到全面準確的統計。比如，美國財政部發布的相關數據顯示，1972年美國跨國公司在國外的子公司的稅前利潤為145.16億美元，向美國政府繳納的所得稅款只有0.53億美元，稅款僅是利潤的0.37%。不僅美國如此，其他國家亦然。國際避稅不僅損害了資本輸出國的稅收利益，也損害了吸引外國資金與技術的發展中國家預期取得的經濟利益。跨國納稅人利用發展中國家涉外稅收徵管制度不完善和稅務人員缺乏國際稅收經驗的弱點，在享受稅收優惠的同時進行避稅，這已經引起了有關國際組織和許多發展中國家的高度重視。

（二）妨礙國際經濟交流與合作的正常發展

某國納稅人出於避稅目的，會利用轉讓定價等手段來跨國轉移利潤，造成國際資本的不正常流動及流通秩序混亂，導致有關國家的國際收支出現巨額逆差。為此，有關國家可能實行外匯管制，限制資金外流，從而對正常的國際資金流動造成不利影響。

財政與稅收

（三）導致稅負不公平，擾亂正常稅收秩序

在利潤相同的情況下，進行國際避稅的納稅人其實際納稅可能遠低於一般正常稅的標準，從而使那些未進行避稅安排的納稅人處於不利的競爭地位。當一部分跨國納稅人設計了有效的避稅方案，而相關國家的稅務機關難以依法制止時，避稅方法和行為就會迅速在全世界範圍內蔓延。

（四）增大企業和國家的成本費用，導致社會資源的嚴重浪費

企業為保證國際避稅行為的成功，需要高薪聘請經驗豐富的職業會計師和律師來設計一套萬無一失的避稅方案，而國家為反國際避稅也要花費大量的人力、物力和財力，設計出更加嚴密、全面的稅收制度以及加強稅收的徵收和管理。隨著國際避稅和反避稅鬥爭的逐步升級，越來越多的資源被浪費在這場不創造社會財富的博弈中，從而導致社會整體福利水平的下降。

（五）損害國家稅法的尊嚴，影響跨國納稅人對稅務當局的信賴

稅法是主權國家依據政治權力，經過立法程序制定的法律規範，具有絕對的威嚴。稅務部門是稅收法規的執法機關，對所有納稅人奉行公正原則，以此博得納稅人的信賴。但當跨國納稅人的避稅得逞，而有關國家政府又束手無策時，稅收的不公正會使那些一般的誠實的納稅人對國家稅法及稅務機關的信賴產生動搖。如果有關國家受避稅與逃稅的危害，而單純採取增加稅收負擔的辦法以彌補受損的財政收入，則無疑將激發誠實的納稅人放棄守法而另擇避稅路徑。

> **課堂思考**：舉例說明國際避稅產生的原因及其危害。

四、國際避稅的主要方法及國際避稅地

在國際經濟活動中，國際避稅的表現形式多種多樣，跨國納稅人利用各國稅收的差異進行避稅的手法更是形形色色。它們可以通過遷出或虛假遷出或不遷出高稅國，進行人員流動，以避免稅收管轄，實現國際避稅；通過把資金、貨物或勞務轉移或不轉移出高稅國，進行課稅客體的流動，以實現國際避稅；利用有關國家或國際稅收協定關於避免國際重複徵稅的方法進行避稅；利用國際避稅地進行避稅；等等。

（一）國際避稅的主要方法

1. 通過人員流動避稅

在國際稅收領域裡，以人員流動或轉移方式躲避跨國納稅，具有極其廣泛的內容，它不僅包括自然人和法人的跨國遷移，而且還包括一個人在一國中設法改變其居民身分，避免成為稅收居民等做法。一是轉移住所。這是指將個人住所或公司的管理機構真正遷出高稅國；或者利用有關國家國內法關於個人或公司的居民身分界限的不同規定或模糊不清，以實現虛假遷出，即僅僅在法律上不再成為高稅國的居民；或者通過短暫遷出和成為別國臨時居民的辦法，以求得對方國家的特殊稅收優惠。二是稅收流亡。在實行居民管轄權的國家裡，對個人居民身分的確立，除了採用上述的住所標準外，不少國家還採用時間標準，即以在一國境內連續或累計停留

第十二章　國際稅收

時間達到一定標準為界限。而對居住時間的規定，各國間也不盡一致，有的規定為半年（183 天），有的規定則為 1 年（365 天）。這就給跨國納稅人避稅提供了可利用的機會。他們可以自由地遊離於各國之間，確保自己不成為任何一個國家的居民，既能從這些國家取得收入，又可避免承擔其中任何一個國家的居民納稅義務。三是稅收協定的濫用。跨國納稅人通過種種手段，設法改變其居民身分，作為稅收協定中規定的適用人之一享受有關條款的優惠待遇，從而達到減輕國際稅負的目的。締約國的非居民可通過利用稅收協定躲避來源國所徵收的營業利潤所得稅以及股息、利息、特許權使用費的預提稅。

2. 通過資金或貨物流動避稅

這是指納稅人（主要是公司企業）通過把資金、貨物或勞務等轉移出高稅國的方式來避稅，通常是利用常設機構和子公司以及所在國其他稅法規定等進行流動。

3. 選擇有利的企業組織形式避稅

當一國企業決定對外投資時，是選擇建立常設機構或分支機構，還是選擇設立子公司，往往需要經過反覆權衡利弊，然後做出其認為最有利的選擇。分支機構（包括分公司和常設機構）與子公司往往在享受待遇方面差異很大，在跨國納稅方面也有許多差別，各有利弊。一種常見的選擇方案是，在營業初期以分支機構形式進行經營，當分支機構開始盈利之後，再轉變為子公司。

4. 利用轉讓定價避稅

轉讓定價也稱劃撥定價，即交易各方之間確定的交易價格，它通常是指關聯企業之間內部轉讓交易所確定的價格，這種內部交易價格通常不同於一般市場價格。轉讓定價是現代企業特別是跨國公司進行國際避稅所借用的重要工具，主要是利用各國稅收差別來實現的。國際關聯企業的轉讓定價往往受跨國企業集團利益的支配，不易受市場一般供求關係的約束，對商品和勞務內部交易往來採取與獨立企業之間的正常交易價格不同的計價標準。它們往往以較低的內部轉讓定價自高稅國向低稅國或避稅地銷售商品和分配費用，或者以較高的內部轉讓定價從低稅國或避稅地向高稅國銷售商品和分配費用，從而使國際關聯企業的整體稅收負擔減輕。

5. 不合理保留利潤避稅

跨國公司往往以不合理保留利潤的方式避稅，即把應分給股東的一部分股息暫時凍結起來，不予分配，而以公積金的形式積存起來，然後將這部分利潤轉化為股東所持有的股票價值的升值額，以達到少納稅的目的。

6. 不正常借款避稅

跨國公司向本公司股東和其他公司借款，是籌措資金的渠道之一。在這類籌資過程中，比較容易發生「不正常借款」行為。例如，子公司將其當年實現的利潤少量或完全不作為股息分配，借給其國外母公司，並可以無限期使用。同樣，總公司或總機構與其國外分支機構之間的利息支付，也會發生上述避稅的情況，通常還借助於轉讓定價手段來實現。

7. 利用避稅地避稅

許多國家或地區為吸引外國資本流入，促進本國或本地區的經濟繁榮，彌補自

身的資金短缺和改善國際收支狀況，或為引進外國先進技術，提高本國或本地區技術裝備水平，吸引國外民間投資，會在本國或本地區劃出部分甚至全部區域和範圍，允許並鼓勵外國政府和民間在此投資及從事各種經濟、貿易等活動，投資者和從事經營活動的企業可以享受不納稅或少納稅的優惠待遇。這種區域和範圍，在國際上一般被稱為避稅地。由於在這種地方投資和從事各種經營活動不用納稅或只需繳納一小部分稅收，稅負很低，收益很高，因而往往又被跨國投資者和跨國經營者稱為「稅務天堂」「避稅樂園」「避稅天堂」「稅收避難所」等。

8. 利用稅收優惠避稅

一般說來，世界各國都有各種稅收優惠政策規定，諸如加速折舊、投資抵免、差別稅率、專項免稅、虧損結轉、減免稅期限、延緩納稅等。跨國公司、企業往往可以利用稅收優惠從事國際避稅活動。此外，一些跨國公司鑽稅法對新辦企業等缺乏嚴密界定的漏洞，利用新辦企業免稅、減稅等稅法規定進行國際避稅。

(二) 國際避稅地

一般來說，國際避稅地是指國際上輕稅甚至於無稅的場所。從實質上說，國際避稅地就是指外國人可以在那裡取得收入或擁有資產，而不必支付高稅率稅款的地方。國際避稅地的存在是跨國納稅人得以進行國際避稅活動的重要前提條件。

國際避稅地可以是一個國家，也可以是一個國家的某個地區，如港口、島嶼、沿海地區、交通方便的城市等。有時避稅港還包括自由港、自由貿易區、自由關稅區等。

1. 國際避稅地的類型

(1) 第一種類型的避稅地，是指沒有所得稅和一般財產稅的國家和地區。人們常稱之為「純粹的」「標準的」避稅地。在這些國家和地區中，既沒有個人所得稅、公司所得稅和資本利得稅，也沒有財產淨值稅、繼承稅、遺產稅和贈予稅。例如，英國殖民地開曼群島就屬於這一類型的避稅港。外國人如果到開曼設立公司或銀行，只要向當地有關部門註冊登記，並每年繳納一定的註冊費，就可以完全免繳個人所得稅、公司所得稅和資本利得稅。除開曼群島外，屬於這一類典型避稅地的國家和地區還有巴哈馬、百慕大、瑙魯、瓦努阿圖等。此外，像格陵蘭、索馬里、法羅群島、新喀里多尼亞島和聖皮埃爾島等國家和地區，也基本上屬於此類避稅地。

(2) 第二種類型的避稅地，是指那些雖開徵某些所得稅和一般財產稅，但稅負遠低於國際一般負擔水平的國家和地區。在這類避稅地中，大多數國家和地區對境外來源的所得和營業活動提供某些特殊優惠的稅收待遇。如安圭拉、安提瓜、巴林、巴巴多斯、英屬維爾京群島、坎彭、塞浦路斯、直布羅陀、格恩西島、以色列、牙買加、澤西島、黎巴嫩、列支敦士登、中國澳門、摩納哥、蒙塞拉特島、荷屬安的列斯群島、聖赫勒拿島、聖文森島、新加坡、斯匹次卑爾根群島和瑞士等。還有些國家和地區對境外來源所得免稅，只對來源於境內的收入按較低稅率徵稅。如阿根廷、埃塞俄比亞、哥斯達黎加、利比里亞、巴拿馬、委內瑞拉、中國香港等。

(3) 第三種類型的避稅地，是指在制定和執行正常稅制的同時，提供某些特殊稅收優惠待遇的國家或地區。其特點是實行正常稅制，徵收正常的稅收，但是在正

第十二章 國際稅收

常徵稅的同時,有較為靈活的稅收優惠辦法,對於某些投資經營給予特殊的稅收優惠待遇。屬於這一類型的避稅地有希臘、愛爾蘭、加拿大、荷蘭、盧森堡、英國、菲律賓等國家和地區。

2. 國際避稅地的形成條件

國際避稅地之所以對跨國投資者具有巨大的吸引力,除了無稅(所得稅等直接稅)或低稅以外,還具有其他一些有利條件,比如,有嚴格的銀行保密法、銀行業發達、政局穩定、通信和交通便利等。避稅地的這些有利條件實際上正是避稅地所具有的一些非稅特徵。只有具備了這些特徵,才能使國際避稅地真正成為跨國投資者的避稅「天堂」。

五、國際反避稅的措施

儘管國際避稅是一種不違法行為,但該行為給政府稅收收入造成的有害後果與非法的偷稅行為是一樣的。對此,世界各國都提出了反國際避稅的要求。在幾十年的國際稅收實踐中,許多國家已經形成了一套較為有效的反國際避稅的方法與措施,其重點是運用法律,加強立法和執法的力度,尤其是針對某些特殊的避稅行為採取強硬措施。與此同時,隨著國際稅務關係的發展,各國都在努力並加強國際合作和配合,從而使國際反避稅工作取得了良好的效果。

(一) 國際反避稅的一般方法

1. 在稅法中制定反避稅條款

一是在各項稅收的一般條款中,注意準確使用文字,設法堵塞漏洞。二是制定特殊反避稅條款,針對各種特定的避稅和逃稅行為制定明確具體的稅法條文,並盡可能完善法律解釋,不給納稅人在稅法的解釋上留下模棱兩可的空子。三是制定適用於全部稅收法規的綜合反避稅條款,一些國家在稅收總法典中制定了一項或幾項單獨的綜合反避稅條款,這些條款一般適用於全部稅收法規。四是制定針對國際避稅中習慣做法的反避稅條款,如對關聯企業內部轉讓定價做出特殊規定的條款,對避稅地所得規定特殊課徵辦法的條款等。

2. 以法律形式規定納稅人的特殊義務與責任

強化納稅人的納稅義務與責任的措施,通常包括以下四方面的內容:明確納稅人有延伸提供稅收情報的義務;規定納稅人的某些交易行為有事先取得政府同意的義務;明確納稅人的舉證責任;規定納稅人某些活動須獲得稅收裁定。一些國家針對某些避稅方法另行規定,有關納稅人所發生的業務能否享受優惠待遇,須經稅務當局裁定。

3. 加強稅收徵管工作

有效地防範跨國納稅人的國際避稅,除了要制定和完善反避稅的立法,同時還必須加強稅務徵收管理工作。一是提高涉外稅務人員的素質,使其精通業務知識,熟悉稅法,掌握財務會計、審計、國際貿易、國際金融等方面的知識和技能;二是加強對跨國納稅人經營活動情況的調查,掌握充分的第一手資料;三是加強稅務審計,提高對納稅人監督檢查的有效性;四是積極主動地爭取銀行的配合與合作,通

過對企業銀行帳戶的檢查，全面瞭解企業的經營活動情況，有效地打擊跨國納稅人的避稅活動。

4. 開展國際反避稅合作

針對不斷出現的國際避稅新手段，各國應尋求更多的機會並採取多邊的方式來達到交換信息的目的，並吸取歐盟、北歐和經合組織徵管合作的經驗。同時，應重新審視信息交換上的法律和實踐限制。例如，一直以來，一些國家存在的銀行保密制度對稅務機關獲取銀行信息構成了嚴重阻礙。政府也需要採取新的技術並更廣泛地運用納稅人認證號碼以使信息交換更及時。此外，要延伸聯合審計的運用、同期檢查和預約定價協議。

(二) 完善轉讓定價的稅制立法

利用轉讓定價在跨國關聯企業之間進行收入和費用的分配以及利潤的轉移是跨國公司進行國際避稅最常用的手段之一。不合理的轉讓定價不僅會造成收入和費用不合理的國際分配，影響有關國家的切身利益，而且會影響資源的合理配置，有悖於公平的市場競爭原則。因此，各國為了加強對轉讓定價的監控，防止跨國關聯企業的利潤向境外轉移，紛紛制定了轉讓定價稅制和相應的法律措施。

1. 轉讓定價稅制的適用範圍

轉讓定價稅制適用於國內公司與國外關聯公司間的商品交易、資產轉讓、提供勞務和貸款等行為，不適用於個人。轉讓定價稅制不僅適用於國內母公司或子公司同它設立在國外的子公司或母公司之間的交易，而且也適用於形式上通過第三者仲介而實質上是關聯公司間的交易。稅務機關可對關聯公司的關係進行全面的確認，並有權對關聯公司之間的交易價格進行調查。

2. 轉讓定價稅制的實施程序

各國對轉讓定價稅制實施程序的規定都比較具體、詳細和具有操作性。主要包括：①納稅申報程序；②實地調查程序；③對非關聯第三者的調查程序；④海外調查程序；⑤國際情報交換程序；⑥與納稅人的協調程序；⑦內部協商程序；⑧調查價格程序；⑨規定價格程序；⑩訴訟程序；⑪對等調整程序。這些基本程序的規定，使稅務當局和納稅人都感到界限清楚，有章可循。

(三) 應對避稅地避稅的法規

應對避稅地法規主要體現在反延期納稅或受控外國公司法規（簡稱 CFC 法規）方面。CFC 法規主要處理本國居民控制的外國公司實體所取得並累積起來的所得。它假設作為股東，在這些情況下，他們可以影響利潤分配或匯回國的政策。正常情況下，CFC 法規只適用於外國公司，但有的國家把其擴展到外國常設機構（如法國）和信託公司（如澳大利亞、加拿大、南非）。在墨西哥，該規則適用於外國法承認的任何公司實體。通常，只有延期納稅的消極所得以及控股公司設在低稅區的某些「基地公司」收入，才能成為反避稅措施所要打擊的對象。然而，也有一些國家，將 CFC 規則既用於積極收入，也用於消極收入（如新西蘭、挪威、南非、瑞典）。

在現已制定了 CFC 規則的國家，對於什麼是受控外國公司，應該如何徵稅，誰應該被徵稅，什麼是 CFC 的應稅收入等，各國都存在較大的差異，但這些規則大體

第十二章 國際稅收

構成了應對避稅地法規的基本內容。

(四) 限制資本弱化法規

資本弱化又稱資本隱藏、股份隱藏或收益抽取，是指跨國公司為了減少稅額，採取貸款方式替代募股方式進行的投資或融資。大多數國家在公司（法人）所得稅法的規定中允許將借款利息支出作為財務費用進行稅前扣除，之後再進行納稅，而對於股息、紅利的投資所得則必須以稅後利潤進行分配。所以，是採取貸款方式籌資進而以利息方式對債權方進行回報，還是採取股權方式融資進而以股息、紅利方式對投資者進行回報，對公司（法人）的稅收負擔影響很大。當跨國公司考慮跨國投資並須確定新建企業的資本結構時，他們往往會通過在貸款和發行股票之間進行選擇，來達到使稅收負擔最小的目的。資本弱化稅制是西方國家系列化反避稅稅制的又一重要組成部分。

防範資本弱化有兩種主要方法。一是正常交易方法。即在確定貸款或募股資金時，要看關聯方的貸款條件是否與非關聯方的貸款條件相同；如果不同，則關聯方的貸款可能被視為隱藏的募股，要按有關法規對利息徵稅。二是固定比率方法（設置安全港）。如果公司資本結構比率超過特定的債務權益率，則超過的利息不允許稅前扣除，並按有關法規將超過的利息視同股息徵稅。

(五) 限制避稅性移居

跨國納稅人進行國際避稅的手段之一，是從高稅國移居到低稅國或避稅地，以擺脫高稅國的居民身分，免除向高稅國政府負有的無限納稅義務。另外，納稅人移居到低稅國或避稅地，還可以規避過去居住在高稅國時取得的資本利得應繳納的稅收。為了防範本國居民出於避稅目的而向國外移居，一些國家（主要是發達國家）採取了一些立法措施，對自然人或法人居民向國外移居加以限制。

1. 限制自然人移居的措施

一些個人所得稅稅率曾經很高的發達國家在立法上採取了有條件地延續本國向外移居者無限納稅義務的做法。對於虛假移居的行為，一些國家也採取了嚴厲的限制。例如瑞典規定，一個瑞典公民在移居到別國後的 3 年內，一般仍被認定為瑞典稅收上的居民，仍要在瑞典負無限納稅義務，除非他（她）能夠證明自己與瑞典不再有任何實質性聯繫，而且在這 3 年中證明自己與瑞典無實質性聯繫的舉證責任由納稅人個人承擔。此外，為了防止人們用臨時移居、壓縮居留時間的辦法躲避本國的居民身分，許多國家都規定對納稅人中途臨時離境不扣減其在本國的居住天數，即納稅人臨時離境的天數仍要計入其居留天數。例如，中國稅法規定，納稅人在一個納稅年度中在中國境內居住滿 365 日的，要就從中國境內和境外取得的所得繳納個人所得稅；臨時離境一次不超過 30 日，或多次離境累計不超過 90 日的，不扣減在中國居住的日數。

2. 限制法人移居的措施

各國判定法人居民身分的標準不同，限制法人移居的措施也就不同。一般而言，在一個同時以註冊地標準和管理機構所在地標準判定法人居民身分的國家，法人移居他國相對來說困難較大，因為這時無論是公司法人的註冊地在該國，還是管理機

323

構在該國，該國都可以認定其為本國的法人居民。所以，目前大多數發達國家都同時採用這兩個標準判定法人的居民身分。如果一國採用註冊地標準判定法人居民身分，則該國的居民公司若要移居他國，就只能在本國註銷而改在他國重新註冊。為了防止本國的居民公司遷移到低稅國，許多國家（如美國、英國、愛爾蘭、加拿大等）規定，如果本國居民公司改在他國註冊或總機構、有效管理機構移到國外從而不再屬於本國居民公司時，則該公司必須進行清算，其資產視同銷售後取得的資本利得，要在本國繳納所得稅。美國的《美國國內收入法典》規定，本國居民公司若要在清理後並入外國居民公司，就必須在183天內向稅務局證明該公司向外轉移沒有規避美國稅收的意圖，否則公司向國外轉移將受到法律的限制。

（六）限制利用改變公司組織形式避稅

跨國公司國際避稅的方式之一是適時地改變國外附屬機構的組織形式——當國外分公司開始盈利時，即將其重組為子公司。為了防止跨國公司利用這種方式避稅，一些國家在法律上也採取了一些防範性措施。如美國稅法規定，外國分公司改為子公司以後，分公司過去的虧損所衝減的總公司利潤必須重新計算清楚，並就這部分被國外分公司虧損衝減的利潤進行補稅。

（七）加強防範國際避稅的行政管理

為了有效地防止跨國納稅人進行國際避稅的行為，除了要有相應的立法手段以外，還必須加強反避稅工作的行政管理。主要包括：一是加強本國的稅務行政管理，嚴格實施各項反避稅的法規，採取的措施主要有加強納稅申報制度、把舉證責任轉移給納稅人、加強稅務調查和稅務審計以及與銀行進行密切的合作；二是積極開展反避稅的國際稅務合作，各國除了以單邊方式加強國內反避稅的立法和行政措施外，還採取了雙邊或多邊國際合作的形式，以加強國際稅收情報交換。

本章小結

1. 國際稅收，是指兩個或兩個以上的主權國家或地區，各自基於其課稅主權，在對跨國納稅人進行分別課稅而形成的徵納關係中，所發生的國家與國家之間的稅收分配關係。稅收管轄權是一國政府在徵稅方面的主權，它表現在一國政府有權決定對哪些人徵稅、徵哪些稅以及徵多少稅等方面。稅收管轄權的劃分原則有屬地原則和屬人原則兩種。目前世界上的稅收管轄權大致可以分為三類：居民管轄權、公民管轄權、地域管轄權。

2. 判定自然人居民身分的標準主要有住所標準、居所標準、停留時間標準。法人居民身分的判定標準包括註冊地標準（又稱法律標準）、管理機構所在地標準、總機構所在地標準、選舉權控制標準。判定經營所得的來源地的主要標準有常設機構標準、交易地點標準。

3. 國際重複徵稅產生的主要原因有：各國行使的稅收管轄權的交叉重疊，各國稅制上的差異，經濟上的原因。國際重複徵稅產生的形式：居民（公民）管轄權同

第十二章 國際稅收

地域管轄權重疊下的國際重複徵稅，居民（公民）管轄權與居民（公民）管轄權重疊下的國際重複徵稅，地域管轄權與地域管轄權重疊下的國際重複徵稅。

4. 針對不同稅收管轄權重疊所造成的所得國際重複徵稅的減除方法主要有減除法、低稅法、免稅法和抵免法等。各國的涉外稅法和國際稅收協定中，處理國際重複徵稅問題所採用的具體方法主要有免稅法和抵免法兩種，其中抵免法是各國普遍採用的方式。

5. 國際避稅，是指納稅人利用兩個或兩個以上國家的稅法和國家間的稅收協定的漏洞、特例和缺陷，規避或減輕其全球總納稅義務的行為。就國際避稅的原因來看，追求利潤最大化是其內在的、主觀的原因，各國稅收制度的差別和缺陷是其外部的、客觀的原因；國際避稅的表現形式多種多樣，它們可以通過遷出或虛假遷出或不遷出高稅國，進行人員流動，以避免稅收管轄，實現國際避稅；通過把資金、貨物或勞務轉移或不轉移出高稅國，進行課稅客體的流動，以實現國際避稅；利用有關國家或國際稅收協定關於避免國際重複徵稅的方法進行避稅；利用國際避稅地進行避稅等。

6. 國際反避稅的措施包括：在稅法中制定反避稅條款，完善轉讓定價的稅制立法、應對避稅地避稅的法規、防範國際稅收協定濫用、限制資本弱化法規、限制避稅性移居等。

同步訓練

一、名詞解釋

國際稅收　稅收管轄權　地域管轄權　居民管轄權　國際重複徵稅　免稅法　扣除法　低稅法　抵免法　國際稅收協定

二、判斷題

1. 只有抵免法和免稅法能夠減除國際重複徵稅，其他方法都不能夠減輕重複徵稅。（　　）
2. 目前中國對外商投資企業納稅人居民身分的判定標準是註冊登記地和總機構所在地標準。（　　）
3. 具有無限納稅人義務的納稅人是指該納稅人需要永遠繳納稅款。（　　）
4. 國際稅收競爭的實質就是各國為了爭奪外國投資的稅收優惠大戰。（　　）
5. 國際稅收管轄權獨立是國家主權獨立的具體表現。（　　）
6. 國際重複徵稅是指兩個或兩個以上的國家對同一跨國納稅人的同一徵稅對象同時課稅。（　　）

三、問答題

1. 國際稅收與國家稅收的聯繫和區別是什麼？
2. 稅收管轄權有哪幾種類型？
3. 目前各國稅收管轄權的狀況如何？
4. 什麼是國際重複徵稅？為什麼會發生國際重複徵稅？

財政與稅收

5. 減除國際重複徵稅的方法有哪些？
6. 國際避稅的主要手段有哪些？

四、計算題

中國某公司 2004 年在中國境內經營取得應稅所得額 300 萬元，稅率為 33%；其在甲國的分公司當年取得應稅所得額折合人民幣為 150 萬元，甲國規定的公司所得稅稅率為 40%；當年該公司還從甲國取得特許權使用費所得 50 萬元，甲國規定的預提所得稅稅率為 15%；當年該公司從乙國取得應稅所得額折合人民幣為 100 萬元，其中租金收入 30 萬元，利息所得 50 萬元，特許權使用費所得 20 萬元，乙國課徵的預提所得稅稅率為 20%。該公司的境外所得均已在當地納稅。根據上述資料計算該公司當年的外國稅收抵免限額和實際應向中國繳納的所得稅稅額？

綜合案例分析

甲國居民公司 A 在乙國有一家分公司 B，A 又在乙國參股經營一家公司 D。在某納稅年度，A 公司在甲國盈利 600 萬元，分公司 B 盈利 300 萬元，D 公司的股息分紅為 200 萬元，同時，甲國在丙國銷售貨物盈利 200 萬元，轉讓特許權盈利 200 萬元。甲國企業所得稅稅率 30%；乙國對非居民企業來源於乙國的經營所得徵收的所得稅稅率為 40%，對非居民企業來源於乙國的股息收入徵收的所得稅稅率為 20%；丙國對非居民企業從丙國取得的銷售所得徵收的所得稅稅率為 20%，對非居民企業從丙國取得的特許權轉讓收入徵收的所得稅稅率為 40%。問題：①假設甲國採取全額抵免法來減除雙重徵稅，A 公司在甲國的應納稅款是多少？②假設甲國採取綜合限額抵免法來減除雙重徵稅，A 公司在甲國的應納稅款是多少？③假設甲國採取分國且分項限額抵免法來減除雙重徵稅，A 公司在甲國的應納稅款是多少？

參考文獻

[1] 陳共. 財政學 [M]. 6 版. 北京：中國人民大學出版社，2009.

[2] 匡小平，肖建華. 財政學 [M]. 北京：清華大學出版社，2008.

[3] 袁崇堅. 財政學 [M]. 上海：上海財經大學出版社，2014.

[4] 牛淑珍，楊順勇. 新編財政學 [M]. 上海：復旦大學出版社，2008.

[5] 段迎春. 現代財政與稅收 [M]. 2 版. 北京：中國金融出版社，2008.

[6] 岳松，陳昌龍. 財政與稅收 [M]. 北京：清華大學出版社，北京交通大學出版社，2008.

[7] 中國註冊會計師協會. 稅法 [M]. 北京：經濟科學出版社，2015.

[8] 李克強. 財政學 [M]. 北京：中國社會科學出版社，2013.

[9] 李漢文，楊穎. 財政學 [M]. 北京：科學出版社，2013.

[10] 翟會穎，甄東興. 財政與金融 [M]. 北京：清華大學出版社，2013.

[11] 白貴，徐博. 財政學 [M]. 北京：中國財政經濟出版社，2008.

[12] 蒙麗珍，古炳瑋. 財政學 [M]. 3 版. 大連：東北財經大學出版社，2013.

[13] 張國興，李芒環. 財政學 [M]. 開封：河南大學出版社，2013.

[14] 蔡秀雲，李紅霞. 財政與稅收 [M]. 北京：首都經濟貿易大學出版社，2008.

[15] 鄧子基，林志遠. 財政學 [M]. 北京：清華大學出版社，2008.

[16] 蔡秀雲. 財政與稅收 [M]. 北京：首都經濟貿易大學出版社，2010.

[17] 段治平. 財政與稅收 [M]. 北京：清華大學出版社，北京交通大學出版社，2008.

[18] 王曉光. 財政與稅收 [M]. 5 版. 北京：北京理工大學出版社，2015.

[19] 李國淮，韋寧衛. 中國稅制 [M]. 5 版. 北京：高等教育出版社，2015.

[20] 岳松. 財政與稅收 [M]. 北京：清華大學出版社，2010.

[21] 王曉光，李蘭，張小峰. 稅法學 [M]. 5 版. 大連：東北財經大學出版社，2014.

[22] 陳少英. 稅法學案例教程 [M]. 4 版. 北京：北京大學出版社，2011.

[23] 劉劍文. 稅法學 [M]. 4 版. 北京：北京大學出版社，2010.

[24] 張雲鶯，趙璇. 財政與稅收 [M]. 北京：中國金融出版社，2013.

[25] 王曉光. 財政與稅收 [M]. 北京：清華大學出版社，2013.

[26] 辛立秋. 財政學 [M]. 北京：科學出版社，2013.

[27] 聶慶軼. 財政學概論 [M]. 上海：上海財經大學出版社，2013.

[28] 倪瑞娟. 財政與金融 [M]. 上海：上海財經大學出版社，2013.

[29] 岳松，陳昌龍. 財政與稅收 [M]. 北京：北京交通大學出版社，2013.

[30] 唐祥來，康鋒莉. 財政學 [M]. 北京：人民郵電出版社，2013.

[31] 薛桂枝. 財政與金融 [M]. 天津：天津大學出版社，2013.

[32] 孫文基. 財政學 [M]. 北京：中國財政經濟出版社，2008.

[33] 阮明烽. 新編財政學教程 [M]. 杭州：浙江大學出版社，2008.

[34] 陸建華. 財政與稅收 [M]. 上海：復旦大學出版社，2013.

[35] 徐信豔，馬曉青. 財政與稅收 [M]. 上海：上海交通大學出版社，2011.

[36] 蘇春林. 納稅實務 [M]. 2 版. 北京：清華大學出版社，2015.

國家圖書館出版品預行編目(CIP)資料

財政與稅收 / 鐘大輝、楊光 主編. -- 第一版.
-- 臺北市：崧燁文化，2018.08

　面；　公分

ISBN 978-957-681-385-6(平裝)

1.財政學 2.稅收

560　　　　　107011659

書　名：財政與稅收
作　者：鐘大輝、楊光 主編
發行人：黃振庭
出版者：崧燁文化事業有限公司
發行者：崧燁文化事業有限公司
E-mail：sonbookservice@gmail.com
粉絲頁　　　　　網　址
地　址：台北市中正區重慶南路一段六十一號八樓815室
8F.-815, No.61, Sec. 1, Chongqing S. Rd., Zhongzheng Dist., Taipei City 100, Taiwan (R.O.C.)
電　話：(02)2370-3310　傳　真：(02) 2370-3210
總經銷：紅螞蟻圖書有限公司
地　址：台北市內湖區舊宗路二段121巷19號
電　話：02-2795-3656　傳真：02-2795-4100　網址：
印　刷：京峯彩色印刷有限公司（京峰數位）

　　　本書版權為西南財經大學出版社所有授權崧博出版事業股份有限公司獨家發行電子書繁體字版。若有其他相關權利需授權請與西南財經大學出版社聯繫，經本公司授權後方得行使相關權利。

定價：550 元

發行日期：2018 年 8 月第一版

◎ 本書以POD印製發行